Chiara Frugoni

Donne medievali

Sole, indomite, avventurose

Società editrice il Mulino

ISBN 978-88-15-29410-4

I lettori che desiderano informarsi sui libri e sull'insieme delle attività della Società editrice il Mulino possono consultare il sito Internet: **www.mulino.it**

Indice

Prologo

Nel secondo racconto del Genesi il serpente tentatore si rivolge a Eva, perché sa che della coppia è lei la più pronta a peccare e a disubbidire; già nell'atto della creazione la donna è dunque svantaggiata rispetto all'uomo. Nel diritto moderno non siamo colpevoli delle azioni dei nostri padri ma nella religione cristiana ogni bambino che nasce eredita la colpa di Eva. A lei risale una disastrosa discendenza che da subito comportò violenza e morte, con l'uccisione di Abele. Nella società medievale, guerriera e violenta, in condizioni di vita spesso molto dure, la forza fisica aveva un grande valore: la donna fisicamente più debole non fu tenuta in alcun conto.

Papa Gregorio VII, morto nel 1085, proibì ai preti di sposarsi: la compagna del sacerdote divenne all'improvviso occasione di peccato, da fuggire e da respingere. Si comprende bene perciò che la Chiesa abbia dispiegato una variegata misoginia. Ne danno testimonianza prediche, immagini, e figure quali la Maddalena, la grande peccatrice, o al contrario Maria, che per il suo ruolo di madre di Cristo in nulla può proporsi a modello di vita reale per le donne: nasce senza peccato originale, si sposa e partorisce ma rimane vergine, è assunta in cielo con il corpo prima del Giudizio universale.

Anche la collettività laica intellettuale andò di pari passo: ad esempio attraverso i trattati dei pedagoghi ci si affanna a raccomandare che le donne rimangano analfabete, un modo per negare loro un posto nella società, per mantenerle sottomesse. Solo se destinate al monastero possono imparare a leggere per meglio pregare.

Donne in ombra dunque, le donne del Medioevo, a cui viene tolta la parola, teste san Paolo che ordina alle donne di tacere, di non insegnare e di non avere un ruolo attivo alla pari del marito.

Ma da questa folla – la metà sprecata mi verrebbe da dire – emergono molte donne speciali e notevoli. Ne conosceremo emblematicamente cinque: ciascuna dotata di una forte personalità che la illumina, permettendoci di sentirle vicine a noi, addirittura di ascoltare la loro voce non filtrata, come di solito, dallo sguardo e dalla penna di un uomo che toglie la parola alle donne sostituendola con la propria, o le immagina e rappresenta secondo i propri pregiudizi.

Cominceremo da una straordinaria regina, moglie di Clotario I, divenuta poi monaca una volta abbandonato il consorte, vissuta quasi mille e cinquecento anni fa, Radegonda di Poitiers, morta nel 587. Le sue avventurose vicende sono raccontate dal poeta Venanzio Fortunato, amico fedele, biografo parziale, tanto stereotipato nel tracciare il ritratto di una santità ascetica che rasenta il martirio quanto sorprendentemente mondano nei carmi scambiati con Radegonda e con la più giovane badessa Agnese, dove il godimento del cibo e la gioia di vivere hanno grande spazio. Ma di Radegonda abbiamo, circostanza rara, un'ulteriore biografia scritta da una monaca, Baudonivia, che conobbe Radegonda e che ci restituisce la figura di una donna estroversa e sensibile, con slanci emotivi tangenti all'amore terreno, preoccupata delle sorti del suo monastero e del regno, attiva pacificatrice di sovrani particolarmente violenti e brutali. Abbiamo ancora una terza, preziosa, biografia, per immagini, della fine dell'XI secolo o dell'inizio del XII, che ci fornisce un'altra interpretazione della santa, un ciclo di ventidue, vivaci miniature.

Conosceremo poi la vita di due donne potenti e sole: una è la grande Matilde di Canossa, amica di Gregorio VII, ardita, strenuamente devota alla causa della Chiesa, alla quale sacrificò ogni altro interesse. La seguiremo attraverso tante voci e immagini, privilegiando quella del devoto monaco Donizone nel poema adorno di interessantissime miniature, composto fra il 1111 e il 1112, di cui Matilde è la protagonista, all'interno di una dinastia principesca descritta nella crescente autoconsapevolezza del suo enorme potere. La seconda è la papessa Giovanna, in realtà mai esistita, anche se, dal 1250 fino al 1550, dunque per tre secoli, uomini di Chiesa molto vicini al papato hanno creduto e fatto credere a una storia che sembrava compromettere la reputazione della Chiesa stessa. Una vicenda conclusasi tragicamente, nella quale si specchia il perdurante terrore della Chiesa, giunto fino ai nostri giorni, verso la donna che eserciti funzioni sacerdotali e abbia accesso al sacro.

Il penultimo capitolo è dedicato alla geniale Christine de Pizan, rivelatasi nella sua fortissima personalità per la sventura che la colpì: vedova a venticinque anni con un pesante carico di famiglia, scoprì nella scrittura il mezzo per risollevarsi, anche economicamente. Con la sua prodigiosa produzione, ben presto fu a capo di copisti e miniatori e miniatrici ai quali suggeriva il programma iconografico, divenendo poi famosa per la sua appassionata difesa delle donne offese e calunniate. A Christine sono stati dedicati giustamente molti bei libri, ma l'analisi delle miniature e dei suoi testi rivela aspetti nuovi che accresceranno la nostra ammirazione per lei: desidereremmo vivesse ai nostri giorni.

Infine, un ultimo omaggio è per Margherita Datini (1384-1410), moglie del ricco mercante di Prato Francesco Datini. Di lei sono rimaste centocinquanta lettere scritte al marito, quasi sempre lontano per affari. Una donna originariamente analfabeta, all'inizio costretta a dettare le sue missive, ma che impara a leggere e scrivere per seguire i traffici del marito lontano e comunicare i suoi pensieri più intimi. Possiamo così seguire in dettaglio la realtà quotidiana di una casa veramente complicata da gestire, i pensieri e i sentimenti di una donna avveduta, capace di tenere testa a un marito profondamente amato che invece spesso la trascura.

L'incontro con un uomo – Christine del resto perde prematuramente il marito – per tutte e cinque non fu felice, neanche per la papessa Giovanna scoperta per la vergogna del parto. Le loro qualità, il loro talento si schiusero in una vita di donne sole. E oggi, il legame familiare quanto condiziona una donna nell'espressione piena dei suoi desideri e delle sue possibilità? La risposta ai lettori e soprattutto alle lettrici.

Anche per questo libro ho avuto la fortuna di poter ringraziare i tanti amici che con i loro consigli e suggerimenti hanno migliorato e aiutato il mio lavoro, ricordati nelle note che li riguardano. In particolare desidero però subito citare i miei primi lettori: Donato, e poi Clara Gennaro, Giulio Canfarini, Manuela Barani, Nicoletta Scalari e infine Giuliano Ranucci, mia istanza superiore per ogni problema di latino. La mia e-mail, se qualcuno desiderasse scrivermi, è: **cfrugo@gmail.com**

Capitolo 1

Donne in ombra

Sposarsi, un traguardo non lieto

L'assenza femminile nei libri di storia è deplorata ancora alla fine dell'Ottocento da una dama che conversa con un'amica sulle reciproche letture preferite: «In ogni pagina papa e re che litigano, pestilenze, gli uomini sono tutti buoni a nulla e di donne non si parla mai. È molto noiosa, eppure penso che sia strano che sia così noiosa – le fa aggiungere l'ironica Jane Austen – perché per buona parte dev'essere una invenzione»[1].

Le donne potevano addirittura essere considerate una specie a parte rispetto agli uomini. Lo mostra chiaramente una miniatura della cosiddetta *Apocalisse di Saint-Sever*, unico manoscritto illustrato del *Commento all'Apocalisse* di Beato di Liébana che sia stato prodotto al di fuori della Spagna, anche se dipendente da modelli spagnoli[2] (**figg. 1 e 3**).

Rappresenta gli effetti della tromba del secondo angelo (Ap. 8,8) con l'impietoso realismo di cadaveri galleggianti a cui sono stati inseriti particolari tratti dal Diluvio universale: la colomba sull'albero di ulivo con il rametto in bocca, il corvo che si ciba degli affogati. Gli animali sono identificati uno per uno dalle scritte: capra, agnello, mulo, cane, cavallo, volpe, corvo, colomba biblica e gatto (*capra*, *ovis*, *mulus*, *equus*, *canis*, *corvus*, *columba*, *cattus*, *vulpis*). Mentre però il miniatore ritenne sufficiente la drammatica immagine dei quattro annegati maschi a individuarli, sentì il bisogno di aggiungere, come per le bestie, la scritta *mulier* sopra il capo della donna dai lunghi capelli, accanto al suo innocente neonato (**fig. 2**).

Il Medioevo, in questo senso, dura fino a oggi. Georges Duby e Michelle Perrot a partire dal 1990 curarono per l'editore Laterza un'opera in sei volumi di grande successo: *Storia delle donne. Dall'Antichità al Novecento*. Sarebbe mai stato possibile scrivere: *Storia degli uomini*? E ancora, l'8 marzo si festeggiano le donne, ma ovviamente nessuno ha mai pensato di dedicare un giorno agli uomini. In Italia il voto alle donne è stato concesso solo nel 1945; ogni tre giorni una donna è uccisa, di solito dal proprio compagno. Mi fermo qui.

Nell'Alto Medioevo la classe sociale eminente era composta da cavalieri, uomini di guerra, e radicata nel patrimonio fondiario che doveva essere trasmesso e accresciuto di generazione in generazione[3]. Per questo, solo il primogenito maschio si poteva sposare, i fratelli cadetti erano costretti a sciamare dalla casa paterna e a mettersi al servizio di qualche signore, sperando di sposare prima o poi un'ereditiera, ma per lo più rimanevano «giovani», cioè celibi. Quanto alle figlie si cercava di accasarle tutte. Erano delle pedine, a volte proprio delle prede, cedute ai partiti che sembravano più vantaggiosi, spesso date in moglie giovanissime, a volte bambine, passando dall'autorità paterna, dei fratelli e degli zii, all'autorità del marito; costrette a risposarsi più volte se si profilavano alleanze più remunerative.

Alla moglie, nella società feudale, si chiedeva soltanto di essere prolifica. Rimaneva un'estranea in un gruppo famigliare che accogliendola, la dominava e sorvegliava, ma anche che l'avrebbe rimandata alla famiglia d'origine di fronte alla possibilità di un'altra sposa più ricca o più nobile. Una famosa battuta di Alberto Sordi si riallaccia con un volo di secoli al Medioevo: a chi gli chiedeva per quale ragione non si fosse mai sposato rispondeva: «E che so' matto? Me metto n'estranea dentro casa?».

Dobbiamo dunque cancellare l'idea che ci fossero affetto e amore come oggi li intendiamo fra i coniugi, dato che gli sposi, se appartenenti a un ceto sociale elevato, non potevano assolutamente scegliersi. Qualche possibilità di esprimere una preferenza rimaneva a chi apparteneva a un ceto sociale basso, a chi non possedeva un patrimonio da custodire, far rendere e tramandare. Una contadina non faceva parte di giochi di alleanze; il suo matrimonio non univa parentele e relative ricchezze. Un contadino, d'altra parte, sceglieva la sposa con uno sguardo diverso rispetto a un nobile. Anch'egli non aveva problemi di patrimoni ed eredità e non gli serviva la moglie soltanto per un amplesso; voleva una donna che non solo condividesse il letto ma anche il lavoro nei campi, che gli assicurasse una casa ben governata e figli che già da bambini avrebbero dato una mano nelle fatiche quotidiane. Forse nella scelta di una compagna in una relazione che si prospettava duratura anche l'aspetto e il carattere della futura sposa potevano essere presi in considerazione.

1. *Dopo il Diluvio apocalittico*, Paris, BNF, ms. Latin 8878, f. 85r, metà dell'XI sec.

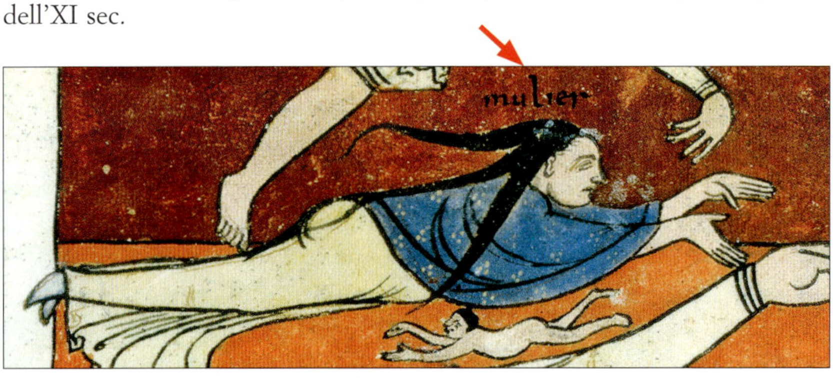

2. *La donna annegata*, part. della fig. precedente.

3. *Il manoscritto con i colori invertiti per rendere più evidenti le scritte.*

Nascere femmine

Grazia, sposata quando non aveva ancora quattro anni, all'età di undici aveva già avuto altri tre mariti: una storia terribile ed emblematica insieme, narrata nella biografia di un santo, Ugo vescovo di Lincoln, dal suo amico e confessore Adamo di Eynsham[4]. Una storia, scritta da un uomo di Chiesa misogino, nella quale protagonista è un'ingente eredità e dove un vescovo, un santo vescovo, non può sopportare che un nobile sposi una donna del popolo, una plebea, che è però una bambina di quattro anni.

Nella contea di Lincoln il cavaliere Tommaso di Saleby viveva con una moglie molto più giovane, Agnese, sterile (si pensava che la colpa fosse sempre della donna). L'eredità ingente, alla morte di Tommaso, sarebbe andata al fratello. Ma Agnese temeva di cadere sotto la tutela del cognato che avrebbe potuto costringerla a risposarsi e «con l'astuzia di una vipera», scrive il biografo, escogitò un inganno che fu certamente a lungo meditato nei minimi particolari e che per avere successo si sarebbe dovuto svolgere in tempi strettissimi. Siamo nel 1194. Finse di essere incinta con l'aiuto di un cuscino, poi mimò i dolori del parto e nacque una bambina, Grazia per l'appunto, figlia di una povera donna di un paese vicino, assunta poi come balia per l'allattamento. Pensiamo all'ansia delle due donne, alla necessità del segreto perché tutto si svolgesse come programmato: la povera madre che giunge in fretta con la neonata senza farsi vedere, Agnese che deve contare sulla connivenza almeno di un'ancella nel momento del parto e sulla complicità o comunque sulla passività del marito, che chissà con quanti discorsi la moglie era riuscita a convincere. Il cognato però sospettò un raggiro e sporse querela presso il sovrano, ma intervenne il vescovo Ugo che avocò a sé la questione. Interrogò il marito il quale sostenne di non sapere nulla dell'operato di Agnese, ma messo alle strette confessò che per l'età e gli acciacchi da tempo non aveva più rapporti con la moglie. Sarebbe dovuto tornare il giorno seguente per completare l'inchiesta ma Agnese glielo impedì. Due giorni dopo era Pasqua e dal pulpito Ugo denunciò il crimine di Tommaso di Saleby che aveva ingannato il fratello e scomunicò i due coniugi. La notte successiva Tommaso, terrorizzato per il suo peccato, morì. Il biografo cita Ecclesiaste 26,12: «Ogni malizia è nulla a confronto di una malizia di donna».

Ma una donna, un essere fragile per antonomasia, ha bisogno di un uomo che la protegga – questo era un concetto assodato nel Medioevo – e per una bambina la madre, una donna, non era una protezione sufficiente. Grazia non ha ancora quattro anni quando si fa avanti il vecchio Adamo di Neville, fratello del primo sovrintendente alle foreste d'Inghilterra; dal re Giovanni, dietro una somma di denaro enorme, ottiene che gli sia ceduta in custodia la bambina con tutta la sua eredità.

La piccola Grazia viene così strappata a sua madre, una madre che l'amava, come ci informa il biografo, se osserviamo controluce le sue parole: «Questa donna sterile che era stata solo capace di generare un imbroglio», continuava la simulazione occupandosi di Grazia «come se fosse stata figlia sua»[5].

Adamo vorrebbe sposare subito la bambina; interviene, in veste di protettore, il vescovo Ugo, come sottolinea il biografo, perché i bambini non possono essere sposati prima dei sette anni (che sollievo!). Vieta perciò a tutti i sacerdoti della diocesi di celebrare le nozze, ma è costretto ad assentarsi. Adamo e i suoi parenti riescono allora a corrompere un sacerdote che benedice pubblicamente il vecchio e la bambina uniti dal vincolo del matrimonio. Torna il vescovo, sospende il sacerdote e scomunica tutti quelli che hanno tramato. Frattanto un'ancella di Agnese racconta al vescovo l'operato della padrona. Agnese si sente così costretta a confessare pubblicamente il suo peccato e muore poco dopo miseramente. Grazia ora è orfana.

Ugo avverte il vescovo di Canterbury che è anche giudice del regno: bisogna convincere Adamo di Neville a cedere la minuscola moglie, poiché il cognato ha sporto querela contro lo sposo presso la corte regia. (Ugo di Lincoln evidentemente è dalla parte del querelante.)

Adamo si oppone: secondo le leggi inglesi la bambina è una figlia legittima perché il marito della madre non l'ha disconosciuta. Ma poco dopo anche Adamo muore non resistendo alla maledizione vescovile, puntualizza il biografo, che in realtà qui ritocca un po' i tempi perché il santo vescovo è morto prima di Adamo, se pur di pochi mesi, nel 1200. Grazia è un po' cresciuta.

Il re, sempre dietro un lauto esborso da parte del richiedente, dà la bambina (che ora ha l'età per sposarsi) con tutta la sua eredità a un gentiluomo di camera che poco dopo muore anch'egli. Infine, quando Grazia ha undici anni, il re, sempre guadagnando una somma smisurata, la passa a un terzo marito «più malvagio ancora degli altri due», annota il biografo. Grazia esce di scena, anche se altre fonti ci fanno sapere che morì senza figli e che l'eredità tanto agognata passò infine al fratello di Tommaso, l'erede ritenuto, dal vescovo, legittimo.

Agnese per il suo piano aveva dovuto contare su una donna incinta, senza poter conoscere in anticipo il sesso del nascituro. Se avesse potuto disporre di un maschio avrebbe potuto poi vivere con suo figlio e con la di lui eredità? Molto probabilmente sì; il bambino in quanto riconosciuto dal padre sarebbe stato educato da cavaliere sotto la tutela della madre e per il suo sesso nessuna famiglia avrebbe preteso che si sposasse con una propria figlia. Il processo intentato dal cognato sarebbe certo andato avanti, ma la lenta giustizia del re si sarebbe dimostrata malleabile con molto denaro a disposizione[6]. (Piccola digressione: in una favola per bambini e adulti sette pecore giungono, dopo molte peripezie, a una stalla per vedere una bimba appena nata ma la famigliola è già partita per la troppa ressa dei curiosi; inoltre sono informate da tre cammelli dell'equivoco in cui sono cadute perché si tratta non di una neonata ma di un neonato. Spiegano i cammelli: «Figuratevi se mettevano su un simile ambaradàn per una femmina. Questo, da grande, salverà il mondo. E per certe cose le femmine non sono tagliate, mancano di carattere»[7].)

Ma torniamo a una riflessione seria. Quale immagine di sé e della sua vita si sarà fatta Grazia? Avrà pensato alla madre naturale di cui il biografo trascura perfino il nome tanto era insignificante ai suoi occhi, della quale, tranne il fatto che aveva partorito Grazia, non sappiamo più nulla? Si sarà convinta di essere stata la causa della morte del vecchio padre e che Agnese, sempre per causa sua, era stata additata come una criminale?

Era stata sposata da quattro uomini che l'avevano comperata solo per la sua eredità; per il suo denaro essi avevano anche corrotto il re. Mariti malvagi li definisce il biografo, che le avevano imposto certamente una vita infelicissima. Mariti che sapevano che Grazia non era nobile ma figlia di una povera donna; agivano in maniera ipocrita e fingevano, con lo sguardo rivolto al denaro di cui la bambina era l'illegittima detentrice, senza curarsi della sua infelicità. Grazia, speriamo, fu un caso estremo. Ma cosa avrà potuto esprimere di sé nella sua vita, non avendo mai avuto la possibilità di scegliere alcunché, sempre e soltanto obbligata a sottomettersi?

Nei *Canterbury Tales* di Geoffrey Chaucer, scritti non prima del 1386-87, la «comare di Bath», che provocatoriamente ribalta tutti i luoghi comuni contro le donne, sottolinea quanto sia importante tenere presente la fonte e non solo la notizia. Cita rapidamente una favola di Esopo nella quale un artista, in quanto uomo, dipinse un leone come più debole appunto dell'uomo, e venne perciò rimproverato dall'animale e così afferma: «Certo, è impossibile che un letterato parli bene delle donne, a meno che non si tratti della vita di qualche santa; ma mai di nessuna altra. Chi dipinse il leone, ditemi, chi?... Per Dio, se le donne scrivessero storie come fanno i chierici nei loro oratori direbbero degli uomini più male di quanto la razza di Adamo possa mai riparare!»[8].

Sottomissione e dominio

Il modello più antico di matrimonio fu quello laico; tendeva all'endogamia: le nozze avvenivano all'interno del gruppo sociale degli sposi per riunire frammenti sparsi di patrimonio. Ad esempio, un connubio ambito era quello fra cugini. Si riteneva il matrimonio un affare privato, un contratto che era lecito sciogliere e rinnovare, senza che fosse necessaria la presenza di un sacerdote. La fanciulla doveva giungere vergine al matrimonio e per questo era strettamente sorvegliata. Un uomo invece poteva avere rapporti prima delle nozze con le prostitute e da sposato avere delle concubine. La virilità nella scala dei valori era una prodezza da esaltare e si esprimeva spesso in violenze e stupri su donne indifese, su serve e schiave, su donne povere, su contadine e pastore[9].

Nei *Canterbury Tales* di Geoffrey Chaucer, il racconto della «comare di Bath» è ancora incentrato su uno stupro, questa volta sanzionato, ma siamo alla fine del XIV secolo, in un'opera che registra il passaggio della società feudale in dissoluzione verso un'età nuova e dinamica, che annuncia il mondo moderno.

Comincia così:

> Ai vecchi tempi di re Artù, di cui i Britanni dicono un gran bene, tutto questo paese era pieno di fate. La Regina degli elfi, con la sua allegra compagnia, andava spesso a ballare sui prati: questo almeno, stando ai libri, era quello che si credeva allora. Parlo di molte centinaia d'anni fa. Certo al giorno d'oggi gli elfi nessuno più li vede, perché adesso la grande carità e le preghiere dei questuanti e degli altri santi frati, che percorrono ogni terra e ogni corso d'acqua, fitti come moscerini in un raggio di sole, benedicendo sale, camere, cucine, pergolati, città, borghi, castelli e alte torri, villaggi, granai, stalle e fattorie, hanno fatto sparire le fate. Dove una volta passeggiava un elfo ora cammina un frate questuante, il quale, sia di notte che di giorno, recitando mattutini e orazioni sante, va a fare il giro della sua zona. Le donne ormai possono proprio circolare al sicuro: in ogni cespuglio e sotto ogni albero non c'è altro incubo che lui, e da lui non avranno che un po' di disonore[10].

L'allusione è ai costumi licenziosi degli ipocriti frati che assaltano le donne sole nei boschi.

Una miniatura tratta dalle cosiddette «Taymouth Hours» (dal nome del castello dove il codice era un tempo conservato), un libro d'ore arricchito nella parte inferiore della pagina anche da scene profane, mostra il rude assalto di un eremita (tentato da un diavolo) che, in un bosco, stringe il sesso di una fanciulla, la quale per lo spavento lascia cadere al suolo la brocca; a destra l'osteria da cui era uscita. La didascalia definisce il peccato dell'uomo come «lecherie», lussuria (**fig. 4**).

Poi la «comare di Bath» così prosegue: «Dunque, si dava il caso che questo re Artù avesse a palazzo un gagliardo baccelliere[11]. Un giorno costui se ne tornava a cavallo dal fiume tutto solo, quando d'un tratto vide camminare davanti a sé una ragazza, e là sul momento, per quanto lei resistesse, le tolse a viva forza la verginità. Questo oltraggio sollevò un tale clamore e tali proteste presso re Artù che il cavaliere venne per legge condannato a morte». Il cavaliere però alla fine verrà graziato per-

4. *Un eremita violenta una giovane donna*, London, British Library, Yates Thompson, ms. 13, f. 177r, 1325-35.

ché, dopo un complicato intreccio, riesce a portare alla regina Ginevra la soluzione di un quesito da cui dipendeva la grazia della vita: «Saper dire quale fosse la cosa che più desiderano le donne». E la risposta fu esattamente l'opposto della situazione uomo-donna che vigeva nella realtà del matrimonio: «Quel che le donne desiderano di più è potere dominare il loro marito o innamorato ed essere, nel comando, superiori a lui»[12].

Un miraggio che la «comare di Bath» ha raggiunto, come racconta Chaucer in dettaglio nel *Prologo*. L'autore nell'opera figura come un pellegrino della medesima brigata a cui appartiene la donna, tutti diretti verso il sepolcro di Tommaso Becket nella cattedrale di Canterbury. La «comare di Bath» più degli altri è un'instancabile pellegrina, data la vita indipendente condotta:

> Aveva un volto impertinente, bello, di colorito acceso. Era una donna ricca di meriti, che in vita sua aveva condotto ben cinque mariti sulla porta della chiesa, senza contare altre amicizie di gioventù [...] Sul cavallo sedeva comodamente, ben avvolta da un soggolo, con un cappello in testa largo come un brocchiere o come uno scudo; una gualdrappa intorno ai larghi fianchi, e ai piedi un paio di speroni aguzzi. In compagnia sapeva ridere e chiacchierare; doveva intendersene di rimedi d'amore, poiché di quell'arte conosceva certo l'antica danza[13].

La miniatura che la ritrae la mostra con le guance rubizze a cavallo; siede a cavalcioni come fosse un uomo, con una frusta in mano, quella frusta con cui aveva dominato i suoi mariti (**fig. 5**).

5. *La «comare» di Bath*, San Marino (Calif.), Huntington Library, ms. El 26 C 9, f. 72r, 1400-10 ca.

Il matrimonio, da contratto a sacramento

Torniamo al modello di matrimonio perseguito dai laici. Contro questo tipo di costituzione familiare lottò tenacemente e a lungo la Chiesa, che riuscì a imporre alla fine la propria concezione.

La Chiesa infatti in un processo durato secoli, mirato ad accrescere, con la propria presenza, la dignità del contratto giuridico, stabilì tra la fine dell'XI e l'inizio del XII secolo che elemento essenziale di un matrimonio autentico fosse il consenso degli sposi; inoltre il matrimonio-sacramento era tale solo se il «ritus sacer» era stato celebrato dal sacerdote[14]. Il vescovo Ildeberto di Lavardin, morto nel 1133, suggerì che, come la benedizione del sacerdote cambiava la semplice acqua nell'acqua del sacramento del battesimo, così la «benedicio nuptialis» cambiava il matrimonio in sacramento[15].

La Chiesa però era anche riuscita verso l'XI secolo a imporre il celibato ai suoi membri, una lotta ugualmente lunga e tenace[16]. Di conseguenza fu portata a considerare fermamente i coniugati nell'ordine più basso della gerarchia della perfezione e perciò ad ammettere il matrimonio solo come necessario alla procreazione, appoggiandosi a una tradizione esegetica di secoli, a cominciare da san Paolo il quale, nella Prima lettera ai Corinzi 7,1, aveva affermato: «È cosa buona per l'uomo non toccare donna, ma a motivo della fornicazione, ciascuno abbia la propria moglie e ogni donna il proprio marito» e, poco oltre (7,10), «Ai non sposati e alle vedove dico: è cosa buona per loro rimanere come sono io; ma se non sanno dominarsi, si sposino; è meglio sposarsi che bruciare». La Chiesa chiedeva dunque agli sposi di spiritualizzare l'unione perseverando nella concordia, depurandola dal desiderio carnale. Se i coniugi provavano piacere ne erano immediatamente lordati e trasgredivano, stabilisce Gregorio Magno, «la legge del matrimonio»[17]:

Bisogna ammonire i coniugi che si ricordino che sono uniti solo per procreare i figli; e quando, rendendosi schiavi di contatti fisici smodati, trasferiscono la legge della riproduzione alla pratica del piacere, valutino attentamente che, anche se non ne escono fuori, tuttavia, pur restando all'interno del matrimonio, ne violano le leggi. Per cui è necessario che con ripetute preghiere cancellino il peccato di deturpare, mescolandovi il piacere, la bellezza del congiungimento.

Non bastava rimanere imperturbabili: anche così il velo del peccato avvolgeva i procreatori con la sua nera ombra e perciò la Chiesa prescriveva innumerevoli giorni in cui ogni rapporto fra coniugi era vietato. Innanzitutto le feste dei santi e del Signore. Trasgredire significava provocare la vendetta di Dio, assicurava Gregorio di Tours. Nel capitolo dedicato ai miracoli di san Martino uno, particolarmente impegnativo, rimedia alle conseguenze del divieto domenicale infranto. Una donna di Bordeaux aveva partorito un bambino con le gambe mostruosamente contorte e rattrappite, con le mani attaccate al petto, sordo e cieco: era deriso per il suo aspetto da molti che meravigliati chiedevano alla madre come avesse fatto a tirar fuori un simile obbrobrio. La madre in lacrime confessò «che l'aveva generato nella notte della domenica». Il padre è assente in questa storia così impietosa, notiamolo, raccontata dal vescovo scrittore, il quale disinvoltamente prosegue: «La madre non avendo il coraggio di ucciderlo – come sono solite fare le madri in casi come questo –, lo nutriva come fosse un bambino normale[18]. Quando fu un po' più grande lo dette a dei mendicanti che lo presero, lo misero in una carrozzina e tirandoselo dietro lo esibivano alla gente e così guadagnavano parecchio». All'età di undici anni per la festa di san Martino lo portarono al suo sepolcro, deposero il poveretto davanti all'ingresso e lì lo lasciarono miseramente giacere. Il santo ne ebbe compassione ma evidentemente gli occorse del tempo per cancellare tutte le malformazioni. Subito ridette la vista e l'udito al ragazzino che però, dopo questo primo miracolo, continuò a chiedere l'elemosina (mostruoso era pur rimasto). Passato un anno o poco più il ragazzino fu riportato di nuovo per la festa di san Martino davanti alla porta del suo sepolcro ed ecco che tutte le membra si distesero e ogni disabilità fu cancellata. Gregorio di Tours spiega, a chi fosse incredulo, di avere visto lui stesso il ragazzino risanato e di avere saputo la storia non da terze persone ma proprio dal miracolato. E conclude:

> Ma, poiché questo che ho detto avvenne perché i genitori commisero peccato violando l'astinenza della notte della domenica, state attenti, o uomini, alle conseguenze dell'unione coniugale! È sufficiente dedicarsi al piacere negli altri giorni, ma sottraete questo giorno e dedicatelo, incontaminati, alle lodi di Dio. Perché, se non fosse così, nascono bambini storpi o epilettici o lebbrosi. E quel che è accaduto sia un esempio affinché il male commesso in una notte non abbia conseguenze per molti anni[19].

Quindi anche se il matrimonio era un sacramento che dichiarava lecito il dovere coniugale, questo doveva essere adempiuto raramente e con il minore zelo possibile. A proposito dei giorni vietati per il debito coniugale Giovanni Boccaccio nella novella decima della seconda giornata del *Decameron* fa narrare a Lauretta la storia di un vecchio giudice di Pisa, «più che di corporal forza, dotato d'ingegno, il cui nome fu Ricciardo di Chinzica». Essendo molto ricco riuscì a sposare Bartolomea, molto bella e molto giovane, ma dopo la prima notte di nozze, avendo constatato la sua inettitudine maritale

> incominciò a insegnare a costei un calendario buono da fanciulli che stanno a leggere [...]. Per ciò che, secondo che egli le mostrava, niun dì era che non solamente una festa, ma molte non ne fossero; a reverenza delle quali per diverse cagioni mostrava l'uomo e la donna doversi astenere da così fatti congiugnimenti, sopra questi aggiugnendo digiuni e quattro tempora e vigilie d'apostoli e di mille altri santi e venerdì e sabati, e la domenica del Signore e la quaresima tutta, e certi punti della luna e altre eccezioni molte, avvisandosi forse che così feria far si convenisse con le donne nel letto, come egli faceva talvolta piatendo alle civili [trattando cause civili][20]. E questa maniera, non senza grave malinconia della donna, a cui forse una volta ne toccava il mese e appena, lungamente tenne.

Ma Bartolomea portata un giorno in barca dal marito nei pressi di Livorno fu rapita da un corsaro, Paganin da Mare, il quale «venuta la notte, essendo a lui il calendaro caduto da cintola[21] e ogni festa o feria uscita di mente, la cominciò a confortare co' fatti». La storia finisce bene per Bartolomea che «cominciò a viver più lietamente del mondo» e, trattata con tutti gli onori dal corsaro, finì per sposarlo perché il vecchio coniuge di lì a poco era morto.

Oggi un uomo e una donna decidono di sposarsi perché si amano e il loro sentimento li coinvolge in una dedizione reciproca della mente, dei sensi, del cuore. Se i genitori sono felici, molto probabilmente anche i figli lo saranno. Nulla di tutto questo interessava alla Chiesa nell'XI e XII secolo, impegnata a incasellare i sentimenti dei coniugi in altrettanti possibili peccati. Qui torna in scena il santo vescovo Ugo di Lincoln a cui la vita intima di uomini e donne stava particolarmente a cuore. Questa volta interpellò papa Celestino III (1191-98) sul caso di una coppia: Giovanni aveva sposato Alice ma era adultero perché frequentava Maxilla. La giustizia ecclesiastica, che ormai aveva i mezzi per farlo, aveva costretto Giovanni a dichiararsi pentito e a ritornare a vivere con la moglie da marito fedele. Ma Giovanni non aveva mantenuto la promessa continuando i contatti con Maxilla. Poi Alice era morta. Da dieci anni Giovanni e Maxilla abitavano insieme con i loro dieci figli. Avrebbero voluto sposarsi. Potevano farlo?

«No – rispose il papa –, dovranno fare pubblica penitenza ed essere separati. La presenza dei figli aggrava la loro colpa. Sarà nostra cura che i genitori partecipino ambedue agli obblighi connessi alla loro educazione»[22]. Agli occhi di Celestino III Giovanni e Maxilla erano peccatori in quanto concubini e Maxilla in quanto adultera. Il loro consolidato affetto non contava nulla. Si distruggeva una famiglia unita? Per il papa non era una famiglia.

Il matrimonio doveva essere assolutamente pubblico, monogamo ed esogamico (cioè lo sposo che apparteneva a un gruppo sociale non poteva prendere moglie all'interno del gruppo stesso), con la moltiplicazione degli impedimenti di consanguineità poiché erano validi anche i rapporti spirituali, come ad esempio essere padrino di battesimo della sposa.

Divenne decisivo, come si è detto, il consenso: un elemento molto importante sul cammino della libertà di scelta della donna, anche se all'inizio più di portata formale che sostanziale, perché nella pratica la libertà concessa alla donna era di consentire alla scelta fatta dai genitori. Comunque era sancito pubblicamente il principio che si univano due esseri umani e non più due reti di interesse, due parentele come nel matrimonio laico. In questo modo si cercava di bandire dall'atto delle nozze ogni forma di violenza fatta alla volontà degli sposi – cioè della sposa.

Il celibato del clero ebbe però una conseguenza negativa per la donna: colei che in precedenza era per il prete la sua legittima moglie, la sua compagna, divenne la sua nemica, un'occasione di peccato. Da qui un'accentuata misoginia. Mi limito a un solo esempio perché dedicherò l'intero prossimo capitolo a esaminare il punto di vista della Chiesa riguardo alle donne.

In un capitello quadrangolare della chiesa di Civaux (Vienne), dell'inizio del XII secolo (**figg. 6-7**), su due lati attigui sono rappresentate da una parte la *dextrarum iunctio*, la stretta di mano degli sposi che

6-7. *Dextrarum iunctio* (in alto) e *L'attrazione pericolosa della sirena* (in basso), Civaux (Vienne), SS. Gervasio e Protasio, inizio del XII sec.

costituisce il gesto decisivo del matrimonio, dall'altra la tentazione e la seduzione. Un uomo infatti precipita dalla barca a testa in giù attratto da una sirena, tradizionale simbolo di lussuria, che si erge fra le onde con il petto nudo stringendo due pesci. (La sfera d'oro nel cielo forse rappresenta il sole.)

Il matrimonio è mostrato come un pericolosissimo cedimento alla tentazione. Il significato è evidente: coloro che, non abbastanza forti da resistere alle passioni, sono costretti a ricorrere al matrimonio, vanno verso la perdizione. In un testo attribuito in passato a san Bernardo, questi paragona proprio una donna sposata a una sirena e, rivolgendosi a una monaca, le ordina di fuggire le donne sposate che potrebbero soltanto traviarla, ripetendo più e più volte in modo ossessivo, si può dire ipnotico, il medesimo concetto e il paragone fra la donna e la sirena:

> Che ha a che fare una femmina maritata con una sposa consacrata a Cristo? Che ha a che fare una donna che ama un uomo con quella che ama Cristo? È diversa nell'abito e diversa nei sentimenti; e così come è differente nel vestito così lo è nel cuore. La donna secolare è lo strumento di Satana. Costei canta ciò che ti possa suscitare le seduzioni del mondo e ti mostri il sentiero del diavolo, come leggiamo[23]. La sirena del mare sopra l'ombelico è una splendida e bellissima vergine; invece dall'ombelico fino ai piedi è un pesce. Ha la testa di una vergine e le terga di un pesce. Canta dolcemente con molte voci e modulazioni e con grande dolcezza offre suoni concordi ma con le sue dolci canzoni spesso inganna i marinai e li conduce al pericolo. Spesso i marinai navigando nel mare odono le voci delle sirene e sono ingannati dal loro dolce canto e sono condotti a un pericolo mortale. Così come la sirena con i dolci canti seduce i marinai così la femmina secolare con i suoi discorsi ingannatori abbindola i servi di Dio. E come la sirena con le sue dolci canzoni è solita far deviare dalla giusta rotta i naviganti del mare e li porta alla perdizione così la femmina secolare con le sue parole delicate e seduttrici è solita fare distogliere dal santo proposito coloro che servono Dio ponendo in pericolo le loro anime. Perciò, mia diletta sorella in Cristo, fuggi i canti delle sirene affinché, mentre ti diverti ad ascoltare le delizie terrene, tu non ti allontani dalla retta via. Che cosa sono le parole delle donne secolari se non il canto delle sirene? Perciò fuggi il canto della sirena e allontana il tuo orecchio dalla malvagia lingua della donna che ti vuole sedurre[24].

Mogli di…

Nel Medioevo le donne rimangono dunque, tranne rare eccezioni, in ombra. Solo le monache e le vedove che rinunciavano ad avere un uomo accanto a sé avevano la possibilità di esprimere la loro personalità. Anche se di classe sociale elevata le donne sono indicate per lo più con un *di*: madre di, moglie di, figlia di, come se da solo il loro nome – peraltro spesso deliberatamente ignorato – non potesse reggersi.

È questo il caso testimoniato nella gigantesca Bibbia che Carlo il Calvo portò a Roma per regalarla a Giovanni VIII in occasione o in ricordo della elezione imperiale (consacrata a Roma in San Pietro nell'875). Egli si fece rappresentare nel frontespizio circondato da due dignitari, la moglie e una dama di corte (**fig. 8**). Il trono su cui siede, seppure trasfigurato, noto che cita la splendida cattedra (a lungo creduta la cattedra dell'apostolo Pietro), con larga profusione di avorio, oro e argento, che egli nella medesima occasione portò in dono al pontefice[25] (**fig. 9**). Negli archetti dello schienale lo vegliano le Virtù cardinali, mentre gli angeli sono scesi dal cielo a custodirlo.

Carlo sovrasta gli altri personaggi: il rapporto nelle proporzioni esprime una griglia di valori. Alla sua sinistra, in piedi, in segno di rispetto, senza corona, è la moglie. Potrebbe essere Hirmintrudis, oppure più probabilmente Richildis che Carlo sposò pochi mesi dopo la morte di Hirmintrudis, nell'870. Nella lunga iscrizione dedicatoria del manoscritto, benché alcuni versi siano per la consorte di Carlo alla quale si augura numerosa prole, il suo nome è taciuto[26].

In una tavoletta d'avorio del X secolo dove è rappresentata una famiglia imperiale, la coppia e un figlioletto, la scritta ricorda solo il padre, *Otto imperator*, mentre anonimi rimangono la madre e il bambino (**fig. 10**).

Potrebbe trattarsi di Ottone I, insieme alla moglie Adelaide e al figlioletto, il futuro Ottone II, ai piedi di Cristo in trono adorato dagli angeli. Due grandi personaggi, indicati dalle scritte come san Maurizio e Maria, presentano la coppia imperiale. La taglia gigantesca di Cristo mostra la grandezza divina, mentre i suoi adoratori in confronto sono minuscoli. Ottone I bacia devotamente il piede destro di Cristo: è il gesto di omaggio che veniva compiuto nei confronti dell'imperatore. Cristo, il più grande di tutti gli imperatori, indica Ottone come suo rappresentante. Secondo alcuni studiosi la tavoletta ricordava l'incoronazione imperiale di Ottone I, avvenuta nel 962. In quell'anno il figlio aveva sei o sette anni.

Altri pensano invece a Ottone II con la moglie, la principessa bizantina Teofano; il figlioletto sarebbe il futuro Ottone III. Cambierebbero soltanto i nomi, non il significato dell'immagine. L'opera sarebbe stata eseguita, o in preparazione, «a ricordo celebrativo dell'incoronazione avvenuta nel 983, perché fu in quell'anno che Ottone II morì e suo figlio Ottone III, di tre anni, fu proclamato a Verona successore del padre»[27]. In ogni caso quello che la tavoletta comunica è che solo Ottone è importante.

8. *Carlo il Calvo in trono. Alla sua sinistra la moglie*, Roma, San Paolo Fuori le Mura, Biblioteca, ms. s.n., f. 1r, 869-76.

9. *La cattedra di Carlo il Calvo*, Roma, San Pietro, 875.

Nella cosiddetta tappezzeria di Bayeux (in realtà un ricamo con filo di lana su una striscia continua di lino lunga circa 70 metri, e alta circa 50 centimetri) sono stati contati 632 personaggi maschili e solo 6 femminili.

Prima di analizzare i singoli episodi che raffigurano le donne, accenno brevemente alla storia figurata divisa in 58 scene e alle più recenti opinioni degli studiosi su vari argomenti ancora in discussione: il tempo

10. *L'imperatore Ottone e la sua famiglia*, Milano, Raccolte artistiche del Castello Sforzesco, Raccolte d'Arte applicata, seconda metà del X sec.

della composizione, chi formulò il programma, chi lo commissionò e quale volle essere il messaggio.

Bayeux: la storia ricamata

Il racconto ricamato inizia con l'anziano re d'Inghilterra Edoardo il Confessore, in trono, che chiama a sé il cognato Aroldo e gli ingiunge di andare in Normandia. Dalle fonti scritte sappiamo che il viaggio fu ordinato per rassicurare tangibilmente il cugino, il normanno duca Guglielmo: il sovrano, in assenza di eredi diretti, lo aveva già designato come successore. Aroldo partì. Lo vediamo con un largo seguito di levrieri e con il falcone in pugno poiché cacciare era proprio degli aristocratici: un modo per sottolineare l'alto grado sociale di Aroldo (**fig. 16**). Nella stoffa ricamata sarà sempre visivamente riconoscibile proprio per il suo falcone.

Giunto alla costa meridionale dell'Inghilterra, sostò a Bosham (**fig. 11**). Si recò in chiesa per chiedere a Dio una buona navigazione e si concesse un lauto banchetto prima di affrontare con i compagni i pericoli della traversata. Una tempesta fece infatti naufragare i naviganti che sbarcarono non in Normandia ma nel Ponthieu (in Piccardia); qui Aroldo venne attaccato e imprigionato dal conte Guido, ma in suo aiuto giunse il duca Guglielmo avvertito da alcuni messi. Quindi Aroldo fu ricevuto in una udienza ufficiale da Guglielmo con cui partì poi a combattere contro Conan, duca di Bretagna che gli aveva dichiarato guerra. Aroldo, all'altezza di Mont-Saint-Michel, salva cavalli e cavalieri che attraversando il fiume Couesnon affondavano nelle sabbie mobili. Dopo varie battaglie Conan fu costretto alla resa. Guglielmo armò allora cavaliere Aroldo per il valore dimostrato. Aroldo a Bayeux giurò su due reliquiari, o forse su un reliquiario che egli aveva portato con sé e su quello appartenente alla chiesa posto sulla mensa dell'altare, quindi riprese il mare e tornò in Inghilterra dove fece a Edoardo il resoconto del viaggio. Il vecchio sovrano si ammala; poco prima di morire designa Aroldo suo successore.

Perché il vecchio re cambiò idea? Cosa gli raccontò Aroldo? Non è dato sapere. Segue quindi l'incoronazione solenne di Aroldo. Gli astrologi segnalarono però al sovrano appena eletto un pessimo presagio, l'apparizione di una cometa (siamo nel 1066 e la cometa è proprio quella di Halley). Infatti le spie normanne avevano informato dell'accaduto Guglielmo che decise allora di muoversi con navi e un grande esercito verso l'Inghilterra. Venne approntata una flotta per trasportare uomini, cavalli, armi e provviste. L'esercito di Guglielmo approdò a Pevensey e da lì si diresse verso Hastings. Durante la marcia di avvicinamento i normanni si impadronirono brutalmente di animali e di cibo («Hic milites festinaverunt Hestinga ut cibum *raperentur*»). Venne apparecchiato un grande banchetto dove occupavano il posto d'onore Guglielmo e il fratellastro, il vescovo di Bayeux, Oddone.

Una sentinella però avvertì il duca normanno che anche Aroldo stava avanzando con i suoi armati. Guglielmo allora si mosse e ben presto i due eserciti s'incontrarono ad Hastings. In una battaglia dove avvenne una orrenda carneficina da entrambe le parti – «simul Angli et Franci ceciderunt in prelio» recita la scritta – Guglielmo, da allora chiamato il Conquistatore, vinse. Aroldo morì, ucciso da una freccia in un occhio[28]. (Il ricamo non è completo e doveva finire forse con l'incoronazione di Guglielmo re d'Inghilterra.)

Tutto quanto ho raccontato a grandissime linee occupa la parte centrale della stoffa che in alto e in basso è bordata da due strisce dove sono rappresentati piante, piccoli episodi per lo più per noi misteriosi e vari animali, molti dei quali tratti dalle favole di Esopo. Animali che facevano parte a pieno titolo del programma[29].

La tappezzeria di Bayeux solo apparentemente è un'opera di propaganda che celebra la vittoria di Guglielmo il Conquistatore perché metà del racconto è dedicata a episodi che non hanno a che fare con l'invasione dell'Inghilterra. Aroldo è presentato come un valoroso guerriero e non come un traditore e in una voluta ambiguità di giudizio è stato designato come legittimo successore da re Edoardo. Né Aroldo né Guglielmo sono colpevoli, tanto più che il ricamo non spiega la finalità del viaggio in Normandia di Aroldo né il significato del suo giuramento. Infine nel massacro di Hastings vengono trucidati e fatti a pezzi i guerrieri di entrambi gli eserciti. Dopo la reciproca mattanza occorreva giungere a una convivenza pacifica, a una integrazione dei due popoli, dei vinti e dei vincitori.

Fautori di una tale ideologia furono i monaci della abbazia di Canterbury, «orientati a promuovere la ricomposizione dei rapporti fra normanni e inglesi e a consolidare le reti dei sostenitori del monastero»[30]. Autore del programma potrebbe essere stato allora l'abate di Sant'Agostino di Canterbury, Scolland, già monaco e scriba dell'abbazia di Mont-Saint-Michel. Questo spiegherebbe anche perché il racconto collochi tanti episodi in Bretagna e in bassa Normandia – che nulla hanno a che fare con Hastings –, cioè nell'area circostante l'abbazia, e perché si sottolinei il passaggio della spedizione di Guglielmo e di Aroldo nelle sue vicinanze («Hic Uillelmus dux et exercitus eius venerunt ad Montem Michaelis»),

11. *La Francia nel 1180.*

e infine perché sia mostrato l'attraversamento del fiume Couesnon che sfocia davanti alla medesima abbazia[31].

Nel ricamo però c'è anche «una netta presa di distanza dal complesso dei valori che connotavano il mondo laico»[32]: a esprimere più chiaramente questo giudizio sono riservati soprattutto i bordi, attraverso la scelta delle favole di Esopo che lì sono rappresentate, legate agli episodi della fascia centrale a cui fanno da cornice. In queste favole non esistono i buoni o

12. *Aelfgyva presa a schiaffi da un chierico*, Bayeux, Centro Guillaume-le-Conquérant, 1066 ca.

i cattivi, tutti gli animali sono in fondo modelli negativi: ad esempio se la volpe riesce a mangiare con l'inganno il formaggio del corvo, questi l'aveva però rubato da una finestra. Le storie ruotano intorno a temi come l'inganno, il tradimento, la prepotenza dell'animale più forte verso quello più debole. Qui si esprime il giudizio del programmatore, il giudizio del monaco, diffidente e distaccato rispetto agli aristocratici, ai loro giochi di potere e ai loro comportamenti.

Nella fascia centrale rivolta al largo pubblico dei laici l'invito è a superare il trauma del massacro e dello scontro, a una riconciliazione, com'è evidente soprattutto nella pietà mostrata verso i soldati inglesi,

13. *Il colloquio fra re Edoardo e Aroldo; morte del re.*

vittime della violenza dei normanni, con quei cadaveri mutilati, fatti a pezzi, denudati. Nei bordi si svolge invece un altro discorso, più colto e più stringato, diretto forse agli stessi monaci, portato a «criticare i fondamenti del sistema politico laico» e non soltanto singoli episodi[33].

Su quest'opera così famosa e così studiata rimangono davvero tanti gli interrogativi irrisolti, a cominciare dal possibile committente, che doveva disporre di notevoli mezzi finanziari: il candidato più probabile sembra essere Oddone vescovo di Bayeux che nella tappezzeria ha un ruolo molto importante[34], ma non è del tutto sicuro. Dibattuta è l'originaria collocazione della stoffa: in una chiesa, ma dove, in Inghilterra o in Normandia? o invece in una sala di un palazzo nobiliare? Ugualmente insoluta è la que-

14. *I funerali di re Aroldo.*

stione della data, forse fra il 1066 e il 1068 se si tiene presente l'opera di pacificazione intrapresa in quegli anni da Guglielmo il Conquistatore; se si suppone che il programmatore sia stato Scolland dovremmo pensare a un tempo posteriore al 1070, l'anno in cui egli divenne abate di Sant'Agostino a Canterbury. Se si tiene invece presente il ruolo di Oddone, certamente il ricamo fu finito prima del 1082 quando il vescovo cadde in disgrazia e fu imprigionato. E infine quali mani si adoperarono per il suo compimento, mani femminili o maschili? Lasciamo dibattere gli esperti.

Donne inermi. È vero che la storia ricamata è un racconto in cui una larga parte è dedicata a imprese di guerra, ma avremmo potuto incon-

15. *La fuga dalla casa incendiata.*

trare le donne tra la folla che segue il feretro di re Edoardo o in quella che assiste alla incoronazione di Aroldo o fra le persone spaventate per l'arrivo della cometa: evidentemente chi ha disegnato il programma aveva una vena misogina[35], tanto più se pensiamo al probabile impaginatore Scolland, vissuto in monastero.

La prima donna raffigurata è la misteriosa «Aelfgyva» («Ubi unus clericus et Aelfgyva», recita la scritta), presa a schiaffi da un chierico (**fig. 12**). L'uomo tiene il braccio sinistro sul fianco nel tipico gesto del potente o meglio del prepotente[36]. Sono stati fatti molti tentativi per identificare chi fosse questa donna, senza successo. Dovette essere stata coinvolta in qualche scandalo di natura sessuale perché nel bordo sot-

16. *Uno stupro imminente.*

17. Particolare della figura precedente.

tostante si vede un uomo nudo con i genitali bene in vista che ripete in modo speculare i gesti del chierico, qui mano destra sul fianco e braccio sinistro proteso in avanti. Da notare che Aelfgyva è di taglia più piccola rispetto all'aggressore.

La seconda donna, che non ha nemmeno diritto a una scritta che la identifichi, piange in posizione defilata in fondo al letto dove sta morendo il re Edoardo il Confessore (**fig. 13**). «Hic Eadwardus rex in lecto alloquitur» recita la scritta e infatti il sovrano, che ha bisogno di aiuto per sollevarsi un poco, ha le prime tre dita della mano destra atteggiate nel gesto della parola e quasi sfiora la mano di Aroldo mentre un religioso (un vescovo?) conforta il re e in qualità di testimone ascolta l'importantissimo colloquio.

La donna, che potrebbe essere la moglie Edith, come al solito di taglia minuscola rispetto a quella degli altri personaggi, si asciuga gli occhi con un lembo del velo e indica con l'indice il consorte: non la rivedremo più

18. *L'inizio della battaglia di Hastings.*

19. Particolare della figura precedente.

20. Particolare della figura 18.

né a piangerne il cadavere né a presenziare alle esequie. Invece è stato dato spazio al cane che dal bordo della striscia ricamata abbaia con il muso rivolto in alto ai portatori del feretro, mentre si dirigono verso la chiesa di San Pietro[37] (**fig. 14**).

In uno dei tanti episodi che illustrano il violento arrivo dei normanni in Britannia viene distrutta una casa, probabilmente perché ostacolava la visibilità del campo di battaglia e dell'arrivo dei nemici. Due uomini con lunghe torce sono riusciti a mettere a fuoco il tetto di una casa da cui si sprigionano alte fiamme («Hic domus incenditur», spiega la didascalia) (**fig. 15**).

Dal vano inferiore fugge soltanto una donna benestante, come si intuisce dalla veste, tenendo per mano un piccolo bambino. Madre e figlio sono rappresentati di taglia decisamente inferiore rispetto agli uomini che stanno demolendo l'edificio in ossequio, lo ripeto, alla ben nota griglia medievale delle proporzioni rapportate ai valori.

Nei bordi della striscia ricamata compaiono ancora tre donne in coppia con un uomo, sempre totalmente nudi, di non chiara decifrazione. Sotto alla scena di Guido che porta Aroldo prigioniero da Guglielmo vediamo un uomo con il pene eretto che brama di impossessarsi di una donna che piange e sembra coprirsi con delle foglie: la donna potrebbe alludere alla condizione assai precaria di Aroldo in quel momento (**figg. 16-17**).

Nel bordo superiore della scena in cui inizia il combattimento di Hastings ci sono due coppie quasi speculari senza alcun dettaglio erotico. Nella prima l'uomo porta l'ascia e sembra consegnare un recipiente alla donna, forse contiene le cose per lui più preziose (**figg. 18-19**). Forse entrambe le coppie rappresentano un addio, il dolore della separazione, magari per sempre, dato lo scontro imminente; la donna della seconda coppia ha il capo chino[38] (**fig. 20**).

La strage degli innocenti. Donne e *mai* uomini sono appaiati ai bambini in temi in cui elemento costante è l'impossibilità di resistere alla violenza.

La debolezza della donna nel tema del Massacro degli innocenti si lega a quella dei bambini inermi che in tante immagini ci appaiono privi di espressione, ma non per questo privi di significato, perché servono ad attivare la rappresentazione di soprusi e violenze sui quali lo spettatore è sollecitato a riflettere.

Solo il Vangelo di Matteo 2,16-18 descrive il furore di Erode che, vistosi beffato dai Magi non più tornati a portargli notizie, temendo di essere spodestato dal «re dei Giudei» appena nato, decise di fare

21. *Massacro degli innocenti*, Berlin, Staatliche Museen, 400 d.C.

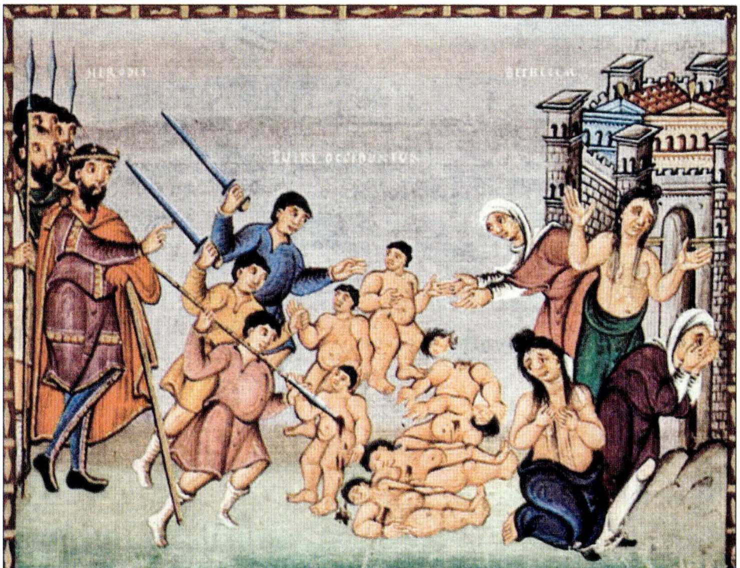

22. *Erode ordina il massacro degli innocenti*, Trier, Stadtbibliothek, ms. 24, f. 15v (*Codex Egberti*), 980-90.

23. *Il dolore delle madri durante il massacro degli innocenti*, Zillis, chiesa di San Martino, metà del XII sec.

uccidere tutti i bambini di meno di due anni in Betlemme e in tutto il territorio. L'episodio, secondo Matteo, adempiva la profezia di Geremia 31,15 quando si era udita la voce di Rachele nella tomba che piangeva i Giudei fatti uccidere o deportati da Nabucodonosor, dopo essere stati concentrati a Rama.

È solo una convenzione iconografica che nel massacro degli innocenti non sia *mai* presente un padre che intervenga a difesa dei figli ma solo madri impotenti e disperate. Infatti, ad esempio, il vescovo Quodvultdeus (morto nel 454) racconta invece il dolore di entrambi i genitori e rivolgendosi a Erode scrive: «Le madri che piangono non ti fanno tornare sui tuoi passi, non ti commuove il *lamento dei padri* per l'uccisione dei loro figli, non ti arresta il gemito straziante dei bambini»[39].

La rappresentazione più antica è in una tavoletta in avorio di un dittico con scene della vita di Cristo del V secolo[40] (**fig. 21**). Il vecchio Erode in trono, con il gesto della parola, ordina l'esecuzione, particolarmente cruda perché i bambini muoiono sbattuti per terra. Recita il terribile salmo 137(136): «Figlia di Babilonia devastatrice, beato chi ti renderà quanto ci hai fatto. Beato chi afferrerà i tuoi piccoli e li sfracellerà contro la pietra»[41]. Un bambino giace ai piedi del trono con il viso affondato sul suolo, teneramente grassoccio come sanno essere i neonati,

A fronte:

24-25. *Il Massacro degli innocenti* (in alto), e *Le madri poco prima della strage dei loro figli* (in basso).

26. *Ai Napoletani è proibito lasciare la città*, Bern, Burgerbibliothek, ms. 120 II, Pietro da Eboli, *Liber ad honorem Augusti sive De rebus Siculis*, f. 113r, 1196.

27. *La preoccupazione delle donne di Napoli per i loro familiari*, part. della fig. precedente.

le braccia disposte in modo da ricordare il forzato volo impetuoso. Le madri gridano alzando le mani al cielo, invano.

Nella miniatura del Codice di Egberto[42] del X secolo, i bambini sembrano invece minuscoli adulti inerti (**fig. 22**): servono però a innescare una riuscita rappresentazione della disperazione delle madri che si legge non solo nei gesti ma anche nelle espressioni del volto. Si può parlare dunque di uno *spostamento* nell'espressione dei sentimenti provocati dalla strage dei bimbi uccisi dalla sete di potere.

Nel soffitto ligneo della chiesa di San Martino a Zillis (Svizzera) della metà del XII secolo, dedicato in massima parte alla vita di Cristo[43] e interamente dipinto per un totale di 153 tavolette, ben sei di queste illustrano il massacro degli Innocenti: due tavolette raffigurano quattro madri (**figg. 23-24**), tutte con i lunghi capelli sciolti in segno di lutto – nelle altre, le donne che compaiono in scene della vita di Cristo hanno invece i capelli raccolti e adorni di coroncine. Nella prima tavoletta due madri sono in piedi perché sono le più vicine al massacro in atto: una, già privata del figlio, si strappa i capelli e l'altra tiene stretto a sé, vanamente, un neonato fasciato fino al collo; nella seconda le donne sono invece sedute, come se la vita scorresse ancora nella sua normalità:

28. *Donna sui trampoli che allatta il suo bambino*, London, British Library, ms. Royal 10 E IV, f. 29v, 1335-40.

una allatta il proprio piccolo, la seconda abbraccia teneramente il figlio più cresciuto (**fig. 25**).

Vorrei far notare che i bambini in braccio alle madri sono tutti vestiti, quelli invece afferrati dagli scherani sono completamente nudi, perché stanno per divenire martiri, i Santi Innocenti che la Chiesa festeggia il 28 dicembre[44]. Nudi perché per la loro brevissima vita hanno lo statuto di neonati.

Anche se non in una scena così tragica come quella del massacro degli innocenti, il binomio donna-bambino è usato dal miniatore che ha decorato il poema di Pietro da Eboli, *Liber ad honorem Augusti* (Enrico VI) del 1196, per rappresentare l'angoscia: quella della città di Napoli durante lo scontro con l'esercito imperiale di Enrico VI (**fig. 26**).

Nonostante l'imperatore avesse tolto l'assedio, la situazione rimaneva precaria e le donne pensavano alla dubbia sorte dei familiari in ostaggio che avrebbero dovuto seguire l'imperatore nel viaggio di ritorno in Germania, lasciandole sole e abbandonate[45]. A f. 113r sono rappresentate tre donne in un atteggiamento molto malinconico, chiuse nelle loro case a filare la lana; una quarta, atteggiata nel tipico gesto di dolore, è accompagnata dal suo figlioletto che le si rivolge preoccupato[46] (**fig. 27**).

Certamente non è una rappresentazione realistica ma soltanto il divertimento del miniatore che con le sue *drôleries*, con i suoi bizzarri interventi, ha alleggerito una fitta pagina di uno splendido manoscritto delle decretali di Gregorio IX[47] (**fig. 28**). Anche se è solo una fantasia, questa la dice lunga sulle associazioni mentali che scattavano nel rappresentare una donna: la vediamo in precario equilibrio costretta a camminare su altissimi trampoli mentre allatta il suo bambino e in più tiene sulla testa un pesante recipiente, probabilmente una brocca piena d'acqua. Allevare i figli e lavorare duramente, questo sembra essere, per il nostro miniatore, il destino di una donna, il perfetto destino di una donna in ombra.

Capitolo 2

Il corpo peccatore, il corpo senza peccato. Eva, Maddalena e Maria

La doppia creazione di Eva

La creazione divina che apre il libro del Genesi è esposta in due racconti posti uno di seguito all'altro ma completamente diversi fra loro, anche per tempo e luogo di composizione[1]. Nel Medioevo furono letti come una narrazione unitaria, anche se l'attenzione e la riflessione furono poste decisamente sul secondo.

Il Dio di Genesi 1, il racconto più recente rispetto al secondo, è un Dio invisibile che pianifica ogni giorno per una settimana la creazione dell'universo, a partire dalle acque e dalle tenebre primordiali. Il sesto giorno, dopo che nel precedente i mari e i cieli si erano popolati di pesci e uccelli (1,20-23) tocca alla terra ospitare gli animali e, infine, la coppia umana (1,24-30): «Dio creò l'uomo a sua immagine, a immagine di Dio lo creò, maschio e femmina li creò. Dio li benedisse e disse loro: "Crescete e moltiplicatevi, riempite la terra e soggiogatela e abbiate dominio sui pesci del mare e sui volatili del cielo, e su tutti quanti gli esseri viventi che si muovono sulla terra"» (1,27-28). Dio prevede come nutrimento per tutti, per gli uccelli, per le belve e per gli uomini, esclusivamente «le erbe verdi» (1,29-30). Dopo avere visto che tutto ciò che aveva fatto «era molto buono» (1,31), Dio si riposò e assegnò una destinazione sacra al settimo giorno (2,1-3), adombrando la legge del riposo festivo per il culto formalizzata in Esodo 20,11[2].

L'universo di Genesi 1 è totalmente positivo e per sette volte è ripetuta la frase: «E Dio vide che era buono». Il primo racconto finisce qui, privo di proibizioni; nessuno lavora, il nutrimento è spontaneo e non vi è alcuna trasgressione da parte dei progenitori.

L'autore descrive come avvio una terra sommersa dalle acque che a poco a poco riemerge e si popola di vita: così accadeva in Mesopotamia e in Egitto, ma non in Israele, che è invece il paesaggio tenuto presente dal secondo racconto, più arcaico e più antico, che inizia rappresentando subito un deserto dove non è ancora mai piovuto. Dio plasma subito soltanto l'uomo maschio, impastando la polvere del suolo e ne fa una statua cui inietta poi un alito di vita (2,7). Quindi fa crescere un giardino – un'oasi nel deserto palestinese? – e in particolare due alberi, l'albero della vita e l'albero della conoscenza del bene e del male, dei cui frutti non ci si può cibare: ecco apparire una nota negativa. Dio vuole che la sua creatura lavori nel giardino, ma è impossibile, perché privo di aiuto. Dio rimedia creando l'intera fauna e delega ad Adamo – solo qui sappiamo il suo nome – il compito dell'assegnazione di un nome e di un ruolo a ciascun animale. Adamo vorrebbe condividere il lavoro con qualcuno simile a lui e Dio di nuovo deve intervenire creando una compagna: addormenta Adamo, gli toglie una costola, chiude con carne il vuoto creatosi e forma una donna dalla costola estratta. Adamo finalmente la riconosce come «osso delle mie ossa e carne della mia carne» ma introduce una scala gerarchica perché aggiunge: «si chiamerà "donna" ["virago"] perché dall'uomo ["vir"] è stata tratta»[3]. Che si chiami Eva lo si saprà solo dopo che la donna avrà ascoltato il suggerimento del serpente di gustare i frutti dell'albero del bene e del male. «Poi l'uomo chiamò Eva la sua donna, perché essa fu la madre di tutti i viventi» (2,20).

Adamo dunque assegna il nome agli animali e alla donna; è lui, il maschio, che decide il destino di tutti e che li domina.

Dopo il peccato Dio mutò il lavoro di Adamo, prima sereno, in penoso e faticoso perché il suolo era diventato arido e ostile. Eva fu punita maggiormente in quanto, nella seconda narrazione biblica, fu lei a istigare il compagno alla disobbedienza: «Moltiplicherò i tuoi dolori e le tue gravidanze, con dolore partorirai i figli. Il tuo desiderio ti spingerà verso tuo marito ed egli ti dominerà» (3,16): come si vede, da subito la donna è indicata come sottomessa e tale è per la sua lussuria. Per ulteriore pena i progenitori dovranno entrambi morire. Infine, con l'uccisione di Abele da parte di Caino entrano nel mondo la violenza e il delitto.

Con la fine del Diluvio universale Dio – che si era pentito di avere creato l'uomo per la sua malvagità (6,5) – stabilì un nuovo patto di alleanza. Alla fine del suo discorso rivolto a Noè e alla sua famiglia, dopo avere ribadito la sottomissione degli animali della terra e del cielo agli uomini, spiega che gli animali potranno anche essere mangiati (con opportune regole) e puniti se uccideranno gli uomini. Conclude infine con una generale benedizione: «Chi sparge il sangue dell'uomo, il suo sangue sarà sparso, perché l'uomo è stato fatto a immagine di Dio. E voi, crescete e moltiplicatevi, siate numerosi sulla terra e dominatela» (Genesi 9,1-7)[4].

Qui si cita il primo racconto della creazione, ribadendo che l'uomo è stato creato a somiglianza di Dio (Genesi 1,27). Il versetto è riportato però solo nella prima metà; nella sua interezza recita: «Dio creò l'uomo a sua immagine, a immagine di Dio lo creò, maschio e femmina li creò». Il Dio di Noè, che è chiaramente rivolto ai soli uomini («dominate la terra» e poi ancora: «incutete tremore e terrore a tutti gli animali»), dimentica di ribadire che anche la donna era stata creata a somiglianza dell'immagine di Dio. Dimentica anche il nutrimento di sole «erbe verdi» (Genesi 1,29-30) previsto per gli uomini e per ogni essere vivente. Gli animali sono diventati carnivori[5].

Dare la parola, togliere la parola: Cristo e san Paolo

Tutte e tre le religioni monoteiste, l'ebraica, la cristiana e l'islamica hanno condizionato pesantemente la vita della donna e, di riflesso, l'immagine che questa si è costruita di sé stessa. Ai primi tempi del cristianesimo la Chiesa che si andava formando lasciò sullo sfondo il rapporto di amicizia e di affetto di Cristo con le donne, un gruppo delle quali lo seguiva. Di fronte agli uomini che volevano lapidare una donna sorpresa in flagrante adulterio Cristo li costringe, loro che credono di essere ovviamente nel giusto, a un esame di coscienza e a scoprirsi, *alla pari*, colpevoli: «Chi è senza peccato scagli la prima pietra» (Giovanni 8,1-11).

Nel Vangelo di Giovanni 20,16-17 è Maria di Magdala che riconosce Cristo nel custode del giardino dove egli era stato sepolto: «Gesù le disse: "Non mi trattenere, perché ancora non sono salito al Padre; ma va dai miei fratelli e di' loro che salgo al Padre mio e Padre vostro, Dio mio e Dio vostro". Maria di Magdala andò ad annunciare ai discepoli: "Ho visto il Signore!" e ciò che aveva detto»[6]: dunque è una donna la più importante testimone della resurrezione ed è una donna che l'annuncia ai discepoli.

Tale soggetto è rappresentato in una miniatura (**fig. 29**) del cosiddetto Salterio di St. Albans, redatto al tempo dell'abate Goffredo di Gorron (1119-46) per l'uso personale di Cristina di Markyate, una santa eremita e mistica inglese, dalla drammaticissima vita prima di approdare al chiostro e divenire priora di un proprio monastero[7]. Una colonna divide la scena in due settori. A sinistra Maria Maddalena grandeggia isolata dominando il suo spazio rettangolare, mentre sotto un arco si affollano gli undici apostoli. Il ruolo autorevole della donna, accentuato anche

29. *La Maddalena annuncia ai discepoli la resurrezione di Cristo*, Hildesheim, Dombibliothek, ms. St. God. 1, f. 51r, prima del 1123.

dall'indice della destra alzato, deriva dal fatto che essa sta comunicando la strepitosa notizia dell'incontro con Cristo e il suo messaggio.

In quest'epoca raramente viene illustrato l'episodio dell'annuncio di Maddalena agli apostoli, ma non è solo in questa miniatura che si riflette la forte personalità della destinataria, la vita della quale si rispecchia nelle immagini del manoscritto[8]. Infatti in un'altra immagine del salterio, l'Ascensione di Cristo al cielo, alla presenza degli apostoli si è aggiunta, ben più alta di loro, la Madonna e in posizione dominante, al centro della scena (**fig. 30**). La sua presenza non è attestata dai Vangeli[9], così come non è attestata negli Atti degli Apostoli 2,1-3 per la discesa dello Spirito Santo. Nella adiacente miniatura però la Vergine grandeggia al centro, seduta in posizione frontale, mentre gli apostoli di profilo e piccoli rispetto alla Vergine sono assiepati ai lati (**fig. 31**).

In queste tre miniature vi è una significativa presenza di donne nella vita di Cristo: essa riflette la spiritualità al femminile della mistica Cristina, testimone nelle sue visioni della scomparsa miracolosa di Cristo e della discesa dello Spirito Santo in forma di colomba[10].

Nel Vangelo di Luca (24,1-12) non è Cristo che parla alla Maddalena ma due angeli apparsi a lei, a Giovanna e a Maria madre di Giacomo che, recatesi al sepolcro di Cristo e avendolo trovato vuoto, erano sconcertate e impaurite. «Perché cercate tra i morti colui che è vivo?», dissero loro i due uomini apparsi in abiti sfolgoranti: «Non è qui, è risorto. Ricordatevi come vi parlò quando era ancora in Galilea. E diceva: "Bisogna che il Figlio dell'uomo sia consegnato in mano ai peccatori, sia crocifisso e risorga il terzo giorno"». Ed esse si ricordarono delle sue parole e, tornate dal sepolcro, annunciarono tutto questo agli Undici e a tutti gli altri. Gli apostoli poi non credettero, all'infuori di Pietro che andò al sepolcro, lo trovò vuoto e «tornò indietro, pieno di stupore per l'accaduto»[11]. In questo passo, è interessante notare che interlocutori di Cristo sono, oltre agli uomini, le donne alle quali svela la sua missione e la sua futura Passione.

Un altro colloquio, via via sempre più intenso, raccolto dal Vangelo di Giovanni 4,5-42, ha luogo vicino a Sichar (una città della Samaria), presso un pozzo, fra Cristo, stanco e assetato dopo un lungo cammino – era infatti mezzogiorno –, e una donna venuta ad attingere acqua (i discepoli nel frattempo erano andati in città in cerca di cibo). Cristo le chiede da bere e la samaritana, che lo riconosce come giudeo, si stupisce (i giudei erano infatti ostili ai samaritani, li ritenevano impuri insieme agli utensili che maneggiavano). Inizia un fitto dialogo in cui l'acqua, nelle parole di Cristo, si tramuta nell'acqua viva che spegne ogni sete in eter-

30. *L'Ascensione*, Hildesheim, Dombibliothek, ms. St. God. 1, f. 54v, prima del 1123.

31. *La Pentecoste*, Hildesheim, Dombibliothek, ms. St. God. 1, f. 55r, prima del 1123.

32. *La samaritana al pozzo*, Venezia, San Marco, transetto sud, prima metà del XII sec.

no. La donna, quando Cristo le rivela i suoi segreti più intimi (ha avuto cinque mariti e attualmente convive con un uomo che non è suo sposo), lo riconosce come profeta. Il dialogo diventa ancora più teologico finché Cristo, svelando di essere il Messia, dice alla donna: «Viene l'ora, ed è questa, in cui veri adoratori adoreranno il Padre in spirito e verità»[12], cioè ci sarà un culto spirituale e universale che permetterà di conoscere Dio come Padre, un culto rispondente alla pienezza della rivelazione divina. A questo punto giungono i discepoli che si «meravigliarono che [il Maestro] parlasse a una donna», contro gli usi che proibivano a un uomo di parlare a una sconosciuta e per di più, in questo caso, samaritana. Soprattutto si stupivano che a una donna Cristo avesse rivelato uno dei segreti del regno di Dio. C'è un particolare da romanzo. Nell'impeto della sorpresa e dell'entusiasmo di fronte all'uomo che le si è rivelato come il Messia, la samaritana, per correre in città e annunciare la notizia, abbandona la sua anfora. Quell'anfora segna il cambiamento psicologico della samaritana che passa dal disprezzo e dall'ostilità al rispetto, alla fiducia, e infine alla fede: «La donna intanto lasciò la sua anfora, andò in città e disse alla gente: "Venite a vedere un uomo che mi ha detto tutto quello che ho fatto: che sia lui il Messia?". Uscirono dalla città e andarono da lui. [...] Molti samaritani di quella città credettero in lui per la parola della donna che testimoniava». Cristo si trattenne due giorni e molti dicevano alla donna: «Non è più per quanto hai detto tu che crediamo; noi stessi lo abbiamo ascoltato e sappiamo che questi è veramente il salvatore del mondo»[13].

In un particolare dei mosaici della basilica di San Marco a Venezia (**fig. 32**) è rappresentato il momento cruciale dell'intero episodio: i discepoli meravigliati scoprono che Cristo sta parlando con la samaritana e subito dopo la donna dialoga con i concittadini addossati l'uno all'altro; la prospettiva del pozzo è ribaltata per permettere di vedere come fosse pieno d'acqua. All'annunciatrice è concesso tutt'intorno un ampio spazio che la isola e le conferisce autorevolezza. La didascalia interpreta il significato della scena: «La fonte d'acqua viva dà dunque da bere alla samaritana» («Dat potum sane fons vivus Samaritane»), mentre poco oltre si legge l'annuncio della donna ai suoi concittadini: «Venite a vedere l'uomo che mi ha detto tutto quello che ho fatto» («Venite, videte quem mihi dixit omnia que fecit»)[14].

E ancora, Cristo aveva un'amicizia profonda con due donne, Marta e Maria (Luca 10,38-42), che ritroveremo in Giovanni 11, sorelle di Lazzaro. Quando un giorno egli si era fermato nella loro casa, Marta affaccendata nel preparare una degna accoglienza all'ospite protestò con lui per non essere aiutata dalla sorella che invece, seduta ai suoi piedi, lo ascoltava. Ma il Signore rispose: «Marta, Marta, tu ti affanni e ti agiti per molte cose, ma di una sola cosa c'è bisogno. Maria ha scelto la parte migliore, che non le sarà tolta»[15]. Quest'episodio è stato interpretato in seguito come la proclamazione della superiorità della vita contemplativa su quella attiva, ma non è così. Cristo sottolinea l'importanza della Parola che chiama all'impegno e alla fede. Nell'affresco di Giovanni da Milano (1346-69) siamo in una bella sala dove la tavola è imbandita (**fig. 33**). Mentre accoccolata a terra Maria fissa intenta Cristo, costui con il dito alzato si volge a Marta poco più in là che, con un vistoso grembiule alla vita, protesta indicando poi sé stessa in cucina, china a badare al fuoco scoppiettante del camino. Alle spalle di Marta alcuni uomini, tutti, come le due sorelle, con il nimbo. Il primo, il più anziano, potrebbe essere Lazzaro e gli altri, alcuni discepoli: dai loro gesti notiamo che parteggiano per Marta.

Ritroviamo le due sorelle nel famoso episodio della morte e resurrezione del loro fratello Lazzaro (Giovanni 11,1-45). Cristo, dice l'evangelista, «amava Marta e sua sorella e Lazzaro» e specifica: «Maria era quella che cosparse di profumo il Signore e gli asciugò i piedi con i suoi capelli» (11,2)[16].

Cristo era lontano quando le sorelle gli fecero sapere che Lazzaro era malato chiedendogli di venire presto. Si mise in viaggio ma giunto a Betània seppe da Marta, andatagli incontro, che Lazzaro, morto da quattro giorni, era stato sepolto. Marta gli disse anche di essere sicura che se l'amico fosse arrivato prima il fratello non sarebbe morto; tuttavia ribadì a lungo la sua fede in lui. Cristo, in risposta, dichiarò con forza di essere il Figlio di Dio, di essere «la resurrezione e la vita» e che Lazzaro sarebbe risorto. Poi, chiamata da Marta, arrivò Maria che si buttò ai piedi del suo Maestro ripetendo le parole della sorella. Gesù «quando la vide piangere, e piangere anche i giudei giunti con lei, si commosse profondamente [...] e scoppiò in pianto»[17]. Poi si fece guidare fino alla grotta chiusa da una pietra dove l'amico era stato inumato. Marta sulle prime si oppose alla rimozione della pietra temendo i miasmi della putrefazione, ma Cristo ordinò a gran voce a Lazzaro di uscire, e Lazzaro si mostrò, con i piedi e le mani avvolti in bende, il volto coperto da un sudario.

Giotto, nel ciclo di Cristo affrescato nella Cappella degli Scrovegni a Padova, unì in un'unica scena i due momenti della supplica di Marta e Maria e della comparsa del loro fratello sulla soglia della grotta, avvolto nelle bende, con gli occhi socchiusi, il viso affilato, la pelle verdastra (**fig. 34**). Lo sostengono forse Pietro e Giovanni, con il volto coperto, mentre rivolti a Cristo lo fissano, interrogativi; anche un altro discepolo, alle spalle di Giovanni, ha il volto velato e accenna al fetore del cadavere. Le due sorelle sono a terra con le mani protese in una supplica veemente, tuttavia lo sguardo è pieno di speranza. (Un tocco di virtuosismo è il trasparire dell'orecchio al di sotto del velo sottile di Marta, in primo piano.) Al bordo della grotta, a sinistra, si è arrestato un ebreo pensoso, con la sinistra sotto il mento, mentre con la destra sollevata trattiene il gruppo dei compagni, l'agitarsi di mani, la calca curiosa. L'evento si raccoglie tutto nell'attimo di sospensione che blocca i personaggi, già certi del miracolo.

Un'altra volta Giovanni racconta di Maria, sorella di Lazzaro. Sei giorni prima della Pasqua, Cristo si era recato di nuovo dai tre fratelli fermandosi a cena, dove, come al solito, Marta serviva. Maria prese allora «trecento grammi di profumo di puro nardo assai prezioso, ne cosparse i piedi di Gesù poi li asciugò con i suoi capelli». Alle violente proteste di Giuda che giudica uno spreco il denaro impiegato per il profumo, denaro che avrebbe potuto essere dato ai poveri, Cristo risponde: «Lasciala fare, essa lo ha riservato per il giorno della mia sepoltura[18]. I poveri infatti li avrete sempre con voi, ma non sempre avrete me» (Giovanni 12,3-8)[19]. Questa non è l'ultima testimonianza di una tenera devozione da parte

33. Giovanni da Milano, *Cristo in casa di Marta e Maria*, Firenze, Santa Croce, Cappella Rinuccini, 1346-69.

di Maria. Lo spargimento dei profumi è raccontato anche, in maniera pressoché identica, in Matteo 26,6-13 e Marco 14,3-9. Sempre a Betània, secondo il Vangelo di Matteo, Cristo è a cena da Simone il lebbroso (intendendo: guarito da Cristo, ovviamente); la donna non ha nome e il profumo è sparso non sui piedi ma sul capo. Alle proteste dei discepoli in Matteo, di Giuda in Marco, per quel gesto che viene ritenuto uno spreco, Cristo dà una risposta assai più ampia rispetto a quella riportata da Giovanni, nella quale ancora una volta risalta quanto egli tenga in conto le donne: «Perché date fastidio a questa donna? Certo, essa ha compiuto verso di me un'opera buona. I poveri infatti li avete sempre con voi ma voi non avete sempre me. Versando questo unguento sul mio corpo, essa lo ha fatto per la mia sepoltura. In verità vi dico: dovunque

34. Giotto, *La resurrezione di Lazzaro*, Padova, Cappella degli Scrovegni, 1305 ca.

sarà predicato questo Vangelo, nel mondo intero, sarà detto anche ciò che costei ha fatto, in ricordo di lei»[20]. In Luca 7,36-48, Gesù è invece a cena da un fariseo di nome Simone (da identificare con Simone il lebbroso). La donna «è una peccatrice della città di Betània» che, fermatasi dietro a Cristo, all'altezza dei suoi piedi[21], piangendo glieli bagna con le sue lacrime, li asciuga con i suoi capelli e li cosparge del profumo portato in un vaso. Al fariseo che protesta perché è stato permesso a una peccatrice (legalmente impura) di accostarsi, Cristo, in un lungo discorso, sottolineando l'affetto della donna, conclude: «Per questo ti dico: sono perdonati i suoi molti peccati, perché ha molto amato. Alla donna disse: "La tua fede ti ha salvata, va in pace"»[22]. La fede, insieme al pentimento e all'intensa devozione, valgono alla peccatrice la salvezza.

Luca è l'evangelista che più degli altri dà rilievo alle donne nella vita di Gesù per dimostrare che il cristianesimo attribuiva loro dignità e mansioni impensabili nel mondo greco-romano. Infatti, subito dopo l'episodio della peccatrice redenta, scrive (8,1-3): «E avvenne in seguito che egli percorreva città e villaggi, predicando e annunziando la buona novella del regno di Dio. Erano con lui i dodici e alcune donne che erano state guarite da spiriti maligni e da infermità: Maria detta la Maddalena, ossessa, dalla quale erano usciti sette demoni, Giovanna, moglie di Cuza, amministratore di Erode, Susanna e molte altre che li assistevano con loro averi»[23]: donne libere di muoversi e che disponevano liberamente di risorse economiche in aiuto di Cristo e dei discepoli.

Paolo, purtroppo, non fece proprio lo sguardo di Cristo sulle donne, le descrisse come inferiori rispetto all'uomo. Data la sua autorità, condizionò negativamente nei secoli la figura femminile nella società e nella Chiesa – che anche oggi nega alle donne, senza alcuna valida ragione, l'accesso al sacro. L'orrore suscitato da una tale possibilità si materializzò, come vedremo, nella vicenda di Giovanna divenuta con l'inganno papa, mai esistita, ma che ossessionò per secoli predicatori e cronisti perché creduta storicamente vissuta.

Paolo, nella Prima lettera a Timoteo, toglie la parola alla donna che in questo modo non potrà avere alcuna influenza né alcun ruolo pubblico, scrivendo (2,11-15):

> La donna impari in silenzio, in piena sottomissione. Non permetto alla donna di insegnare, né di dominare sull'uomo; rimanga piuttosto in atteggiamento tranquillo. Perché prima è stato formato Adamo e poi Eva; e non fu Adamo a essere ingannato, ma fu la donna che si lasciò sedurre e si rese colpevole di trasgressione. Ora lei sarà salvata partorendo figli, a condizione che perseveri nella fede, nella carità e nella santificazione, con modestia[24].

Il passo paolino è ricordato anche da sant'Ambrogio, il quale conclude che «è stata la donna autrice del peccato per l'uomo, e non l'uomo per la donna»[25].

Tertulliano all'inizio del III secolo rivolgendosi alle donne, dopo avere citato la punizione divina comminata da Dio a Eva, ribadiva:

> Non sai che anche tu sei Eva? La sentenza di Dio è ancora adesso in questo mondo efficace contro il tuo sesso. Ne consegue di necessità che il reato permane tuttora. Tu sei la porta del diavolo, tu sei la profanatrice di quell'albero, tu la prima che ha violato la legge divina, tu sei quella che hai persuaso colui che il diavolo non riuscì ad adescare, tu hai infranto l'immagine di Dio, l'uomo, con tanta facilità. A causa di ciò che tu hai ottenuto – la morte – anche il Figlio di Dio ha dovuto morire[26].

35. *La tentazione e il peccato di Adamo ed Eva*, Cambridge, St. John's College, ms. K 26, f. 4r, 1270-80.

Nella letteratura religiosa maschile, soprattutto monastica, la donna non è altro che la proiezione del desiderio (colpevole) dell'uomo. Una spia evidente è la rappresentazione del serpente tentatore che, nella scena del peccato di Adamo ed Eva, può mostrarsi con una bella testa di fanciulla. In questo modo si sarà voluto spiegare come avesse fatto una bestia a sussurrare le parole della tentazione, nel ricordo delle sirene incantatrici dell'Antichità, metà donne e metà uccelli che con il loro canto facevano naufragare i marinai.

Poiché la maledizione di Dio si estende alle discendenti di Eva, è sempre attuale in loro il peccato della progenitrice. Tutte le donne sono Eva.

Questo concetto è espresso chiaramente in una delle miniature che, senza alcun testo di accompagnamento, costituiscono una sorta di prefazione a un salterio inglese (1270-80)[27]. L'immagine in questione mostra, in un'unica sequenza, la tentazione e la caduta (**fig. 35**). Il serpente è quasi completamente antropomorfizzato. Ha braccia e mani e il volto di una donna e dalla moda del tempo ha tratto la bella cuffia trattenuta dalla «binda» sotto il mento; porge con gesto insinuante il frutto proibito a Eva che lo passa al compagno. (Dobbiamo intendere che è sempre lo stesso frutto che passa di mano in mano da parte dei tre personaggi.) Sembra che il serpente-donna stia congratulandosi con Eva per il frutto tenuto da entrambe stretto fra le mani, come se «noi», le donne, ci stessimo alleando contro Adamo. È importante l'acconciatura alla moda del serpente perché aggiorna immediatamente l'antico peccato rendendolo contemporaneo a chi osservava la miniatura. Da notare anche che, mentre Adamo ha i capelli scuri, sia Eva che il serpente-donna li hanno biondi, perché i capelli biondi sono un ulteriore elemento di seduzione nei confronti dell'uomo[28].

Un ciclo di miniature come queste era uno strumento educativo; i salmi servivano ai fanciulli per imparare il latino e costruire frasi che venivano poi adattate per raccontare il contenuto delle miniature medesime: così la pericolosità del sesso femminile era appresa insieme ai primi rudimenti della lingua.

Avere attribuito al serpente tentatore un volto di donna dà la misura di come il peccato fosse vissuto da un punto di vista squisitamente maschile, rappresentato secondo questa direttiva, anche a rischio di incorrere in una incongruenza: per Eva infatti sarebbe stato certo più attraente il viso di un bel giovane, piuttosto che quello di una donna.

Eva non seppe fare il giusto uso del linguaggio e per prima rispose al serpente; questa debolezza continua nelle sue discendenti che perfino in chiesa, dove ogni loro parola dovrebbe essere dedicata a Dio, spargono vane chiacchiere, aizzate dal Maligno. Questo è il significato di una «misericordia»[29] nella chiesa di St. Mary di Enville nello Staffordshire, del XV secolo (**fig. 36**), dove si vedono due donne che, dimenticato il messale e il rosario, chiacchierano animatamente, ascoltate da un enorme diavolo il quale, immediatamente al di sopra, le osserva e le abbraccia gongolante con le sue ali di pipistrello infernale.

Ancora un grande abate e santo, Oddone di Cluny, morto nel 942, emette un giudizio spietato contro la donna, che appare spogliata di ogni umanità e ricchezza psicologica, ridotta solo a un corpo di cui avere orrore:

> La bellezza del corpo sta solo nella pelle. In realtà se gli *uomini* potessero vedere ciò che è sotto la pelle, come si dice delle linci della Beozia che possono vedere le interiora, la vista delle *donne* darebbe loro la nausea. Questa bellezza consiste in flemma, sangue, umore e fiele. Se vedessero che cosa hanno in gola, e che cosa nel ventre, troverebbero senza dubbio solo lordura. Mentre non sopportiamo di toccare uno sputo o un escremento nemmeno con la punta delle dita, come possiamo desiderare di abbracciare questo sacco di escrementi?[30]

Sempre Oddone di Cluny, narrando la giovinezza di san Giraldo d'Aurillac di cui scrisse la *Vita*, fa intervenire il demonio che suscita nel futuro santo una tentazione carnale. E ovviamente, spiega il biografo, il diavolo

> ricorse allo strumento dell'inganno con il quale o Adamo o i suoi discendenti massimamente sogliono essere ingannati, ricorse alla donna, intendo. Si dice che a Giraldo accadde di scorgere una giovinetta. E mentre incauto contemplava il colore di quella pelle bellissima, cominciò a cedere al piacere che gli procurava. Oh, se immediatamente avesse visto con la mente cosa si nascondeva sotto la pelle! Poiché tranne l'inganno della pelle, nella carne non c'è niente di bello[31].

Ovviamente Oddone non è sfiorato dal pensiero che le donne, a loro volta, potessero formulare un analogo ragionamento rispetto all'uomo.

Ancora oggi, entrando in chiesa, con l'arrivo della bella stagione spuntano cartelli che prescrivono soprattutto alla donna un abbigliamento

36. *Due donne chiacchierano in chiesa ascoltate dal demonio che approva felice*, Enville, Staffordshire, chiesa di St. Mary, XV sec.

decente, a volte si spingono a imporle cappe di tessuto-non tessuto per rimediare ad abbigliamenti ritenuti non appropriati. Perché? Perché il suo corpo potrebbe essere occasione di peccato: suo, verso Dio, e come tentatrice, verso gli uomini. Quando ero giovane i precetti erano più severi e dettagliati: era necessario indossare le calze anche d'estate, avere le maniche lunghe oltre il gomito e sempre il velo in testa, meglio se nero. Nella Prima lettera ai Corinzi (11,3; 11,7-9) di nuovo Paolo sentenzia che la donna durante la preghiera deve coprirsi il capo, spiegandone la ragione: «Voglio che sappiate che di ogni uomo il capo è Cristo, e capo della donna è l'uomo e capo di Cristo è Dio. [...] L'uomo non deve coprirsi il capo, poiché egli è immagine e gloria di Dio; la donna invece è gloria dell'uomo. E infatti non è l'uomo che deriva dalla donna, ma la donna dall'uomo; né l'uomo fu creato per la donna, ma la donna per l'uomo»[32]: Eva, anche quando non è evocata come peccatrice, è comunque sottintesa e presente, subordinata e inferiore rispetto all'uomo e addirittura, come gli animali, non immagine di Dio.

Mentre esiste qualche rara testimonianza che mostra il Creatore nell'atto di estrarre la costola dal progenitore addormentato e successivamente presenta Eva nella sua interezza ad Adamo che la riconosce come sua compagna, l'iconografia che si è imposta dall'XI secolo in poi è quella di Eva che nasce già interamente formata dal corpo di Adamo a cui tutto deve[33]. Mi limito a due esempi.

37. *Dalla creazione alla punizione dei progenitori*, Paris, BNF, ms. Latin 1 (*Prima Bibbia di Carlo il Calvo*), f. 10v, 845 ca.

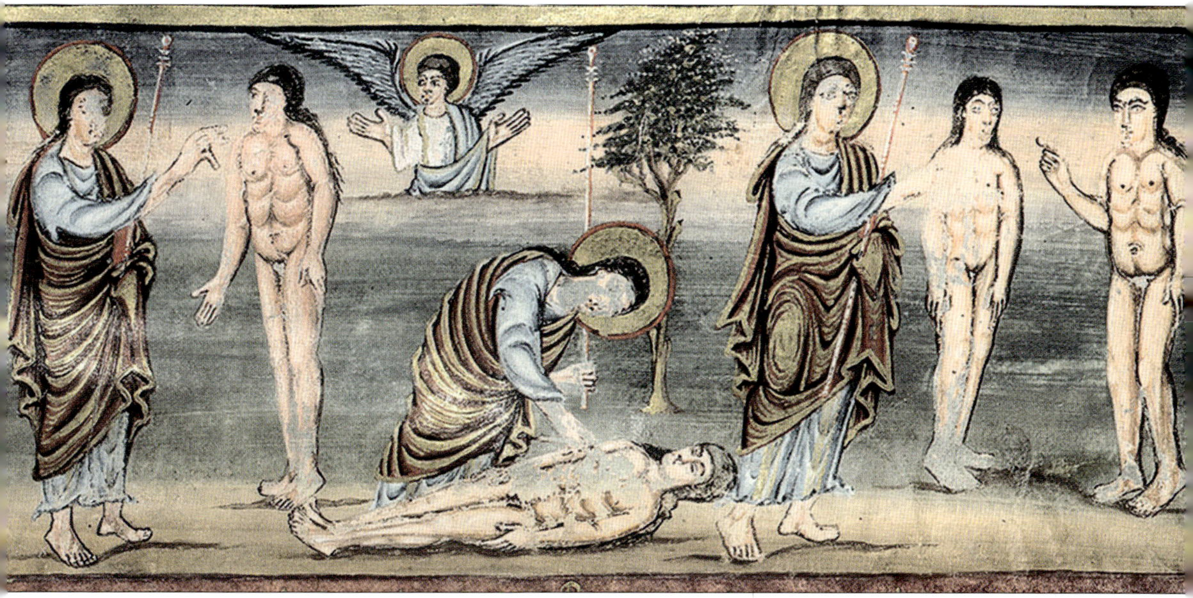

38. Particolare della figura precedente.

Nella cosiddetta *Prima Bibbia di Carlo il Calvo* dell'845 circa (**fig. 37**), una pagina intera è dedicata, su tre registri, ai progenitori: creazione, trasgressione, cacciata dal paradiso terrestre con relativa punizione: nel registro più in basso Adamo zappa ed Eva ha in braccio Caino.

Nel primo registro, un angelo, che poi ritroviamo mentre esegue la cacciata di Adamo ed Eva, plaude meravigliato alla creazione di Adamo che, in piedi, ascolta il suo Creatore (**fig. 38**). La scritta recita[34]: «Qui [si vede come] Adamo è plasmato per primo» («Adam primus uti fingitur istic»). Quindi Dio si china a estrarre la costola da Adamo steso a terra e dormiente e la scritta spiega: «Di lui è presa una costola per la sacra Eva» («Cuius costa sacrae carpitur Evae») e, infine, ecco il momento dell'incontro dei progenitori spiegato da una frase più lunga che riassume più momenti: «Cristo porta Eva da Adamo che la chiama "virago". Ma lo stesso Creatore proibisce che mangino i frutti dell'albero della vita» («Christus Evam ducit Adae, quam vocat viraginem. Ast edant ne poma vitae, prohibet ipse conditor»). Osserviamo la nota positiva introdotta dalle scritte: Dio è identificato con Cristo e quindi è già allusa la redenzione che riparerà al peccato dei progenitori; infatti nel secondo registro, Cristo è definito Redentore quando giunge a chiedere conto della trasgressione: «Adam vocat Redemptor». Eva è detta addirittura «sacra» perché plasmata da Dio.

39. Wiligelmo, *La creazione di Eva*, Modena, duomo, 1120 ca.

Il racconto prosegue nei due registri sottostanti con il medesimo tono quasi giustificativo: Eva è una fanciulla, ingenua per essere appena venuta al mondo e non è ricordata la sua punizione specifica: «Il serpente con l'inganno persuade la fanciulla da poco creata. Dopo questo il Redentore osservando i luoghi ameni del paradiso chiama Adamo. Quindi entrambi sono cacciati via dai sacri boschi e, ormai assegnati al lavoro, coltivano i campi»[35]. Da notare che anche in queste parole non è ricordata la punizione di Eva, diversamente dal miniatore che invece non ha resistito a rappresentarla, nel terzo registro, come madre; il gesto della mano di Eva che indica Adamo sottolinea il suo legame da subordinata.

Se ci volgiamo al racconto della creazione scolpito da Wiligelmo sulla facciata del duomo di Modena nel 1120 circa[36], in particolare alla crea-

40. Wiligelmo, *Il peccato originale*, Modena, duomo, 1120 ca.

zione di Eva, la vediamo a mezzo busto emergere con un lieve torpore da Adamo addormentato (**fig. 39**). Porge la mano destra che il Creatore stringe, ubbidendo alla parola divina a cui deve la vita. Dimenticata la costola, è come se Adamo la partorisse dal suo fianco.

Una rovinosa eredità

«Padre di Eva» definisce Adamo l'abate Goffredo di Vendôme in una lettera scritta intorno al 1095 diretta ai suoi monaci, in cui li invita a disprezzare il mondo e soprattutto gli allettamenti della carne. È una lettera violentemente misogina nella quale Eva, mai nominata, è riassunta nel suo sesso colpevole e rovinoso per il genere umano. Eva non solo è privata del nome, ma di tutto, di mente, di cuore, di un'anima, e di un corpo dal quale è stato ritagliato, in modo mostruoso, solo il suo sesso a rappresentarla. Raramente un testo è stato così orribile. Scrive l'abate:

Questo sesso ha avvelenato il nostro primo genitore, che era anche suo marito e suo padre, ha sgozzato Giovanni Battista, ha consegnato ai suoi nemici il fortissimo Sansone. In un certo qual modo ha ucciso anche il Salvatore, perché se non fosse stato necessario per il suo peccato, nostro Signore non avrebbe avuto bisogno di morire. Ahimè quanti ha già portato a perdizione! E non cessa di mandare in rovina quelli che può. Per dirla in breve questo sesso porta a una doppia morte coloro che perirono, che periscono, e che fino alla fine del mondo periranno. Se infatti non avesse peccato e se peccando non avesse indotto il primo uomo a peccare, l'uomo non morirebbe, né la sua anima sarebbe stata perduta per l'eternità.

Maledetto sia questo sesso in cui non vi è né timore, né vergogna, né bontà, né amicizia e di cui bisogna diffidare più quando lo si ama che quando lo si odia[37].

Nel bassorilievo di Wiligelmo, quando Eva viene alla luce è totalmente priva di seno, un particolare discreto per alludere allo stato di completa innocenza. Non così nella scena successiva (**fig. 40**) che riassume le diverse fasi del peccato: Eva, decisamente formosa, sta per prendere il frutto proibito dalla bocca del serpente avviticchiato al tronco dell'albero. Nella destra ha già un'enorme foglia di fico con cui si copre: si volge serena al compagno Adamo che sta mangiando il frutto. Anche Adamo si copre con la foglia di fico, ma l'espressione del volto mostra sbigottimento per l'atto compiuto.

Goffredo di Vendôme nella sua lettera pensava a Salomè che, subornata dalla perfida madre Erodiade, riuscì a ottenere la testa del Battista (**fig. 41**) e a Sansone, tradito dalla altrettanto perfida Dalila la quale, avendo saputo che il segreto della forza di Sansone era nei capelli, glieli tagliò, permettendo ai nemici di catturarlo (**fig. 42**).

In un'altra lettera Goffredo di Vendôme ritornò a parlare di Eva, sempre riassumendola nel suo sesso, ricordando come avesse spinto Adamo a peccare e Pietro a rinnegare il suo Maestro: «Questo sesso in verità con la sua capacità di persuasione ha approfittato del primo uomo, e con la sua domanda ha raggirato l'apostolo Pietro. Ha spinto il primo a trasgredire e il secondo a rinnegare. Questo sesso infatti, svolgendo il proprio ruolo come la serva portinaia [Giovanni 18,17], tutti quelli che seduce o li esclude dalla vita, come allontanò Pietro da Cristo, o li porta alla morte, come fece con Adamo nel Paradiso [terrestre]»[38]. Qui l'abate pensava all'episodio della Passione secondo l'evangelista Marco, quando, mentre Cristo era interrogato dal sommo sacerdote Caifa, Pietro, che stava fuori nel cortile, negò di essere discepolo di Cristo rispondendo alla domanda di una serva del medesimo Caifa. In quel momento il gallo cantò, esattamente come gli aveva predetto Cristo: «Prima che il gallo canti per la seconda volta mi rinnegherai tre volte» («Priusquam gallus cantet bis, ter me negabis»: Marco 14,66-72).

Questa lettera di Goffredo di Vendôme era diretta a Ildeberto di Lavardin, ammonito a non lasciarsi abbindolare dalla contessa Eufrosina di Vendôme, nemica dell'abate. Il richiamo alla pericolosità del sesso femminile che induce a trasgredire e rinnegare era particolarmente velenoso perché, con un deliberato sottinteso, Goffredo di Vendôme si riferiva alla nota propensione di Ildeberto a cedere ai piaceri della carne: si sapeva infatti che aveva avuto molti figli da donne da poco, prima di diventare vescovo[39].

Duccio di Buoninsegna, in una scena nel retro della sua famosa *Maestà* senese, per il rinnegamento di Pietro scelse di rappresentare due episodi insieme: la fine dell'interrogatorio e l'incontro dell'apostolo con la serva (a sinistra nella **fig. 43**). Cristo è stato appena condannato a morte. Gli astanti si sentono liberi di insultarlo e i servi di percuoterlo. Pietro vorrebbe allontanarsi ma alla domanda inquisitrice della donna risponde con un diniego, mentre il gallo, sopra la sua testa, comincia a cantare.

Maddalena, la grande peccatrice

Alla Maddalena il nostro infaticabile abate Goffredo di Vendôme nel 1105 dedicò un sermone in cui riunì molte notizie e opinioni su questa santa. Va subito detto che la Maddalena a cui noi pensiamo, quella che fu venerata nel Medioevo, è assente nei Vangeli. Come ha dimostrato Victor Saxer in un libro ormai classico sull'argomento, la nostra Maddalena fuse in sé tre distinte persone: la prima è Maria di Magdala da cui Cristo scacciò sette demoni (Luca 8,2 e Marco 16,9); colei che si mise al servizio del Salvatore e lo seguì fino al Calvario sotto la croce (Matteo 27,55-56, Marco 15,40-41, Luca 23,49 e Giovanni 19,25); lo riconobbe nell'ortolano del giardino dove il Maestro era stato sepolto e portò per prima agli apostoli l'annuncio della resurrezione (Matteo 28,1-10, Marco 16,1-8, Luca 24,1-10, Giovanni 20,1-10). La seconda è Maria, sorella di Marta e di Lazzaro che, presagendo la morte del Salvatore, durante la cena in cui con i fratelli l'aveva ospitato a Betània, aveva sparso sui piedi di Cristo un prezioso profumo, asciugandoli con i suoi capelli e suscitando le rimostranze di Giuda per lo spreco

42. *Il tradimento di Dalila*, New York, The Pierpont Morgan Library, ms. 638, f. 15r, 1244-45.

A fronte:

41. *Salomè con la testa di Giovanni Battista*,
Venezia, San Marco, lunetta del Battistero, 1342-54.

43. Duccio di Buoninsegna, *Cristo davanti a Caifa*, part. della *Maestà*, Siena, Museo dell'Opera del duomo, 1311.

di denaro, che avrebbe potuto essere dato ai poveri (Giovanni 12,1-8; Matteo 26,6-12 e Marco 14,3-9 collocano sì la cena a Betània ma è in casa di Simone il lebbroso, e la donna, anonima, versa sul capo di Cristo l'olio profumato mentre gli apostoli protestano per lo spreco). La terza è la peccatrice senza nome che in casa del fariseo bagnò di lacrime i piedi di Cristo, li asciugò con i suoi capelli e li unse con un costoso unguento in uno slancio di amore e di pentimento (Luca 7,38-50)[40]. A lei per la prima volta Gregorio Magno diede il nome di Maria di Magdala[41].

Inoltre una leggenda della metà del IX secolo, nota in Occidente, la *Vita eremitica beatae Mariae Magdalenae*, calcata su quella precedente di Maria Egiziaca, afferma che Maria Maddalena, dopo l'Ascensione di Cristo, si ritirò in un eremo mortificando la carne peccatrice con una vita di durissima penitenza, senza cibo, in veglie e preghiere per trent'anni, ignota a tutti, vestita solo della sua abbondante capigliatura[42]. Il sacerdote Massimino poco prima della sua morte le somministrò l'eucarestia, e la fece seppellire[43]. (Maria Egiziaca era una prostituta che, dopo l'apparizione della Vergine sulla riva del fiume Giordano, pentitasi, macerò la sua vita nel deserto e nella solitudine, vestita solo dei suoi capelli; in punto di morte fu comunicata dall'abate Zosimo il quale la seppellì nella grotta dove era vissuta[44].)

Solo a partire dal XII secolo l'eremo in cui era vissuta la Maddalena da penitente fu identificato con la grotta esistente nel massiccio della Sainte-Baume in Provenza. Come la santa fosse giunta fin lì lo vedremo presto.

Il ritratto di Maddalena nel sermone di Goffredo di Vendôme, composto per la festa della santa, è un intarsio di notizie riguardanti tutte queste figure femminili. La peccatrice anonima nota in città, cioè una prostituta, che interviene alla cena del fariseo di cui sono sottolineate l'arroganza e la superbia è Maddalena: «Questa femmina peccatrice non c'è alcun dubbio che fosse Maria Maddalena, la quale prima fu una malfamata peccatrice, ma poi divenne una lieta e gloriosa annunciatrice. Costei, appena seppe che il Salvatore cenava dal fariseo, cioè che l'umile cenava con il superbo, scelse di confidare nella misericordia del Salvatore piuttosto che temere la durezza del fariseo»[45]. Tutti i gesti della Maddalena sono analizzati nel loro significato simbolico, ad esempio il prezioso profumo è il medicamento delle buone azioni. La santa, peccatrice pentita, è proposta come modello al peccatore, perché speri fiducioso, se contrito, nella misericordia di Dio. Goffredo interpreta quindi la Maddalena liberata da sette demoni da Cristo non come una vittima. Per Goffredo, Maddalena era sì un'ossessa ma perché peccatrice (mentre nel Vangelo è evidente il giudizio positivo su di lei). «Si legge che costei fu una peccatrice posseduta da sette demoni, come a dire colma di ogni vizio possibile. Poi da miserevole peccatrice divenuta felice discepola di Cristo obbedì per tutta la vita con affetto al suo Signore»[46].

Anche l'anonima donna che in casa di Simone il lebbroso aveva versato l'olio profumato sul capo di Cristo è Maddalena: «Quando il Signore e Salvatore nostro Gesù Cristo con i discepoli era seduto per cenare in casa di Simone questa donna gli si accostò e come era sua

44. Giovanni da Milano, *La cena in casa del fariseo*, Firenze, Santa Croce, Cappella Rinuccini, 1365.

buona abitudine avendo portato il balsamo lo versò sul capo di Cristo con grande devozione, un gesto inaspettato per tutti gli apostoli»[47]. E finalmente e giustamente Goffredo la riconosce come la testimone della resurrezione di Cristo, la prima anche ad annunziare agli apostoli la notizia, narrando dell'incontro con il Maestro[48]. Prima di concludere il sermone Goffredo abbandona i Vangeli e attinge, come si è detto, alla *Vita eremitica beatae Mariae Magdalenae* perché la donna, pur perdonata completamente dal Signore, sentiva di dovere espiare la sua vita da prostituta con estenuanti pratiche ascetiche. Sfuggendo all'ostilità dei Giudei abbandonò per sempre il paese in volontario esilio, punendo la propria carne in una vita di aspra ascesi, protratte preghiere e veglie[49].

Anche nelle immagini Maddalena condensa in sé le varie Marie del Vangelo e per qualche particolare i tratti di Maria Egiziaca.

Una invenzione medievale sono i lunghissimi capelli della santa, simbolo della seduzione femminile e contrassegno del pericolo rappresentato dalle donne. Sempre lunghi capelli hanno le sirene-pesce (un'altra invenzione medievale rispetto alle sirene-uccello dell'Antichità).

Nell'affresco di Giovanni da Milano la Maddalena (**fig. 44**) è la prostituta pentita che Cristo converte e dal cui corpo scaccia i sette demoni, come recita la didascalia: «Hic Christus convertit beatam Magdalenam et eiecit septem demonia a dorso eius» («Qui Cristo convertì la beata Maddalena e cacciò via dalla sua schiena sette demoni»).

Il pittore (o meglio il suggeritore del dipinto) tenne presente il racconto di Luca 7,31-44 per l'anonima prostituta entrata nella casa del fariseo, quello di Matteo 26,6-13 per la presenza, nell'affresco, di Giovanni e Pietro che disapprovano lo spreco di profumo e di nuovo quello di Luca 8,1-3 per l'accenno ai sette demoni.

Nell'affresco spiccano i capelli lunghissimi e biondi: una costante nell'iconografia della santa, un ulteriore elemento di seduzione. Basti ricordare che «imperciò si chiamava Isotta la bionda imperciò ch'avea li suoi capegli sí biondi che non pariano se non oro finissimo»[50]. Per ottenerli, narra Franco Sacchetti, le donne al suo tempo si sottoponevano a estenuanti esposizioni al sole o a pericolose tinture[51].

Nella crocifissione di Giotto, nella Cappella degli Scrovegni a Padova, la Maddalena, con un'iconografia del tutto nuova di cui l'affresco padovano è il primo esempio rimasto, non sorregge la Vergine perché è inginocchiata ai piedi della croce[52]; con i suoi lunghi capelli biondi asciuga piangendo il sangue che cola dai piedi di Cristo in un rivolo sottile che raggiunge il cranio, segno geroglifico del Golgota (dalla trascrizione greca della parola ebraica che significa teschio), ma anche teschio di Adamo.

La vita della Maddalena termina sorprendentemente in territorio francese, dove ben due luoghi si contesero nel Medioevo le reliquie del corpo e la tomba. Il primo fu Vézelay. È probabile che con la ristrutturazione dell'abbazia negli anni 880-84 fosse avvenuta una prima traslazione di reliquie della santa. Però il ciclo agiografico della Maddalena si costituì solo nell'XI secolo, dopo che l'energico abate Gaufrido (1037-52) diede nuovo impulso al culto della santa. Fu a partire da questo periodo che vennero scritte una duplice *Narratio translationis*, *prior* e *posterior*, poi una raccolta di *Miracula* e la cosiddetta *Vita apostolica* della santa: in quest'ultima si asserisce che le reliquie della Maddalena a Vézelay provenivano dalla sua tomba, riconosciuta in un sarcofago paleocristiano, di Saint-Maximin in Provenza (città circondata dal massiccio della Sainte-

45. Lukas Moser, *Storie della Maddalena*, Tiefenbronn (Germania), Santa Maddalena, 1431.

Baume), sarcofago che si trovava nella cripta della chiesa omonima (precedente a quella dove oggi sorge la chiesa di Santa Maria Maddalena)[53]. Sempre la *Vita apostolica* raccontava che la Maddalena (cioè Maria di Betània), insieme a Marta, Lazzaro, Massimino (uno dei 70 discepoli di Cristo) e Sidonio o Cedonio (nato cieco e guarito da Cristo)[54], era giunta dalla Palestina a Marsiglia dopo un miracoloso viaggio in una barca senza remi e senza vela, spinta dagli angeli. Da lì il gruppo iniziò l'opera di evangelizzazione e Massimino fu eletto vescovo ad Aix-en-Provence. Maddalena poi si ritirò in una grotta della Sainte-Baume vicino, come si è detto, alla città di Saint-Maximin, dove per trent'anni, nuda, come la sua omonima Maria Egiziaca, condusse un'aspra vita di penitente cibandosi solo della musica divina che quotidianamente per sette volte gli angeli le facevano ascoltare portandola in cielo.

Raccoglie tutti questi racconti la grande pala cuspidata di Lukas Moser del 1431 (**fig. 45**).

In alto è rappresentata la cena in casa del fariseo alla presenza di un altro anonimo commensale e di san Pietro, come si legge nel suo grande nimbo dorato (**fig. 46**). La Maddalena non ha alcun nimbo perché è ancora una nota peccatrice: indossa un sontuoso abito rosso foderato

46. *La cena in casa del fariseo*, part. della fig. precedente.

di pelliccia e, chinata a terra, ha sciolto una parte delle lunghe trecce bionde per asciugare i piedi di Cristo bagnati dalle sue lacrime. Il pittore ha indugiato nel piacere di offrire alla vista una tavola imbandita che mostra la ricchezza dell'ospite: lussuoso vasellame, varietà di cibi sparsi sulla mensa e altri ancora in due piatti sovrapposti recati dall'ancella sollecita. In un mastello sono posati altri vasi cesellati colmi di bevande da tenere in fresco. È una cena all'aperto, forse d'estate, al riparo di una pergola di vite.

Nel sottostante pannello di sinistra la barca senza vela e senza remi contiene a stento i naviganti (**fig.** 47). I nimbi con i nomi aiutano il riconoscimento. A sinistra è Maria Maddalena: l'acquisto della santità non le concede più di mostrare capelli d'oro e l'abito dai colori squillanti; dietro di lei Massimino già con la mitra. Di spalle Lazzaro, che sta attento a non perdere tra i flutti la mitra, e poi Marta e Cedonio[55]. I tre vescovi innalzano i loro pastorali.

Nel pannello centrale, fuori dalle mura di Marsiglia (**fig.** 45) che non li ha accolti, i viaggiatori si riposano sotto una tettoia all'aperto, con il bel tetto disegnato a losanghe. Manca Maria Maddalena che appare in sogno nell'alta casa soprastante a rimproverare il principe di Marsiglia e la moglie che non hanno soccorso lei e i compagni. Infine, nel pannello di destra, Maria Maddalena, coperta solo dai suoi biondissimi capelli e sorretta dagli angeli che stanno per portarla definitivamente in cielo, riceve, poco prima di morire, la comunione dal vescovo Massimino.

In seguito al diffondersi dei testi agiografici (che, come si è visto, ancora Lukas Moser conosceva bene), a Vézelay, a partire dal tempo dell'abate Gaufrido, per circa due secoli affluirono moltissimi pellegrini, sempre più numerosi anche per i miracoli che le reliquie ottenevano. Il culto però incontrò un subitaneo declino quando il 9 dicembre 1279 Carlo, principe di Salerno e futuro re Carlo II d'Angiò, fece aprire a Saint-Maximin nella cripta della omonima chiesa degli antichi sarcofagi, uno dei quali fu riconosciuto come quello contenente i resti della Maddalena. Nel sarcofago era deposto anche un libretto ritenuto di età carolingia, in cui lo stesso imperatore attestava di aver voluto la traslazione delle reliquie affermandone l'autenticità. Anche se era un plateale falso ebbe però grande risonanza, e la scoperta deviò il flusso di pellegrini orientati non più verso la Borgogna di Vézelay, ma verso la Provenza.

A fronte:

47. *Il viaggio dei tre fratelli Maria Maddalena, Marta e Lazzaro, con Massimino e all'estrema destra Cedonio*, part. della fig. 45.

Riecheggia l'evento del recupero del corpo nella chiesa di Saint-Maximin nel 1279 la tavola del Maestro della Maddalena del 1280 circa[56], che mostra al centro la santa, coperta solo dai suoi stessi capelli che qui vogliono evocare un abito da penitente, e tutt'intorno otto episodi della sua vita (**fig. 48**).

Maddalena si mostra come la grande peccatrice pentita che invita ad avere fiducia nella misericordia divina. Infatti nel cartiglio tenuto nella sinistra e srotolato davanti a sé – la destra è atteggiata nel gesto della testimonianza – si legge un distico elegiaco facilmente memorizzabile: «Ne desperetis, vos qui peccare soletis, / exemploque meo vos reparate Deo» («Non disperate voi che continuate a peccare. Seguite il mio esempio e recuperate il perdono di Dio»). Tre storie sono tratte dai Vangeli: l'Unzione dei piedi di Cristo in casa del fariseo, Resurrezione di Lazzaro e Noli me tangere (l'incontro con Cristo risorto). Per le restanti: La predicazione al popolo di Marsiglia deriva dalla *Vita apostolica* e le altre sono tratte dalla *Vita eremitica*, molto diffusa in Italia: Maddalena sollevata dagli angeli, Maddalena portata da un angelo fuori dalla grotta, Ultima comunione della santa e Sepoltura alla presenza di due vescovi[57] (forse Lazzaro e Massimino). In quest'ultima scena la santa è distesa dentro un sarcofago all'antica, dentro una chiesa, dunque là dove l'avrebbe trovata il futuro re angioino.

Maddalena, la santa peccatrice, peccatrice nella carne, mantenne nella sua storia l'inquietante capacità attrattiva della figura femminile, condannata dalla misoginia ecclesiastica a dover ricomporre la sua immagine solo a prezzo di una durissima ascesi.

«Manens rea», colpevole per sempre

Iacopo da Varazze nella sua fortunatissima *Legenda aurea*, composta fra il 1261 e il 1266, riunì in un quadro generale tutte le notizie circolanti su Maddalena, la grande peccatrice pentita, e aggiunse di suo la complicata storia del principe di Marsiglia che, con la moglie e il figlioletto, si convertì alla fede dopo innumerevoli prodigi, traendola da un'elaborazione successiva della *Vita apostolica*[58]. Questa storia fu seguita da Giotto nella cappella dedicata alla santa nella Basilica inferiore di Assisi.

La voce di Iacopo da Varazze va tenuta in gran conto perché non solo costituì un repertorio narrativo per pittori e uomini di teatro, ma anche perché la sua *Legenda aurea* divenne l'opera alla quale attinsero per secoli i predicatori che, trovando per la prima volta le vite dei santi

48. Maestro della Maddalena, *Maddalena e storie della sua vita*, Firenze, Galleria dell'Accademia, 1280 ca.

disposte giorno dopo giorno secondo il calendario liturgico, poterono contare su una preordinata e inesauribile fonte per le loro omelie.

Siamo in un'epoca in cui si era ben lontani dai libri in carta stampata e dunque anche i codici dei Vangeli non erano a portata delle persone comuni ma, bisogna concludere, nemmeno dei sacerdoti, perché Iacopo da Varazze, senza tema di essere smentito, si permise di alterare vistosamente la Sacra Scrittura.

Ascoltiamo l'inizio della vita di Maddalena, cioè di colei che «*manens rea*, rimane colpevole»:

Maria, che aveva preso il soprannome di Maddalena dal villaggio di Maddala, proveniva da una famiglia illustre, con ascendenze alla stirpe regia; il padre si chiamava Siro, la madre Eucaria. A lei, a suo fratello Lazzaro e a sua sorella Marta appartenevano il villaggio di Maddala, che si trova a due miglia da Genezareth, Betània che sta vicino a Gerusalemme[59], e anche una gran parte di Gerusalemme. I tre fratelli si erano accordati di modo che Maria ebbe Maddala, da cui proviene il soprannome di Maddalena, Lazzaro una parte di Gerusalemme, Marta, Betània. Quando Maria si dedicava tutta ai piaceri del corpo, e Lazzaro preferiva invece fare il soldato, Marta, attenta, governava con cura le parti spettanti alla sorella e al fratello, e dava ai soldati, ai suoi servi e ai poveri tutto il necessario. Dopo la morte di Gesù i tre vendettero tutte queste cose e posero il ricavato ai piedi degli apostoli. Maddalena, trovandosi colma di ricchezze, dato che all'abbondanza dei beni si accompagna la voluttà, quanto brillava di ricchezza e bellezza, altrettanto sottoponeva il suo corpo al piacere, al punto che aveva ormai perso il suo soprannome di Maddalena per acquisire quello di «La Peccatrice»[60].

Solo a questo punto Iacopo da Varazze rientra nel solco evangelico, o quasi, facendo accorrere Maddalena alla casa di Simone il lebbroso. E qui non ripeteremo le tante vicende già conosciute della sua vita.

Iacopo da Varazze spiega inoltre in un sermone dedicato alla santa – e questa è una considerazione che il predicatore voleva fosse ben compresa e fatta propria dal pubblico in ascolto – che Maddalena era divenuta occasione di peccato per sé e per altre donne perché, «sui domina et libera», libera e indipendente, si sottraeva al dominio dell'uomo (a cui la Bibbia aveva condannato Eva e le sue discendenti). Sono molto interessanti le ragioni addotte, presentate come ovvie e conclamate, quasi fossero un luogo comune. Iacopo commenta il versetto di Luca 7,37: «Ecce mulier quae erat in civitate peccatrix», relativo alla donna nota peccatrice, cioè Maddalena per il predicatore, che entra nella casa del fariseo.

La colpa di questa donna è che fu peccatrice dedita ai piaceri carnali. Aveva infatti tre qualità che furono e sono per lei e per le altre donne causa di peccato. La prima, la bellezza del corpo, poiché si dice che Maddalena fosse molto bella e attraente; la seconda, l'abbondanza di beni materiali, perché fu molto ricca, e la terza, l'indipendenza e la libertà, poiché divise il suo patrimonio con la sorella Marta e il fratello Lazzaro e ricevette come parte propria il villaggio fortificato di Maddala. Queste tre qualità, come si è detto, furono per lei e sono per molte altre donne occasione di peccato. Il primo fattore che è occasione di peccato è la bellezza del corpo [...]. La donna che possiede la bellezza si immerge nei piaceri. Invero quando la donna è bella e saggia non c'è pericolo perché sa custodirsi saggiamente. Ugualmente se è brutta e sciocca non c'è pericolo perché nessuno la richiede. Ma se è bella e sciocca, allora c'è pericolo poiché, dato che è bella, è richiesta da molti: ma siccome è sciocca non si sa custodire[61].

Iacopo da Varazze aggiunge un altro demerito alla povera Maddalena: era una sciocca; poi, appoggiandosi a ruscellanti citazioni bibliche paragona la donna bella a un carbone ardente che brucia chi lo tocca, a una spada splendente che ferisce chi le si accosta o a un frutto bello esteriormente ma all'interno pieno di vermi. Non si dilunga sull'opulenza come occasione di peccato in una donna, tradotta come eccesso di cibo e dunque peccato di gola; piuttosto insiste sulla virtù dell'astinenza e cita a sostegno Ugo di San Vittore. Il nostro Iacopo ritiene comunque più importante sottolineare che

il terzo fattore, occasione di peccato nella donna, si ha quando questa è libera e indipendente. Infatti la donna è cedevole e incauta e quindi deve essere guidata e custodita; per questo dice Ecclesiastico 26,10: «Fa' buona guardia a una figlia sfrenata, perché non abusi di sé, se trova l'occasione»; e anche Ecclesiastico 25,26, dove dice della donna: «Se non cammina al cenno della tua mano ti farà fare brutta figura coi tuoi nemici». Poiché la donna in effetti è più fragile e l'uomo è più vigoroso, bisogna mettere in essere [per le donne] quattro custodie – come dice Agostino nel *Salterio a dieci corde* – le quali per la donna sono: timore di Dio, attenta sorveglianza da parte dell'uomo, modestia e disprezzo del mondo, terrore delle leggi pubbliche che condannano le donne impudiche. La vigilanza per l'uomo deve essere, come nello stesso libro dice Agostino, timore di Dio e la sua stessa forza. E sempre Agostino soggiunge: «Per questo la donna deve essere custodita di più perché maggiore è la sua fragilità»[62].

Nell'editto di Rotari del 643, articolo 204, il re stabilisce:

A nessuna donna libera che viva sotto la giurisdizione del nostro regno secondo la legge dei Longobardi sia consentito vivere padrona di disporre di sé stessa, cioè «selpmundia», ma al contrario debba sempre restare sotto la potestà degli uomini, o in ogni caso del re e non abbia la facoltà di donare o alienare alcunché dei beni mobili o immobili senza il consenso di colui sotto la cui potestà si trova[63].

Nella società guerriera dei Longobardi la donna libera che non ha forza e non combatte, debole e incapace a difendersi, è un essere che deve essere sempre sottomesso al *mundio*, cioè alla tutela di un uomo da cui dipende e a cui è legata ogni sua azione. Per questo è impensabile che sia «selpmundia», un termine longobardo difficile da rendere, «che abbia lei stessa il mundio di sé», tradotto in latino con l'espressione «in sui potestatem arbitrium», padrona di disporre di sé stessa.

Sono passati sei secoli dai tempi di Iacopo da Varazze, l'organizzazione della società è completamente cambiata, eppure la donna è sempre considerata un essere inferiore e subordinato.

Tra la fine del XII secolo e i primi anni del XIV secolo «furono gettate le basi di una pastorale di una pedagogia al femminile destinate poi a durare nel tempo»[64], alle quali parteciparono soprattutto i frati degli ordini mendicanti, presenti nelle piazze delle città con le loro prediche. Le omelie cominciarono a diversificarsi a seconda dei differenti generi di donne a cui erano dirette, prediche «ad status», che tenevano conto delle loro occupazioni, del loro lavoro, età e stato sociale, e poi, se vergini, sposate o vedove. Tutte queste prediche miravano a imporre un modello educativo, una morale e una pedagogia che in teoria tenessero conto della tipologia delle destinatarie. Ma nella sostanza il pubblico femminile che ascoltava il sermone o la voce del confessore continuò a ricevere uniformi e severi ammonimenti: la donna è fragile, incostante, oggetto e soggetto di peccato, tentatrice, lussuriosa e bisognosa di guida. Per raggiungere la salvezza deve essere sottomessa all'uomo, ubbidiente, umile, paziente, se possibile casta, insomma una donna custodita, silenziosa e confinata dentro la casa. L'instabilità e l'irrequietezza delle donne, per il filosofo aristotelico Egidio Romano, morto nel 1316, sono la conclusione di un implacabile sillogismo: «L'anima segue la costituzione del corpo, le donne hanno un corpo molle e instabile, le donne sono instabili e mobili nella volontà e nel desiderio»[65].

Chi da secoli non aveva pensato alle donne nei ruoli della società alla quale concretamente appartenevano, ma alla donna come corpo, e solo dal punto di vista di una morale di stampo negativo, continuò a non vederle come tali, non incrociò il loro sguardo. Predicando parlò non alle donne ma alla donna, secondo gli stereotipi che la imprigionavano e la disumanizzavano.

Nelle prediche viene spesso citata Dina, figlia di Giacobbe e di Lia, come esempio da non imitare. Dina, appena arrivata con la famiglia nella città di Sichem, uscì a vedere le donne di quella regione. Ma la vide Sichem, figlio di Khamor l'Eveo, capo di quel paese, se ne innamorò e la rapì, giacque con lei e le fece violenza. Subito il suo cuore si sentì legato a lei e con moine mitigò la sua tristezza. Poi disse a Khamor suo padre: «Prendimi in moglie questa ragazza» (Genesi 34,1-4). Il padre andò a parlamentare con Giacobbe e sembrò che l'accordo fosse stato concluso e stabilita l'alleanza fra i due clan. Ma sopraggiunsero i fratelli di Lia, i quali finsero di aderire all'intesa, poi, pochi giorni dopo, uccisero Sichem e suo padre e tutti i maschi della città; oltre a tutto il

49. *Massacro degli abitanti della città di Sichem, il rapimento di Dina*, London, British Library, ms. Harley 4381, f. 30r, XV sec.

bestiame, «saccheggiarono la città per vendicare lo stupro», devastando tutto ciò che si trovava nelle case e nei terreni, e portarono via come schiavi i bambini e le donne (Genesi 34,27-29).

Quale fu la colpa di Dina che portò a una strage così odiosa? (Si noti nella miniatura – **fig. 49** – il bambinetto su cui sta per calare un fendente.) La colpa fu la sua curiosità; lasciò la casa, uscì da sola, suscitando negli uomini desideri peccaminosi: infatti Sichem non riuscì a dominarli. Dina è come la donna tentatrice di Proverbi 7,11-12, un passo spesso citato nelle omelie: «Garrula, vaga, impaziente, incapace di tenere i piedi in casa, ora nelle piazze, ora nelle strade, pronta a ogni angolo a tendere insidie».

Il predicatore Durando di Champagne, morto forse nel 1340, in una sua predica unì alla curiosità di Eva, che ardì volere conoscere la scienza del bene e del male, l'imprudente comportamento di Dina nello scoprire la nuova città e infine la stupida smania delle donne che aspirano ad abiti sempre più belli e preziosi[66].

Maria, l'eccezione del corpo

La Chiesa ha dedicato ben quattro dogmi (maternità divina, verginità, immacolata concezione e assunzione) al corpo della Madonna, innalzando Maria a vette siderali rispetto alle altre donne che la possono venerare, implorare, ma certo non possono identificarsi in lei. Fu dichiarata Madre di Dio fin dal concilio di Efeso nel 431, titolo che le spettava perché Cristo, vero Dio e vero uomo fu generato da Dio, ma nel corpo di una donna. Maria concepì pur rimanendo vergine, come afferma Matteo 1,25. Per dissipare i dubbi di Giuseppe un angelo gli apparve dicendogli: «Non temere di prendere con te Maria, tua sposa, perché quel che in lei è generato è opera dello Spirito Santo». Ma rimase vergine anche dopo il parto? Sì, sostiene Gregorio Magno (morto nel 604)[67]: «Come il corpo di Cristo [dopo la sua resurrezione, secondo Giovanni 20,19-31] andò dai suoi discepoli passando dalle porte chiuse, così evidentemente quello stesso corpo, nascendo, uscì a portata della vista degli uomini senza apertura dell'utero della Vergine». Negli affreschi di Santa Maria Foris Portas a Castelseprio (Varese), datati con ampia oscillazione fra il VI e il IX secolo, opera probabilmente di un pittore bizantino, la scena della Natività comprende anche le due levatrici Zelomi e Salome, ricordate soltanto dai Vangeli apocrifi (**figg. 50-51**). Quest'ultima, secondo il

50. *La Natività con la levatrice Salome, il primo bagno di Cristo fra le due levatrici Salome e Zelomi, Giuseppe e l'angelo in volo verso i pastori*, Castelseprio (Varese), Santa Maria Foris Portas, VI-IX secc.

51. *La levatrice Salome*, part. della fig. precedente.

Protoevangelo di Giacomo, probabilmente del II secolo, non credendo alla verginità di Maria dopo il parto e avendo osato trovare conferma, ebbe la mano come riarsa e paralizzata; pentita, fu poi perdonata da Maria: nell'affresco Salome sostiene con grande eleganza con la sinistra il braccio e la mano senza più forze.

Tuttavia non ci fu completa concordia fra gli esegeti a proposito della perdurante verginità di Maria: Goffredo di Vendôme compose il sermone *Per la natività del Signore* per controbattere – così afferma – l'errore di coloro che ammettevano la verginità prima e dopo il parto, ma non durante, giungendo infine all'icastica formula: Maria fu vergine prima, durante e dopo il parto[68].

I genitori di Maria, Gioacchino e Anna, non sono nominati nei Vangeli, eppure la Chiesa, con un dogma proclamato solo l'8 dicembre 1854 da Pio IX, stabilì che Maria fu da loro concepita senza peccato originale. La questione era stata dibattuta fin da Agostino, il quale aveva affermato che «La pietà impone di riconoscere Maria senza peccato [...]. Per l'onore del Signore, voglio che Maria non entri assolutamente in questione quando si parla di peccati»[69]. (Il 25 marzo 1858 la «Signora» apparsa a Bernadette Soubirous svelò il suo nome: «Io sono l'Immacolata Concezione».)

Anche per conoscere Anna e Gioacchino e sapere di loro dobbiamo volgerci ai Vangeli apocrifi[70], in questo caso allo pseudo-Matteo, divulgato dalla *Legenda aurea* di Iacopo da Varazze. Gli esegeti medievali ritenevano che la concezione di Maria fosse avvenuta mediante il bacio scambiato dai vecchi coniugi al loro incontro alla Porta Aurea di Gerusalemme, immortalato da Giotto nell'appassionato abbraccio di Anna e Gioacchino nella Cappella degli Scrovegni a Padova[71] (**fig. 52**).

Cercheremmo invano nei Vangeli o negli Atti degli Apostoli una sola parola sul trapasso di Maria e sulla sua assunzione al cielo, anima e corpo. La questione fu risolta con il dogma dell'Assunzione, proclamato solo nel 1950 da Pio XII. Nel Medioevo fu una questione molto dibattuta: favorevoli i francescani, generalmente molto più cauti i domenicani. Si vedano ad esempio due scritti prodotti circa nello stesso tempo: i *Sermoni sull'Assunzione di Maria*, tenuti a Parigi dal francescano Bonaventura da Bagnoregio tra il 1254 e il 1267, e la *Legenda aurea*, del domenicano Iacopo da Varazze, composta, lo ripeto, fra il 1261 e il 1266[72]. Il primo esprime tutta la sua fede nell'assunzione del corpo di Maria, il secondo, nel capitolo dedicato a questo argomento, manifesta vari dubbi.

52. Giotto, *Il bacio di Anna e Gioacchino alla Porta Aurea*, Padova, Cappella degli Scrovegni, 1303 ca.

Infatti Iacopo da Varazze, prima di iniziare la lunga narrazione, si premurò di precisare: «Il racconto di com'è avvenuta l'assunzione della Beata Vergine Maria lo si trova in un libretto apocrifo attribuito a Giovanni Evangelista»[73]. Dopodiché inizia il capitolo che riassumo per sommi capi: la morte di Maria con il miracoloso arrivo sulle nubi di tutti gli apostoli al suo capezzale; l'arrivo di Cristo che, con le schiere angeliche, accoglie l'anima della madre fra le braccia; i funerali con il miracolo dell'ebreo; la sepoltura di Maria; il ritorno di Cristo sulla terra il terzo giorno, il quale accoglie la richiesta dagli apostoli che non sopportavano l'idea della corruzione del corpo della madre di Dio; la resurrezione di Maria, presenti tutti gli apostoli a eccezione di Tommaso. Al comando di Cristo l'anima di Maria si ricongiunge al corpo «che uscì glorioso dal sepolcro e fu assunto al talamo del cielo accompagnato da una moltitudine di angeli»[74]. Tommaso, che era assente, narra sempre il nostro predicatore, quando seppe ciò che era accaduto, si dichiarò incredulo, ma «improvvisamente gli giunse dal cielo integra la cintura che cingeva il corpo della Vergine, perché almeno così potesse capire che era stata assunta completamente, in anima e corpo, in cielo»[75]. (Iacopo da Varazze non poteva prevedere che la Sacra cintola – «Sacro cingolo» – sarebbe stata ritenuta fino a oggi la reliquia più preziosa del duomo di Prato, dove sarebbe giunta nel 1141 da Gerusalemme, portata dal mercante pratese Michele Dagomari[76].) L'incredulità di Tommaso crea un perfetto parallelismo con la visita agli apostoli fatta da Cristo, risorto dopo tre giorni, il quale, come sappiamo, chiese al diffidente di immergere la mano nel suo costato.

Immediatamente dopo la storia di Tommaso, il nostro predicatore commenta:

> Tutto quanto è stato detto sinora viene da quell'apocrifo di cui parla Girolamo nella sua lettera o sermone a Paola ed Eustochio quando dice: «quel libretto va considerato sicuramente apocrifo, se non per certe cose degne di fede che con ogni evidenza sono confermate dai santi. Queste cose sono nove e cioè: che è stata promessa e concessa alla Vergine una consolazione piena; che tutti gli apostoli si sono riuniti; che la morte è stata senza sofferenza; che il sepolcro è stato preparato nella Valle di Giosafatte; che Cristo ha devotamente partecipato alle esequie e che l'intera curia celeste si è fatta incontro; che i Giudei hanno cercato di opporsi; che vi fu uno sfavillare di prodigi in ogni momento, come era giusto che fosse; che è stato assunto il corpo insieme con l'anima. Molti altri dettagli sono stati messi per analogia piuttosto che per fedele racconto della verità dei fatti, come ad esempio l'assenza di Tommaso, il suo arrivo, il suo dubbio, e altri dettagli simili che da sé stessi dimostrano che si tratta di cose da rigettare piuttosto che da affermare come vere»[77].

Tuttavia Iacopo da Varazze, dopo avere enumerato e analizzato per pagine e pagine testimonianze di vari autori, giunto alla citazione di Girolamo che l'assunzione di Maria avvenne il 18 settembre, torna a precisare: «La Chiesa preferisce dubitare piamente piuttosto che affermare troppo affrettatamente». Ancora, in uno dei suoi sermoni, sempre dedicati all'assunzione, conclude che quella di Cristo è assolutamente sicura, mentre quella di Maria è dubbia: «Benché non sia certa [l'assunzione del corpo] tuttavia è una pia credenza»[78].

Per la prima volta Maria si mostra regina in cielo, seduta sullo stesso trono del Figlio, alla sua destra, come Cristo «che risorse e siede alla destra di Dio» (Paolo, Lettera ai Romani 8,34) nel mosaico absidale di Santa Maria in Trastevere a Roma al tempo di papa Innocenzo II (1130-43) (**figg. 53-54**).

Maria, come indica il gesto della sinistra, sta parlando e leggiamo le sue parole nel cartiglio tenuto nella destra: «La sua sinistra è sotto il mio capo e la sua destra mi abbraccerà» («Laeva eius sub capite meo et dextera illius amplexabitur me»), versetto tratto dal Cantico dei Cantici 2,6 (e 8,3) e impiegato nella liturgia della festa dell'Assunzione come seconda antifona[79] delle ore canoniche delle Lodi[80]. Cristo, cingendo le spalle della madre con il braccio destro, le risponde dal cartiglio tenuto nella sinistra: «Vieni, mia preferita, porrò in te il mio trono» («Veni, electa mea, et ponam in te thronum meum»[81]), allusione all'unione coniugale ma che qui illustra la recente vittoria di papa Innocenzo II contro l'antipapa Anacleto II (il primo a sinistra), già cardinale-diacono di quella stessa chiesa. Vediamo infatti il pontefice nel mosaico romano con il modellino della basilica che egli aveva voluto riedificare dalle fondamenta, quasi per distruggere la memoria dell'antipapa. La scritta alla base della conca absidale dichiara infatti: «Questa reggia risplende in onore tuo, o fulgidissima madre dell'onore divino. Il trono sul quale siedi, o Cristo, è sede destinata a restare in eterno. Colei che una veste d'oro ricopre è ben degna della tua destra. Poiché l'antico edificio minacciava rovina, tutto lo rinnovò papa Innocenzo II che da qui proveniva»[82]. Maria, Sponsa-Ecclesia, è la vittoriosa immagine dell'unità della Chiesa di Roma protetta da Cristo, vincitrice di ogni scisma.

Cimabue, nell'abside della Basilica superiore di Assisi, rappresentò invece Maria, senza corona, che condivide il trono con il Figlio alla presenza, in terra, degli apostoli intorno al suo sepolcro vuoto; in cielo, circondata dai beati e dagli angeli (**fig. 55**).

Maria rappresenta qui la Chiesa in quanto madre sollecita del genere umano e amatissima sposa di Cristo, come spiegò san Paolo (Efesini 5,25-27)[83].

Cimabue aveva dedicato però un'altra scena, precedente a questa, per illustrare il tema dell'Assunzione-Glorificazione: Maria risorta anima e corpo si stringe a Cristo in un abbraccio struggente che la porta a scivolare in braccio al Figlio (**fig. 56**). Infatti non solo Cristo abbraccia la madre ma lascia che la gamba e il piede sinistro di Maria si sovrappongano alla sua gamba: un'unione fisica in una forma spirituale.

Maria è qui alla sinistra di Cristo per rendere letterale ed esplicito il versetto del Cantico dei Cantici 8,3: «La sua sinistra è sotto il mio capo e la sua destra mi abbraccerà». Purtroppo sono affreschi molto deterio-

53. *Maria regina, in cielo con Cristo*, Roma, Santa Maria in Trastevere, 1140-43.

rati: ci aiuta un poco un disegno di Johann Anton Ramboux dell'inizio dell'Ottocento (**fig. 57**).

Ma fu soprattutto il cosiddetto Maestro di Cesi che comprese la rivoluzionaria proposta di Cimabue e la fece rivivere in una grande tavola dai colori squillanti, dipinta fra il 1295 e il 1305 per il Monastero della Stella di Spoleto. Sulle ante scorrono gli ultimi momenti della vita di Maria (**fig. 58**).

Il centro della pala è invece occupato dall'Assunzione della Vergine. Maria si abbandona fra le braccia di Cristo risorto chinando il capo sulla sua spalla, insieme madre e sposa[84] (**fig. 59**).

54. Particolare della figura precedente.

Vergini, vedove, coniugate

Nel Genesi la maledizione del procreare colpisce soltanto Eva, protagonista colpevole dell'unione carnale. La sua fatale debolezza la rese particolarmente vulnerabile, pesando per sempre sul destino di sposa e di madre, suo e delle sue discendenti. Cristo non solo nacque da una vergine ma egli rimase «in carne virgo», sottolinea san Girolamo[85], il quale fa notare che è solo il peccato che portò nel mondo le nozze e che questo avvenne *dopo* la cacciata dei progenitori dal paradiso terrestre[86]. Sembra quasi che il matrimonio fosse un peccato femminile e da Agostino in

55. Cimabue, *Maria e Cristo insieme sul trono celeste*, Assisi, Basilica superiore, 1278 ca.

56. Cimabue, *Assunzione di Maria*, Assisi, Basilica superiore, 1278 ca.

57. Johann Anton Ramboux, *Assunzione di Maria, da Cimabue*, Frankfurt a.M., Städelsches Kunstinstitut und Städtische Galerie, III, 131.570, primo quarto del XIX sec.

poi le nozze sono viste in prospettiva femminile; solo dalla donna viene il pericolo della tentazione, di cadere e fare cadere, con le parole del vescovo Raterio, negli «insani tumulti dei vizi e nella voluttà»[87]. Perfino una moglie è guardata con sospetto: «Cosa si intende per moglie se non il piacere della carne?», si chiedeva già Gregorio Magno[88].

È naturale che dei tre stati in cui la Chiesa divide l'umanità: coniugati, vedovi, vergini, questi ultimi occupino sempre il primo posto[89].

La parabola evangelica (Matteo 13,8) del seme di grano che, cadendo nella buona terra «diede frutto, quale il cento, quale il sessanta, quale il trenta», è applicata da sant'Ambrogio per la prima volta ai tre stati: il minore è quello dei coniugati[90]. La vitalità di questo paragone ancora nel XII secolo è dimostrata dalla fortuna di un poema composto proprio all'inizio del secolo, lo *Speculum virginum*, in cui viene analizzata minuziosamente la parabola evangelica per comporre un quadro ricchissimo di esempi biblici ma anche profani, in cui i tre stati sono disposti secondo

58. Maestro di Cesi, *Trittico dell'Assunzione*, Saint-Jean-Cap-Ferrat, Villa-Musée Île de France, 1310 ca.

59. Particolare della figura precedente.

il grado crescente di perfezione[91]. Spesso alcune miniature illustrano l'opera; particolarmente interessante mi sembra quella che adorna un manoscritto dello *Speculum virginum* del XII secolo (**fig. 60**).

I tre stati sono composti entro medaglioni formati dai rami, ripiegati su sé stessi, di una specie di albero genealogico che ha le sue radici in Adamo ed Eva, primi rappresentanti dell'*ordo coniugatorum* (le altre coppie sono: Noè, Abramo e Isacco con le rispettive mogli non nominate, Zaccaria ed Elisabetta[92]). La zona centrale dell'albero è occupata dalle vedove, la parte finale dalle vergini. Le spighe sono 7, 5, 3, corrispondenti al 100, 60, 30 della parabola del chicco di grano.

Proprio sulla cima compare Cristo a mezzo busto; l'ascesa alla perfezione che l'albero ci suggerisce deve portare, con le parole di san Girolamo, a liberarci dell'uomo vecchio per rivestirci di quello nuovo: «qui rinasciamo in Cristo vergine»[93]. Se dunque le nozze sono indissolubilmente legate al peccato, il peso di questa colpa da san Paolo in poi è fatto ricadere, come si è detto, principalmente su Eva, inferiore ad Adamo non solo perché creata dopo di lui e da lui, ma anche perché seduttrice: «Non fu Adamo a essere ingannato, ma fu la donna che si lasciò sedurre e si rese colpevole di trasgressione» (I Timoteo 2, 14).

L'amore della donna non ha alcuna dignità: san Girolamo commenta così Proverbi 30,15-16:

> «La sanguisuga aveva tre figlie che amava caramente, ma queste non riuscirono mai a soddisfarla; alla quarta, poi, non è sufficiente dire: basta così [= non ne ha mai abbastanza]. L'inferno, la passione amorosa della donna, la terra che non si sazia d'acqua e il fuoco non dicono mai: basta». La sanguisuga è il diavolo e le figlie del diavolo sono quelle che sono amate con passione, ma che non riescono a saziarsi del sangue di quelli che uccidono, e cioè: «l'inferno, e la passione amorosa della donna e la terra riarsa e bruciata» (Proverbi 30, 15,36). In questo passo non si parla della meretrice né dell'adultera, ma si accusa la passione amorosa della donna in generale, la quale passione è sempre insaziabile [...]. Se l'uomo ha preso una moglie sgradevole, questa gli riesce insopportabile. Ma se ne ha presa una amabile, la passione che costei gli suscita è paragonata all'inferno e alla terra riarsa e a un incendio[94].

Mentre per raffigurare i Vizi capitali si è sempre dovuto ricorrere a qualche dettaglio particolarmente caratterizzante – l'Avarizia per esempio è rappresentata da un uomo con una borsa al collo, la Superbia da un re che cade da cavallo –, per identificare la Lussuria basta il corpo della donna, che già da solo è il peccato. In un capitello della chiesa della Maddalena di Vézelay del XII secolo, che mostra la tentazione di san Benedetto, il diavolo seduttore gli presenta una donna, ma le scritte

60. *I tre stati*, Città del Vaticano, BAV, ms. Pal. Lat. 565, f. 71r, XII sec.

61. *La tentazione di san Benedetto*, Vézelay, chiesa della Maddalena, XII sec.

sui tre personaggi dicono: «Sanctus Benedictus», «diabolus», e di nuovo «diabolus» (**fig. 61**).

In questa scultura va sottolineato un particolare. Basta confrontare il capitello con la miniatura dei cosiddetti Vangeli di Bernulfo, che mostra lo sposalizio della Vergine (**fig. 62**), per vedere come la scena sia stata composta secondo uno schema identico: al sacerdote che porge la mano di Maria a Giuseppe si è sostituito il diavolo che presenta la Lussuria a san Benedetto. È un matrimonio infernale quello che il Maligno suggerisce.

La scelta della Chiesa occidentale di volere casto il proprio clero si tradusse, forte delle parole di Paolo (I Corinzi 7,6), in una visione così fondamentalmente negativa del matrimonio che sant'Agostino sentì il bisogno di rassicurare i fedeli: «Nel vincolo coniugale se è conservata la pudicizia non si deve temere la dannazione»[95]. Perciò, se possibilmente è «cosa buona per un uomo che non s'accosti a donna di sorta» (I Corinzi 7,1), e se «la moglie si prende non per libidine ma solo per la

62. *Lo sposalizio di Maria e Giuseppe*, Utrecht, Rijksmuseum Het Catharijneconvent, ABMh3, f. 7v, 1053 ca.

procreazione dei figli», è concesso il matrimonio[96], e questo è detto «a modo di concessione e non a modo di comando» (I Corinzi 7,6): tutta la letteratura edificatoria cristiana si sforzò di giustificare il matrimonio non in sé stesso ma in quanto assimilabile allo stato virginale, se vissuto con pudicizia e castità. I tre stati perciò diventano uno solo: «In Maria la pia verginità partorì Cristo, in Anna la vedovanza nella vecchiaia conobbe Cristo bambino, in Elisabetta la castità coniugale e una fecondità in età tarda militarono per Cristo»[97]. È evidente in questo passo di sant'Agostino la preoccupazione di sottolineare la vecchiaia come ulteriore garanzia contro i pericoli del matrimonio.

Per la celebrazione delle nozze, nel Medioevo, durante tutto il rito è continua l'attenzione al problema della castità. Alla sposa il sacerdote raccomandava: «Fedele e casta si sposi in Cristo»[98] e benedicendo l'anello recitava: «Signore, benedici questo anello affinché nel suo simbolo gli sposi custodiscano la pudicizia»[99].

63. *Le nozze di Giuseppe e Maria, Natività*, Utrecht, Rijksmuseum Het Catharijneconvent, ABMh3, f. 7v, 1053 ca.

64. *Annunciazione, Nozze di Giuseppe e Maria, Natività*, München, Bayerische Staatsbibliothek, Clm 4453, f. 28r, 1000 ca.

Inoltre la Chiesa non può proporre alcun esempio autorevole di matrimonio, dato che nei grandi cicli del Nuovo Testamento le nozze costituiscono piuttosto un problema da superare che un modello da imitare. Maria nasce da genitori vecchissimi e solo per un insperato intervento divino che cancella la tormentosa vergogna di Gioacchino scacciato dal Tempio per la sua sterilità. Giovanni nasce pure da Zaccaria ed Elisabetta vecchissimi, e di nuovo solo per intervento divino, tanto inatteso da provocare l'incredulità di Zaccaria, subito punita con un improvviso mutismo. Anna e Gioacchino, Elisabetta e Zaccaria, pur essendo sempre proposti all'attenzione dei fedeli, non saranno mai un modello di coppia che fonda con le nozze la propria discendenza. Non sono famiglie che si costituiscono secondo il ritmo della vita umana, ma per un avvenimento indipendente, estraneo e tardivo.

Un imbarazzo ancora più profondo mostra la Chiesa per il matrimonio di Maria.

Torniamo ai Vangeli di Bernulfo, considerando l'intera pagina miniata (**fig. 63**). Al di sotto delle nozze di Giuseppe e Maria è rappresentata la Natività: a sinistra, sullo sfondo, la città di Betlemme; Giuseppe, in piedi, fa un gesto di meraviglia per l'evento che si è appena manifestato, volgendosi a Maria distesa sul letto (in prospettiva ribaltata). Al centro, Cristo adulto, già con la croce su una culla-sarcofago che allude alla sua futura Passione, è vegliato dal bue e dall'asino; al di sotto gli angeli annunciano ai pastori la nascita divina.

Una pagina miniata assai simile è quella dell'Evangeliario di Ottone III, morto nel 1002 (**fig. 64**). In alto, sullo sfondo, si libra la città di Nazareth. L'arcangelo Gabriele con il gesto della parola annuncia a Maria la futura nascita divina, quindi, di seguito si svolgono le nozze di Giuseppe e Maria. Il sacerdote al centro, quasi di profilo, pone la sinistra sulle spalle di Maria che protende le mani verso Giuseppe, a sua volta con le mani tese pronto ad accoglierla. Nella parte sottostante, la Natività è assolutamente simile a quella dei Vangeli di Bernulfo: unica aggiunta, una torre a suggerire che ci troviamo non più a Nazareth ma a Betlemme.

Le due miniature hanno in comune un particolare non di poco conto: soltanto nella scena delle nozze Giuseppe e Maria sono *privi di nimbo*. Il matrimonio, l'unico episodio che i fedeli possono condividere con il santo e la Vergine, è quello sanzionato proprio come l'unico privo di aura sacrale.

Un ulteriore segno di imbarazzo a proposito del matrimonio di Giuseppe e Maria è il fatto che Giuseppe, secondo l'iconografia vincente, sia rappresentato vecchio e canuto come nel mosaico della cappella Palatina a Palermo[100] (**fig. 65**).

Inoltre nella Natività Giuseppe quasi sempre volge ostentatamente le spalle alla Madonna e al Bambino e addirittura spesso dorme, ignaro. Si veda ad esempio la copertina di un codice belga-renano del 1100 circa (**fig. 66**): ogni partecipazione anche solo emotiva al prodigioso avvenimento è vietata a Giuseppe, in contrasto con l'animazione dei pastori e della stessa Maria[101].

Questa irriverente posizione era già stata adottata in epoca tardoantica a indicare un preciso disconoscimento di paternità. Ce lo mostra un mosaico pavimentale del IV secolo d.C., conservato al Baalbeck Museo di Beirut, dove è presentata la nascita leggendaria di Alessandro Magno (**fig. 67**). Vicino al bambino che viene per la prima volta lavato da una ninfa sta seduta la madre Olimpiade, lo sguardo fisso al serpente-mago Nectanebo, attorcigliato attorno al suo braccio, padre del futuro eroe. Accanto le siede Filippo che, volgendo decisamente le spalle alla moglie, mostra la sua completa estraneità alla scena[102].

Perfino le nozze di Cana possono essere usate paradossalmente come un disconoscimento di paternità. Aimone di Halberstadt (IX sec.), in una predica che commenta l'episodio evangelico, afferma che il miracolo della moltiplicazione dell'acqua in vino fu compiuto da Cristo perché «non fosse creduto figlio di Giuseppe, ma di Dio e di Maria vergine»[103].

Un ulteriore argomento che milita in favore della verginità è che le donne che hanno scelto il chiostro non corrono il pericolo di morire di parto e non devono sottostare al volere di un uomo. Inoltre la vita da sposata per una donna è costellata di infelicità. Scriveva il vescovo Ildeberto di Lavardin a una reclusa di nome Athalisa:

> Si acquista a caro prezzo una posterità che viene concepita con un attentato al pudore e che nasce con un attentato alla vita. Inoltre le vergini ignorano quanto per capriccio del marito la donna, che è debole, debba soffrire. Non sanno infatti a quante ingiurie la moglie sia sottoposta, quanta ansietà colpisca la donna feconda, da quanto dolore sia afflitta la sterile. Se è bella, è difficile che non sia diffamata, se è brutta il marito la disprezza. Non c'è pace nel talamo dove regnano o la vergogna o la noia. [...] Che quiete ci può mai essere per l'anima per una donna il cui marito è un supplizio o una frusta per la coscienza?[104]

D'altra parte verso la fine dell'XI secolo quali spietatezze potessero comportare le nozze per una giovane donna lo testimonia la vicenda di Godeliva di Ghistelle. Lo sposo, Bertolf, già mentre conduceva la

65. *Natività e Omaggio dei Magi*, Palermo, Cappella Palatina, transetto meridionale, lato est e sud, 1130.

66. Dal basso in alto: *Natività, Battesimo nel Giordano, Crocifissione*, Aachen, Domschatz, XI sec. ca.

67. *La leggendaria nascita di Alessandro Magno*, Beirut, Baalbek Museum, IV sec. d.C.

giovane in quella che sarebbe stata la loro casa, «la prese in antipatia» e così fece la suocera che trovò la nuora brutta, per le sopracciglia e i capelli neri. (Ah, se li avesse avuti biondi!) Iniziarono le angherie da parte di entrambi. Godeliva venne poi lasciata sola, abbandonata a sé stessa, ma rimase onesta, dedita alle preghiere e al lavoro di tessitura; ridotta a pane e acqua, quasi morta di inedia, un giorno fuggì e ritornò dal padre che non le fu di molto aiuto. L'affidò al vescovo che riconciliò gli sposi perché non vi era alcun presunto adulterio né alcun riferimento all'impotenza del marito. Bertolf però non tenne fede alla promessa di non maltrattare più la moglie, anzi decise di sopprimerla. Convinse Godeliva a incontrare una maga; le avrebbe dato un filtro che avrebbe condotto le anime e i corpi di entrambi a un profondo amore. Godeliva accettò e scortata dai servi fu portata invece alla morte perché la strangolarono lungo la strada. La sua tomba cominciò però a essere venerata come quella di una martire dalla popolazione e proprio la pretesa fama di santità provocò nel 1084 un'inchiesta e la committenza di una doppia biografia di Godeliva da parte del vescovo di Noyon-Tournai: vi sono – per noi incredibilmente – sottolineate la «giusta» sottomissione della moglie e l'indissolubilità dell'unione coniugale[105].

Il diavolo e la sua preda

Nella biografia di un santo è un luogo comune il travestimento del diavolo in bella fanciulla che ne mette a prova la resistenza e la virtù. Mi limito a un unico esempio, un dettaglio dell'affresco della *Tebaide* dipinto da Buffalmacco nel Camposanto di Pisa nel 1343 circa (**figg. 68-69**). Il domenicano Iacopo Passavanti racconta che il Maligno un giorno prese l'aspetto di una pellegrina che, piangendo, convinse un pio eremita ad accoglierla nella sua grotta perché la notte era buia e piena di bestie feroci. La fanciulla, una volta entrata nella cella, cominciò l'opera di seduzione, ma l'eremita riconobbe l'inganno[106]. Dapprima Buffalmacco mostra il gesto affettuoso dell'eremita che prende la mano della viandante bella e dallo sguardo intenso, ma le zampacce nere tradiscono il suo vero essere. Segue poi la sconfitta del Maligno: l'eremita si sporge ora da un davanzale di roccia, che in parte già lo protegge – anche il paesaggio s'adegua al mutare delle emozioni –, e caccia con il bastone la falsa pellegrina. L'osservatore deve dedurre che la presenza del demonio è continua e che anche un gesto di carità può tramutarsi in occasione di peccato. La vittoria è però assicurata se ci si mantiene in un percorso di vita ascetica, evitando comunque l'incontro con le donne.

Ugualmente abituale nella biografia di un santo è l'esorcismo. La presenza numericamente assai più abbondante di possedute a preferenza di posseduti si spiega proprio per la nota correlazione donna-diavolo, così abituale da portare lo spettatore a considerare come perfettamente naturale il fatto che l'abitacolo preferito del demonio sia il corpo di una donna. In realtà la lunga teoria di possedute potrebbe essere decifrata come un sintomo di alienazione e insoddisfazione per il ruolo che la società aveva assegnato alle donne. Il momento della possessione diabolica segna la possibilità magica di una liberazione, senza seguito però: ogni eccesso è attribuito al demonio e il lieto fine è assicurato dall'esorcista riparatore. Per un attimo la donna è però protagonista di un avvenimento eccezionale, per un attimo è alla ribalta una vita dimenticata[107].

Nel particolare di una tavola, attribuita a Giunta di Capitino, che rappresenta Francesco e storie della sua vita[108], il pittore ha ritratto la donna in catene, con il volto disfatto per la lunga lotta, quasi fosse una menade (**fig. 70**). Sarebbe una giustificazione capziosa attribuire

68. Buffalmacco, *Il diavolo travestito da pellegrina tenta un eremita ma viene sconfitto*, dalla *Tebaide*, Pisa, Camposanto Monumentale, 1343 ca.; incisione acquerellata da Carlo Lasinio, *Pittura a fresco del Campo Santo di Pisa*, Firenze, Molini, 1828.

allo sforzo del combattimento le vesti così scomposte fino a denudare il petto, poiché i lunghissimi capelli dichiarano una pericolosità senza remissione: il diavoletto e già uscito dalla donna ma essa rimane la figlia di Eva tentatrice.

Nell'affresco dell'Inferno della chiesa di Santa Maria Maggiore a Tuscania (Viterbo), inizi del XIV secolo (**fig. 71**), sono soltando donne a nutrire una smisurata testa di drago dalle zanne acutissime che le stritola tra le fauci, mentre diavoli armati di forche le spingono nella gola insaziabile del mostro. Il pittore ha saputo sfruttare lo stretto spazio del pennacchio dell'arco trionfale, collocando verticalmente la testa del mostro che risulta così ancora più truce e aggressivo.

69. Buffalmacco, *Il diavolo travestito da pellegrina tenta un eremita ma viene sconfitto*, dalla *Tebaide*, Pisa, Camposanto Monumentale, 1343 ca.

Le dannate, tutte con il velo bianco, sono monache disperate; si lacerano le guance con un voluto appello all'emotività dell'osservatore che le doveva contemplare con raccapriccio. Occupano il punto più profondo perché hanno tradito la loro scelta di vita: si erano proposte un comportamento particolarmente virtuoso differenziandosi da chi aveva preferito il matrimonio. Il castigo è in proporzione all'enormità della trasgressione: la sconfitta delle monache trascina con sé anche la validità del modello di vita prescelto. L'affresco si rivolge a un pubblico di laici. La collocazione delle monache nell'abisso estremo sollecitava la misoginia degli uomini: le donne, anche quelle dall'apparenza più santa, fingono e mentono. Le spettatrici invece dovevano consentire a una immagine negativa di loro stesse: neppure se si ha rifiutato il matrimo-

70. Giunta di Capitino, *La guarigione di un'ossessa*, part. della tavola *San Francesco e sei miracoli*, Pisa, Museo Nazionale di San Matteo, dopo il 1253 ca.

nio, scegliendo la strada della penitenza, c'è la sicurezza di giungere al paradiso. Ma all'inferno possono andare gruppi di donne già additate in vita alla riprovazione.

La paura che la donna potesse curare, prerogativa, questa, tutta maschile, e la paura nei confronti di un corpo del quale si teme la perversa seduzione sono due aspetti, certo non gli unici, presenti nell'ossessione verso la strega: non è un caso che siano state bruciate molte più streghe che stregoni. È un altro mito che nel Medioevo si andò lentamente costruendo, al quale san Bernardino da Siena (1380-1444) diede impulso mandando al rogo un buon numero di sventurate. Fu soprattutto lui a costruire e divulgare, attraverso le prediche, molte delle loro abitudini più caratteristiche. Proprio nella chiesa di San Bernardino a Triora (Imperia) un affresco della fine del XV secolo, sul muro destro della na-

71. *Monache dannate*, part. dell'*Inferno*, Tuscania (Viterbo), Santa Maria Maggiore, inizio del XIV sec.

vata, ne mostra un gruppo nella fornace infernale (**fig.** 72). Le dannate, infilzate dai demoni, che la scritta dichiara: «fatucerie» (fattucchiere)[109], hanno una mitra in testa sulla quale è dipinto un diavolo nero, invocato in aiuto da vive, simbolo della loro cieca fiducia. A «fatucerie» segue «et gazari», nel senso di eretici, ma di uomini il pittore ne ha dipinto proprio pochi, uno o due al massimo.

Nella biografia della strega particolarmente insistiti sono i rapporti sessuali con il demonio, che degenerano in orge, oppure l'aspetto laido, di vecchia ripugnante, espressione di una scissione maschile che desidera e respinge la bellezza muliebre. Le streghe sono accusate di accanirsi sui bambini appena nati, ai quali provocano la morte bevendone il sangue, di essere capaci di fabbricare unguenti. Nella realtà questi due ultimi aspetti rimandano alla familiarità delle donne nell'assistere ai parti e al fatto che sono abituate a intervenire con prestazioni di tipo medico per molte malattie femminili. Data l'altissima mortalità sia infantile che delle puerpere è facile comprendere come si addossasse la responsabilità del decesso a chi si era occupato del bambino o della madre.

In conclusione: il messaggio che la Chiesa passava ai fedeli, alimentando il loro immaginario – e influenzando, come si è appena visto, dialetticamente quello maschile nei confronti della donna e quello femminile nell'immagine di sé –, è sostenuto da una profonda diversità nel presentare uomini e donne. Gli uni sono peccatori per uno smodato uso delle proprie capacità e iniziative o perché incapaci di controllare impulsi e sentimenti; le altre invece non devono impegnarsi in nulla, perché già il loro corpo le porta inesorabilmente alla trasgressione: non sono un soggetto peccante ma un modo di peccare, offerto all'uomo.

Il monastero, isola felice

Il monastero, anche se era la dimora definitiva di giovanette o addirittura di bambine che, una volta entrate, avrebbero passato lì tutta la vita, non era visto come una prigione, anzi, al contrario! Era l'unico luogo dove le loro inclinazioni e la loro personalità si sarebbero potute esprimere e maturare in una quieta pace, mai maltrattate, sempre nutrite, senza correre il rischio di morire prematuramente di parto. Poiché in un libro recente[110] mi sono dedicata a raccontare la vita in monastero e le occupazioni di tante monache, dedite a copiare manoscritti e a illustrarli, ma anche a scriverli e comporli, mi scuso con chi mi legge se riservo

72. *Streghe ed eretici dannati*, Triora (Imperia), San Bernardino, fine del XV sec.

solo un breve paragrafo a tutte quelle donne che avevano «una stanza per sé», con le parole di Virginia Woolf, cioè la cella del monastero (insieme alla biblioteca, allo «scriptorium» e alla chiesa dove rivolgersi a Dio e cantare).

Nelle mura che le separano dal consorzio umano e dagli uomini prima di tutto, le monache si dedicano alla preghiera e alla meditazione, per le quali è necessario leggere, scrivere, studiare. Leggono e cantano in questa miniatura del 1405-10 (**fig.** 73) che mostra una doppia fila di clarisse raccolte compostamente nel coro, ognuna con il libro dei salmi aperto.

Non è un caso che la stragrande maggioranza di donne dotate di una spiccata individualità sia costituita da monache. Dopo la monaca ex regina Radegonda, morta nel 587, alla quale è dedicato il prossimo capitolo, ispiratrice amica e committente del poeta Venanzio Fortunato, possiamo menzionare, nella prima metà del X secolo, Rosvita, non solo conoscitrice di Terenzio ma addirittura cronista e storica del suo tempo. Scrisse infatti i *Primordia Coenobii Gandersheimensis* e il *Carmen de gestis Oddonis*. Poi, per il XII secolo, la monaca alsaziana Herrad, badessa di Hohenbourg, autrice di una enciclopedia adorna di splendide miniature in un nesso inscindibile con il testo, intitolata *Hortus deliciarum*, alla

73. *Monache nel coro*, London, British Library, ms. Cott. Dom., A XVII, f. 74v, 1405-10.

quale certo collaborarono le consorelle. La grande monaca benedettina Ildegarda di Bingen (1098-1179), entrata in monastero a otto anni, oltre a opere di edificazione religiosa scrisse di medicina e di scienze naturali, e poi ancora numerose lettere e una autobiografia giuntaci in maniera frammentaria. Parecchi manoscritti di uno dei suoi libri più famosi, il *Liber Scivias* (*Sci vias lucis*, conosci le vie della luce), sono ornati da bellissime e complicate miniature. In una (**fig.** 75), tratta dal *Liber divinorum operum*, Ildegarda, con in mano lo stilo e il viso rivolto al cielo dal quale trae ispirazioni, traduce in parole la visione dell'amore di Dio che si è incarnato nella Terra, popolata da chiese e città.

Nel monastero la monaca può diventare autonoma committente e come tale intende essere rappresentata, in prima persona, in un ruolo ben diverso da quello della sottomessa figura di moglie che lascia al marito il ruolo principale e l'iniziativa della commissione. Nell'evangeliario dell'inizio dell'XI secolo la donatrice, «Hitda abbatissa», offre alla santa fondatrice, «sancta Walburga», il manoscritto da lei commissionato, mostrandosi di statura pari a quella della augusta dedicataria (**fig.** 74).

La monaca poteva diventare dunque autonoma committente e come tale volere essere rappresentata, da protagonista, in prima persona.

74. *La badessa Hitda offre a santa Walburga il suo manoscritto*, Darmstadt, Hessische Landes und Hochschulbibliothek, ms. 1640, f. 6r, inizio dell'XI sec.

Lo si vede in un'altra miniatura coeva, in cui la badessa Uta di Niedermünster si mostra come reverente donatrice e committente ai piedi della Vergine alla quale offre il manoscritto (**fig. 76**).

La stessa Cristina di Markyate è rappresentata nel Salterio di Albans (di cui è stato fatto un rapido cenno a proposito della Maddalena che annuncia agli apostoli la resurrezione di Cristo) proprio all'interno della lettera C (**fig.** 77).

Una monaca, infatti, con gli abiti rifilati d'oro, sullo sfondo della zona verde terrestre, insieme a quattro monaci si sporge fino a raggiungere lo sfondo azzurro che rappresenta il cielo e quasi tocca Cristo in piedi che le si rivolge benevolo. Il monaco più vicino alla donna, l'unico ad avere anch'egli gli abiti ripassati in oro, a suggerire un suo rango più elevato, le posa confidente la mano sinistra sulla spalla e con l'altra si rivolge al Redentore. La miniatura è stata dipinta su un pezzetto di pergamena ritagliata e incollata, dopo avere eraso la precedente iniziale. È un *unicum* rispetto a tutto il manoscritto, così come un *unicum* è il listello d'oro che disegna la lettera. Né l'immagine, né la rubrica: «Parce tuis queso monachis clementia Iesu» («O Gesù, perdona, ti prego, nella tua misericordia i tuoi monaci») hanno alcun rapporto con il testo del salmo, riguardante la salvezza dei figli di Israele, raggiunta con l'aiuto di Mosè. «L'iniziale di Cristina» ha fatto molto discutere gli studiosi per tutte le anomalie segnalate. Innanzitutto per l'interpretazione dell'immagine[111]: Cristina intercede presso Cristo in favore dell'abate Goffredo e dei suoi monaci oppure sono i monaci che invitano la donna a intercedere per loro? E ancora, quale fu l'occasione e perché si procedette a incollare il piccolo quadrato di pergamena? Nel 1131, quando Cristina prese i voti monastici, o quando divenne priora di Markyate nel 1145 o forse ancora successivamente negli anni cinquanta del XII secolo, subito dopo la morte di Cristina? In questo caso l'immagine mostrerebbe il suo passaggio dalla terra al cielo. L'iniziale del salmo 105 potrebbe dunque rappresentare il momento in cui «il salterio di St. Albans passò dall'essere di fatto un libro di uso personale di Cristina alla condizione di possesso della sua comunità come una sorta di reliquia della fondatrice»[112], anche perché Cristina in vita godette di una fama molto prossima alla santità.

Addirittura la triplice aureola o corona, simbolo di verginità, martirio e dottrina, è tributata a Caterina da Siena (1347-80), la santa legata all'ordine domenicano, interlocutrice di pontefici; oltre che vergine e martire (per le sofferenze subite e le tentazioni vinte), è perciò anche «predicatrice», annientando in questa veste il divieto paolino che vuole la donna silenziosa in pubblico. I suoi biografi, Raimondo da Capua

75. *Una visione di Ildegarda di Bingen*, Lucca, Biblioteca, ms. 1942, f. 143r, XIII sec.

e Tommaso da Siena, il «Caffarini», sottolinearono l'autenticità della missione profetica, la grande dottrina della santa e le analogie con Giovanni, che predicò la buona novella e la compendiò nel Vangelo. Caterina da Siena, come approdo del suo impegno religioso, scelse d'essere suora mantellata nel terz'ordine dei domenicani, i quali sulla cultura avevano fatto leva per convincere e sgominare gli eretici. Per questa scelta di vita la santa trovò lo spazio e la possibilità di sviluppare le sue grandi doti in sintonia con le scelte dell'ordine stesso.

In una tavola di Giovanni di Paolo, vediamo Caterina, con una consorella, che parla a Gregorio XI chiedendogli di lasciare Avignone e di ritornare a Roma (**fig. 78**). I cardinali ascoltano seri e pensosi mentre due prelati annotano attenti le parole della santa. Se Caterina fu una donna

76. *La badessa Uta di Niedermünster offre alla Vergine il suo Evangeliario*, München, Bayerische Staatsbibliothek, ms. Latin 13601, f. 2r, inizi dell'XI sec.

77. *Cristina di Markyate all'interno della lettera C del salmo 105*, Hildesheim, Dombibliothek, ms. St. God. 1, f. 285r, 1150 ca.

estremamente decisa, convinta della missione che sentiva esserle stata affidata da Dio, quasi otto secoli prima, santa Radegonda, regina e poi monaca di cui si è fatta una rapida menzione, mostrò un tale coraggio e una tale determinazione che alla sua vita tanto singolare e drammatica dedico il prossimo capitolo.

78. Giovanni di Paolo, *Caterina da Siena cerca di convincere papa Gregorio XI a ritornare da Avignone a Roma*, Madrid, Museo Thyssen-Bornemisza, 1461-64.

Capitolo 3

Radegonda. Da regina a monaca

Chi era Radegonda?

Nell'indistinto paesaggio medievale femminile è possibile, con un po' di attenzione, notare alcune eccezioni: donne con una personalità così speciale da lasciare dietro di loro una nitida scia che, ripercorsa a ritroso, le porta di nuovo a noi vicine.

Cominciamo da un anno lontanissimo, il 531: Clodoveo, re dei Franchi, ha annientato i Turingi e «devastato la regione con selvaggio furore»[1] sconfiggendo il re Ermenfredo, zio di una povera ragazzina appena tredicenne, Radegonda, figlia di suo fratello, il re Bertario (da Ermenfredo prontamente decapitato per aumentare i territori in suo possesso). L'orfanella, fatta prigioniera dai Franchi insieme a un fratello, venne contesa come bottino di guerra dai due giovani principi figli di re Clodoveo, Teodorico e Clotario I. Se la aggiudicò quest'ultimo che progettò il matrimonio per facilitare l'annessione della Turingia al proprio regno e mantenerne il possesso attraverso la legittimazione che le nozze con la figlia del sovrano turingio avrebbero procurato. La sposò nel 538, dopo la morte della moglie precedente, la regina Ingunde[2]. Forse volle attendere che fosse un po' cresciuta. Nel frattempo la spedì nella «villa», una sua grande tenuta rurale di Aties nel Vermandois[3], perché ricevesse da bravi maestri un'istruzione adeguata al futuro rango di consorte. Di lei e delle vicende storiche di questo periodo, caratterizzato da una violenza sconvolgente e brutale, dove si susseguono assassinii, conflitti fratricidi, imboscate, torture efferate e massacri, parla a più riprese il vescovo e cronista contemporaneo Gregorio di Tours (538-594) nella sua *Storia dei Franchi*[4]. Ad esempio, un figlio di Clotario I, Sigeberto I, sposo di Brunechilde, nel 575 venne assassinato dai sicari di sua cognata Fredegonda, moglie del fratellastro Chilperico I, il quale aveva assassinato la giovanissima moglie Galsuinda (**fig. 79**), sorella di Brunechilde, spinto

79. *Chilperico strangola la moglie Galsuinda*, Paris, BNF, ms. Français 2813, f. 31r, 1375-80.

dalla spodestata concubina Fredegonda, finendo a sua volta assassinato nel 584 da un tal Gondovaldo che si diceva figlio di Clotario I[5].

Gregorio di Tours non è però il solo a farci conoscere Radegonda.

Radegonda regina interruppe il matrimonio con Clotario I per diventare monaca, famosa nel suo tempo e nei secoli successivi. Il poeta Venanzio Fortunato le dedicò una biografia poco dopo la morte avvenuta nel 587. Una seconda biografia fu scritta circa vent'anni più tardi da una consorella, Baudonivia, che era vissuta nel medesimo monastero di Radegonda e l'aveva conosciuta intimamente: è un fatto piuttosto eccezionale che una donna di quasi mille e cinquecento anni fa abbia preso l'iniziativa di scrivere un'opera impegnativa, e in latino, anche se non perfetto. Poi, alla fine dell'XI secolo o all'inizio del XII, un ignoto pittore decorò il testo della biografia di Fortunato con ventidue miniature, profondendo oro, argento e porpora, miniature che costituiscono un'ulteriore biografia, una biografia figurata[6].

Il volto di Radegonda ci è noto scrutando questi specchi, ognuno dei quali lo riflette da una propria angolatura; bisognerà tener conto inoltre della personalità degli autori e di quali finalità si prefiggessero con il loro lavoro. Specchi deformanti dunque, non limpidi e tersi, ma che comunque ci permetteranno di ricostruire con buona approssimazione un'indomita personalità.

Venanzio Fortunato: amico fedele, biografo parziale

Venanzio Fortunato nacque fra il 530 e il 540 a Duplavenis, l'odierna Valdobbiàdene nel Veneto, compì studi giuridici a Ravenna e poi si spostò in Gallia, dove nel 566 lo ritroviamo intento a comporre un epitalamio per le nozze di re Sigeberto con Brunechilde. Fece poi un pellegrinaggio al sepolcro di san Martino a Tours per ringraziare il santo di averlo guarito da una malattia agli occhi, ospite durante il viaggio di vescovi e potenti laici a cui non lesinava carmi in loro onore in quanto uomo colto, raffinato e abile verseggiatore[7]. Da questa città si diresse a Poitiers attirato dalla fama di Radegonda. Si legò a lei con una solida e intensa amicizia, ne divenne il confidente e il protetto, tanto da non fare più ritorno in Italia e fissare a Poitiers la dimora. Qui visse fino alla morte (nel 603 o nel 604), anche se, come apprendiamo dai suoi carmi, continuò a compiere saltuari e brevi viaggi. Negli ultimi tempi della vita fu ordinato prete e, proprio per l'amicizia stretta con Gregorio di Tours, nel 597 divenne vescovo di Poitiers[8].

Prima della biografia di Radegonda Venanzio aveva scritto quella di san Martino, sottolineandone l'impegno nell'evangelizzazione, spesso coercitiva, gli esorcismi e le tante guarigioni, i frequenti viaggi all'interno della sua diocesi. La tenne a modello per la *Vita* della santa amica, anche nella scelta dei miracoli che a volte lasciano intravvedere l'augusta falsariga, un modo per consolidare il culto di Radegonda.

Fortunato cancellò la maggior parte dei tratti individuali di Radegonda e riversò i propri ricordi in uno stampo agiografico di salda tradizione. Questo si può dire constatando, ad esempio, la totale censura sull'attività politica che Radegonda anche in monastero continuò a esercitare, raccontata invece ampiamente da Baudonivia.

Venanzio descrisse invece una santa monaca chiusa al mondo, confinata all'interno della sua cella; un'aspirante martire fin da bambina, che, non potendo essere uccisa, torturò il suo corpo con terribili supplizi fisici, dedita a una rigidissima ascesi, a estenuanti digiuni e al deliberato contatto con le malattie più ributtanti dei malati.

Radegonda non poteva essere lodata per la virtù della verginità perché era stata costretta al matrimonio con Clotario I; rimase però, secondo il biografo, monaca nell'anima, determinata a rifiutare il più possibile ogni rapporto con il marito, rappresentato violento e negativo. Il biografo si sofferma a descrivere il matrimonio mistico di Radegonda con Cristo; il legame celeste può finalmente espandersi nell'agognato chiostro, sempre desiderato.

Fortunato si muove però su un doppio binario perché, libero dalle strettoie del genere agiografico, nei carmi frequentemente scambiati con Radegonda e con la più giovane badessa Agnese mostra un lato sorprendentemente mondano del loro legame, in cui il godimento del cibo e la gioia di vivere hanno grande spazio[9]. Fortunato ad esempio invia a Radegonda gradite purpuree viole «che appartengono a una specie nobile: dipinte di regale porpora profumano pure e i petali saziano sia con il loro odore che con la loro bellezza» (con una sottile allusione alla regalità della destinataria, evidentemente non respinta)[10]. Manda in monastero «tenere castagne» in un cestino di vimini intrecciato dalle sue mani[11], loda i cibi squisiti inviatigli da Radegonda ammettendo con lieta autoironia la propria ingordigia:

> Anche questi ortaggi cosparsi di miele che mi hai donato hanno fatto da primo piatto nel pasto di oggi: non ne ho preso una porzione o due, ma pure una terza e una quarta volta. Il solo odore avrebbe potuto saziarmi. [...] È giunta poi, inviata assieme ad alte colline, una montagna di carne, da ogni lato fiera della sua mole, circondata da tutte le delizie che forniscono la terra e il mare; al suo interno vi era un giardinetto di verdure intrecciate. Io, ingordo e goloso, ho vinto tutte queste pietanze: sia la montagna che il giardino ora sono inerti prigionieri nel mio stomaco[12].

Non teme di confessare il peccato di gola a chi glielo ha sollecitato: «Con varie leccornie ho espanso la mia pancia gonfia, mangiando di tutto: latte, legumi, uova, burro. Ora mi portano altri piatti ripieni di nuove pietanze, e i cibi mescolati assieme sono ancora più deliziosi. Mi hanno infatti ammannito, insieme al latte, anche burro: altro grasso si accumula là dove ce n'è già da molto tempo»[13]. Nella *Vita* di Radegonda Fortunato sottolinea, non senza costernata ammirazione, che dall'interruzione della vita comune con Clotario I la regina, non ancora entrata in monastero, «non mangiò né frutta pesce od uova e nient'altro tranne che legumi e verdura»[14], senza bere né vino né birra scura; da monaca non cambiò il suo austero regime alimentare: mangiava in minima quantità verdure e lenticchie ma non «uccellame, né pesce o frutta o uova»[15].

Descrivendo l'invio di altre pietanze Fortunato non teme di incorrere nei rimproveri di Radegonda e della badessa per il suo indugiare sul piacere dei sensi: sa che il loro rapporto è improntato a un confidente consenso. E perciò descrive i fiori profumati che ornano la tavola e il vassoio di marmo con verdure fragranti, la scodella d'argento ricolma di carne[16]. «Moltissimi frutti si protendono da cestelli variopinti, e l'odore che da essi gradevolmente promana mi ha saziato. Una brocca color nero versa tazze di latte bianchissimo: sicura di essere apprezzata, è giunta a me trionfante. Io servitore della madre mia signora le parlerò di questi doni di sua figlia: legato da spirituale affetto sono terzo con loro»[17].

Se la madre è Radegonda, la figlia è la badessa Agnese con cui Venanzio intessé un rapporto così stretto da doversi difendere da insinuazioni e sospetti. Le scrive infatti affermando di amarla come se fosse la propria sorella Tiziana «con un affetto spirituale senza alcuna macchia corporale. Io non amo ciò che desidera la carne, ma ciò che anela lo spirito», e conclude arditamente: «Per me è sempre stato come se nostra madre Radegonda con un unico parto ci avesse generati entrambi nel suo casto seno e come se le care mammelle di quella santa donna ci avessero nutriti ambedue insieme, con l'unico latte che ne fuoriusciva»[18]. Ma nel piccolo carme con cui Venanzio ringrazia Agnese per l'invio di un formaggio cremoso su cui è rimasta l'impronta del dito della badessa, il sentimento non è forse solo di casta nostalgia:

> Ho visto le impronte delle tue dita sui doni di latte: il segno della tua mano è rimasto là dove è stata tolta la crema. Dimmi, ti prego, chi ha indotto le tue dita delicate a modellare così bene? Fu forse Dedalo il tuo maestro in codest'arte? O venerabile affetto, non ho la possibilità di vederti. È stata solo l'illusione di un istante, ché l'impronta sul fragile rivestimento si è frantumata. E non ho potuto conservarne neppure un minimo frammento. Possa tu, per grazia del Signore, fare queste cose per lunghi anni, e la madre rimanga gran tempo a te in questo mondo[19].

Il ricordo finale di Radegonda è quasi d'obbligo, ma le due donne sono a più riprese ringraziate insieme per l'invio di buonissimo latte, per essersi preoccupate per la salute del poeta invitandolo a cibarsi delle amate uova[20].

Dunque Radegonda non trascorreva il suo tempo soltanto in preghiera e in rigidissima penitenza come Fortunato afferma nella biografia, ma ne dedicava una buona parte, oltre a una intensa attività politica che Venanzio censura, a cucinare (anche per le consorelle[21]) e, immaginiamo, a sorridere ogni volta all'arrivo di una composizione poetica o di un dono da parte del poeta, e a rispondere, fantasticando.

Radegonda stessa infatti contraccambiava alla pari, anche con carmi purtroppo non giunti fino a noi ma ricordati dall'amico fedele. Fortunato abilmente gioca sulle tavolette di cera usate dalla monaca per scrivere e sul miele delle sue dolci parole: «Mi hai donato grandi poesie su piccole tavolette, tu che puoi dare miele ai favi esauriti; tra le gioie della festa ci ammannisci molteplici pietanze; ma per me che ne sono avido, sono più nutrienti le tue parole. Mi mandi dei versucci composti con linguaggio delicato: con le loro parole unisci i nostri cuori»[22].

Nella biografia di Venanzio Fortunato alla quale finalmente torniamo nulla rimane della serena umanità di Radegonda, descritta invece, lo ripeto, come un'inimitabile severissima santa, il cui orizzonte mentale è sempre quello del Cielo. Morta da poco Radegonda, Fortunato, divenuto nel frattempo *presbyter*, con la sua opera ne volle rafforzare il culto, a Poitiers, dove aspirava alla nomina di vescovo, ottenuta nel 599.

Una vita raccontata e illustrata

Il biografo inizia con il trito luogo comune dell'inferiorità della donna riscattata dall'imponderabile intervento divino: «La generosità del nostro Redentore è così grande, sia da porre frequentemente nel sesso femminile splendide vittorie sia da far diventare le femmine stesse, più fragili nel corpo, gloriose per il valore di un'anima nobile. Queste, che per nascita sono deboli, Cristo le rende vigorose con la fede»[23]. Chiuso il prologo, Fortunato passa a raccontare di Radegonda fanciulla, sottolineando l'importanza del suo rango: nonno e padre erano re. Fa notare che inviata da Clotario I ad Aties, come già si è detto, «fu erudita nel latino» («litteris est erudita») da bravi insegnanti e precettori. I tratti adolescenziali sono cancellati da un successivo topos, quello del *puer senex*, del fanciullo che già mostra i pregi della saggezza e sapienza senile[24].

Martire per desiderio, la piccola Radegonda gioca già a fare la santa: serviva a tavola i bambini che erano con lei, lavava loro i capelli, la faccia e le mani e con loro organizzava processioni cantando tutti insieme salmi dietro a una croce fatta di legno. Persino raccoglieva con un panno la polvere che si trovava attorno all'altare e la portava fuori con grande reverenza, piuttosto che scuoterla via.

I ff. 21v-43v, all'interno di un codice miscellaneo segnato da molte vicissitudini, il ms. 250 della Biblioteca municipale di Poitiers[25], della

80. *Radegonda davanti a re Clotario I, poi provvede alla pulizia dell'oratorio*, Poitiers, Bibliothèque Municipale, ms. 250, f. 22v, fra il 1070 e il 1099 (d'ora in avanti citato come ms. 250).

fine dell'XI secolo o dell'inizio del XII[26], contengono la *Vita* di Venanzio Fortunato illustrata da ventidue miniature (in origine ce n'erano due in più ma le pagine vennero strappate; tuttavia sono rimaste le copie in due disegni eseguiti prima del 1765 da un benedettino di nome Antoine-Joseph Pernety[27]). Dodici miniature sono a piena pagina, anche se la prima è dedicata al ritratto di Venanzio Fortunato e l'ultima a quello della monaca Baudonivia (purtroppo il testo di Baudonivia, verosimilmente accompagnato da miniature, in questo manoscritto non esiste più)[28]. Seguiremo la biografia figurata di Radegonda del ms. 250. Segnerò via via gli scarti rispetto al testo scritto da Venanzio Fortunato, cercando di spiegare il perché di interpretazioni diverse.

La prima miniatura dedicata a Radegonda, a piena pagina, riassume l'andata e il soggiorno ad Aties della giovane prigioniera in due scene sovrapposte (**fig. 80**). Qui e in tutte le miniature lo sfondo è sostituito da più strisce sovrapposte di vari colori che vogliono dare profondità agli edifici e ai personaggi, suggerendo una inesistente prospettiva.

Nella parte superiore Clotario I, coronato, in trono, con i piedi su un ornato suppedaneo, parla alla giovane Radegonda con il dito puntato in alto in un gesto autoritario. La fanciulla è l'unica a essere identificata dal nome sullo sfondo («Radegundis»); volge le spalle al sovrano quasi volesse fuggirlo, ma è tenuta ferma per un braccio da un notabile accompagnato da due personaggi, probabilmente guardie. Il suolo costituito da linee ondulate indica la lunga strada che la giovinetta dovrà percorrere; s'impenna sotto i suoi piedi come un piedistallo facendole assumere la funzione di protagonista. Il colloquio è finito e la fanciulla sta per avviarsi verso Aties, ma lo sguardo gettato all'indietro, il gesto del sovrano e di chi la trattiene riassumono efficacemente la condizione e i sentimenti di Radegonda.

La scena è infatti costruita sullo schema della martire cristiana arrestata e interrogata dall'imperatore prima di essere portata in prigione[29].

Si veda ad esempio una scena del ciclo affrescato della cripta dell'abbazia di Saint-Savin a Saint-Savin-sur-Gartempe (fine XI-inizio XII secolo)[30] in cui i martiri Savino e Cipriano sono portati davanti al console Massimo (**fig. 81**), trattenuti per i polsi dai carcerieri, proprio come Radegonda; oppure come il martire Romano: condotto davanti al prefetto, è immobilizzato dal carceriere oltre che per il polso anche per una spalla in una miniatura della seconda metà del X secolo[31] (**fig. 82**).

Nel registro inferiore della nostra pagina, Radegonda all'interno dell'oratorio è inginocchiata e in modo elegante con un lembo del velo sfiora il pavimento per raccogliere la polvere. Di tutte le azioni pie compiute

81. *I martiri Savino e Cipriano condotti davanti al console Massimo*, Saint-Savin-sur-Gartempe, Saint-Savin, fine XI-inizio XII sec.

82. *Il martire Romano interrogato dal prefetto*, Bern, Burgerbibliothek, ms. 264, f. 68r, seconda metà del X sec.

dalla fanciulla è stata scelta quella che meglio suggerisce il progetto, già formulato, di una chiusa vita di preghiera in monastero.

Passano gli anni e Radegonda viene a sapere che Clotario I la vuole sposare. Il tentativo di fuga fallisce ed è costretta alle nozze e a stabilirsi regina a Soissons; tuttavia, «sottomessa sempre a Dio, seguiva gli ammonimenti dei sacerdoti, più partecipe di Cristo che unita in matrimonio»[32], distribuendo le sue sostanze in elemosine ai poveri e ai monasteri visitati frequentemente di persona. Donava spesso anche indumenti, «essendo convinta che sotto la veste di un indigente si coprivano le membra di Cristo»[33], trasparente ricordo del miracolo di san Martino che aveva spartito il mantello con un povero, in realtà con Cristo.

Ad Aties Radegonda, che aveva una spiccata propensione per la cura dei malati e dei derelitti, organizzò una sorta di ospizio-ospedale con letti destinati ad accogliere donne ammalate e povere: qui venivano curate le loro piaghe, e loro stesse lavate con bagni caldi; lo stesso trattamento era rivolto agli uomini, a cui in più veniva offerto del buon vino perché si rinfrancassero.

Da sposata, in quanto regina, doveva partecipare con il marito ai banchetti ufficiali, ma durante l'ora in cui doveva recitare l'ufficio divino interrompeva il pranzo con una scusa e andava a recitare i salmi. Alla sera spesso arrivava in ritardo a mensa perché occupata «nelle cose di Dio», ad esempio intenta a preparare candele per illuminare oratori ed edifici sacri durante la notte[34]. Scoppiavano sovente alterchi con Clotario I, anche se poi la pace era siglata da doni da parte del coniuge. Di notte

> giacendo con il re, chiedeva di alzarsi per una necessità fisiologica; levatasi e uscita dalla stanza da letto, stava a lungo prosternata in preghiera nella cappella privata, distesa sopra un cilicio, cosicché ardendo solo nello spirito giaceva a terra penetrata dal gelo, paralizzata in tutto il corpo, con la mente incurante dei tormenti e tesa al paradiso, reputando come lieve ciò che sopportava solo per non sfigurare agli occhi di Cristo. Dopo, rientrata nella stanza da letto, poteva a stento riscaldarsi o davanti al fuoco o nel letto. Riguardo a lei veniva detto al re che egli aveva per sposa una monaca piuttosto che una regina. Onde anch'egli, irritato, era molto aspro con i nobili, ma ella da una parte lo addolciva, dall'altra sopportava con la sua moderazione i litigi provocati dal marito[35].

La seconda miniatura a piena pagina illustra appunto la vita quotidiana a palazzo, di nuovo divisa in due parti (**fig. 83**).

Clotario I e Radegonda coronati posano insieme i piedi su un suppedaneo davanti alla tavola imbandita. È in atto un vivace dialogo a cui assistono due commensali[36]; il re di nuovo ha il dito puntato in alto nel gesto di autorità. Radegonda chiede di assentarsi, Clotario I non

83. *Per pregare Radegonda interrompe il pranzo e poi abbandona il letto coniugale,* ms. 250, f. 24r.

è propenso; la sposa ugualmente lascia la mensa, infatti la vediamo a destra in preghiera.

Al di sotto il re giace disteso con gli occhi aperti nel letto di cui una parte è vuota, obbligato all'astinenza. La regina è distesa sul pavimento per sottolineare il rifiuto di condividere il talamo.

Fortunato si sofferma a narrare la vita umile condotta da Radegonda, del tutto contraria al suo rango: lavava i piedi con acqua calda ai monaci che venivano a trovarla, per poi intrattenersi con loro in santi conversari per giorni interi; accoglieva con gioia i vescovi ai quali, congedandoli, faceva svariati regali; era pronta a spogliarsi dei veli intessuti d'oro che come regina indossava per destinarli a tovaglie d'altare. Infine si prodigava con diplomazia per ottenere la grazia dei condannati a morte, convincendo amici e leudi[37], consiglieri di Clotario I, a intervenire per fare mutare al sovrano la sentenza emessa.

Fortunato sottolinea che per tutte queste azioni era talmente progredita nella via della perfezione che le fu permesso dal Signore di compiere un miracolo, benché dimorasse ancora nella reggia e fosse ancora di condizione laica.

Mentre si trovava nella tenuta di Peronne e passeggiava un giorno dopo pranzo in giardino, udì le invocazioni di alcuni detenuti di un vicino carcere. Informatasi di chi fossero le fu risposto che si trattava di una folla di mendicanti. La buona regina subito ordinò che fossero soccorsi, mentre i guardiani costringevano i prigionieri in ceppi a tacere.

Calata la notte, mentre Radegonda stava recitando l'uffizio, le sue preghiere furono interrotte dall'arrivo dei detenuti – ai quali le catene si erano miracolosamente spezzate – giunti a ringraziare e a narrare l'accaduto. L'episodio si chiude come il lieto fine di una favola: i «rei» sono liberati, chi ha mentito si riconosce colpevole[38].

Nella miniatura (**fig. 84**) il giardino è simboleggiato dai due alberi che inquadrano Radegonda, la quale sta chiedendo conto del coro dei lamenti, anche se i prigionieri si mostrano del tutto calmi all'interno di una torre di pietra. Quindi i medesimi (e non importa che adesso uno di loro abbia la barba) irrompono nell'oratorio della regina narrando con entusiasmo il miracolo.

A questo punto, però, accade una nuova tragedia che imprimerà una svolta nella vita di Radegonda. Gregorio di Tours informa che, servendosi di uomini iniqui, «Clotario I uccise ingiustamente il fratello di lei»[39]. Era un fratello amatissimo, pianto lungamente. La stessa Radegonda scrive nel *De Excidio Thuringiae*: «Io che una volta dovetti lasciare la mia patria, sono stata fatta prigioniera due volte; quando mio fratello giacque

84. *Radegonda libera i prigionieri a Peronne*, ms. 250, f. 25r.

a terra abbattuto, di nuovo soffersi il nemico»[40], e ancora: «Era rimasto un fratello più grande, ma per un destino scellerato la terra trattenne me assieme al suo tumulo»[41].

Il diplomatico Venanzio, attento a non inimicarsi il sovrano, si astenne dal nominarlo nella biografia e presentò il delitto quasi come un atto della Provvidenza che permetteva alla regina di progredire nell'ascesi: «E poiché frequentemente in qualche momento, per concessione della divinità, si va incontro per la salvezza dell'anima a una disgrazia, perché questa vivesse ancora più religiosamente le fu ucciso il fratello che non aveva nessuna colpa»[42]. Radegonda da parte sua giudicò di non potere più sopportare il matrimonio impostole con il violento Clotario I; lasciò il re e andò direttamente dal vescovo di Noyon, Medardo, e lo supplicò con insistenza «che mutato l'abito, la consacrasse al Signore». Medardo dapprima rifiutò perché – spiega sempre il biografo – san Paolo (Lettera ai Romani 7,2) aveva detto che la donna legata al marito non poteva chiedere di essere sciolta e anche perché i maggiorenti di corte, messi sull'avviso di quanto stava accadendo, lo preoccupavano: «Lo ostacolavano e tiravano a forza indietro dall'altare per tutta la basilica perché non imponesse il velo alla moglie del re»[43]. Radegonda era la legittima sposa e non una prostituta, dicevano. Allora la regina procedette a velarsi da sé e, ricordando a Medardo che Dio gli avrebbe chiesto conto del rifiuto, lui pastore, di proteggere la sua pecorella per timore più degli uomini che di Dio, lo costrinse a cedere. Il vescovo le impose le mani sul capo e la consacrò diaconessa, nonostante le diaconesse facessero in quel tempo parte dell'*ordo viduarum*[44]. Medardo, poiché Clotario I era ancora in vita, andava contro il diritto canonico[45]. A questo punto Radegonda depose sull'altare le gemme, i gioielli, gli ornamenti, il ricco abito con il quale «era solita comparire da regina andando in corteo in un giorno solenne».

La miniatura ancora a pagina intera (**fig. 85**) mostra in alto il vescovo con pastorale e pallio, circondato dagli uomini di corte del re, costretto a dare ascolto a vivaci rimostranze, mentre Radegonda con pari forza esprime le sue ragioni.

Nella parte inferiore della pagina Medardo, con in mano il pastorale e addosso la stola, si volge verso Radegonda inginocchiata con il gesto della parola, la mano accostata al capo della regina senza più corona, benedicendola.

Da questo momento, racconta Venanzio Fortunato, Radegonda, che – ci informerà Baudonivia – ha interrotto la vita comune con il sovrano, intraprese numerosi viaggi nel corso dei quali donò a molti monasteri preziosi gioielli e abiti sontuosi del suo passato, compiendo

85. *Radegonda chiede e ottiene di essere consacrata diaconessa dal vescovo Medardo*, ms. 250, f. 27v.

anche un pellegrinaggio a Tours alla basilica di San Martino. Iniziò poi nella tenuta di Saix, dono di nozze di Clotario I[46] nel territorio di Poitiers, una vita diversa, libera dai compromessi imposti dalla vita coniugale: restrizioni alimentari severe e continue, intensa cura personale a poveri e malati. Li ristorava con bagni caldi, li accudiva non indietreggiando di fronte a piaghe purulente che medicava, estraendo vermi e lenendo le ulcere con un olio apposito; lavava lei stessa con il sapone le donne immerse in una tinozza, dalla testa ai piedi. Radunava poi questi infelici a tavola, li nutriva e li serviva, addirittura imboccando i ciechi, «proprio come una novella Marta»; detergeva e nutriva i lebbrosi e le lebbrose, e baciava ripetutamente queste ultime[47]. Guariva anche miracolosamente gli ammalati, a volte servendosi di foglie di vite, a volte facendo mangiare «frutti stranieri, e insieme un dolce che era anche caldo» (come vorremmo sapere cosa fossero!)[48].

Un'unica miniatura (**fig. 86**) riassume queste molteplici opere di pietà a cui Fortunato dedica quattro capitoli (XVII-XX). In alto si vede Radegonda che, protetta da un grembiule, lava i piedi ai poveri e intanto due ancelle alle sue spalle commentano ammirate. Il modello qui tenuto presente è quello di Cristo che lava i piedi agli apostoli. Le donne povere e malate non sono rappresentate, forse perché non aiutava l'analogia con il modello evangelico. In basso invece l'ex regina è intenta a servire a tavola due indigenti ai quali porta da mangiare e da bere, mentre un'ancella completa il servizio posando un coltello sulla tovaglia.

Nessuno dei presenti accuditi mostra tracce di malattia o di piaghe; sono soltanto a piedi nudi e approssimativamente vestiti. Anche qui non compaiono le donne povere o malate; evidentemente il miniatore le ritenne poco significative, visto che c'erano già gli uomini a rappresentarle.

Il biografo aveva bisogno invece di soffermarsi sull'amarissima ascesi di Radegonda, sia per rafforzarne il culto – era morta da poco –, sia perché, avendo deciso di non descrivere la fine dell'ex regina e le successive esequie, non avrebbe potuto nemmeno narrare i numerosi miracoli avvenuti alla sua tomba o comunque «post mortem». Come ci informano Gregorio di Tours e Baudonivia, il vescovo di Poitiers Meroveo, tanto erano tesi i rapporti con Radegonda, non fu presente ai funerali della futura santa[49]. Per questo il diplomatico Venanzio, sempre attento a mantenere serene relazioni con il pastore della città, poiché egli stesso «studiava da vescovo», preferì autocensurarsi per non essere costretto a schierarsi o a mentire.

Dobbiamo di nuovo ricorrere a Baudonivia per venire a sapere che Clotario I, pentito, aveva fatto dei tentativi per riprendersi Radegonda; evidentemente non inflessibile di fronte ai desideri dell'ex moglie, ave-

86. *Radegonda lava i piedi ai poveri e li rifocilla*, ms. 250, f. 29v.

va fatto costruire per l'augusta diaconessa un monastero all'interno di Poitiers[50]. Venanzio, senza spiegare nulla, si contentò di descrivere lo straordinario concorso di popolo il giorno in cui la futura santa decise di segnare un'ulteriore cesura nella propria vita, ponendo fine al suo stato di diaconessa per rinchiudersi in monastero: le persone, poiché le strade erano stracolme, salirono perfino sui tetti.

La condotta di Radegonda si fece assai più dura e aspra e Venanzio Fortunato dedica i capitoli XXI-XXIV a raccontarla nei dettagli. In particolari giorni e durante la quaresima, il digiuno era completo e la mancanza d'acqua disseccava talmente la sua gola da non permetterle di cantare i salmi. Radegonda si prefisse di comportarsi come una serva, dedicandosi in maniera parossistica a tutte le incombenze manuali, soprattutto quando toccava a lei il turno settimanale dei servizi in cucina, come prescriveva la regola benedettina seguita nei primi tempi nel monastero. Inoltre rifiutava ogni aiuto delle consorelle: dalla pulizia di ogni luogo e dei gabinetti alla preparazione dei cibi. Trasportava secchi d'acqua dal pozzo, carichi di legna sulle spalle, attizzava il fuoco, puliva verdura e legumi, cuoceva, serviva a tavola e poi rigovernava, senza sosta. Naturalmente non mancava di visitare le malate, a cui lavava il viso e offriva una bevanda calda, lei rimanendo digiuna; lavava e baciava i piedi delle consorelle supplicandole di perdonarle le negligenze commesse.

Non mancava infine di preparare l'acqua calda sufficiente per tutte le monache, «prima che ricevesse la regola arelatense»[51]: Fortunato non dice di più. Proprio per i contrasti con il vescovo Meroveo, ci informa Gregorio di Tours, Radegonda, d'accordo con la giovane badessa Agnese, sua figlia spirituale amatissima, mutò la regola benedettina con quella di Cesario di Arles perché fra l'altro prevedeva che il monastero non fosse più sottomesso alla giurisdizione del vescovo[52].

Venanzio racconta poi raccapricciato le terribili torture con cui Radegonda castigava il suo corpo. Durante una quaresima si allacciò al collo e alle braccia anelli di ferro e intorno al torace tre catene legate in modo così stretto «che la tenera carne crescendovi sopra rinchiuse il duro ferro»; per togliere le catene, concluso il periodo di digiuno, «le fu tagliata la carne sul dorso e sul petto attorno al ferro delle catene, tanto che il sangue fluiva da quel misero corpo fin quasi a svuotarlo completamente»[53]. Così facendo Radegonda si autoinfliggeva la pena comminata dai vescovi al parricida in senso lato, a chi cioè aveva ucciso un consanguineo. Con la spada con cui era stato commesso il delitto venivano forgiati degli anelli di ferro che l'uccisore doveva mettersi intorno al collo, al petto, al ventre e alle braccia, condannato poi a un lungo e

87. *Radegonda entra in monastero, la volontaria reclusione*, ms. 250, f. 31v.

penoso pellegrinaggio finché gli anelli si fossero aperti per misericordia divina. Portare dei ferri voleva dire abbassarsi al rango del prigioniero e dello schiavo. Ma c'era anche chi si autoinfliggeva privatamente questa forma di penitenza pubblica[54]. Radegonda applicò dunque a sé la punizione per un delitto orrendo, dichiarandosi una grande peccatrice[55].

Si produsse inoltre per penitenza ustioni sul corpo, imprimendovi in due parti il monogramma di Cristo con una lamina di ottone reso incandescente. Proprio come fosse il marchio di una schiava si dichiarava proprietà di un unico padrone, Dio. Come non bastasse,

> durante una quaresima si fece portare nella cella un bacile di bronzo colmo di carboni ardenti. Poi, quando gli altri uscirono, nonostante le sue membra tremassero, si armò di forza per sopportare il supplizio, meditando, dato che quelli non erano i tempi delle persecuzioni, di farsi martire da se stessa. E, per dare sollievo al suo animo ardente, decide di bruciare il suo corpo. Si accosta il bronzo incandescente: sfrigolano le membra mentre si bruciano, la carne si distrugge e, dove passa il bronzo ardente, si produce una profonda fossa. Lei tace e nasconde la cosa, ma il sangue putrefatto denunciava quel supplizio che la voce non rivelava[56].

Non a caso Venanzio Fortunato aprì la sezione di Radegonda in monastero scrivendo che chiunque l'avrebbe proclamata confessore e martire se avesse esaminato tutte le sue sante azioni: confessore perché nell'antico cristianesimo veniva proclamato tale colui che, nonostante torture e carcere, non veniva mandato a morte, e martire per l'ardentissimo desiderio di divenire tale da parte di Radegonda e per i tentativi da lei messi in atto per riuscirci[57].

Nel manoscritto un'unica miniatura condensa la vita di Radegonda nel monastero, poiché tutte le immagini seguenti saranno dedicate ai miracoli (**fig. 87**).

Nella parte superiore della pagina la vediamo chiudersi di slancio nel monastero volgendo il capo a una folla compatta di uomini e donne che dimostra profondo rammarico; nella prima fila la donna al centro si stringe con la mano il polso dell'altro braccio nel convenzionale gesto della disperazione[58]. Nella parte inferiore è mostrata la cella privata con l'oratorio che Radegonda si era fatta costruire per dedicarsi in solitudine e con più concentrazione alla preghiera e alla meditazione, infrangendo la regola che imponeva alle monache spazi sempre comuni.

Di tutte le torture autoinflittesi, nella miniatura l'unico ricordo è in tre discrete righine intorno al petto di Radegonda che, affacciata all'unica finestra della cella, indica il vicino oratorio, il disadorno spazio della nuova vita di reclusa.

Fortunato, nel carme in cui sottolinea tutto quello che la regina ha abbandonato per indossare l'abito bianco da monaca (colore che il miniatore non rispetta mai), ricorda con compiacimento gli anelli con smeraldi incastonati, i mantelli regali, il suo letto d'oro[59].

I miracoli da viva

Nelle pagine miniate che seguono l'entrata in monastero sono mostrati solo i tanti miracoli della futura santa durante la sua esistenza. Tuttavia, mentre Venanzio Fortunato dedicò ventisei capitoli al racconto della vita di Radegonda e solo sei ai suoi miracoli in vita, nel nostro codice sei miniature vennero riservate alla vita ma ben sedici a illustrare i miracoli.

Radegonda era vissuta a Poitiers nel monastero chiamato della Santa Croce (dopo l'arrivo delle preziosissime reliquie di cui racconta la sola Baudonivia), e, come suo desiderio, fu sepolta nella chiesa funeraria al di fuori delle mura urbane, chiamata poi di Santa Radegonda, chiesa che la stessa santa durante la vita aveva fatto costruire perché lì fossero seppellite le monache della comunità. Il luogo era meta di pellegrinaggi perché possedeva la preziosa tomba della santa presso la quale, subito dopo la sua tumulazione, erano cominciati a fiorire i miracoli, come ci informa di nuovo Baudonivia. All'inizio a officiare erano dei monaci[60], poi nel IX secolo le monache di Santa Croce tornarono alla regola benedettina e la chiesa di Santa Radegonda passò ai canonici. Nel 1072 per la bolla di Alessandro II questi si dovettero assumere vari compiti: come ad esempio celebrare l'ufficio nel monastero di Santa Croce, così come varie messe; il priore dei canonici era scelto dalla badessa. Con il passare del tempo i canonici divennero però sempre più insofferenti, desiderando liberarsi dalla dipendenza da Santa Croce: da qui numerose dispute nell'XI e XII secolo a proposito di vantati diritti da entrambe le parti[61]. Le miniature del ms. 250, composto fra il 1070 e il 1099, possono essere interpretate come l'equivalente pittorico delle azioni legali mosse dalle monache per rivendicare la loro identità spirituale e istituzionale, come si può riscontrare nei documenti di tali controversie.

Alla badessa del monastero di Santa Croce dove Radegonda era vissuta, e alle monache del medesimo monastero che successivamente commissionarono il manoscritto, non interessava insistere sulla vita dell'ex regina descritta da Venanzio. L'esasperata auto-umiliazione, i contatti ripugnanti con i malati, i digiuni estremi, le torture autoinflitte componevano il ritratto di una santità inimitabile ed eccelsa, utile per l'iniziale fondazione del culto, ma non più nell'XI secolo, quando la venerazione per la santa era ormai conclamata. Le monache, dopo avere ammirato la biografia di Venanzio Fortunato come esempio da prendere a modello, avrebbero scelto piuttosto la Radegonda descritta da Baudonivia.

Nei confronti della chiesa funeraria di Santa Radegonda il monastero di Santa Croce si trovava in grave difetto per quanto riguardava la capacità di attrazione dei pellegrini, poiché mancava della reliquia più importante, la tomba della santa. Tuttavia a Santa Croce si conservavano la cella e l'oratorio dove Radegonda era vissuta, nonché gli oggetti che le erano appartenuti, cioè altrettante reliquie. La sua presenza era costantemente evocata e prolungata negli utensili e nelle cose che la santa aveva adoperato o che avevano toccato il suo corpo.

Gregorio di Tours, ritornato al monastero di Santa Croce dopo il funerale di Radegonda che egli aveva officiato, racconta che venne accompagnato dalla badessa e dalle monache commosse e in lacrime in un particolare viaggio,

> per tutti i posti, nei quali la santa regina era stata solita leggere o pregare: «Ecco che entriamo nella sua piccola cella e non troviamo nostra madre che abbiamo perduta! Ecco il posto su cui inginocchiandosi implorava piangendo la misericordia di Dio onnipotente, e noi non la vediamo! Ecco il libro in cui leggeva e la voce condita di sale spirituale non percuote le nostre orecchie! Ecco i fusi, con cui durante i lunghi digiuni e le lacrime sparse era solita filare, ma non si scorgono le sante e venerabili dita!». Mentre dicevano queste cose, ricominciavano le lacrime, prorompevano i sospiri, e il cuore, per la commozione destata dai loro pianti, si scioglieva in lacrime. Aveva invaso il mio animo una tristezza tale da non farmi desistere dalle lacrime, se non avessi saputo che la beata Radegonda era stata portata via dal monastero con il corpo, ma non con il suo potere di fare miracoli; e rapita dal mondo, era stata collocata in cielo[62].

Non è dunque un caso, credo, che in tutte le pagine miniate i miracoli in cui compare Radegonda – alcuni avvengono soltanto perché invocata o in sogno – siano ambientati nella cella senza porta esterna, dalla cui finestra la santa si sporge per soccorrere uomini e donne, o all'interno del suo oratorio, se a beneficiare del potere taumaturgico dell'ex regina sono le consorelle. Anche gli oggetti che Radegonda ha toccato agiscono come reliquie salutari: il cilicio da lei indossato, una pianta medicinale che era stata fra le mani della santa, o il suo fuso. La cella e l'oratorio e i cimeli lì contenuti equivalgono per potere attrattivo e taumaturgico al sacello e alla tomba della chiesa funeraria con il preziosissimo corpo.

Anche il manoscritto miniato con le biografie di Fortunato e di Baudonivia è una reliquia: estremamente sontuoso, con abbondanza di oro e argento nelle tante immagini a pagina intera e, se a mezza pagina, con la preminenza della miniatura sul testo sottostante. È innanzitutto un libro da vedere, che incita il fedele a sperare e a pregare perché racconta di

88. Giunta di Capitino, *Guarigione della donna con una fistola al seno*, part. della tavola *San Francesco e sei miracoli*, Pisa, Museo Nazionale di San Matteo, 1253 ca.

miracoli già avvenuti, così come miracolosi sono gli oggetti appartenuti a Radegonda, capaci di guarire.

In una tavola attribuita a Giunta di Capitino, posteriore al 1252-53, dedicata esclusivamente a sei miracoli di san Francesco, già nell'omonima chiesa di Pisa e ora nel locale Museo di San Matteo[63], è rappresentata anche la prodigiosa guarigione di una nobildonna sofferente di una fistola al seno che, afflitta da questo grave disturbo, entrata in una chiesa francescana, trovò sull'altare «un libretto che conteneva la vita e i miracoli di san Francesco», notizia importante per capire uno dei possibili canali di diffusione di un culto. Lo prese e lo sfogliò, racconta l'agiografo Tommaso da Celano. «Quando la donna fu istruita della verità contenuta in quelle pagine, piangendo mise il libretto aperto sulla parte malata, ed esclamò: "Francesco, così come è vero quel che si dice di te in questa pagina, così adesso fa che per i tuoi santi meriti io sia liberata da questa piaga!". E dopo avere alquanto pregato e pianto, insistendo senza interruzione nelle devozioni, tolte le bende, recuperò tanta salute che non si poteva vedere nemmeno il più piccolo segno di cicatrice»[64]. Nella tavola (**fig. 88**) la donna è raffigurata due volte, malata e poi risanata, mentre due frati fanno gesti di compunta meraviglia. Sull'altare, accanto a oggetti di uso liturgico, vi è un libro chiuso: è quello contenente la raccolta dei miracoli.

Il libro dei miracoli lasciato sull'altare è prezioso non solo perché ci fornisce un *terminus post quem* per il dipinto (Tommaso da Celano finì il suo *Trattato dei miracoli* intorno al 1252-53), ma anche perché viene ritenuto capace di operare un miracolo, proprio come fosse una reliquia. La guarigione avviene per contatto, perché la parola scritta assicura che il miracolo è avvenuto «veramente». Torniamo al manoscritto di Radegonda, tenendo presente che Venanzio Fortunato si fermò alla descrizione di una prodigiosa guarigione operata da Radegonda in punto di morte, ma non raccontò nulla né dei funerali né del culto postumo.

La prima miracolata è la matrona Bella, moglie del nobile Gislado, la quale, cieca, chiese di essere portata dalla Neustria (nel nord dell'attuale Francia) a Poitiers. Giunse davanti al monastero nel cuore della notte. Immaginiamo il profondo silenzio della buissima notte medievale, le strade deserte della città. Ma Radegonda l'accolse e, di fronte alla cieca prostrata a terra che chiedeva solo che i suoi occhi fossero sfiorati da un segno di croce, accondiscese alla richiesta invocando l'intervento di Cristo. L'inferma vide di nuovo la luce, tanto da non avere più bisogno di alcun accompagnatore che la guidasse nel viaggio di ritorno[65].

Nell'immagine (**fig. 89**) Radegonda rimane volontaria prigioniera nella sua cella – è una costante in tutte le scene di guarigioni di laici, per marcare la divisione fra spazio profano e spazio sacro. La santa si sporge a segnare la donna che, leggermente china, tendendo le braccia, implora la grazia, mentre alle spalle i due accompagnatori commentano il prodigio. Il miniatore si è discostato dal testo perché volle aggiungere i testimoni del miracolo – anch'essi sempre presenti nei miracoli a laici –, che non sarebbero potuti entrare all'interno della cella, data la clausura; né d'altra parte, se la cieca si fosse prostrata a terra, la santa, pur sporgendosi, avrebbe potuto raggiungerla. Questo miracolo consente a Venanzio Fortunato, con il dettaglio del lungo viaggio, di sottolineare la diffusione della fama di Radegonda; inoltre la matrona Bella dà lustro all'evento poiché veniva ritenuta maggiormente degna di fede una persona di classe sociale elevata, rispetto a una di bassa condizione.

Seguono due esorcismi operati su due possedute. La prima è una fanciulla, Fraif   da, tormentata a lungo e in modo assai penoso da un

89. *Radegonda ridà la vista alla matrona Bella*, ms. 250, f. 34v.

demonio, «guarita a Saix» dalle mani della santa, dunque prima della sua entrata in monastero[66].

Il miniatore, al solito, colloca Radegonda nella cella da cui si mostra (**fig. 90**): con la destra fa il gesto della parola[67] e con la sinistra, coperta dal lembo del mantello, tiene un codice assai voluminoso con copertina decorata, da dove avrà letto il santo bando al Maligno. Un grosso demonio è uscito dalla bocca di Fraifreda e si rivolge, quasi fosse un oratore, a narrare la sua sconfitta ai testimoni, una donna e due uomini che alzano lo sguardo esterrefatti.

La seconda posseduta è una donna di nome Leubila che «in campagna era tormentata violentemente dall'avversario». Questa volta il miracolo avviene secondo una modalità davvero insolita, operata da Cristo: grazie alle preghiere della santa, «essendosi aperta la pelle sopra una scapola [di Leubila] e uscendone fuori un verme, ridivenne sana davanti a tutti e avendo schiacciato con il piede quello stesso verme, se ne tornò indietro liberata»[68].

Come al solito (**fig. 91**) Radegonda si affaccia dalla cella, con la destra fa il gesto della parola; la sinistra è atteggiata in quello della testimonianza,

90. *Radegonda libera dal demonio la fanciulla Fraifreda*, ms. 250, f. 34v.

perché è l'intervento di Cristo a essere decisivo. La fanciulla si sta allontanando (ma il viso e le braccia sono rivolte alla santa con gratitudine) dopo avere schiacciato con il piede il verme fuoriuscito dalla sua scapola sinistra, un serpente che ha il capo da demone. Fortunato aveva parlato di un verme. Il serpente-demonio schiacciato sotto il tallone di Leubila evoca l'inimicizia tra la donna e il serpente stabilita da Dio dopo il peccato originale. I due testimoni sottolineano in modo enfatico il prodigio.

Il miracolo seguente descritto da Fortunato non è pubblico e rischiava per questo di rimanere sconosciuto. Infatti ha come beneficata un'anonima monaca del monastero dove, secondo il biografo, Radegonda viveva del tutto da reclusa, tanto che era stata una consorella a segnalare alla santa la gravissima malattia dell'inferma. Da un anno, di notte era divorata dalla

91. *Il diavolo esce dalla spalla di Leubila*, ms. 250, f. 35r.

92. *Radegonda guarisce una monaca ammalata in modo assai grave*, ms. 250, f. 35v.

febbre, di giorno gelava per i brividi di freddo; da sei mesi non muoveva un passo e «giaceva a letto come morta». Radegonda, che aveva evidentemente qualche cognizione in campo medico e riponeva grande fiducia nel bagno ristoratore, fece preparare nella sua cella dell'acqua tiepida ordinando di immergervi la malata. «Quindi ingiunse alle consorelle di ritirarsi. Rimasero da sole la malata e la medica – notiamo medica – per circa due ore». In questo tempo «prese su di sé tutte le membra della malata dal capo alla pianta dei piedi e dove la mano toccava, il dolore scompariva». Erano occorse due persone per immergere la malata che invece ora uscì da sola, guarita, dal bagno tiepido, «e si ristorò bevendo del vino di cui in precedenza detestava il solo odore. Che dire di più? Il giorno seguente, quando tutti si aspettavano che migrasse dal mondo, uscì in pubblico in ottima forma»[69].

Il miniatore non ha minimamente seguito il testo perché evidentemente ritenne troppo complicato o troppo audace illustrare lo svolgersi del miracolo (**fig. 92**): Radegonda si era immersa anche lei nel mastello? O forse gli si era solo inginocchiata davanti, e prendeva in mano le singole membra della monaca, che in ogni caso doveva essere nuda?

Il miniatore aggirò la difficoltà: niente mastello. La malata giace distesa sul letto perfettamente vestita e coperta, rigida come una piccola mummia, mentre Radegonda in piedi accanto a lei le tocca il collo. Il luogo è la spoglia cella di Radegonda e il letto è certamente quello della santa (per suggerire un'ulteriore reliquia).

Dopo questo foglio appaiono evidenti tracce di asportazione violenta del successivo – doveva essere il f. 36r di cui rimane un brandello –, asportazione che ci priva e del testo e delle illustrazioni di due miracoli[70]. L'ignota mano ritenne il primo sconveniente e il secondo esiguo e futile; erano cioè rappresentate la liberazione di un'ossessa dal diavolo uscito dall'ano in mezzo al fetore della deiezione e la morte istantanea di un topo che stava per rosicchiare un gomitolo del filo filato dalla santa.

Per fortuna però Antoine-Joseph Pernety, prima del 1744[71], aveva eseguito – come sappiamo – i calchi delle miniature del nostro manoscritto 250 relativi alla sola biografia di Venanzio Fortunato, e dunque anche i calchi delle due miniature mancanti (**figg. 93 e 94**) con le didascalie: «Diabolus fluxu ventris egreditur» («Il diavolo esce da una posseduta insieme alle sue deiezioni») e «Sorex filum B. Radegundis attingens moritur» («Un topo che tocca il filo di santa Radegonda muore»)[72].

Nella descrizione di Venanzio Fortunato la donna, posseduta dal demonio, fu portata nella cella di Radegonda che le ordinò di prostrarsi sul pavimento. Poi la santa mise un piede sulla spalla della donna «e

93. *Radegonda fa uscire il diavolo da un'ossessa insieme alle sue deiezioni*, calco di Antoine-Joseph Pernety di una miniatura perduta, prima del 1744.

94. *Un topo che tocca il filo di santa Radegonda muore*, calco di Antoine-Joseph Pernety di una miniatura perduta, prima del 1744.

il demonio ne uscì fuori con un flusso del ventre». È un miracolo che prende a modello quello analogo operato da san Martino, con protagonista un cuoco[73]. Il miniatore, ma stiamo giudicando da un disegno, mostra eccezionalmente Radegonda nel suo oratorio mentre opera un miracolo verso un laico, anzi una laica. Il suo gesto è quello qui esplicitamente ricordato dal versetto biblico (Genesi 3,15) quando Dio, subito dopo il peccato di Adamo ed Eva, disse al serpente-demonio: «Porrò inimicizia fra te e la donna [...] questa ti schiaccerà la testa».

«Anche nelle cose minime si mostra grande la gloria del Creatore. Difatti per caso, mentre un gomitolo che la santa aveva filato pendeva da un palchetto, venendo un topo per addentarlo, al primo morso, prima che spezzasse il filo, cadde morto»[74]. Il miniatore ha preferito invece mostrare la conocchia con il fuso pendente per sollecitare la devozione verso un oggetto che la santa aveva tenuto fra le mani, una preziosa reliquia.

Qualche volta Radegonda accorre anche se semplicemente implorata: è una categoria di miracoli che aumenta il bacino dei devoti, perché la santa non guarisce soltanto per contatto con la sua tomba o con altre reliquie che le appartengono, ma accorre dal paradiso se invocata con fiducia.

È quanto accadde a un dipendente di Radegonda, di nome Floreo, il quale, uscito in mare a pescare, era stato sorpreso da un violento temporale; non riusciva più a vuotare l'acqua dalla sentina tanto erano alte e continue le onde che si rovesciavano sulla barca minacciando di sommergerla.

Floreo allora, dopo avere ricordato quanto lui e i suoi compagni compissero scrupolosamente i loro doveri e obbedissero agli ordini della santa, quasi in ricompensa, le chiese soccorso per evitare il naufragio[75]. Subito ritornò il sereno e la prora si raddrizzò. Nella miniatura (**fig. 95**) vediamo le onde agitate dove nuotano i pesci. Floreo all'estrema destra tende le braccia implorando aiuto, alle sue spalle i compagni, i testimoni che potranno raccontare e diffondere il prodigio che sta avvenendo: chi rema e chi discute porgendo orecchio alla supplica di Floreo.

Segue un secondo miracolo nel quale Radegonda non è presente. Goda, «una fanciulla laica, che dopo servì Dio come monaca» (una decisione che certo pesò nella scelta fatta da Venanzio di includere questa tra le guarigioni da far conoscere e tramandare), costretta a letto da lungo tempo per una febbre che la sfiniva e «dopo avere speso molto denaro in medicine ancor più debilitata» – non alla inutile scienza umana bisogna rivolgersi ma a quella divina, suggerisce implicitamente il biografo –, si fece fare un cero alto quanto lei e, nell'ora in cui si aspettava i brividi

95. *Radegonda salva dal naufragio il suo dipendente Floreo e i compagni*, ms. 250, f. 36r.

della febbre, lo accese e lo lasciò ardere. «Dio ebbe pietà di lei per l'intercessione della santa: grazie al calore di quella candela i brividi cessarono prima che la cera fosse tutta consumata»[76].

Nella miniatura (**fig. 96**) la fanciulla è abbigliata con un mantello provvisto di cappuccio, per indicare forse il viaggio compiuto per giungere alla chiesa dove, con il lungo cero in mano, dinnanzi a un altare avrà invocato l'aiuto di Radegonda.

La santa ricompare fisicamente nel miracolo seguente, dove opera un esorcismo in favore della moglie di un carpentiere che è alle dipendenze della badessa Agnese, più giovane della santa (Radegonda per propria volontà era rimasta nel ruolo di semplice monaca).

La posseduta era tormentata da tempo ed è Agnese a minacciare, scherzando, Radegonda di impedirle di comunicarsi se entro tre giorni la sua protetta non fosse guarita. Radegonda prese sul serio comunque l'avvertimento e di nascosto cominciò a digiunare. E il giorno successivo

96. *La fanciulla Goda accende una candela, invoca Radegonda ed è guarita*, ms. 250, f. 36v.

a questo dialogo, mentre la santa pregava, il diavolo uscì ragliando dall'orecchio della donna, che tornò così a casa sana e salva insieme al marito.

Il miniatore è tornato al solito schema: Radegonda si affaccia dalla cella stringendo nella sinistra il codice (**fig. 97**). La donna con il viso chino e le mani imploranti indica la terribile costrizione che la tormenta, mentre il marito, seguendo con lo sguardo il demonio, che si erge spavaldo uscendo dall'orecchio della poveretta come fosse la sua tana, esprime con la mano nel gesto della testimonianza la sbigottita partecipazione all'evento.

Ed ecco in scena di nuovo la badessa Agnese che, ancora una volta bonariamente, minaccia Radegonda di impedirle di mangiare se non avesse fatto rigermogliare un bellissimo albero di alloro diventato secco proprio a causa sua: Radegonda infatti l'aveva fatto sradicare e ripiantare di fronte alla cella, per il piacere di contemplarlo da vicino. Non proprio

97. *Radegonda libera la moglie del carpentiere posseduta dal demonio*, ms. 250, f. 37v.

98. *Radegonda fa rinverdire una pianta d'alloro che si era seccata*, ms. 250, f. 37r.

così distaccata dai piaceri della vita la nostra Radegonda! Ovviamente la santa si mise immediatamente a pregare e subito l'albero rinverdì[77].

La miniatura (**fig. 98**) segue pedissequamente il testo del biografo; impossibile decidere se lo stilizzato albero sia già di nuovo vivo e vegeto.

Venanzio Fortunato, prima di cominciare a raccontare i miracoli ottenuti da Radegonda con la preghiera, aveva premesso: «Se per amore di brevità tralasciassimo molte cose, peccheremmo di più»[78]. Evidentemente giudicò indispensabile narrare due miracoli in cui una parte importante era assegnata alla sua prediletta badessa.

Poi un'architettura particolarmente vivace con simmetriche tende svolazzanti incornicia la figura di una monaca molto amata dalla santa, che si era trovata ad avere un occhio ricoperto da un velo di sangue; bastò appoggiarvi uno stelo di assenzio che Radegonda «aveva tenuto sul petto per rinfrescarsi» (di nuovo la santa non disdegna un sollievo!) per farle riguadagnare completamente la vista (**fig. 99**).

È un miracolo per contatto, senza alcun coinvolgimento di Radegonda: l'assenzio è già reliquia, come reliquia diventerà il cilicio della santa in grado di ridare la vita a un piccolissimo defunto.

Infatti Anderedo, un dipendente di santa Radegonda, continuava a procreare figli che quasi non faceva in tempo a vedere vivi; la madre, mentre partoriva, già pensava, triste, alla prossima sepoltura. Una volta però i genitori in pianto, invece di tumulare l'ultimo nato, lo deposero esanime sopra il cilicio della santa. La preziosa reliquia compì il miracolo[79].

Nella miniatura (**fig. 100**) il neonato in fasce, come una piccola mummia, ha già gli occhi aperti, mentre i genitori non si sono ancora accorti del prodigio e si stringono il gomito nel tipico gesto del dolore[80]; gesto particolarmente marcato – non a caso – quello del padre in primo piano, addolorato per la discendenza sempre negata, più composto quello della madre alle sue spalle.

Fa ora la sua apparizione un'altra tipologia di miracolo, quello che avviene durante il sogno. La monaca Animia, idropica, ha il ventre così teso che è in fin di vita e le consorelle assegnate alla sua cura aspettano il momento in cui la monaca esalerà l'ultimo respiro. Ma Animia vede in sogno Radegonda e la badessa che le ordinano di immergersi nuda in una tinozza priva di acqua. Alla malata parve poi che la santa spargesse olio sul suo capo e la coprisse con una nuova veste. «Dopo questo rito misterioso, al suo risveglio Animia non presentava più nessun segno della sua malattia: non c'era stata trasudazione, l'acqua si era asciugata all'interno. Subito dopo questo miracolo la malattia non lasciò traccia nel suo ventre. Lei, che credevano di dover portare senza indugio alla

99. *Una monaca riacquista la vista con un ramo di assenzio che aveva utilizzato Radegonda*, ms. 250, f. 38r.

sepoltura, si alzò dal letto per andare a recitare l'uffizio; il ventre era perfetto, sul capo conservava il profumo dell'olio come testimonianza di quanto le era accaduto»[81].

Venanzio, che aveva molta devozione anche per la giovane badessa già due volte entrata in scena, la coinvolge addirittura nella miracolosa guarigione. Il miniatore invece non tiene conto di questa predilezione ed elimina la coprotagonista che potrebbe rubare la scena alla santa (**fig. 101**). Nella parte superiore della pagina le monache con in mano il libro di preghiere assistono la povera Animia distesa a terra con gli occhi chiusi, quasi fosse già morta. Il registro inferiore della pagina è dedicato invece alla rappresentazione del sogno. Animia, dentro un mastello a cui

100. *Per intercessione di Radegonda un neonato è risuscitato*, ms. 250, f. 38v.

il miniatore ha aggiunto l'acqua, riceve sul capo l'olio che Radegonda le versa secondo le modalità del rito battesimale (che si conclude, come nel sogno, proprio con il dono di una nuove veste). Con il battesimo si passa dalla morte del peccato alla vita della salvezza; nel sogno Animia subisce un analogo cambiamento, passando dalla prospettiva di una morte fisica alla riacquistata salute.

Radegonda poteva compiere simili prodigi perché, «sebbene con il corpo fosse in terra, tuttavia con l'anima si trovava in cielo»[82].

Lo dimostrò una volta «mentre stava già calando la notte vicino al monastero e un gruppo di giullari suonava, cantava e danzava facendo molto chiasso. Radegonda aveva pregato a lungo e intensamente con accanto due monache; una di loro con tono scherzoso disse di avere

101. *Radegonda guarisce in sogno la moribonda Animia*, ms. 250, f. 39r.

riconosciuto una delle “sue” canzoni». Seguì una piccata risposta di rimprovero da parte di Radegonda: «È straordinario che a te che sei legata alla religione faccia piacere ascoltare il richiamo del mondo». La monaca insisté: «Davvero, signora, ho appena ascoltato due o tre canzoni che conoscevo». La santa ribatté: «Mi sia testimonio Dio che poco fa io non ho sentito nessuna canzone profana»[83].

Più che un miracolo il dialogo svela come fosse difficile per alcune monache sopprimere completamente il ricordo di una vita che, spesso, era stata negata loro con una monacazione forzata, come mostra un'immagine (**fig. 102**) penosa, tratta da un manoscritto del *Decretum Gratiani* con il commento di Bartolomeo da Brescia (1174-1258). Si vede una bambina che invano cerca di sfuggire alla vestizione forzata: prima i parenti cercano di convincerla, poi viene costretta a indossare la tonaca, lei si sveste e tenta di scappare ma viene scoperta.

Torniamo alla severa Radegonda. Nella miniatura (**fig. 103**) lo spettacolo dei giullari è ridotto a tre donne che si tengono per mano, così da spegnere, anche visivamente, nelle principali destinatarie del manoscritto ogni tentazione suscitata da uno spettacolo mondano. Le due monache in piedi attirano, con gesti un po' scomposti, l'attenzione di Radegonda che volge loro le spalle e si gira, infastidita. La sua preghiera è talmente intensa da farle perdere ogni contatto con la realtà.

Avviandosi verso la fine dell'opera Venanzio Fortunato racconta uno dei miracoli che senz'altro dovevano colpire di più il suo pubblico: Radegonda risuscita una monaca. Con entusiasmo così lo presenta: «Si faccia conoscere a gloria di Dio un miracolo come quelli di una volta, fatto al nostro tempo al modo in cui li faceva san Martino»[84].

Era morta una monaca giovanissima, per l'appunto una monaca bambina. Radegonda chiusa nella cella seppe dell'accaduto perché udì il pianto di una consorella; per informarsi la chiamò al suono di un campanello. Saputo l'accaduto si fece portare il cadavere e lo prese fra le braccia; poi comandò che la lasciassero sola. Per quasi sette ore continuò a toccare con le mani il piccolo corpo, mentre intanto si stavano preparando le esequie. Cristo di fronte alla fede di Radegonda ne ascoltò la preghiera e così la santa poté suonare una seconda volta il campanello: «l'una si alza dalla preghiera, l'altra dalle esequie; l'anziana donna riconsegna viva la monaca bambina, che piangendo aveva accolto morta»[85].

Il miniatore sembra che faccia passare il cadavere dalla finestra della cella contraddicendo il testo (**fig. 104**): la santa, ricevuto il cadavere, «chiuse la porta dietro di sé». D'altra parte, se Radegonda nelle varie miniature si sporge dalla finestra per mettersi in contatto con i laici, non viveva certo in

102. *La monacazione forzata di una bambina*, Citta del Vaticano, BAV, ms. Vat. Lat. 1366, c. 198r, XIV sec.

una stanza murata senza aperture che le permettessero di comunicare con l'interno del monastero. E qui possiamo osservare una finezza del miniatore che risponde sì all'esigenza di rappresentare la rigida e severa clausura di Radegonda, ma senza giungere all'inverosimiglianza. Infatti notiamo che solo in questa miniatura rispetto, alle altre che rappresentano la cella di Radegonda, è interrotto l'arco della finestra e manca la confinante colonna che costantemente delimita il piccolo edificio. Quindi in questa miniatura bisogna intendere che la finestra confinava con una porta adiacente.

Nel registro inferiore è illustrato l'attimo del miracolo. La piccola monaca adagiata su un letto, che per mancanza di spazio è posto in verticale, ha aperto gli occhi e guarda Radegonda inginocchiata davanti a un altare, ma girata all'indietro per afferrare il polso della resuscitata[86].

Infine, con l'ultimo miracolo Venanzio Fortunato elegantemente cita la morte di Radegonda senza essere costretto a raccontare nei dettagli il trapasso e il funerale, perché – come apprendiamo da Baudonivia – tale era la tensione fra il vescovo della città, Meroveo, e la santa che per officiare le esequie di Radegonda dovette intervenire Gregorio di Tours. Venanzio Fortunato, sempre diplomatico e attento a mantenere buoni rapporti con le gerarchie ecclesiastiche, si autocensurò congedandosi da lontano dalla sua grande amica. Il racconto del miracolo mescola il sogno alla realtà e anche i tempi non sono lineari.

> C'era un alto funzionario del fisco chiamato Domoleno che, lo stesso giorno in cui la Santissima emigrò dal mondo, mentre stava per morire e si sentiva soffocare, fece un sogno. Gli sembrava che la santa fosse venuta benevolmente nel suo villaggio e che lui le andasse incontro, salutandola e chiedendole cosa cercasse. La santa gli rispose che era venuta lì per vederlo e che il popolo chiedeva che fosse costruito un oratorio in onore di san Martino. Mentre parlava gli prese la mano dicendo: «In questo luogo vi sono le venerande reliquie del santo vescovo, perciò edificate un tempio che egli consideri del tutto degno di sé».

Il biografo sospende il racconto e interviene: «Quale mistero di Dio! Furono scoperte le fondamenta e un pavimento, su cui fu costruita la basilica».

Poi Venanzio prosegue: «Mentre Domoleno continua a dormire, la santa gli porta la mano sul collo e gli massaggia a lungo la gola recitando nello stesso tempo quasi una formula magica: "Vieni, che Dio ti ridia la salute" e nel sogno gli chiede: "Ti scongiuro, fallo per me, rilascia quelli che tieni in carcere"». Il funzionario, al risveglio, riferì alla moglie il sogno dicendole non, come ci aspetteremmo, che aveva sognato Radegonda e si sentiva benissimo. Dichiarò invece: «Sono sicuro che a quest'ora la santa è morta». Di più, mandò in città un messo per constatare se il suo presagio corrispondesse a verità e trasmise al carcere l'ordine di rilasciare i sette rei lì detenuti, come gli era stato richiesto. Il messo tornò e riferì che «la santa se n'era andata dal mondo proprio in quell'ora e la potenza della santa fu provata da un triplice miracolo: il rilascio dal carcere, la guarigione dell'alto funzionario e l'edificazione del tempio»[87].

Il presentimento di Domoleno, verificatosi esatto, permise all'autore di parlare della morte della santa senza descriverla; inoltre, il fatto che

103. *Radegonda non sente i canti profani che distraggono una consorella*, ms. 250, f. 40r.

104. *Radegonda risuscita una piccola monaca*, ms. 250, f. 41r.

105. *Radegonda guarisce il funzionario del fisco Domoleno e ottiene che liberi sette prigionieri*, ms. 250, f. 42v.

Radegonda, spirando, avesse compiuto un miracolo testimoniato da un personaggio importante, e dunque autentico, suggeriva che dal Cielo la santa avrebbe continuato a soccorrere i suoi devoti.

Il primo miracolo di Radegonda era stato quello di liberare, da regina, involontariamente si può dire, i prigionieri durante una passeggiata nel giardino di Peronne; l'ultimo, che chiude la biografia e la sua vita è quello di fare liberare i detenuti, esercitando ora l'imperio di una santa. Venanzio Fortunato, immaginiamo, sarà stato soddisfatto di questa circolarità, come se avesse chiuso una collana di miracoli.

Il miniatore ha diviso le due fasi del sogno (**fig. 105**): in alto, la santa ordina la costruzione della chiesa in onore di san Martino; in basso, tocca la gola del malato condizionando la guarigione alla liberazione dei prigionieri. Ci offre una descrizione molto accurata della composizione di un letto e del modo in cui si stava fra le lenzuola: anche un malato grave giaceva completamente nudo nella speranza di avere con sé meno pidocchi e pulci possibili.

Baudonivia, seconda biografa

Rimane da esaminare un'ultima miniatura (**fig. 106**) a piena pagina che occupa il foglio seguente a quello del sogno di Domoleno: rappresenta Baudonivia all'inizio della sua biografia – qui inesistente[88] –, seduta su uno scranno rifinito da perle, con i piedi sul suppedaneo ugualmente ingioiellato.

Nella sinistra tiene delle tavolette di cera inserite in un dittico e con la destra uno stilo appuntito per inciderle, che all'altra estremità termina a spatola (usata per cancellare la parola, spianando la cera).

È da mettere a paragone con quella di Venanzio Fortunato che apre nel nostro medesimo codice la sua *Vita* (**fig. 107**).

Il biografo, con il capo circonfuso dal nimbo, indossa la dalmatica, la pianeta e il pallio, che indicano la sua dignità episcopale. Siede su un lussuoso e ampio seggio con doppio suppedaneo, appoggiando sulle ginocchia la tavola per scrivere dove sono inseriti il corno per l'inchiostro e una pietra pomice o una piccola spugna per cancellare gli errori. Nella mano sinistra stringe il raschietto che serviva per tenere fermi i fogli e per cancellare l'inchiostro secco di una parola sbagliata. Con la destra, enorme, tiene con grazia un lungo calamo fra le tre dita. La tavola per scrivere fa da sfondo al codice di Venanzio, aperto, sulla cui doppia pagina è scritto «Incipit prologus»; la medesima scritta è ripetuta sui due

106. *Baudonivia, biografa di santa Radegonda*, ms. 250, f. 45v.

107. *Venanzio Fortunato, biografo di santa Radegonda*, ms. 250, f. 21v.

listelli che fanno parte della importante cornice a rosoni che circonda il presule. Molti dettagli concorrono a conferire dignità al personaggio rappresentato e dunque anche a garantire la qualità dell'opera che egli presenta: il nimbo, simbolo di santità, le vesti religiose, la sproporzionata dimensione della mano che scrive, la posizione frontale del corpo, la notevole porzione occupata dal personaggio nello spazio a disposizione, infine la sontuosità della grande cornice.

Se confrontiamo i ritratti dei due autori notiamo come Baudonivia sia molto più piccola rispetto a Venanzio Fortunato, sieda di tre quarti su un seggio assai più modesto e quindi non raggiunga la maestosità della posa frontale del biografo. Soprattutto lo stilo e le tavolette cerate, materiali fragili che rimandano a una scrittura ancora in elaborazione, escono perdenti se paragonate alla precisione definitiva del testo affidato al calamo e alla consistenza della pergamena. I due personaggi rappresentati rimandano a due diverse concezioni dello «status» di scrittore: affermato professionista Venanzio Fortunato, modesta monaca Baudonivia, improvvisatasi biografa.

Come subito vedremo la sua biografia è invece molto importante per restituirci Radegonda in tutta la sua viva umanità, ben diversa dalla santa costretta nella teca di un ossessivo ascetismo in cui Venanzio la volle rinchiudere.

Di Baudonivia sappiamo soltanto quanto lei stessa ci racconta nel *Prologo*, e cioè che per incarico della badessa Dedimia, circa vent'anni dopo la morte di Radegonda avvenuta nel 587, compose il secondo libro sulla santa. Considerò infatti come primo[89] quello di Venanzio Fortunato, da cui prese subito le distanze permettendosi così di agire in piena autonomia: «Non ripetiamo le cose che il vescovo Fortunato, uomo apostolico, scrisse sulla vita della beata, ma [raccontiamo] le cose che tralasciò per evitare prolissità come egli stesso spiegò nel suo libro»[90]. Il latino di Baudonivia è un latino modesto, con vari barbarismi; per darsi coraggio non esita a trarre brani da altre biografie famose, come ad esempio quella di san Cesario o di sant'Ilario, di cui è autore di nuovo Venanzio Fortunato, ma fu certamente una privilegiata confidente delle visioni e delle emozioni di Radegonda, anche le più intime e sorprendenti.

Oltre a sottolineare l'eccezionalità, in quel tempo, di una donna autrice, dobbiamo essere riconoscenti a Baudonivia perché ci permette di comprendere i tanti lati della personalità della santa censurati da Venanzio, che ci restituiscono una donna estroversa e sensibile, abitata da slanci emotivi tangenti all'amore terreno, preoccupata delle sorti del suo monastero e del regno, attiva pacificatrice di sovrani particolarmente violenti e brutali. Clotario I, ad esempio, dopo essersi scontrato in battaglia con il figlio Cramno, lo fece strangolare e bruciare insieme alle mogli e alle figlie, dando fuoco al casolare dove erano stati rinchiusi. Un anno dopo il pluri-assassinio, a caccia nella foresta di Cuise si sentì male e fu costretto a tornare a Compiègne dove, tormentato dalla febbre, morì imprecando: «Ah, cosa credete, qual è quel re celeste che fa morire così re tanto grandi?», ricorda Gregorio di Tours, silenzioso testimone del castigo divino per quella drammatica fine[91].

Rivolta selvaggia nel monastero

Perché una seconda biografia?

Due anni dopo Radegonda, morta nel 587, nel 589 moriva anche la badessa Agnese, la figlia spirituale dell'ex regina, e al suo posto fu eletta Leubovera. Contro questa nomina si erano ribellate due monache, le principesse merovinge Basina e Clotilde, nipoti di Clotario I, figlia la prima di Chilperico e la seconda di Cariberto. Anima della sedizione fu Clotilde, che si era prefissa di cacciare la nuova badessa e di subentrare al suo posto. Insieme con la cugina Basina e con altre quaranta monache delle circa duecento attestate al tempo della morte di Radegonda[92], uscì dal monastero per recarsi da Gontrano, re della Burgundia, figlio di Clotario I.

Sosteneva che nel monastero «non erano trattate come figlie di re ma umiliate come figlie di serve»[93]. Le ribelli camminarono a piedi da Poitiers a Tours, dove chiesero l'appoggio al vescovo, cioè ovviamente a Gregorio di Tours, che le invitò a esporre le loro lamentele davanti a lui e al vescovo di Poitiers Meroveo, ma Clotilde non accettò il suggerimento, volendo essere ascoltata dal sovrano. Dopo una lunga sosta forzata in attesa di un tempo propizio al viaggio, partì verso Orléans, affidando le monache alla cugina. Giunta a destinazione, ricevette dal sovrano, insieme a vari doni, l'assicurazione che sarebbero venuti molti vescovi a Tours per trattare la questione. Non fu così; alcune monache durante l'assenza di Clotilde accettarono di sposarsi, le rimanenti, deluse, dopo avere invano atteso i presuli tornarono insieme a Clotilde e Basina a Poitiers, asserragliandosi però nella basilica di Sant'Ilario, «raccogliendo con loro ladri, omicidi, adulteri e malfattori d'ogni genere, preparandosi allo scontro e affermando: "Noi siamo regine e non entreremo nel nostro monastero se prima non verrà cacciata fuori la badessa"»[94]. Si muovono finalmente i vescovi con il loro seguito, e giungono a Poitiers decisi a riportare le monache in monastero (**fig. 108**).

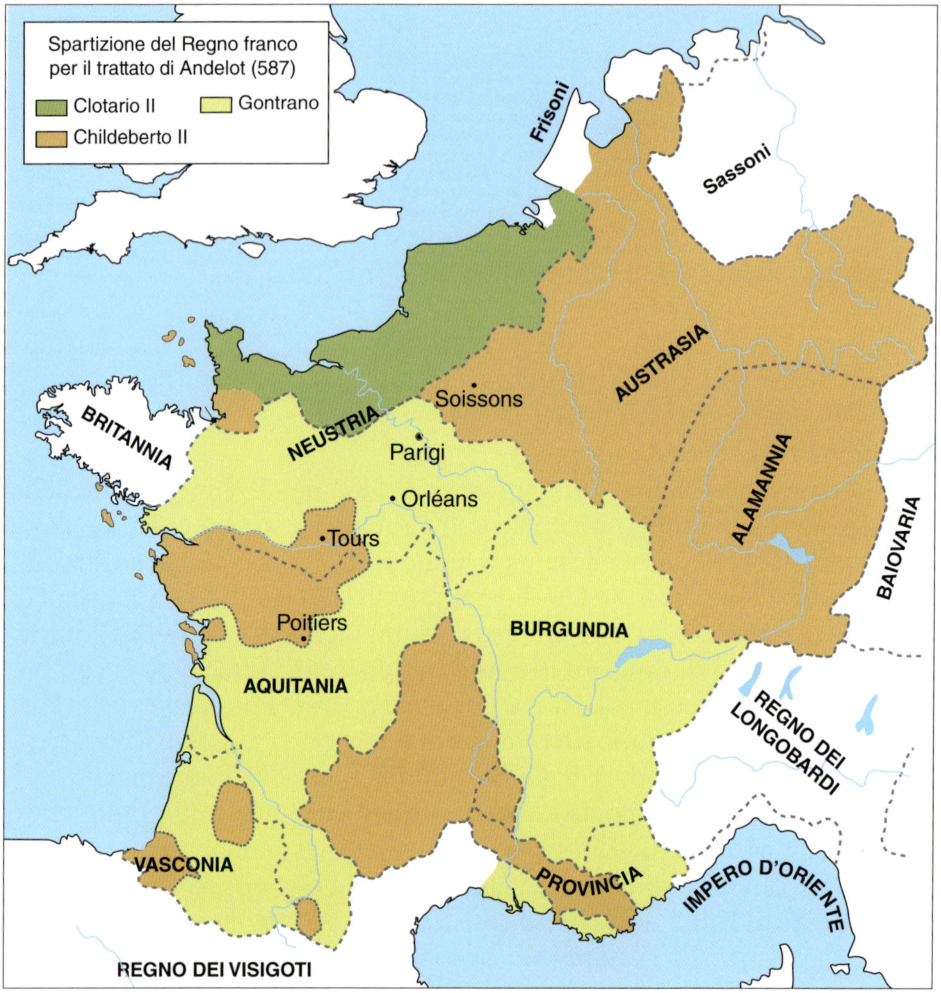

108. *Il Regno franco dopo il trattato di Andelot del 587.*

Queste si oppongono, i vescovi le scomunicano e a quel punto i manigoldi assoldati da Clotilde reagiscono facendo una strage: è un fuggi fuggi generale di chierici e diaconi coperti di sangue dalla basilica di Sant'Ilario. I sicari assaltano anche il monastero della Santa Croce, lo depredano, fanno prigioniera la badessa Leubovera che corre il rischio di essere decapitata. La rivolta non si placa, si susseguono gli omicidi finché Childeberto II, re dell'Austrasia, con l'accordo di re Gontrano, chiede ai vescovi di piegare le sovvertitrici. I vescovi si rifiutano, temendo evidentemente per la loro vita, e chiedono che prima sia placata d'autorità «la selvaggia rivolta» di Clotilde, rivolta che finisce per l'intervento del conte Maccone, repressa con la consueta brutalità e un seguito di efferate torture[95].

Clotilde, costretta a presentarsi davanti ai vescovi, continuò però a incolpare la badessa Leubovera, ed è interessante ascoltare la difesa di quest'ultima perché apre uno squarcio sulla vita nel monastero anche ai tempi della santa. Di fronte alle accuse che molti uomini si lavavano in modo indecente nei bagni delle monache, Leubovera ribadì che questo era successo al tempo di Radegonda, che in effetti molto liberalmente aveva permesso ai servi del monastero di usare i bagni delle monache perché i nuovi bagni appena costruiti, a causa dell'odore amaro della calce, erano infrequentabili. La badessa negò assolutamente che questa abitudine fosse continuata ai suoi tempi come asserivano le due accusatrici (aggiungendo che se Clotilde e Basina avevano constatato questo scandalo, perché non l'avevano informata?). Era vero, ammise Leubovera, che giocava ai dadi[96], ma lo faceva anche la santa – e questo particolare, dopo avere letto la biografia di Venanzio Fortunato, proprio non ce l'aspettavamo! –, ma del resto non era proibito né dalla regola né dai canoni. Quanto all'accusa che alcuni secolari prendessero i pasti con la badessa, lei, Leubovera, non aveva fatto altro che offrire ai fedeli cristiani il pane benedetto, come faceva Radegonda, ma questo gesto non poteva essere considerato un pasto. Meno limpida fu invece la discolpa di Leubovera in merito alle accuse di avere usato parte di un drappo d'altare di purissima seta per abbellire una tunica di porpora in vista del fidanzamento di una sua nipote, intessendo in quell'abito anche foglioline d'oro sempre prelevate dal drappo serico, nonché di aver donato alla fanciulla una fascia ornata d'oro.

Leubovera comunque fu rimandata nel monastero senza alcuna condanna, Basina e Clotilde furono private della comunione; i vescovi domandarono ai re che fossero severamente punite, ma Basina chiese perdono giurando che avrebbe sempre obbedito alla badessa e tornò al monastero. A Clotilde fu invece permesso di soggiornare per tutta la vita in una tenuta concessa dal re Childeberto II[97].

I vescovi avevano scoperto anche che parecchie monache erano incinte. Tanti disordini e rivolte domate a fatica, senza che le due principesse colpevoli fossero state adeguatamente punite, non avevano certo giovato alla reputazione del monastero dove aveva vissuto Radegonda.

La badessa Dedimia dovette pensare che, per recuperare la fama perduta della sua istituzione e rimettere in auge il culto della santa, fosse bene prendere un'iniziativa che avesse un riscontro pubblico. Era necessaria una nuova biografia, in cui della famosa monaca ex regina si sottolineassero i tanti pregi, le tante imprese compiute per il bene della città e del regno taciute da Venanzio Fortunato, e si lodassero le qualità di modestia e umiltà di Radegonda, ex moglie del sovrano Clotario I, per cancellare il ricordo delle arroganti principesse Clotilde e Basina e ridare fama al monastero di fondazione regia[98].

Un ruvido cilicio

La badessa Dedimia probabilmente scelse Baudonivia proprio perché aveva vissuto a lungo con Radegonda; conosceva la santa fin dal tempo in cui era diaconessa, ed era testimone oculare, la biografa, di un episodio di cui è la sola a parlare. Mentre infatti Radegonda, ancora regina, era in viaggio «con tutto il corteo mondano» per raggiungere la nobildonna Ansifrida che l'aveva invitata a pranzo, s'imbatté in un tempio pagano venerato dai Franchi. Subito diede ordine che fosse incendiato, «giudicando iniquo che si disprezzasse il Dio del cielo e si venerassero strumenti diabolici», nonostante il popolo fosse accorso a difendere l'edificio con spade, bastoni e grande strepito. Ma la regina, «che portava Cristo nel cuore, perseverando immobile, non mosse avanti il cavallo sul quale sedeva, prima che il tempio fosse completamente bruciato e prima che i popoli facessero la pace fra loro, accogliendo la sua preghiera»[99]: è il primo esempio di due virtù che la santa avrebbe esercitato anche da monaca: la tenacia nelle avversità e la preoccupazione di ristabilire la concordia e l'armonia.

A Saix invece, «nel primo anno del suo cambiamento di vita», cioè quando ancora era diaconessa, Radegonda «ebbe la visione di una nave a forma di uomo e uomini sedevano su tutte le sue membra, mentre lei era seduta sul suo ginocchio. La nave-uomo le disse: "Ora siedi sul ginocchio, poi siederai nel mio cuore". Le era mostrata la grazia di cui avrebbe goduto»[100]. In questa immagine simbolica in cui nave è la Chiesa e uomo è Cristo e le due figure coincidono, le parole che Radegonda ascolta (comunicandole poi con la più grande segretezza alle sue confidenti) mostrano un rapporto molto intenso, un legame assai forte fra «l'uomo» e la giovane: le avvisaglie di un linguaggio esplicitamente erotico, anche se sublimato nel rapporto mistico, con cui Radegonda si espresse a più riprese.

Che anche le relazioni con Clotario I non fossero state così nette come Venanzio Fortunato le descrisse (ripulsa totale da parte della sposa, violenta insofferenza e brutalità da parte dello sposo) ci è mostrato nella separazione tormentata da parte di entrambi. Clotario I per due volte cercò di riprendersi la moglie, anche con la forza è vero, cui seguì però sempre il pentimento. Il sovrano rivela nelle sue contraddizioni, registrate da Baudonivia, una personalità che non combacia con il ritratto esclusivamente negativo di Venanzio Fortunato. Clotario I viene presentato per la prima volta nel momento in cui si rende conto di aver sbagliato a permettere che «talis et tanta regina» lo lasciasse per trasferirsi nella tenuta di Saix: «mentre Radegonda era ancora nella sua tenuta, si sparge la voce che il re volesse di nuovo riprenderla con sé, pieno di dolore per la grave perdita subita, avendo permesso che una regina di quelle qualità e di quella grandezza si allontanasse dal suo fianco, e diceva che se non l'avesse riavuta, non desiderava assolutamente più vivere» (!)[101].

La reazione di Radegonda, quando seppe delle intenzioni del sovrano, fu di terrore; indossò un ruvido cilicio, si dedicò alle preghiere e alle veglie, praticò rigidi digiuni, e, conclude Baudonivia, «non tenne conto della patria, vinse la dolcezza dello sposo, respinse l'amore terreno, scelse di diventare esule, per non essere lontana da Cristo»[102]: una ammissione che svela ricordi di un amore concreto, respinti, ma non cancellati. Per rinsaldarsi nel proposito, chiese preghiere, un cilicio più aspro, e previsioni a una sorta di eremita, a un uomo venerabile di nome Giovanni «che viveva recluso nel castello di Chinon», non senza avere accompagnato le richieste (a Giovanni aveva domandato anche di procurarle il cilicio) con un dono assai importante, un «felte». Non sappiamo esattamente cosa fosse, ma faceva parte degli «ornamenti regali» che la diaconessa aveva ancora con sé, «fuso in oro e adorno di gemme e di perle che valeva mille monete d'oro»[103]. La necessità di un regalo così sostanzioso risponde all'intrinseca rozzezza di rapporti che regolava la società merovingia, per cui ogni parere, ogni vaticinio aveva il suo prezzo.

Anche i gioielli che si sono conservati sono pesanti per l'oro profuso e l'abbondanza di pietre preziose; a colpo d'occhio si doveva capire quanto valessero. Si veda ad esempio la sola fibbia della cintura della regina Aregonda, una delle mogli di Clotario I[104] (**fig. 109**).

D'altra parte, conoscere in anticipo la volontà divina richiedeva di macerarsi in uno spazio angusto per anni e anni e il sacrificio doveva essere ricompensato, oltre che in paradiso anche sulla Terra. Così ritenevano Radegonda e il pio eremita.

Dopo una notte di veglie e di preghiere, giunse a Giovanni il responso desiderato: il re avrebbe voluto sì riprendersi la sposa ma Dio non l'avrebbe permesso. Radegonda aveva dichiarato a Giovanni che piuttosto che tornare con Clotario I si sarebbe uccisa, dal momento che «iam Regis caelestis copulabatur amplexus» («si era già realizzato l'abbraccio del re celeste»)[105]: l'ex regina pensa Dio in termini assai umani e l'abbraccio è un abbraccio carnale.

109. *Fibbia della cintura della regina Aregonda*, Musée des Antiquités Nationales, Saint-Germain-en-Laye.

Ma quanto Radegonda avesse conservato intatto il bisogno e il desiderio di essere amata come sposa lo svela la visione che ebbe ormai molto anziana. Il suo dialogo con Cristo, che Baudonivia ci ha conservato – e che mostra il grado di intimità della santa con la sua consorella ingenuamente sincera –, è quello di una innamorata che teme di non essere ricambiata a sufficienza; chiede a Cristo conferma mostrando tutta la sua passione. Entrambi si esprimono con uno slancio emotivo così intenso da superare il confine di un colloquio spirituale. Entrambi si desiderano.

Ma ascoltiamoli.

Un anno prima della sua morte Radegonda vide in una visione il luogo che le era stato preparato. Giunse a lei un giovane riccamente vestito, bellissimo e di età giovanile che le si rivolgeva toccandola con dolcezza e con parole tenere; lei, attenta alla sua virtù, respingeva queste lusinghe. E lui le disse: «Perché, accesa di desiderio, mi preghi con tante lacrime, gemendo mi cerchi ripetutamente, mi chiami con l'effusione di preghiere, ti affliggi tanto per me e ti tormenti, dato che sono sempre al tuo fianco? Tu gemma preziosa, saprai di essere la prima gemma nel diadema del mio capo». Non c'è dubbio che la visitò proprio Lui, a cui si dedicò con tutta la devozione mentre era in vita e le mostrò la gloria della quale avrebbe goduto[106].

Torniamo al primo tentativo di Clotario I di riprendersi la moglie, riconosciuto poi da lui come ingiusto.

Il suo pentimento si tradusse nell'appoggio concreto dato alla costruzione di un monastero a Poitiers, su cui vegliarono il vescovo Pienzo e il duca Austrapio, monastero che accolse «una grande comunità di fanciulle per Cristo, sposo immortale».

Tuttavia Clotario I non aveva veramente desistito del tutto dal suo progetto. Infatti a Radegonda giunse la voce che il sovrano e il figlio Sigeberto, «simulando devozione», fossero giunti a Tours quasi stessero facendo un pellegrinaggio alla tomba di san Martino, in realtà per potersi avvicinare più facilmente a Poitiers. Radegonda si rivolse allora a Germano, vescovo di Parigi, e gli inviò una lettera «sacra» contenente una minaccia divina per Clotario I, insieme, come al solito, a un regalo e altri doni.

L'epilogo è movimentato come un gran finale a teatro: letta la lettera, il vescovo si gettò ai piedi del re davanti alla tomba di san Martino, comunicandogli l'ammonimento celeste contenuto nella missiva affinché non si dirigesse a Poitiers.

Il re pieno di amarezza, comprendendo che questa era la richiesta della santa regina, è indotto al pentimento; ripensando ai cattivi consiglieri e giudicandosi indegno, per il fatto che non meritava di avere più a lungo una tale regina si getta a terra e davanti alla soglia di san Martino, ai piedi dell'uomo apostolico Germano, lo prega di chiedere perdono per sé stesso alla beata Radegonda, in modo che fosse indulgente con lui, perché aveva peccato nei suoi confronti a causa dei cattivi consiglieri[107].

Ci fu un'immediata punizione divina per quei malvagi, la stessa toccata all'eretico Ario, che «espulsero tutti i loro intestini nella latrina». Il re spaventatissimo, «temendo la punizione divina», pregò Germano di andare subito a Poitiers e, a catena, è ora il vescovo a gettarsi ai piedi di Radegonda chiedendo perdono per il re, perdono prontamente accordato. Si chiuse così definitivamente ogni pericolo di rapimento che avrebbe anche compromesso l'avvenire del monastero.

Radegonda, nel caso della sua autoconsacrazione, aveva preso un'iniziativa molto forte e insieme aveva minacciato il titubante vescovo Medardo di una punizione divina; anche qui è lei a prendere la decisione di scrivere addirittura al vescovo di Parigi e di inviargli un regalo, certamente cospicuo, che avrà fatto il suo effetto. Non sappiamo quale castigo divino avesse presagito, ma evidentemente aveva colto nel segno, vista la reazione di Clotario I. E di nuovo il sovrano si riconosce inferiore, inferiore a una donna – lui, uomo e re –, con le stesse parole di quando aveva cercato di riprendere la moglie, allora «dolendosi di avere permesso che una tale regina, così grande, si allontanasse dal suo fianco» e ora giudicandosi «indegno per il fatto che non meritava di avere più a lungo una tale regina».

Baudonivia però, come abbiamo visto, attenua la responsabilità del re; inoltre Clotario I si è profondamente pentito e perciò non viene sconfitto con disonore. L'immagine della monarchia è salvaguardata. Il monastero è di fondazione regia, il sovrano aveva collaborato alla sua costruzione e nel monastero vivevano principesse merovinge[108].

Mentre Venanzio Fortunato aveva limitato l'importanza della regalità di Radegonda alla prima parte della sua vita, alla sua vita da laica, nella biografia di Baudonivia invece la santa mantiene attiva la propria classe sociale di appartenenza e continua a esercitare un benefico ruolo pubblico.

Sempre sollecita per la pace, preoccupata per la salvezza della patria, ogni volta che i regni erano in conflitto, poiché amava tutti i re, pregava per la vita di tutti e ci insegnava a pregare senza interruzione per la loro stabilità. Quando poi veniva a sapere che dei contrasti spiacevoli erano sorti tra di loro, tremava tutta e indirizzava lettere dello stesso tenore all'uno e all'altro, affinché non prendessero le armi e non intraprendessero una guerra, ma consolidassero la pace, perché la patria non andasse in rovina. E allo stesso modo si rivolgeva ai loro funzionari, perché dessero agli eccelsi re consigli apportatori di salvezza in modo tale che, durante il loro regno, i popoli e la patria fossero resi più forti. Alla sua comunità imponeva veglie continue e insegnava piangendo a pregare senza interruzione per loro. In verità chi potrebbe esprimere con le parole il grande tormento che si infliggeva? Così per il suo intervento regnava la pace tra i re, il pericolo della guerra scemava, la patria era salva; comprendendo il suo intento, tutti i popoli lodavano insieme il nome benedetto del Signore[109].

Radegonda, nuova Elena

Radegonda, già quando si trovava nella tenuta di Saix, ardeva dal desiderio di raccogliere più reliquie possibili di santi e per questo non cessava di pregare il Signore. Fu accontentata perché il sacerdote Magno le portò quelle dell'apostolo Andrea e anche di altri santi. Un angelo apparso in visione le fece sapere che in quel sacro tesoro si erano radunate miracolosamente anche le reliquie che la santa aveva raccolto nella tenuta di Aties[110]. La collezione aumentò di molto una volta che Radegonda giunse in monastero. Contro i tanti pericoli di un periodo particolarmente calamitoso, il possesso delle reliquie produceva una pioggia di benefici: proteggevano dalle malattie, dalla guerra, dalla morte e perciò aumentavano la fama e l'importanza di chi ne era in possesso, dunque del monastero, per i miracoli di guarigioni ed esorcismi procurati, facendo di Poitiers un'importante meta di pellegrinaggio[111]. Né era assente il ritorno economico, perché la gratitudine dei miracolati si traduceva in donazioni anche importanti. Per esempio Baudonivia ricorda un uomo illustre di nome Leone che, avendo perso la vista durante un viaggio, modificò la meta e si recò nel monastero di Radegonda, «dove devotamente aveva affidato a lei le sue figlie perché servissero il Signore», e al contatto del cilicio della santa, ancora in vita, era stato immediatamente guarito. Fece allora «scavare le fondamenta della basilica della signora Radegonda e diede cento monete d'oro per portare a termine l'edificio» (si tratta della chiesa cimiteriale fuori le mura della città)[112].

Non solo Radegonda ricercava reliquie nella sua patria ma anche in terre assai lontane. Venuta a sapere che a Gerusalemme riposavano le reliquie del martire Mammete, «avida e assetata come un idropico» per il loro possesso, inviò il medico Reovale dal patriarca di Gerusalemme che, benevolmente, concesse il mignolo della mano destra del martire, accolto nel monastero con canti di salmi, veglie e digiuni di tutta la comunità protrattisi per un'intera settimana[113].

La sete non si era calmata, al contrario si era accresciuta. Radegonda mirava ancora più in alto, a una reliquia strepitosa: un frammento della Vera Croce e per questo la biografa paragona l'ex regina a Elena, la madre di Costantino che, racconta Baudonivia, fu sicura di avere trovato il sacro legno perché al suo contatto un morto risuscitò. «Ciò che compì Elena nella patria orientale lo compì Radegonda in Gallia»[114]. Per il successo dell'impresa Radegonda, «dato che, finché visse su questa terra, non volle compiere nessuna azione senza adeguata riflessione», scrisse a Sigeberto, re di Austrasia, «affinché le permettesse per la salvezza di tutta la patria e la stabilità del regno di chiedere all'imperatore il legno della croce del Signore». Il sovrano – noi sappiamo che in quel momento cercava un'alleanza con Giustino II imperatore di Costantinopoli – fu ben lieto di dare il suo assenso. L'impresa fu coronata da successo: il sacro frammento giunse in Gallia ornato d'oro e di gemme insieme ad altre reliquie di santi, scortato da ambasciatori che portavano in dono anche Vangeli ornati da oro e gemme. Possiamo immaginare i pesanti reliquiari d'oro di Radegonda, fitti di perle e di pietre preziose, osservando questo esemplare di arte merovingia della fine del VII secolo[115] (**fig. 110**).

Ma il diavolo attraverso i suoi complici – cioè, decodifichiamo, il vescovo di Poitiers Meroveo – fu contrario alla proposta, fattagli pervenire da Radegonda, di guidare la processione per collocare nel monastero dell'ex regina la reliquia. Si allontanò con il suo seguito a cavallo verso un'altra località, contrariato per il fatto che l'ex regina avesse contattato *in primis* Sigeberto, mentre come monaca avrebbe dovuto scrivere al presule[116].

Radegonda affidò allora momentaneamente il preziosissimo frammento al monastero maschile da lei fondato a Tours – apprendiamo un'altra notizia della sua attività – e scrisse di nuovo a Sigeberto che assegnò a Eufronio, vescovo di Tours, «il compito di collocare all'interno del monastero di Radegonda la gloriosa croce del Signore e le reliquie dei santi con dovuti onori, cosa che fu fatta»[117].

La santa aveva conosciuto Eufronio quando, da diaconessa, aveva compiuto un pellegrinaggio alla città di san Martino e in quella occasione per l'appunto aveva anche fondato un monastero maschile[118]. Eufronio da un punto di vista canonico non avrebbe potuto intervenire in una diocesi non sua, ma, salvaguardato dall'ordine del re, protesse la preziosa reliquia e partecipò a tutte le cerimonie di accoglienza. Ammiriamo

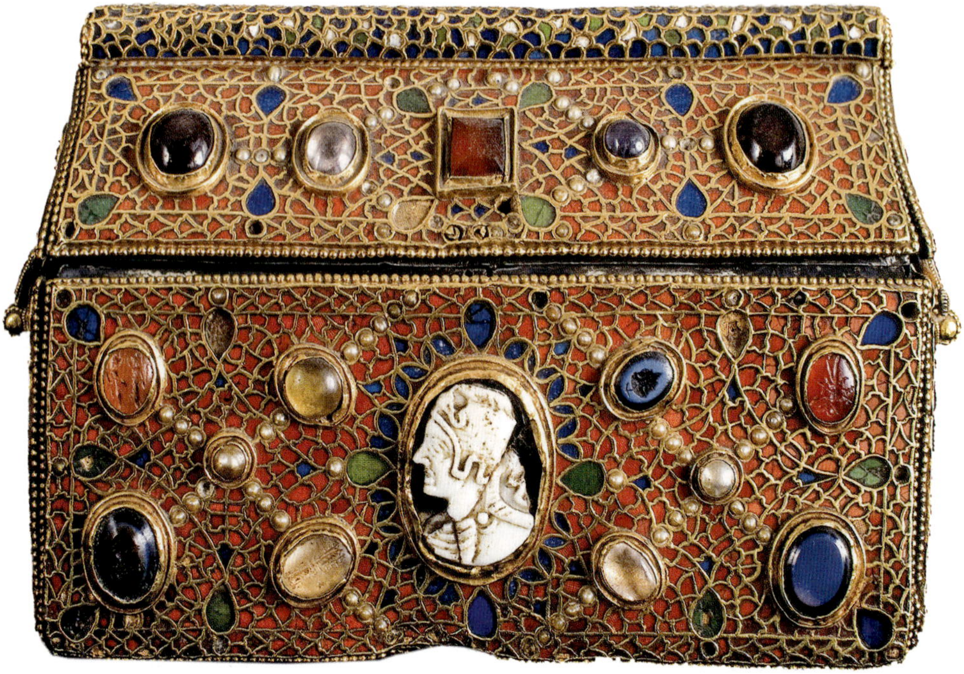

110. *Reliquiario di «Teuderigo»*, abbazia di Saint-Maurice d'Agaune (Svizzera), tesoro, fine del VII sec.

l'abilità diplomatica di Radegonda nelle avversità impreviste, e la perizia delle sue mosse. Subito, davanti al sacro legno si verificarono i miracoli della sequenza evangelica: guarirono dalle loro infermità ciechi, sordi, muti, e zoppi; i demoni vennero messi in fuga.

Tale fu il prestigio assunto dal monastero per il possesso del frammento della Croce che da quel momento si chiamò monastero della Santa Croce. Esulta Baudonivia: «Chi potrebbe esprimere la grandezza e la qualità del dono che la beata offrì a questa città? Onde, chiunque vive con fede benedice il suo nome. Infatti agli eccellentissimi signori re e alla serenissima signora regina Brunechilde che Radegonda amò con caro affetto e alle santissime chiese e ai loro vescovi raccomandò il suo monastero, facendo appello alla testimonianza divina»[119].

Venanzio Fortunato, che come sappiamo aveva taciuto dell'importante iniziativa di Radegonda e del contrastato arrivo della reliquia, compose però in onore di quest'ultima due inni ancora oggi famosi: il *Pange lingua* [*gloriosi proelium certaminis*] («Canta o lingua il glorioso combattimento») e il *Vexilla regis prodeunt* («Avanzano i vessilli del re», citato da Dante in apertura del XXXIV canto dell'*Inferno*).

Primo: saper leggere e scrivere

Venanzio aveva fatto anche un fugace accenno, comprensibile a chi già sapesse, a proposito della regola di Cesario di Arles seguita a un certo punto da Radegonda e da tutta la sua comunità. Questa regola non solo permetteva l'esenzione dalla giurisdizione del vescovo locale, e dunque allontanava l'ombra di Meroveo dal monastero della Santa Croce, ma prescriveva che tutte le monache fossero in grado di leggere e scrivere[120]. Oltre a filare e a tessere, le monache coltivavano la lettura e lo studio in biblioteca e alcune di loro erano addette alla copia dei codici[121]. Si comprende quindi la capacità di Baudonivia di scrivere una biografia poiché si era formata sui testi della biblioteca del monastero; si comprende ugualmente il suo apprezzamento per la cultura di Radegonda su cui insiste lungamente in vari capitoli.

Se nel monastero entrava «un servo di Dio», Radegonda lo interrogava con sollecitudine e tutto quello che apprendeva lo insegnava alla comunità con la parola e con l'esempio[122]. Con materno affetto «non smetteva di *predicare* ciò che la lettura conteneva per la salvezza dell'anima»[123] e si preoccupava che le monache capissero fino in fondo i concetti e le parole ascoltando la lettura comune svolta ad alta voce. Aveva stabilito che quando le monache si ristoravano «venisse sempre tenuta una lettura, poiché non solo le gole dovevano ricevere il nutrimento ma anche le orecchie ascoltare la parola di Dio [...]. E poiché non volle essere mai in ozio quanto all'opera di Dio, si dedicava all'orazione, alla lettura, alle elemosine e alle predicazioni incessantemente tutti i giorni, affinché nessuna delle consorelle si giustificasse con l'ignoranza»[124]. Chiedeva che anche durante il sonno continuasse la lettura dei salmi. Infatti «Quando sembrava riposarsi dalla meditazione o dalla predicazione dei salmi, la lettrice, una delle monache, non cessava di leggere davanti a lei»[125]. Istruiva con affetto: «Mentre predicava a noi spesso diceva: "Io vi ho scelto come figlie, proprio voi luce dei miei occhi, voi mia vita, mio riposo e mia completa felicità, voi nuova piantagione. Operate con me in questo mondo, onde godiamo in quello futuro"»[126]. Totalmente assente in Venanzio è l'immagine di Radegonda che medita continuamente sulle Sacre Scritture e si preoccupa di istruire le monache con tanta costanza e affetto. Baudonivia insiste poi sulla modestia e l'umiltà della condotta di vita di Radegonda, virtù che facevano del tutto dimenticare che fosse stata una regina[127].

La biografa non sottolinea il furore esasperato con cui la Radegonda descritta da Venanzio torturava il suo corpo perché non vuole fare il ritratto di una santa inaccessibile, di una martire per desiderio, bensì proporre quello di una monaca esemplare, un modello di riferimento da imitare il più possibile.

In Cielo e in Terra

Venanzio si era profuso nel racconto dei miracoli in vita, per non dichiarare l'assenza di Meroveo alle esequie della santa; era stato perciò costretto a fermarsi al momento in cui Domoleno, mentre è salvato da morte imminente, percepisce il trapasso di Radegonda. Baudonivia è parca nel descrivere nuovi miracoli compiuti in vita rispetto a quelli narrati dal poeta biografo, ma in più testimonia quelli avvenuti alla tomba, durante le esequie.

Il primo che opera la santa quando vive ancora nel monastero riguarda l'estrema modestia e l'amore della povertà: distribuiva il vino alle compagne prendendolo dalla dispensa, ma mai per sé. La badessa assegnò allora a Radegonda un piccolo recipiente colmo della bevanda salutare; la santa però di nuovo subito ne affidò la fruizione alla vivandiera, la quale ne poté attingere per tutta la comunità ogni giorno per un anno intero senza che il livello del vino all'interno della botticella diminuisse. Baudonivia cita a paragone addirittura il miracolo di Cristo che con cinque pani e due pesci aveva saziato cinquemila uomini (Matteo 15,19), per dimostrare l'amorevole sollecitudine della santa verso le consorelle[128].

Radegonda, in quanto monaca, dimostra di avere ignorato il suo stato di ex regina perché non vuole alcun privilegio e ritiene che tutto debba essere spartito; se ne ricorda invece quando è chiamata a occuparsi del mondo esterno, lei vittima della guerra, ricercatrice instancabile della pace e del bene della patria. E infatti proprio nel capitolo del miracolo del vino la biografa si sofferma sui ripetuti interventi di Radegonda per la salvaguardia del regno e della patria di cui si è già parlato.

Ci fu anche un miracolo punitivo quando la santa era già morta. A prima vista stupisce per la sproporzione fra il castigo e la colpa, che a noi pare lieve: l'ira di Radegonda dal Cielo si rovesciò su una serva che aveva osato sedersi sulla sua cattedra. Per questo insulto, la donna, di nome Vinoberga, «bruciava tanto che tutti vedevano il fumo salire da lei, ed ella davanti a tutto il popolo gridava forte, confessando di avere peccato». Per tre giorni durò il supplizio. La poveretta era pentita e chiedeva pietà. «Tutto il popolo, vedendola in tanta sofferenza, pregava per lei come se Radegonda fosse presente – poiché ovunque è invocata con fede appare benigna – dicendo: "Buona signora, risparmiala, perché l'infelice non muoia a causa di una così grande sofferenza"». Finalmente la santa «si arrese» e Vinoberga «tornò a casa incolume. E così la punizione di costei rese tutti prudenti e devoti»[129]. Baudonivia insistendo sulla bontà di Radegonda cerca di smorzare l'entità del castigo: da un lato ritroviamo la regina che sa di poter punire chi è di categoria sociale inferiore, come all'inizio della biografia, quando aveva ordinato la distruzione del tempio pagano; dall'altro, come conferma la stessa biografa, la sanzione esemplare aumenta il prestigio della santa dimostrando come Dio le dia ascolto, quando il suo volto etereo si rabbuia.

Anche il capitolo precedente aveva raccontato di un miracolo *post mortem* che illustrava la benignità e la misericordia di Radegonda in Terra e in Cielo. La nobildonna Mammeza era divenuta cieca durante un viaggio per l'intrusione di un corpo estraneo nell'occhio che le provocava anche un grande dolore (naturalmente la testimonianza di una nobile accresce il valore della testimonianza stessa). Ebbe l'ispirazione di dirigersi verso l'oratorio della santa; lì giunta si buttò a terra supplicando aiuto, e ottenne la guarigione[130]. Un miracolo analogo avvenne mentre il corpo di Radegonda passava sotto il muro del monastero al quale stava affacciata tutta la comunità in lacrime. Ci fu una sosta sotto la torre affinché le monache potessero contemplare il feretro ancora un poco. «Il Signore, per farla riconoscere come sua fedele in mezzo al popolo, ridiede la vista a uno, cieco da molti anni»[131]. Qualcuno avrà gridato: «Santa subito!»? In ogni caso il miracolo giungeva a proposito perché rendeva immediatamente palese il potere taumaturgico della santa che aveva appena raggiunto la dimora celeste.

Ma Radegonda sapeva ascoltare anche in vita chi la invocava, anche da lontanissimo. Infatti mentre via mare facevano ritorno gli ambasciatori inviati dalla santa a Costantinopoli per ringraziare l'imperatore per il dono del frammento della Croce, scoppiò una terribile burrasca che durò, proprio come il Diluvio universale, quaranta giorni e quaranta notti. Ai poveri naviganti sembrava di non avere scampo. Si misero a invocare Radegonda: stavano per morire poiché avevano obbedito ai suoi ordini; chiedevano dunque soccorso e misericordia. Ed ecco allora, di nuovo come alla fine del Diluvio universale, apparve una bianca colomba che per tre volte fece il giro della nave «nel nome della Trinità». «Poi *un servo della beata regina* di nome Banisaio allungò la mano, prese tre penne dalla sua coda, le bagnò nel mare e la tempesta si placò»[132]. Non sapremo mai chi avesse ispirato questo rito o piuttosto incantesimo. Le tre piume si rivelarono un tale talismano che furono fabbricati altri mazzetti di tre piume e donati in vari luoghi, evidentemente con successo[133]. Da notare che è in nome di un rapporto di leale obbedienza e servizio che i naviganti chiedono soccorso alla loro signora. Prevedendo il naufragio imminente fanno pace tra loro (avranno discusso su come condurre la nave o gli ambasciatori con i servi?) e solo a questo punto arriva la salvezza della colomba. Radegonda da ex regina scrive ai re e ottiene che cessino di farsi la guerra e facciano pace; da monaca, ma soprattutto in quanto regina, salva chi la invoca solo dopo che i suoi protetti si sono rappacificati.

A Saix Radegonda aveva visto una nave a forma d'uomo che ospitava tante persone compresa lei stessa. Ora invece è lei a guidare quella nave, proprio come Noè aveva portato in salvo la sua arca. I due episodi segnano il cammino in crescendo percorso da Radegonda sulla via della santità. Inoltre, nota ancora Baudonivia, «dovunque sia stata invocata, esaudisce con bontà. Se un febbricitante o chi avesse una pustola o chi fosse posseduto da qualunque infermità non fosse potuto venire da lei a causa della grande distanza, una candela accesa in suo nome allontanava ogni febbre»[134].

Venanzio Fortunato aveva registrato invece la guarigione di Goda che aveva acceso una candela alta quanto lei, come se la rappresentasse. La candela ha dunque una duplice valenza. Sostituisce la devota ma anche, secondo Baudonivia, è un omaggio, un segno di devozione di un fedele per la santa invocata.

I due significati sembrarono riunirsi nel momento della sepoltura in un episodio con qualche lato oscuro. Dopo che per tre giorni la comunità monastica e la città avevano aspettato che il vescovo Meroveo compisse il rito funebre (si era allontanato per visitare i villaggi, era stata la spiegazione ufficiale), fu chiesto a Gregorio di Tours di sostituirlo. Gregorio però, per un riguardo nei confronti di Meroveo, non portò a compimento le esequie, lasciando al vescovo locale di recitare la messa funebre e di posare il coperchio sopra la tomba[135]. Scrive Baudonivia che le fanciulle «laiche»[136], cioè quelle che non avevano ancora preso i voti e per questo erano potute uscire dal monastero portando le candele, giunte alla chiesa stavano tutte in cerchio intorno al luogo della sepoltura. Ognuna di loro consegnò la candela, contrassegnata dal nome della offerente, a uno dei servi, secondo il rito. Sorse però una discussione: se calare le candele dentro il sepolcro, perché alcuni degli astanti si opponevano. Ma ecco che dal braccio del servo, che era un fanciullo e le teneva tutte, una candela del mazzo «volò in alto sopra tutto il popolo, si posò nel santo sepolcro ai piedi della beata e rese chiaro ciò su cui erano incerti». Si poté leggere anche il nome della proprietaria, Calva[137].

Qualcuno, forse del clero, aveva titubato nel permettere che si gettasse dentro il sepolcro un oggetto di culto, come se si riconoscesse subito il culto pubblico della santa in assenza dell'approvazione del vescovo locale e della conclusione del funerale. Ma Radegonda, così come in vita si era autoconsacrata costringendo Medardo a benedirla come diaconessa, ugualmente dal cielo fa subito sapere quale fosse l'opinione divina e si proclama santa.

Conclude trionfante Baudonivia: «Vedendo ciò il vescovo e tutto il popolo, ammirando la potenza della beata Radegonda, benedissero il Signore: chi sarebbe capace di contare quanti miracoli sono stati compiuti lì dopo la sua morte, quanti indemoniati sono stati liberati, quanti malati con la febbre sono stati guariti?»[138].

Il potere di Radegonda si era esteso in vita anche al regno animale. Una notte, mentre pregava con una consorella, questa fu disturbata dal suono rauco di un uccello notturno appollaiato su un albero in mezzo al monastero. Chiese alla santa di poterlo cacciare in suo nome, incline a riconoscere nel pennuto un essere malefico. Radegonda glielo concesse, raccomandandole per precauzione il segno della croce. La monaca fece quanto prescritto e l'uccello volò via. A noi potrebbe sembrare che l'innocuo volatile fosse stato disturbato dalla voce e dalla presenza umana; alla monaca, nella cupissima notte medievale, sembrò subito una potenza malefica, mentre a Baudonivia un sicuro segno del Cielo: «Come se avesse ascoltato la parola pronunciata dalla bocca di Dio, l'uccello volò via e scomparve. A ragione gli uccelli e le bestie le obbediscono, perché ella non trascurò mai di obbedire ai precetti del Signore»[139].

Tanto era amata Radegonda che, nel momento in cui spirava fra la disperazione delle consorelle, alcuni tagliapietre «Udirono nell'aria un angelo che parlava e diceva agli altri: "Cosa fate? Lasciatela ancora". Ma era stata la volontà del Signore e gli angeli che stavano trasportando l'anima risposero: "Ormai il fatto si è compiuto". Cosa faremo? L'ha accolta il paradiso, dove è glorificata con il Signore»[140].

Davanti al sepolcro cominciarono a fiorire i miracoli. L'abate Abbone, proveniente dalla Borgogna e colpito da un terribile mal di denti, appena giunto a Poitiers fu guarito perché, prosternatosi davanti al sepolcro, afferrò con i denti il velo che ricopriva il corpo sopra la tomba di Radegonda: un modo un po' diretto di mettersi in relazione con la santa sulla Terra attraverso un oggetto in contatto con il suo corpo: ma la santa non protestò. Anche un malato con febbre fu guarito, dopo avere bevuto l'acqua in cui il custode aveva intinto il medesimo velo[141].

La biografa, avviandosi alla fine della sua opera, si sofferma sulla liberazione degli ossessi perché questo le permette di affrontare il paragone di Radegonda con Ilario vescovo, patrono della città. A Poitiers la festa di Ilario era celebrata con particolare enfasi, anche con veglie notturne. In una di queste ricorrenze, nella basilica del vescovo si trovavano degli indemoniati, fra i quali due donne e una «specialmente si agitava in modo così frenetico che tutta la basilica tremava per il suo furore»[142]. Era presente anche l'abate della basilica funeraria di Radegonda, Arnegisilo, il quale, passata la mezzanotte, si avviò per celebrare l'ufficio nella propria basilica. Venne però seguito dalle due donne indemoniate che, entrate in chiesa, cominciarono a invocare santa Radegonda. Una, tormentata da quindici anni, fu liberata quando si recitava il mattutino (verso le sei circa), l'altra all'ora terza (alle 9), «perché il nemico era il più cattivo di tutti» («ultra nequissimus hostis»). Notiamo al volo quanto spesso gli indemoniati siano piuttosto declinati al femminile, perché la donna, per la pesante eredità di Eva, non più compagna dell'uomo ma occasione del suo peccato, era immaginata più facile preda delle tentazioni del Maligno. Quanta infelicità, quanti maltrattamenti, quanti disagi psichici di queste poverette, prive delle parole per dirli, avranno trovato sfogo nella lingua del demonio! Conclude Baudonivia: «Alcuni indemoniati furono liberati presso la basilica del sant'uomo, altri si diressero alla basilica della signora Radegonda, affinché si mostri con evidenza che i due santi erano uguali per la grazia come per la potenza»[143]. Radegonda in poco tempo aveva raggiunto la parità e conquistato un'uguale importanza.

L'immagine della santa si proponeva così come giusto esempio da prendere a modello per la monaca che fosse entrata a fare parte del monastero della Santa Croce dopo la terribile e violenta rivolta di Clotilde e Basina e il disordine che ne era seguito.

Radegonda, così come ce la descrive Venanzio Fortunato, una monaca dedita ad astinenze e penitenze estreme, è lontana dal nostro vissuto quotidiano che non concepisce più la vita giustificata solo dall'esigenza di raggiungere una improbabile salvezza nell'aldilà. D'altronde, per il contesto sociale in cui visse, fu molto più libera come monaca di stretta clausura nel chiostro che come regina nel suo palazzo.

Radegonda ebbe una vita colma di avversità, ma, dotata di una personalità straordinaria, pur di profonda fede, non mise mai a tacere l'interesse per chi viveva oltre le mura del monastero; ci viene incontro palpitante di emozioni, di ansie, di progetti, di iniziative, anche se quasi un millennio e mezzo ci separa da lei, così vicina a noi per la indipendenza delle sue scelte. Fu una donna indomita e di grande autonomia mentale: in un periodo storico in cui la condizione femminile era soggetta a tanti condizionamenti, riuscì a esercitare una funzione sociale, politica e perfino culturale. Grazie, Baudonivia, di avercela fatta conoscere!

Capitolo 4

Potenti e sole: Matilde di Canossa e la papessa Giovanna

Matilde

Crescere in un mondo violento

Chi non conosce, anche solo per memorie scolastiche, l'umiliazione di Enrico IV di fronte al pontefice Gregorio VII, avvenuta nel 1077 nel castello di Canossa di proprietà della contessa Matilde? E da qui il detto: «Andare a Canossa», usato anche in tedesco, inglese, e in francese, nel senso di sottomettersi in modo mortificante di fronte all'avversario. Allora Matilde aveva 31 anni, ma con alle spalle una vita intensa, segnata da eventi drammatici.

Era nata nel 1046, probabilmente a Mantova, figlia di Bonifacio, signore di Canossa e marchese di Toscana e insieme «signore di contee padane che andavano da Ferrara e dalla parte occidentale del suo territorio, al Bresciano, passando per la pianura veronese, parte del Bolognese, Modena, Reggio, Mantova e parte del Parmense e del Cremonese»[1], e di Beatrice di Lorena (nipote di Gisella, moglie dell'imperatore Corrado II[2] e cugina per parte materna dell'imperatore Enrico III, erede, Beatrice, dei beni paterni dell'Alta Lotaringia).

Il fastoso matrimonio dei ricchissimi genitori di Matilde è descritto dal monaco Donizone in toni fiabeschi nel poema dedicato a glorificare Matilde e i suoi avi.

Bonifacio andò a prendere la sposa con cavalli ferrati d'argento e con i chiodi non ribattuti perché la gente potesse raccoglierli, stupita per tanto fastoso dispendio. La festa per le nozze durò tre mesi, fra musiche, spettacoli di giullari, cibi e vini senza misura:

> Tre mesi il banchetto nuziale durò;
> le spezie non eran tritate al mortaio, ma macinate
> qual spelta ai mulini ad acqua corrente;
> dal fondo di un pozzo il vin si traeva

che da un'altra cisterna in esso fluiva:
una secchia d'argento pendeva a una catena pur essa
d'argento,
e con quella il vin si attingeva, dolcissimo nettare.
Un cavallo portava alla mensa le coppe e i piatti,
d'argento e d'oro splendeva il vasellame.
Timpani e cetre, lire e cornamuse suonavano intorno,
e ricchissimi premi il nobile duca ai mimi donò.
A Marengo ebbe luogo questo grande convito[3].

Ma Bonifacio poteva avere la mano anche molto pesante; siamo stupiti per il consenso esaltato di Donizone nel raccontare un episodio di una terribile durezza e crudeltà, proprie, in quei tempi, «del lato oppressivo, disumano, di una società che faticava a darsi un ordine qualsiasi di vita. [...] La violenza credeva di espiare i suoi peccati erigendo, con i frutti stessi della sua attuazione, con terre e denari ingiustamente sottratti, istituzioni religiose dove si pregasse per i fondatori». Queste nascevano anche «dalla volontà dei potenti di rimediare alle loro colpe, e forse perciò chiese e monasteri furono tanti»[4].

Bonifacio, sulla via del ritorno a casa dopo avere espugnato un castello, con i suoi cavalieri si era accampato nei campi deserti di un altro castello e i servi dei cavalieri, «come è costume», erano andati a rubare le messi per nutrire i loro cavalli. «Da ciò gli abitanti del luogo troppo sdegnati, / preser subito l'armi e stordirono i cavalieri, / tenendo i cavalli per sé». Allora Bonifacio profondamente irato li attaccò, li fece prigionieri e poi ordinò che fossero loro tagliati le orecchie e il naso. A una madre nobile che era pronta a offrire il peso in argento equivalente a quello del figlio perché fosse risparmiato, Bonifacio: «"Non sia mai", le rispose due volte scuotendo la barba: / con ciò voglio che i vostri posteri sappiano cosa è accaduto, / e si dica finché durerà questo mondo che qui / si fermò Bonifacio; non m'è lecito dunque cambiar decisione. Si tagliarono così i nasi e le orecchie / e con essi si riempiron tre scudi. / Allora, con tutto il suo esercito illeso e con trionfo, tornò il nostro duca al proprio castello»[5].

Bonifacio aveva molti e potenti nemici, ognuno dei quali avrebbe potuto decidere di eliminarlo. Quando Matilde aveva soltanto sei anni, durante una battuta di caccia nel 1052, il padre fu assassinato con una freccia avvelenata. Poco dopo morirono in modo misterioso[6] anche il fratello e la sorella maggiori di Matilde. La vedova Beatrice portò allora l'orfanella e unica figlia rimastale prima a Firenze, e poi in Germania, in cerca di protezione. La trovò, sposando nel 1054 il turbolento Goffredo il Barbuto, duca di Lorena, in guerra contro Enrico III che gli aveva portato via metà del feudo paterno. Capace di incendiare la chiesa di Verdun e poi di lì a poco, pentito, di farsi flagellare pubblicamente[7], Goffredo, poco prima di risposarsi – era infatti vedovo –, si era guadagnato il favore dell'imperatore, sostenendolo militarmente, e quello della Chiesa, catturando alcuni eretici.

Goffredo aveva un figlio, Goffredo il Gobbo, al quale Matilde, che allora aveva otto anni, fu promessa in sposa.

Le nozze politiche della madre e del patrigno di Matilde, che continuavano nel nuovo accordo matrimoniale dei rispettivi figli, consolidarono i domini della dinastia, ma furono oltremodo sgradite all'imperatore Enrico III che temeva la crescita del potere dei suoi due vassalli. Infatti entrambi, Beatrice e Goffredo il Barbuto, detenevano i feudi della Toscana e dell'Alta Lorena in nome dell'imperatore, che difatti discese in Italia con il suo esercito.

Goffredo fuggì in Lorena e Beatrice e Matilde, fatte prigioniere nel giugno del 1055, furono portate dall'imperatore in Germania a Goslar, dove vissero con agio nel palazzo imperiale (**fig. 111**), ma lontane dai loro domini e da Goffredo il Barbuto.

Matilde ora ha circa dieci anni. Nessuna fonte parla dei suoi sentimenti, degli spaventi subiti, del dolore per la morte dei fratelli, forse anche del padre, dello spaesamento di fronte al mutare dell'assetto della

111. *Il palazzo imperiale a Goslar (Germania) dove vissero Beatrice e Matilde bambina.*

famiglia, al mutare dei luoghi dove abitare; nessuna fonte parla dell'angoscia nel sentirsi, con la madre, sola e indifesa, costretta, la bambina, a recidere bruscamente ogni amicizia che fosse nata, a cambiare continuamente lingua. Beatrice comunque aveva fatto impartire alla figlia un'ottima educazione: Matilde parlava «la garrula lingua dei Franchi»[8] appresa in Lorena, e conosceva bene «il linguaggio dei Teutoni», oltre al latino e al volgare italiano.

Poi Enrico III morì il 5 ottobre 1056 e nel febbraio dell'anno seguente Beatrice, Goffredo e Matilde rientrarono in Italia, dove gli sposi si occuparono attivamente dei loro ingenti possessi, e seguirono e influenzarono anche le elezioni dei pontefici che si succedettero rapidamente, da Leone IX ad Alessandro II.

Intanto andava crescendo nella Chiesa un vigoroso movimento riformatore appoggiato anche da Goffredo il Barbuto. Papa Niccolò II, nel 1059, decretò che i laici non potessero più in alcun modo concorrere all'elezione del pontefice, che da allora in poi doveva essere eletto soltanto dai cardinali riuniti in conclave[9]. Il decreto aboliva il privilegio dell'imperatore Ottone I il quale, nel 962, aveva stabilito che nessun papa poteva essere eletto senza l'approvazione dell'imperatore. Con il decreto di Nicolò II si escludevano nell'elezione sia l'intromissione della nobiltà romana sia il forte potere decisionale dell'imperatore.

Tuttavia Enrico IV, succeduto al padre, fece eleggere a Basilea il 28 ottobre del 1061 il vescovo di Parma Cadalo con il nome di Onorio II, non curandosi nemmeno della precedente elezione, avvenuta il 21 ottobre sempre del 1061, a Roma, di Anselmo da Baggio, vescovo di Lucca e vicino ai Canossa, con il nome di Alessandro II. Si ricorse anche a scontri armati dalle due parti, ma alla fine Alessandro II a Mantova, nel concilio del 31 maggio del 1064 dove era presente Goffredo il Barbuto, riuscì a dimostrare di essere stato eletto secondo il decreto di Nicolò II e lo scisma cessò.

Abolire la simonia, cioè il commercio delle cariche ecclesiastiche, e il matrimonio del clero sulla spinta di una forte reazione di carattere morale, voluta dai cardinali romani in gran parte di formazione monastica, fece giungere la Chiesa a profondi cambiamenti sul piano spirituale così come nella sua struttura.

Goffredo il Barbuto, Beatrice e Matilde li appoggiarono con forza, sia per ragioni ideali che per ampliare e consolidare il proprio potere, mentre la Chiesa, in reciproco tornaconto, si servì del loro aiuto (donazioni di terre e di denaro, interventi armati) per liberarsi e dalla ingerenza del sovrano e da quella delle potenti famiglie della nobiltà romana[10].

Un matrimonio infelice

Quando Goffredo il Barbuto sentì avvicinarsi la morte tornò nei suoi territori lorenesi e a Verdun chiamò a sé tutta la famiglia facendo celebrare immediatamente le nozze fra Matilde, che allora aveva ventitré anni, e suo figlio, Goffredo il Gobbo.

Dopo la morte del marito, avvenuta la vigilia di Natale del 1069, Beatrice tornò in Italia ad amministrare il patrimonio, mentre la figlia rimase con il marito a Verdun; Goffredo il Gobbo aveva ereditato i possessi paterni e preferì per questo trattenersi in Lorena. Matilde nel 1070 rimase incinta; partorì poi una bambina, Beatrice, che morì probabilmente subito dopo[11]. Matilde non era dunque riuscita a dare alla dinastia un erede che avrebbe garantito una discendenza. Forse dopo il parto difficile non era in buona salute e forse si sentiva circondata da un ambiente ostile, anche se un sigillo con la scritta «uxor Gotfridi Mathildi(s)» («Matilde, moglie di Goffredo») dimostra che le fu possibile esercitare un qualche potere, seppure all'ombra del marito[12]. Certamente Beatrice sentì la figlia in pericolo e per questo cercò subito la protezione celeste. Il 29 agosto del 1071 fondò il monastero di Frassinoro (Modena) e lo dotò di un notevole patrimonio, specificando – disse – di averlo fatto: «Per il bene della mia anima, di quella del defunto marchese e duca Bonifacio un tempo mio marito, e per l'*incolumità* dell'anima di Matilde diletta figlia mia, e per la grazia dell'anima del defunto duca Goffredo mio marito, e per la grazia dell'anima della defunta Beatrice mia nipote»[13].

Appena le fu possibile, Matilde abbandonò il marito e fuggì; il 19 gennaio 1072 è a Mantova dalla madre. Da questo momento il suo nome come «dilecta filia» appare insieme a quello di Beatrice in «una quindicina di documenti dal 19 gennaio 1072 al 1076, rogati tra Mantova, Lucca, Modena, Pisa e Verona. [...] Per Matilde questo fu sicuramente un periodo di apprendistato, in vista dell'esercizio diretto del potere: si tratta infatti di placiti, donazioni, refute, conferme, restituzioni: tutta la gamma degli atti che poi ella stessa compì da sola»[14].

Il matrimonio fu causa di infelicità per entrambi gli sposi. Goffredo il Gobbo cercò di riconciliarsi con la moglie e per questo scopo nel 1072 venne in Italia, portando alla moglie un regalo che le sarebbe dovuto essere molto caro. Si trattava di una cassettina di reliquie un tempo di Matilde, rimasta poi al patrigno, il quale prima di morire l'aveva donata all'abbazia di Sant'Uberto in Lorena. Poiché Matilde ne aveva chiesto la restituzione, Goffredo la riottenne con la forza, sperando con il dono e con la premura dimostrati di ricomporre il dissidio.

112. *Gregorio VII*, Heiligenkreuz, Stiftsbibliothek, Cod. 12, f. 181v, prima metà del XII sec.

Frattanto, mentre Goffredo il Gobbo era in Italia, il 28 aprile del 1073 fu eletto Gregorio VII (**fig. 112**); Goffredo subito gli si rivolse chiedendo aiuto per appianare la discordia coniugale e il pontefice dopo pochi giorni, il 6 maggio, gli rispose assicurando il suo intervento.

Passò il tempo. Goffredo, dopo essere rimasto inutilmente in Italia per quasi un anno, visto che Matilde continuava a rifiutargli la «maritalem gratiam»[15], in agosto tornò in Lorena, ma non cessò di fare pressione sul pontefice, tanto che Gregorio VII, all'inizio del 1074, dopo avere chiesto a Matilde di recarsi a Roma per un colloquio non rimandabile, le scrisse di nuovo – precisamente il 16 febbraio – una lunga lettera, da padre spirituale. Dopo avere lodato Maria, madre del Signore, alla quale egli l'aveva affidata, passando dai consigli a un ordine senza perifrasi le dice: «Tieni tuttavia questo per certo: che quanto [Maria] è più alta e migliore e più santa di ogni madre, tanto è più clemente e dolce verso i peccatori e le *peccatrici* convertiti. Poni pertanto fine *alla volontà di peccare* e, prostrata davanti a essa, effondi lacrime dal cuore contrito e umiliato»[16].

Secondo il pontefice dunque, Matilde era una peccatrice perché si era separata dal marito e non voleva riconciliarsi.

Per Rangerio invece, vescovo di Lucca dal 1097, difensore dell'indipendenza del pontificato sostenuta da Gregorio VII, e propugnatore della politica di Matilde, il rifiuto dimostra la profonda vocazione di Matilde per il chiostro a cui, per suprema obbedienza, aveva rinunciato: «Appena conobbe le gioie malvagie della misera carne ne ebbe orrore e subito se ne vergognò. Non poté comportarsi con il primo marito come avrebbe voluto, e al suo uomo si sottomise quasi come una bambina.

Le parole materne, la potenza di una nobile stirpe, la trattennero dal suo pio volere»[17].

Matilde non ubbidì al pontefice, forse anche per calcolo politico, accogliendo di nuovo i consigli materni: per lei e per Beatrice era ormai meglio che Goffredo il Gobbo non si intromettesse nell'amministrazione dei loro beni in Italia; le due donne sapevano di potere contare comunque sulla protezione di Gregorio VII, bisognoso a sua volta del loro appoggio concreto (denari ed eventualmente esercito) per la riuscita della riforma spirituale e politica a cui tanto teneva.

Papa contro imperatore

Gregorio VII, all'inizio del suo pontificato, cercò l'accordo con Enrico IV (**fig. 113**) attraverso la mediazione della madre del sovrano, Agnese, di Goffredo il Gobbo, di Beatrice e di Matilde di Canossa; l'esito fu un successo, come dimostra una lettera scritta fra il 24 e il 27 settembre del 1073 da Enrico IV al pontefice.

Molti erano i problemi che angustiavano Gregorio VII: il difficilissimo rapporto con il normanno Roberto il Guiscardo, il progetto di una crociata, ma soprattutto l'opposizione crescente fra vescovi e arcivescovi non solo italiani al nuovo modello che egli voleva imporre di una Chiesa libera, potente e ricca, ma a discapito della libertà delle chiese. Andavano banditi, come si è detto, la simonia, ma anche il matrimonio del clero (ricordiamo che in questo tempo non è ancora un sacramento ma solo un impegno civile). I sacerdoti dovevano avvicinarsi allo stile di vita puro dei monaci e, come alternativa alla vita familiare, vivere in comune con altri preti, proprio come i monaci.

Fino a quel momento il sacerdote che aveva famiglia la manteneva attingendo al patrimonio ecclesiastico. Spesso un figlio si faceva a sua volta prete, ereditando la chiesa officiata dal padre con le rendite annesse, che finivano così, in un certo senso, per diventare possessi privati della famiglia stessa[18]. Eliminando il passaggio dei beni da padre in figlio Gregorio VII volle riorganizzare totalmente il patrimonio ecclesiastico e riconquistare il controllo totale delle sue ricchezze.

L'opposizione del clero fu durissima ma alla lunga, come sappiamo, il celibato ecclesiastico s'impose – continua tutt'oggi – con costi umani terribili: basti pensare alla sorte di mogli e figli cacciati e abbandonati a loro stessi.

La lotta contro la simonia condannò però anche ogni intromissione del laicato nell'elezione dei vescovi, finendo per coinvolgere il ruolo

113. *Enrico IV tra i figli Corrado, a sinistra, ed Enrico V, a destra*, Kraków, Biblioteca del Capitolo del duomo, ms. 208, f. 2v, 1106 ca.

dell'imperatore. Fino ad allora il vescovo era eletto dal clero locale, ma di solito il candidato era designato dall'imperatore che sceglieva un uomo a lui fedele, al quale affidava la cura spirituale, attribuendogli inoltre entrate fiscali e prerogative di governo nelle città. Invece, nella prospettiva di Gregorio VII, i vescovi dovevano dipendere soltanto dal papa e perciò, sempre dal suo punto di vista, era il pontefice e non l'imperatore a essere il capo di tutta la cristianità. Enrico IV non poteva accettare il programma di riforma di Gregorio VII perché gli avrebbe tolto un enorme potere. Iniziarono gli scontri, sempre più aperti.

Seduttrice o virago?

Il 24 gennaio del 1076 a Worms, al termine di un'assemblea dell'episcopato tedesco presieduta da Enrico IV, ma nella quale erano presenti anche importanti personaggi laici quali Goffredo il Gobbo, ventisei vescovi delle più importanti diocesi della Germania sottoscrissero una lettera indirizzata a Gregorio VII, chiamato soltanto Ildebrando, in cui lo si dichiarava deposto perché non eletto canonicamente; nello stesso tempo si respingevano come intollerabili sia la pretesa da parte del pontefice di affermare il primato di Roma su tutte le altre Chiese, sia l'avere accentrato su di sé il potere dei vescovi, sia ancora la pretesa di ergersi come giudice assoluto. Insieme a questa lettera partirono altre due lettere, questa volta di Enrico IV, una diretta ai Romani e una al pontefice, entrambe violentemente censorie. Nella seconda il sovrano intimava al papa di lasciare il trono: «Noi Enrico, per grazia di Dio re, assieme a tutti i nostri vescovi ti diciamo: "Scendi, scendi, o nei secoli esecrabile!"»[19]. La lettera dei ventisei vescovi conteneva un'ulteriore accusa: possiamo immaginare quanta amarezza e ira abbia suscitato in Goffredo il Gobbo, che la sottoscrisse. Lo troviamo a Worms perché, dopo l'abbandono della moglie, aveva scelto di non trascurare gli interessi dei suoi possessi ereditari di Lorena e, abbandonato il sostegno a Gregorio VII, si era alleato con Enrico IV, il quale, con il suo aiuto, poté domare una rivolta in Sassonia.

L'accusa dei vescovi, molto circostanziata, rivolta direttamente al pontefice, diceva:

> Hai inoltre ammorbato tutta la Chiesa con lo scandalo gravissimo della convivenza e coabitazione con la donna di un altro, più stretta di quanto sia necessario. E la cosa che ci fa vergognare, più che il fatto in sé, benché ovunque risuoni questa unanime lamentela, è che tutti i giudizi, tutti i decreti nella Sede papale sono trattati regolarmente per mezzo di femmine, e insomma tutto il mondo ecclesiastico è amministrato da questo inusitato senato di donne[20].

La «donna di un altro» è Matilde che, pur avendo abbandonato Goffredo il Gobbo da quattro anni, era ancora formalmente sua moglie.

Più che un'accusa era una calunnia fantasiosa destituita di qualsiasi fondamento, ma importa sottolineare che agli occhi dei vescovi Beatrice e Matilde sono soltanto due seduttrici figlie di Eva, nonostante la capacità dimostrata nel reggere e amministrare i loro estesi domini. L'adesione spirituale e convinta al progetto di rinnovare la Chiesa non poteva albergare in un essere di genere femminile guidato soltanto dalla pulsione sessuale.

I vescovi inoltre erano inorriditi che il pontefice desse ascolto a un senato muliebre: si mostra qui ancora una volta il pregiudizio misogino, tanto più profondo quando la donna si avvicina al sacro, regno di soli uomini, dai confini invalicabili. Quell'orrore s'installerà, ingigantito, nello scandalo di un pontefice-donna, scoperta per la sua libidine. È la tragica storia della papessa Giovanna che presto conosceremo: personaggio letterario, ma non per questo meno reale e ossessionante per chi era sicurissimo della sua esistenza storica.

Bonizone, vescovo di Sutri, ardente sostenitore di Gregorio VII, catturato da Enrico IV riuscì a fuggire, e fu accolto da Matilde. Nel *Liber ad amicum*, posteriore alla morte del pontefice (1085), risponde affermativamente alla domanda se sia lecito a un cristiano difendere la Chiesa con le armi e chiude con un fervido elogio dei Canossa, per il loro sostegno ai pontefici, e di Matilde, modello per tutti i *milites* cristiani.

Invece nel *Liber de vita christiana*, scritto intorno al 1089-90, dopo avere affermato che le donne non devono governare ricorda che, come conferma la storia, quando invece lo hanno fatto hanno prodotto gravissimi danni per i sudditi, come ad esempio Semiramide, Cleopatra, Fredegonda, Rosmunda. D'altronde san Paolo ha ordinato che le donne tacciano in pubblico e affermato che è vergognoso che le donne parlino in un'assemblea[21]. E dunque sarà ancora più vergognoso che governino i popoli[22].

Bonizone non ha cambiato parere sul ruolo pubblico delle donne; cambia semplicemente registro perché ai suoi occhi Matilde non era una donna: agiva virilmente, e aveva dunque le qualità maschili, priva dei difetti muliebri. «Imitiamo nel bene l'eccellentissima contessa Matilde, figlia del beato Pietro, che con *animo virile*, posposte tutte le cose del mondo, è pronta a morire, piuttosto che infrangere la legge di Dio, e combatte in ogni modo, con quante forze ha, contro quell'eresia che ora travaglia la Chiesa»[23]. E di nuovo quella di possedere un animo virile è la lode che Guigo I, priore generale dei certosini, rivolge a Matilde: «Matilde, dall'abito di donna ma dall'animo su tutto virile». Guigo I ricorda che quando il certosino Ugo fu consacrato vescovo a Grenoble, nel 1080, «la contessa, venerando Dio nel suo servo [Ugo], gli fornì nel giorno della sua consacrazione tutto il necessario: il pastorale, il salterio con il commento di sant'Agostino, insieme al *De officiis* di Ambrogio» sui doveri dei ministri di Dio[24]. Un dono, quello dei libri, proprio delle donne di potere, che Matilde esercitò anche nei confronti di Anselmo di Canterbury[25]. Anche il grammatico Giovanni da Mantova non esitò a definirla «virago»: «virago catholica», «virago prudentissima», «virago provida». Anche Ugo, abate di Flavigny, loda la virile costanza con cui Matilde riesce a resistere a Enrico IV: «Giustamente la si può definire virago: superava perfino gli uomini per fortezza d'animo»[26]. Per gli uomini di Chiesa che la osteggiano Matilde induce il pontefice al peccato, per quelli che l'ammirano ha invece rinnegato le prerogative che la fanno appartenere al genere femminile. Insomma: se una donna vale, non può essere donna.

Brutte notizie per Enrico IV

La risposta di Gregorio VII alla lettera dei vescovi di Worms e di Enrico IV fu violentissima. Il 22 febbraio 1076, festa della cattedra di san Pietro, il pontefice scomunicò il sovrano. Poiché attraverso Pietro gli derivava «il potere dato da Dio di legare e sciogliere in cielo e in terra», Gregorio VII dichiarò, fingendo di rivolgersi all'apostolo: «Proibisco a Enrico re, figlio di Enrico imperatore, che insorse contro la tua Chiesa con inaudita superbia, il governo di tutto il regno dei tedeschi e dell'Italia e sciolgo dal vincolo del giuramento verso di lui tutti i cristiani che l'hanno fatto o lo faranno, e ordino che nessuno gli presti servizio come re»[27]. La scomunica era estesa anche ai consiglieri laici ed ecclesiastici del sovrano.

Il provvedimento del pontefice trovava una sponda di sostegno in un'altra sua iniziativa, un testo che illustrava i principi che Gregorio VII intendeva imporre, di cui abbiamo solo le enunciazioni, ma estremamente eloquenti. È il cosiddetto *Dictatus papae*, ventisette titoli di capitoli di quello che sarebbe poi stato esteso in un testo compiuto. Nel *Dictatus* si sostiene fra l'altro che solo il papa può deporre i vescovi e perdonarli e solo lui può nominarli a suo piacimento. Al papa è lecito deporre gli imperatori, la Chiesa romana è infallibile, il pontefice romano, purché canonicamente eletto, diventa indubbiamente santo e non può essere giudicato da nessuno.

Ci volle circa un mese perché la notizia della scomunica raggiungesse Enrico IV a Utrecht (fine di marzo 1076)[28].

Intorno al sovrano si fece rapidamente il vuoto, anche perché i vescovi filo-papali trovarono un accordo con vari principi tedeschi che, sciolti dal giuramento di fedeltà, mostrarono di perseguire i propri disegni politici, cominciando a discutere di una eventuale successione al trono di Germania.

Fu così fissata una dieta (un'assemblea) ad Augusta per l'anno successivo, e precisamente per il 2 febbraio 1077, presieduta da Gregorio VII, nella quale Enrico IV si sarebbe presentato per esaminare il gravissimo problema.

Il pontefice nel dicembre del 1076 si mise in viaggio verso Augusta partendo da Roma, scortato dalle truppe di Matilde in un inverno particolarmente rigido – il Po ghiacciato era diventato una strada. Giunse l'8 gennaio del 1077 a Mantova, dove si fermò in attesa della scorta tedesca che doveva fargli raggiungere la Baviera attraversando le Alpi. Aspettò inutilmente.

Giunse invece la notizia che Enrico IV, con una mossa a sorpresa assai abile, gli stava venendo incontro con un grande esercito e con l'appoggio di molti vescovi anche italiani, scomunicati. Il pontefice allora si rifugiò con Matilde nella assai ben protetta rocca di Canossa. E si mise in moto la diplomazia, perché infatti vi convennero anche Ugo, abate di Cluny, che aveva tenuto a battesimo Enrico IV ed era amico di Matilde per il suo indirizzo riformatore, e la contessa Adelaide di Torino, suocera del sovrano.

La trentunenne Matilde, a Canossa, è ormai una donna sola.

Goffredo il Gobbo, che aveva sottoscritto a Worms il 24 gennaio del 1076 la lettera in cui si accusava, tra l'altro, Gregorio VII di avere rapporti illeciti con sua moglie («la donna di un altro»), il mese successivo era stato ucciso in modo ignobile e atroce.

> Goffredo, duca della Lotaringia, trovandosi al confine fra la Lotaringia e la Fiandra, nella città di Anversa, venne ucciso per l'imboscata tesa, come si pensò, da Roberto, conte di Fiandra. Una notte, infatti, mentre tutti dormivano, si recò, spinto dalla necessità corporale, al gabinetto. Una spia, che stava in agguato, lo colpì tra le natiche, e, lasciatagli la spada nella ferita, fuggì di corsa. Sopravvissuto a fatica una settimana dopo essere stato colpito, Goffredo morì il 27 febbraio [1076] e venne sepolto a Verdun vicino al padre. Come già si è detto spesso, era un grande punto di forza ed era fondamentale per il regno di Germania, poiché, nonostante apparisse disprezzabile per la bassa statura e la gobba, sopravanzava di gran lunga gli altri principi per lo splendore dei suoi mezzi e per il suo grande e forte esercito, e anche per la sua matura saggezza e infine per la moderazione di tutta la sua vita.

Questo è il racconto del benedettino Lamberto di Hersfeld[29], fautore del papato e degli avversari di Enrico IV: proprio per questo le lodi all'ucciso hanno un peso particolare. La notizia dell'accaduto fece il giro dell'Europa, narrata con varianti quanto al luogo dell'avvenimento e al mandante, ma non quanto alla modalità della morte.

Fu accusata anche la stessa Matilde:

> La contessa Matilde, con la morte dei suoi due fratelli – che credeva fossero stati uccisi dall'astuzia di Enrico IV – vedendo di essere rimasta l'unica sopravvissuta, più astuta del serpente che nel paradiso di Dio ingannò un giorno i nostri progenitori, volendo privare l'imperatore del suo regno, operando con acutissimi inganni, non con le armi, si accostò a Gregorio VII. Lei che in precedenza, da nubile, aveva sposato Gigone [Goffredo], uomo molto saggio e duca della Normandia, dopo essere rimasta con lui per pochi anni, ormai pentita di avere un signore nel suo dominio, con la complicità di una serva fedelissima, lo fece uccidere in gran segreto mentre stava seduto al cesso, infilandogli la spada nell'ano. Ella infatti voleva esercitare, da sola, il dominio sulla sua contea, che abbracciava quasi tutta la Toscana fino a Roma[30].

La voce questa volta è di Landolfo Seniore, cronista milanese e avversario implacabile di Gregorio VII. Se quindi l'accusa è certamente di parte, colpisce la mancanza di pietà di Matilde che non ebbe alcun pensiero cristiano per il defunto e sfortunato marito: lei, ricchissima, non fece alcuna donazione a una chiesa per la salvezza dell'anima di Goffredo, né per lo stesso motivo si attivò perché si celebrassero messe. Diversi erano stati i rapporti di Beatrice nei confronti di Goffredo il Barbuto, ricordato nella fondazione di Frassinoro e nell'unico sigillo della cancelleria dei canossiani pervenuto in un documento di Beatrice, del 1073, la cui leggenda dice: «Sis semper felix, Gotfredo cara, Beatrix» («Sii sempre felice, Beatrice, cara a Goffredo»)[31].

Il 18 aprile del medesimo 1076, a Pisa, morì proprio la madre di Matilde. Fu una perdita terribile: madre e figlia erano vissute sempre insieme e sempre insieme avevano agito e stipulato innumerevoli atti. Beatrice fu sepolta nella cattedrale della medesima città, lontana dagli avi canossiani, che si trovavano a Sant'Apollonio di Canossa, e lontana dal marito Bonifacio, sepolto nella cattedrale di Mantova. Matilde scelse per lei un magnifico sarcofago antico con il mito di Fedra, che si trova ora nel portico settentrionale del Camposanto di Pisa, rimasto fino al 1303 all'interno della cattedrale[32] (**fig. 114**).

Forse Matilde lo preferì perché la bella e nobile Fedra in trono, che occupa un seggio a spalliera, con i piedi appoggiati su un suppedaneo, poteva fungere da allusivo omaggio alla figura «regale» della madre, la quale nell'epigrafe sottostante al sarcofago – probabilmente ricopia quella originale – di sé ricorda soltanto i titoli di «domna» e «comitissa», preceduti dall'assolutoria ammissione «quamvis peccatrix»[33]. L'epigrafe

114. *Sarcofago romano di Beatrice di Canossa con il mito di Fedra*, Pisa, Camposanto Monumentale, 180 d.C.

infatti recita: «Quamvis peccatrix sum domna vocata Beatrix / In tumulo missa iaceo quae comitissa. / A(nno) D(omini) MLXXVI» («Benché peccatrice sono chiamata donna Beatrice; io (che fui) contessa giaccio in questo tumulo messa. Anno del Signore 1076»).

Canossa 1077 nel racconto di Donizone

Il 20 gennaio del 1077 Enrico IV giunse con un grande esercito nelle vicinanze della rocca di Canossa; poi si incontrò con Matilde e Ugo di Cluny nella cappella di San Nicola di Monte Zane (una delle Quattro Castella), dove evidentemente furono gettate le basi e le modalità per un accordo: Enrico si sarebbe umiliato, avrebbe a lungo chiesto e pregato e alla fine il pontefice l'avrebbe perdonato. Apparentemente Enrico ne usciva vinto, in realtà fu tutto il contrario perché egli mirava a essere assolto e a recuperare il giuramento di fedeltà dei suoi sudditi. Il papa, di fatto, non aveva alternative. Dal 25 al 28 gennaio Enrico IV nel gelidissimo inverno – è Gregorio VII che scrive – sostando per tre giorni innanzi alla porta del castello, deposta ogni insegna regale, miseramente scalzo e vestito di lana, non cessò di implorare con molto pianto l'aiuto e la consolazione della misericordia papale finché tutti i presenti ai quali quelle grida giungevano non furono mossi a tanta pietà e compassione, da intercedere per lui presso di noi con molte preghiere e lacrime, tutti stupiti dell'insolita durezza del nostro cuore, e alcuni dicendo che la nostra non era la fermezza di un papa severo bensì quasi la crudeltà di un feroce tiranno. Alla fine, sopraffatti dalla insistenza del suo pentimento e dalle intense suppliche di tutti i presenti, sciolto il vincolo della scomunica, lo abbiamo accolto nella grazia della comunione e nel seno della santa madre Chiesa, dopo aver ricevuto da lui le assicurazioni che sono scritte sotto, assicurazioni per le quali si sono fatti garanti l'abate di Cluny e le nostre figlie Matilde e la contessa Adelaide, gli altri principi, vescovi e laici che ci sono stati di aiuto in questa circostanza[34].

Il pontefice, scrivendo ai principi tedeschi per giustificare l'assoluzione, amplifica sia la propria fermezza nel continuare a negare il perdono sia il pentimento di Enrico IV. La mediazione fu l'avvenimento che legò più di ogni altro evento il nome di Matilde alla storia e forse, almeno in quei giorni febbrili, la giovane donna, provata per la perdita della madre, fu felice.

Il monaco Donizone nel 1111-12 aveva composto un poema, dedicato a Matilde, il cui titolo non è *Vita Mathildis*, come comunemente si dice, ma *De principibus Canusinis* (*Sui principi di Canossa*), dove sono descritte la fioritura di una dinastia principesca e la crescente autoconsapevolezza del suo enorme potere. Le miniature disegnano un albero genealogico figurato, una per ciascuna generazione.

Matilde, la protagonista, è rappresentata due volte, nella scena di dedica e in quella che conclude il poema[35], dove il soggetto è per l'appunto il colloquio fra Matilde, Ugo di Cluny ed Enrico IV, che evidentemente l'autore ha ritenuto il più importante in tutta la vita della contessa (**fig. 115**).

Donizone era un monaco benedettino e per lui il ruolo principale della mediazione fu sostenuto dall'abate Ugo, che grandeggia infatti gigantesco nella sua cocolla scura – era un cluniacense – seduto sul faldistorio eburneo e con in mano il pastorale, emblema della sua autorità di abate. Al confronto risultano minuscoli sia Enrico IV che Matilde. La contessa si mostra seduta sotto una specie di baldacchino.

Se accostiamo le rappresentazioni delle donne delle generazioni dei Canossa vediamo che Matilde, per umiltà – così come reputa giusto Donizone –, indossa il semplice velo e il mantello altrettanto semplice della bisnonna Ildegarda, con un uso molto parco dei ricami (**figg. 116-119**), mentre l'abito è il più povero fra quelli di tutte le antenate, senza alcuna fascia al fondo e senza pieghe. Fortissimo è il contrasto con le vesti che indossa nella dedica: perfino le scarpe sono d'oro, come quelle della madre Beatrice con cui rivaleggia nell'abbigliamento sfarzoso (**figg. 120-121**).

115. *Enrico IV chiede aiuto a Ugo di Cluny e a Matilde di Canossa*, Città del Vaticano, BAV, ms. Vat. lat. 4922, f. 49r, 1111-15 (citeremo il ms. da qui in poi in forma abbreviata).

116-119. *Ildegarda, Guillia, Beatrice e Matilde (a Canossa), a confronto*; dal ms. Vat. lat. 4922, ff. 20v, 21v, 30v, 49r.

A Canossa (**fig. 115**) Matilde con il gesto delle mani invita Enrico IV a rivolgersi a Ugo, che a sua volta indica Matilde. L'imperatore, piccolo e in ginocchio, in mezzo ai due personaggi, esprime bene l'atteggiamento supplichevole che la didascalia illustra: «Rex rogat abbatem, Mathildim supplicat atque» («Il re invoca l'aiuto dell'abate e nello stesso tempo supplica Matilde»). Torreggiante è Ugo, di cui è indiscutibile la supremazia nella scena, per le doti spirituali e per la carica. Matilde, in quanto donna, è della medesima statura di Enrico IV in disgrazia, anche se la fama di cui gode le dà diritto a una cornice architettonica che ne mette in rilievo il potere. Tuttavia il sedile è troppo grande per Matilde e i piedi non toccano terra. Il modo in cui è rappresentata la cugina del sovrano ci dà la misura della difficoltà, per una donna, di farsi ricordare per sé stessa, per i suoi meriti e per la sua personalità: persino nel caso della potentissima Matilde.

Questa miniatura è rimasta incompiuta per la morte nel 1115 di Matilde, alla quale Donizone aveva sperato di consegnare il poema. Infatti alla base del trono si sovrappone un grande doppio semicerchio da cui, sulla destra, si diparte una riga sottile. Il miniatore del manoscritto, che dipende direttamente da quello di Donizone, copiato a Frassinoro nel 1234 e conservato ora a Lucca, ha completato in modo molto intelligente il disegno abbozzato del manoscritto vaticano (**fig. 122**), interpretando il doppio semicerchio come la volta di un porta e la riga sottile come il confine di un muro. Enrico IV dunque, che sappiamo avere sostato fuori dal castello in attesa del perdono, è rappresentato coerentemente davanti alla porta chiusa, inserita nelle mura della rocca. Da notare che il punto di vista non è più quello di Donizone e le proporzioni fra i personaggi sono mutate: Matilde è ora il personaggio più grande di tutti e Ugo si è rimpicciolito.

Per celebrare degnamente Matilde, Donizone risale agli antenati, e comincia dal bisnonno di Matilde, Adalberto Atto[36], illustrando l'irresistibile espandersi in gloria e potere d'una dinastia che si costruisce un vasto principato territoriale e, pur non essendo regia, tende a comportarsi come tale.

Matilde, a partire dal giugno 1077, dopo la morte della madre Beatrice, non si firmò più «ducatrix et comitissa», ma semplicemente Matilde; più esattamente «Matildis Dei Gratia si quid est (sum)» («Matilde, per grazia di Dio, se sono alcunché, sono»), adattando con ostentata umiltà il versetto paolino di I Corinzi 15,20: «Gratia autem Dei sum id quod sum» («Per grazia di Dio sono quel che sono»). La frase è spartita da una croce e costituisce una sorta di monogramma ispirato a quelli vergati

120-121. *Gli abiti lussuosi di Beatrice e Matilde in trono*; dal ms. Vat. lat. 4922, ff. 30v e 7v.

122. *Enrico IV chiede aiuto a Ugo di Cluny e a Matilde di Canossa*, Lucca, Biblioteca statale, ms. 2508, f. 28r, 1234.

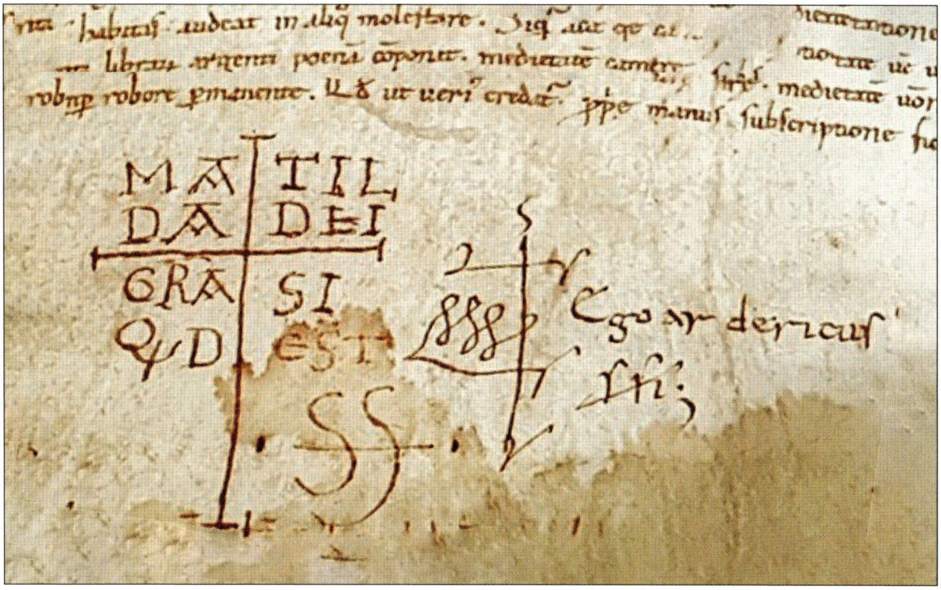

123. *Monogramma con la firma di Matilde di Canossa*, Reggio Emilia, Archivio capitolare, 1° maggio 1101.

di pugno dall'imperatore per autenticare i documenti (**fig. 123**). Citando quel versetto Matilde vuol dire che ciò che lei è, lo è non per concessione regia o imperiale, ma per grazia divina, allo stesso modo di un sovrano.

E come una vera regina grandeggia Matilde nella miniatura di dedica (**fig. 124**), visto il ruolo di indiscussa protagonista ricoperto nella scena. Donizone, a sinistra, tiene aperto il codice con il poema a lei dedicato; a destra veglia un *miles*, armato di una spada smisurata. Sotto all'immagine corre la scritta: «Mathildis lucens precor hoc cape cara volumen» («Splendida Matilde, ti prego di accogliere benevolmente questo volume»).

Lo schema ricalca quello per rappresentare il sovrano e il suo potere, come ad esempio nella miniatura che mostra l'imperatore Ottone III in trono[37] (**fig. 125**).

Il giovane sovrano, coronato, è in trono, sullo sfondo dell'aula delle cerimonie del suo palazzo. Alla sua sinistra stanno i funzionari civili, i suoi fedeli armati, che ostentano una grande spada, una lunga lancia, e uno scudo, simboli della potenza militare. Alla sua destra stanno due arcivescovi, uno più giovane, l'altro più anziano; quest'ultimo appoggia una mano sul trono, per indicare collaborazione e accordo perfetti, mentre con l'altra stringe il libro sacro del sapere divino, il suo attributo qualificante.

124. *Donizone offre il suo poema a Matilde in trono*; dal ms. Vat. lat. 4922, f. 7v.

125. *Ottone III in trono*, München, Bayerische Staatsbibliothek, Clm 4452, f. 2r, fine del X sec.

126. *La regina Emma riceve il libro a lei dedicato*, London, British Library, ms. Add. 33241, f. 1r, 1040-50.

Un antecedente di dedica di un libro a una donna si può vedere nella miniatura in cui protagonista è la regina Emma di Normandia (985-1052), regina consorte di due sovrani, come seconda moglie di Etelredo II d'Inghilterra e poi come seconda moglie di Canuto I di Danimarca, da ognuno dei quali ebbe un figlio destinato a divenire re, Edoardo il Confessore e Canuto II. Nella miniatura (**fig. 126**) che apre il manoscritto di un'opera a lei dedicata, *Encomium Emmae reginae* (*Lode della regina Emma*), la vediamo in trono con suppedaneo, corona e abito sontuoso mentre accoglie il manoscritto dell'anonimo autore inginocchiato che glielo offre aperto, velando le mani per rispetto, mentre a lato assistono all'evento i due figli coronati. L'ambientazione è sfarzosa: un arco decorato che poggia su due colonne intorno alle quali si avvolgono bellissime tende ricamate[38].

Anche Matilde siede su un trono incorniciato da un'architettura a timpano che allude a un'aula regale; tutto lo sfondo è purpureo, e purpureo è il mantello con amplissimi bordi d'oro, così come d'oro è il copricapo (**fig. 124**).

A mo' di scettro regge un ramoscello; un attributo non casuale. In numerosi atti emessi tra il 1073 e il 1113 si descrive la «comitissa» mentre, secondo l'antico uso feudale, sancisce l'investitura, o il banno, per lo più con la formula ricorrente «per fustem quem in suis tenebat manibus» («con il ramoscello che teneva in mano»)[39]. L'attributo rimanda cioè all'uso della «festuca» che, nella tradizione del diritto latino-germanico, concludeva un atto giuridico, ad esempio un contratto: «alzando il coltello e la festuca segni del potere di tagliare e legare e una zolla di terra e un ramoscello simboli del fondo che veniva ceduto»[40].

Il miniatore aveva attribuito il ramoscello in mano anche al nonno di Matilde, il marchese Tedaldo, e al padre, il marchese e duca Bonifacio, per indicare la continuità della dinastia e l'esercizio effettivo del potere; il bisnonno Adalberto Atto si era dovuto accontentare di una lunga verga fiorita (**figg. 127-130**).

Le ave di Matilde si erano limitate invece a stringere un fiore minuscolo, forse per indicare la continuità della discendenza, e un minuscolo fiore stringe ancora la madre Beatrice. Notiamo anche come visivamente cresca di generazione in generazione l'importanza dei componenti la dinastia. Mentre i bisnonni Adalberto Atto e Ildegarda avevano avuto diritto soltanto al nome scritto accanto (**fig. 131**), la coppia successiva si fregia di un titolo nobiliare: *Tedaldus marchio* e *Guillia comitissa* (forse era la sorella di Ugo, marchese di Toscana) (**fig. 132**). Ora colonne e palmette non svolgono la funzione di generica cornice ma concorrono a

127-130. *La «festuca», simbolo dell'effettivo esercizio di potere di Atto, Tedaldo, Bonifacio e Matilde*; dal ms. Vat. lat. 4922, ff. 21v, 28v, 7v.

131. *Atto e Ildegarda, bisnonni di Matilde con i loro figli*; dal ms. Vat. lat. 4922, f. 20v.

132. *Il marchese Tedaldo e la contessa Guillia, nonni di Matilde, e i loro figli*; dal ms. Vat. lat. 4922, f. 21v.

133. *Il marchese Bonifacio, padre di Matilde*; dal ms. Vat. lat. 4922, f. 28v.

134. *Beatrice di Lorena, madre di Matilde*; dal ms. Vat. lat. 4922, f. 30v.

disegnare gli imponenti troni su cui siedono Tedaldo e Guillia, i nonni di Matilde. Insieme ai figli sono vestiti in modo decisamente più lussuoso rispetto ai genitori della precedente generazione, con larghi bordi dorati e ricamati. Guillia ha un copricapo conico con pietre preziose, veste e mantello purpurei. I coniugi con gesto elegante raccolgono e trattengono il manto divenuto amplissimo e condividono il suppedaneo: un dettaglio, la fruizione del suppedaneo maritale da parte di Guillia, che segnala il suo maggiore rango di sposa rispetto a Ildegarda.

Bonifacio e Beatrice sono i genitori di Matilde, e perciò hanno diritto ciascuno a una miniatura a piena pagina. Bonifacio (**fig. 133**), duca e marchese, e Beatrice di Lorena (**fig. 134**), discendente da stirpe regale («stirpe fuit genita regali»)[41], siedono come due sovrani, o aspiranti tali, ognuno su un trono fastoso con sfondo blu (nelle pagine precedenti invece la pergamena era stata lasciata bianca); indossano un copricapo d'oro al quale è sovrapposta una corona di pietre preziose. Tutto l'abbigliamento è estremamente sontuoso, come si addice al loro rango o, meglio, all'ideologia politica che li guida. «Te redimat Sothèr Bonefaci marchio duxque» («Che il Salvatore salvi te Bonifacio, duca e marchese»), «Det Deus in claris cameris tibi stare Beatrix» («Che Dio ti conceda, Beatrice, di abitare nelle volte splendenti!»): i genitori di Matilde sono morti, e Donizone, augurando loro la salvezza eterna e il riguardo particolare della divinità, non dimentica di ricordare i titoli che hanno reso tanto orgoglioso Bonifacio su questa terra. La sua verga fiorita è addirittura d'oro, quasi uno scettro. Il titolo del capitolo: «Cuius staturae et cuius qualitatis extitit Bonefacius, et quid de ipso Sibilla prophetavit» («Grandezza e qualità morali di Bonifacio; la profezia della Sibilla su di lui») è stato scritto tenendo conto del trono fra le cui gambe le lettere scorrono, costringendo l'occhio a coniugare le lodi al defunto con il suo colorato e scintillante ritratto.

La miniatura soffre purtroppo dello stato di non finito: la morte di Matilde, sopravvenuta, come si è detto, mentre ancora Donizone stava portando a termine il poema, scoraggiò anche il miniatore che non rifinì il suo lavoro, dato che lo sguardo della dedicataria non si sarebbe mai posato sulle figure, almeno sulle ultime. Infatti anche la miniatura che conclude la genealogia dipinta, dedicata a Matilde, non fu portata completamente a termine[42]. Forse, proprio il ritratto di Bonifacio incompleto, ma che dimostra di essere stato progettato dalla stessa mano che vergò il verso bene augurante e il titolo del capitolo, può essere un indizio per attribuire a Donizone, oltre l'ovvio ruolo di poeta, quello supposto di scriba e di miniatore[43].

Pur essendo una donna, Matilde invece si mostra erede della dinastia e prossima alla corona regia, un'ambizione che Donizone spiega come del tutto legittima, per l'appoggio e l'aiuto offerti al papato da parte della potentissima contessa nello scontro con Enrico IV.

La morte, nel 1115, interruppe il sogno di Matilde e quello dell'entusiasta biografo, Donizone: ma le miniature che illustrano il manoscritto restano emblematiche dell'ascesa di una grande dinastia principesca.

Tempi duri per la Contessa

A Canossa Matilde aveva agito in duplice veste e con grande diplomazia ne aveva approfittato per il successo della mediazione. Da una parte era amica del papa e fervida seguace del suo progetto di riforma, dall'altra era vassalla e parente di Enrico IV.

Il sovrano, dopo essere stato perdonato, ricominciò però quasi subito a combattere i suoi nemici in una situazione politica sempre più complessa, tanto più che una parte dei principi tedeschi aveva nel frattempo eletto re Rodolfo di Svevia. Enrico lo sconfisse nella battaglia combattuta a Flarchheim il 27 gennaio del 1080; le intricate trattative con il pontefice portarono a una seconda scomunica di Enrico IV (7 marzo 1080). Per tutta risposta il sovrano riuscì a far eleggere a Bressanone, il 25 giugno di quel medesimo anno, un antipapa nella persona di Guiberto, arcivescovo di Ravenna, con il nome di Clemente III. Poi, dopo avere provocato la morte di Rodolfo di Svevia il 15 ottobre del 1080 in una nuova battaglia, Enrico IV, senza più rivali, decise di andare a Roma con un forte esercito per farsi incoronare imperatore dall'antipapa; nel luglio del 1081 chiese a Matilde come sua vassalla la scorta armata per attraversare in sicurezza i suoi territori, scorta che gli fu negata. Allora, a Lucca, Enrico IV confiscò tutti i beni di Matilde dichiarandola nel contempo decaduta da tutte le funzioni pubbliche che deteneva. Matilde fuggì e si rifugiò nei suoi munitissimi castelli (**fig. 135**) nell'Appennino emiliano mentre le si ribellavano le città della Toscana e molte altre dei suoi domini.

Da questo momento Matilde dovette affrontare tempi assai duri con continui spostamenti, scontri armati, e sconfitte, anche difficoltà economiche, tanto che, pur di aiutare l'amatissimo Gregorio VII che a sua volta doveva fronteggiare anche l'antipapa Clemente III, nel 1082 gli inviò tutto l'oro ricavato dalla fusione del tesoro del monastero di Sant'Apollonio di Canossa.

135. *Il castello di Carpineti che ospitò Matilde di Canossa e papa Gregorio VII dopo la richiesta di perdono da parte di Enrico IV.*

Nel 1084 Enrico IV riuscì a entrare a Roma, lasciandosi alle spalle aspri combattimenti contro Matilde nelle terre dei Canossa. Il pontefice si rifugiò dai Normanni a Salerno e qui morì in esilio il 25 maggio del 1085.

Dopo quasi un anno di sede vacante e il breve pontificato di Vittore III, fu eletto papa Urbano II, anche se continuava ad agire pure l'antipapa Clemente III.

Urbano II inaugurò una nuova politica, spostando il baricentro dalla lotta contro i nemici della Riforma al progetto di una crociata in Terra Santa (**fig. 136**).

Un nuovo, disastroso matrimonio

Matilde, dati i diversi orientamenti della politica pontificia, perse il forte legame che aveva sempre avuto con il papato e, rimasta senza alleati e sostenitori, pensò di trovare rinforzo in un nuovo matrimonio con un uomo importante, naturalmente fiero avversario di Enrico IV.

136. *Urbano II arriva a Clermont e poi predica la crociata*, Paris, BNF, ms. Français 22495, f. 15, 1337.

Optò per Guelfo V di Baviera, discendente di una rilevante dinastia. Ma quando scopriamo le caratteristiche fisiche del prescelto restiamo interdetti, considerando fino a che punto la gelida e pragmatica Matilde abbia potuto superare la ripulsa fisica in vista di un tornaconto nei giochi di potere.

Quando era stata obbligata al matrimonio con Goffredo il Gobbo avevamo avuto un sospiro di compassione per una giovane a cui era stata preclusa dalla madre e dal patrigno la possibilità di esprimere la benché minima preferenza. Ora Matilde – siamo nel 1089 – ha quarantadue-quarantatré anni, è invece del tutto libera, padrona del proprio futuro.

Lo sposo prescelto fu un ragazzino molto grasso – passò alla storia come Guelfo V il Pingue – che allora aveva appena raggiunto la maggiore età, quindici o sedici anni. Anche per lui non dovette essere stata facile la prospettiva di vivere, dal matrimonio in poi, con una moglie che poteva essere abbondantemente sua madre.

Ma ai sentimenti di Guelfo nessuno fece caso.

Le nozze suscitarono pettegolezzi e sconcerto, di cui è testimone lo stuzzicante e voyeuristico racconto delle prime tre notti dei novelli coniugi fatto dal cronista Cosma di Praga, all'inizio del XII secolo. Guelfo, che non riesce a unirsi alla sposa, maschera ogni sera l'insuccesso affermando che nella stanza ci sono oggetti che emanano malefici incantesimi, finché Matilde, furiosa, fa vuotare la camera da letto di ogni suppellettile, tranne una tavola nuda su cui si stende nuda, in attesa. Al mortificato e immobile Guelfo Matilde dà addirittura uno schiaffo gridando: «Vattene via di qui, mostro, / non inquinare il regno nostro. / Più vile sei di un verme, / più vile di un'alga marcia. / Se domani mi ti mostrerai, / d'una mala morte morirai»[44].

Anche Giovanni Villani raccontò, prima, della gioia delle nozze e, poi, della delusione a queste seguita. Il cronista spiega che i patti di matrimonio furono stabiliti in assenza degli sposi e che contestualmente fu ratificato il luogo delle nozze, cioè: «l'anello si diede al castello nobile de' conti Cinensi [...]. E vegnendo Gulfo al detto castello, la contessa Matelda con molta cavalleria gli andò incontro e con molta letizia ivi sono le feste delle nozze fatte». Nell'unico manoscritto illustrato della *Nuova Cronica* contemporaneo al Villani stesso due diversi miniatori raffigurano le nozze[45]. Nella prima vignetta (**fig. 137**) l'illustratore anticipa il dettaglio delle nozze rispetto all'incontro dei due promessi, e mostra lo scambio dell'anello fra i soli Goffredo e Matilde, senza testimoni, volendo rappresentare non l'avvenimento nel momento del suo svolgersi, ma la semplice indicazione topografica dell'inanellamento, come specificata dal Villani. Due soli personaggi, per di più impegnati in un'insolita iconografia matrimoniale, non potevano occupare l'intera vignetta; il miniatore si sentì costretto a completarla con la coppia a cavallo, facendo compiere a Matilde un gesto vago d'accenno, forse un invito a mettersi in marcia verso il suo castello.

La seconda miniatura (**fig. 138**) è dedicata al vero incontro fra i due sposi. Goffredo e Matilde, a cavallo, l'uno di fronte all'altro, si tendono reciprocamente le braccia; Goffredo tiene fra le sue le mani della sposa, quasi a ricevere un discretissimo atto di omaggio (ora ha la barba, perché è cambiato l'illustratore). Nessun accenno alla scabrosa prova con cui, secondo il Villani, Matilde dimostrò poi l'impotenza del marito, sentendosi autorizzata per questo ad abbandonarlo.

Il Villani prosegue poi raccontando:

137-138. *Le nozze di Matilde di Canossa con Guelfo V di Baviera* (in alto), e *Matilde va incontro al promesso sposo* (in basso), Città del Vaticano, BAV, ms. Chigiano, L VIII 296, f. 56r e 56v, 1345 ca.

Ma tosto la trestizia succedette a quella allegrezza, quando il contratto matrimonio non annodato si manifestò per lo mancamento dello ingenerare, il quale spezialmente è detto d'essere la volontà del matrimonio, però che Gulfo la moglie carnalmente non potea conoscere né altra femmina per friggidità naturale, o per altro impedimento perpetuo impedito; ma impertanto volendo ricoprire la sua vergogna, diceva a la moglie che questo gli aveniva per malie che fatte gli erano per alcuno che invidiava gli suoi felici avenimenti. Ma la contessa Mattelda piena di fede dinanzi di Dio e dinanzi dagli uomini magnanimi, di questi malificii nulla intendendo, schernita sé per lo marito tenendo, la camera sua e tutti gli ornamenti e letti e vestimenti e tutte cose comandò che ssi votassero, e la mensa nuda fece apparecchiare, e chiamato Gulfo suo marito tutto spogliata di vestimenti, e' crini del capo diligentemente scrinati, questa disse: «Niune malie essere possono, meni e usa il nostro congiuramento». E quegli non potendo, allora gli disse la contessa: «Alle nostre grandezze tu presummisti di fare inganno; per lo nostro onore a te perdonanza concediamo, ma comandianti sanza dimoranza che tti debbi partire, e alle tue propie case ritornare; la qual cosa se di fare ti starai, sanza pericolo di morte non puoi scampare»; e egli spaventato di paura, confessata la verità, avacciò il suo ritorno in Soavia. La contessa adunque tacendo, temendo lo 'nganno, e gli altri incarichi del matrimonio avendo in odio, la sua vita infino a la morte in castità trasportò[46].

Per la seconda volta fu un matrimonio fallito. Alcuni atti dal 1089 al 1091 mostrano Guelfo insieme a Matilde, ma dal 1095 la separazione fu definitiva.

All'inizio del nuovo secolo mutano i personaggi che avevano tenuta desta l'attenzione fino alla fine del precedente. Il 29 luglio del 1099 morì Urbano II e l'8 settembre del 1100 l'antipapa Clemente III. Pasquale II, il nuovo pontefice, mise così fine allo scisma, ma rinnovò la scomunica contro Enrico IV. Per questa ragione il secondogenito Enrico costrinse il padre ad abdicare. Alla vigilia di uno scontro con lui Enrico IV si ammalò e dopo una breve malattia morì il 7 agosto del 1106.

Enrico, che gli succedette con il nome di Enrico V, trovò all'inizio del suo regno un accordo con il nuovo pontefice, tanto da essere incoronato da Pasquale II imperatore a Roma. Sulla via del ritorno in Germania, a Bianello, nel maggio del 1111, cancellò con una reinvestitura feudale l'atto con cui suo padre, Enrico IV, aveva privato trent'anni prima a Lucca la contessa di gran parte delle terre. Donizone afferma che Enrico V chiamò «a chiare parole» Matilde con il nome di madre: è stato supposto che l'imperatore come tornaconto avesse ottenuto la sicurezza di ricevere in eredità dalla vassalla i suoi beni allodiali, cioè posseduti in piena proprietà.

Matilde dedicò gli ultimi anni della vita a soccorrere non più la Chiesa ma singole chiese e monasteri con cospicue elargizioni e a concorrere alla loro fondazione e costruzione. Un esempio è il duomo di Modena.

Generosa mecenate: Matilde e il duomo di Modena

Il rinnovamento della cattedrale pericolante, scriveva Vito Fumagalli, ebbe il significato «di una presa di coscienza della propria autonomia da parte del ceto cittadino che si riconosce sempre più nel suo patrono e si accinge, scavalcando tra non molto il controllo del vescovo, a costituirsi in Comune»[47].

La città attraversava una delicata fase, sia politica sia religiosa, per il contrasto che opponeva il papa all'imperatore nella lotta per le investiture, contrasto che coinvolgeva la stessa cattedra vescovile. Il filoimperiale Eriberto, vescovo di Modena dal 1085 al 1093, sostenitore dell'antipapa Clemente III, era stato scomunicato da Gregorio VII; dopo la morte di Eriberto nel 1094 la sede era rimasta a lungo vacante. I cittadini non avevano accettato Benedetto, il vescovo nominato da Gregorio VII al posto di Eriberto; Benedetto, per lunghissimo tempo, ospite di Matilde, poté entrare in Modena solo nel 1096, morendovi poco dopo[48]. Gli successe il vescovo Dodone, come testimonia un atto del 6 luglio 1100. Dodone però il 2 dicembre 1101 risulta ancora non essere stato consacrato, il che fa pensare a una resistenza del clero modenese alla nomina di un energico campione della riforma gregoriana[49].

La costruzione del duomo di Modena, o meglio la sua ricostruzione, dopo che era stata abbattuta la pericolante chiesa precedente, ci è narrata dalla *Historia fundationis cathedralis Mutinensis. Relatio de innovatione ecclesie sancti Geminiani ac de translatione eiusdem beatissimi corporis* (Storia della fondazione della cattedrale di Modena. Relazione sul rinnovamento della chiesa di San Geminiano e sulla traslazione del suo beatissimo corpo), che risale all'epoca stessa della prima fase della costruzione della nuova cattedrale, «redatta forse già nel 1106», anche se conservata in un manoscritto della seconda metà del XIII secolo, «per la maggior parte intorno al 1271»[50]. All'inizio e alla fine della narrazione della *Relatio* sono state aggiunte due miniature a tutta pagina (ff. 1v e 9r) che gli studiosi, notando alcuni dettagli dell'abbigliamento di Matilde e delle sue ancelle o il tipo di elmo dei «milites» rappresentati, ritengono eseguite nel 1184, quando la cattedrale fu consacrata[51].

La prima mostra l'inizio dei lavori nel 1099: l'architetto della cattedrale, Lanfranco, dirige i lavori di scavo per le fondamenta della nuova chiesa e segue il progredire della costruzione. La seconda (**fig. 139**) mostra invece nel 1066 il momento in cui Matilde parlamenta con vescovi e abati e assiste allo scoprimento della tomba del santo per la traslazione delle sue reliquie. L'autore del testo è ritenuto concordemente Aimone,

139. *Preparativi e scoprimento delle reliquie di san Geminiano per la sua traslazione nel nuovo duomo di Modena alla presenza di Matilde*, Modena, Biblioteca Capitolare, ms. O. II. 11, f. 9r, inizio del XIII sec.

magister scholarum della cattedrale e dichiarato autore delle epigrafi che campeggiano sui muri esterni dell'edificio sacro[52].

Spiega la *Relatio* che, in assenza del vescovo («a quel tempo la detta chiesa era priva della guida pastorale»[53]), prese forma nel 1099 il coraggioso progetto edilizio. I protagonisti furono l'«ordo clericorum», cioè gli ecclesiastici, l'«universus quoque eiusdem ecclesie populus», cioè i fedeli viventi entro i confini della cattedrale; ma parteciparono anche i cittadini, il clero di tutte le pievi modenesi e i vassalli del vescovo, con l'approvazione entusiasta di Matilde di Canossa (il testo la definisce «exillarata»), che volle «fornire anche una certa dotazione iniziale («amminiculis»)»[54].

La *Relatio* prosegue con un'articolata e molto compiaciuta descrizione del progredire dei lavori[55] che, al 1106, dovevano essere ormai a uno stadio tale da poter pensare alla consacrazione dell'altare e alla traslazione delle reliquie di san Geminiano, tanto più che ormai la sede vescovile era occupata pacificamente da Dodone[56].

Per la cerimonia giunsero vescovi, prelati, abati, semplici monaci, si radunarono i «milites» e il popolo dei fedeli, uomini e donne, giunse Matilde «cum suo exercitu»; ma un incidente turbò la gioia generale. Ai vescovi che volevano aprire il sarcofago di san Geminiano si opposero fermamente i cittadini e i fedeli della cattedrale («cives et omnis populus»), temendo un furto di reliquie. Matilde propose allora, ascoltata, di attendere il previsto arrivo di Pasquale II che di lì a pochi mesi si doveva recare al concilio a Guastalla. È da notare non solo il rispetto che la circonda ma anche il peso del suo intervento in un momento di tensione politico-religiosa: non per nulla Matilde arriva «cum suo exercitu». Finalmente, alla presenza del pontefice, di abati, monaci, cardinali, vescovi e laici, l'8 ottobre si decide l'ispezione del santo corpo.

La miniatura (**fig. 139**) della *Relatio* mostra, in alto, i vescovi e i monaci giunti per la cerimonia nel momento in cui incontrano la contessa Matilde («Matildis comitissa», sottolinea la scritta), accompagnata dai cittadini, fra cui occhieggia ancora Lanfranco, riconoscibile per il copricapo blu e la barba; in basso, il sarcofago finalmente aperto. Da notare che Matilde, a colloquio con i vescovi, tiene nella sinistra un lungo bastone blu con pomolo «da identificare verosimilmente come uno scettro, o comunque come la virga simbolo dell'autorità comitale»[57].

Dalla *Relatio* sappiamo che i «milites» e i «cives» chiedono di potere essere pubblicamente i garanti, previo giuramento, della tomba di san Geminiano, impegnandosi a impedire che mai il sepolcro possa essere violato. «Giurano dunque dei cavalieri sei uomini e dodici dei cittadini»[58]. Si apre il sarcofago e si scopre che il corpo del santo è debitamente intatto ed emanante profumi celestiali. Matilde e il vescovo Dodone, commossi, portano ricchi doni – quelli di Matilde sono: «aurum, argentum, pallia insignia» –, mentre il papa conclude la cerimonia della traslazione e della consacrazione dell'altare con una indulgenza plenaria («magna peccatorum remissio»). Nella miniatura, davanti al sarcofago scoperchiato entro il quale si intravvede il corpo del santo avvolto in ricchi drappi, stanno da una parte i «milites», chiusi nelle loro corazze con asta e spada, dall'altra i «cives», anch'essi coperti dalla corazza, nel momento del giuramento, identificati dalla scritta: «custodes monumenti». Fra due ali di popolo concludono la cerimonia il vescovo eletto Dodone («Dodo episcopus»), con il calice in mano, il vescovo di Reggio Bonseniore, fedelissimo di Matilde («episcopus Reginensis»), chino insieme all'architetto («Lanfrancus») nello sforzo di tenere sollevata la lastra evidentemente pesantissima («lapis monumenti», «monumentum»), e infine Matilde («Matildis»), che tiene pronto in mano un pallio con crocette d'oro, evidentemente da usare per la imminente traslazione. Molto probabilmente fu dovuto all'influenza di Matilde l'avere ricondotto il clero modenese nell'alveo della Riforma, ipotesi rafforzata dal fatto che l'insistito e non necessario riferimento nella *Relatio* a Matilde è indice del desiderio da parte del Capitolo cattedrale di giungere a una conciliazione in modo da accettare Dodone senza più remore[59].

L'immagine, con l'esaltazione del santo patrono, sottolinea il raggiunto equilibrio delle diverse componenti della società cittadina sotto il governo di Dodone.

Mi chiedo se un omaggio a Matilde non sia contenuto anche nella Porta dei Principi del duomo di Modena, terminata quando ormai la questione della sede vescovile si era ricomposta, occupata da Dodone. La storia di Geminiano – vescovo e santo, riposante specchio di Dodone – si snoda sull'architrave ed è corredata da una lunga scritta esplicativa (**figg. 140-141**)[60]. Seguiamo Geminiano che prima a cavallo, poi per mare, giunge dall'imperatore Gioviano; qui compie con successo l'esorcismo sulla giovane figlia, ricompensato lautamente da Gioviano e dalla moglie. La storia si conclude con il trionfale ritorno a Modena e con le esequie solenni.

La moglie di Gioviano è rappresentata di piccola statura; senza raggiungere le spalle del marito, è collocata su di un suppedaneo (che di solito è posto ai piedi di una persona seduta), suppedaneo che è presente in entrambe le scene. Potrebbe essere il modo per sottolineare l'importanza della consorte dell'imperatore che, benché donna, non gli è inferiore. La moglie è rappresentata due volte: prima presenzia

140. *San Geminiano libera la figlia indemoniata dell'imperatore Gioviano*, Modena, duomo, Porta dei Principi, 1106-10.

all'esorcismo, in posizione frontale, volta verso lo spettatore. La scritta recita: «Costui [Geminiano], scacciato il demonio, riconsegna risanata la figlia del principe» («Principis hic nata(m) dat pulso demone sanam»).

Poi, non si limita ad assistere al miracolo, ma si attiva nel sollecito ringraziamento al santo, cui offre personalmente un suo dono, cioè il pallio.

La scena della consegna di un calice, di un codice e del pallio ben ripiegato da parte della coppia imperiale (**fig. 141**) è commentata dalla relativa scritta: «[Geminiano] riceve i doni del re, un calice e un codice giuridico»[61] («Dona capit regis calicem cum codice legis»).

Nelle *Vite* di san Geminiano, la fonte delle sculture dell'architrave, tuttavia non si parla mai della moglie dell'imperatore, né nel momento dell'esorcismo né in quello dell'offerta di doni. Forse attraverso la piccola sovrana, rappresentata con tanto onore, si è voluto fare un accenno discreto a Matilde di Canossa, presente alla traslazione delle reliquie del

141. *L'imperatore dona il calice e il codice delle leggi a san Geminiano; sua moglie dona un pallio*, Modena, duomo, Porta dei Principi, 1106-10.

santo e così sollecita verso la Chiesa e le chiese, e qui, in particolare, verso la cattedrale di Modena. Nella miniatura della *Relatio* Matilde per l'appunto dona un pallio, dono ricordato fra gli altri anche nel testo della medesima *Relatio*: «Giunse anche la principessa Matilde recando grandi e importanti doni: oro, argento e splendidi pallii»[62].

Ancora una volta Matilde compare in una scena di dedica, nella miniatura che occupa il primo foglio (1v) delle *Orationes sive meditationes* di Anselmo, arcivescovo di Canterbury (**fig. 142**)[63].

Il grande teologo e filosofo, famoso per le sue opere, una soprattutto, il *Monologion*, incentrata sulla dimostrazione dell'esistenza di Dio, perseverò con straordinaria fermezza nel portare avanti sul suolo inglese la riforma della Chiesa in senso gregoriano, opponendosi ai sovrani in lotta con il papato. Per questo, per ben due volte, fu costretto a lasciare la sede di Canterbury, prima da Guglielmo II il Rosso e poi dal successore,

142. *Matilde offre a sant'Anselmo l'opera del medesimo, «Orationes sive Meditationes»*, Admont (Austria), Stiftsbibliothek, ms. 289, f. 1v, primo quarto del XII sec.

143. *Desiderio offre a san Benedetto manoscritti e possedimenti*, Città del Vaticano, BAV, ms. Vat. Lat. 1202, f. 17v, seconda metà dell'XI sec.

il fratello Enrico I, nel 1097 e nel 1100. Durante l'esilio trovò rifugio anche presso Matilde di Canossa che cercò in ogni modo di proteggerlo, facilitando, ad esempio, il suo viaggio di rientro in Inghilterra nel 1106 attraverso gli aspri valichi appenninici e intervenendo in suo favore presso il pontefice Pasquale II. Anselmo scrisse a Matilde una lettera, giunta fino a noi, in cui la ringrazia per quanto aveva fatto e ancora, per gratitudine, l'arcivescovo le inviò – dall'esilio di Lione – un codice di preghiere da lui composte, come spiega lo stesso prelato: quello che le stava mandando era una semplice trascrizione di tale raccolta[64]. Matilde la fece copiare confezionando un esemplare di lusso adorno di miniature, da fare avere all'autore; il manoscritto è oggi conservato alla Stiftbibliothek di Admont in Austria[65]. Nel testo il dedicatario è Anselmo, e poiché questo manoscritto è stato voluto da Matilde, nella miniatura di dedica è Matilde a mostrarsi in veste di donatrice[66] (**fig. 142**). (Ribalto la tradizionale interpretazione secondo la quale sarebbe Anselmo l'offerente[67].) L'arcivescovo, con pastorale e mitra, siede solenne sulla cattedra con suppedaneo sostenuto da due leoncini e accoglie il volume, la cui copertina è adorna di pietre preziose, che Matilde gli porge, con entrambe le mani, nel gesto della supplica. Matilde è vestita con molta ricercatezza, con un bellissimo abito dalle lunghe maniche, ma non ha alcun segno di potere e sta umilmente in piedi davanti al prelato, il capo coperto da un semplice velo. Nello stesso modo, in una miniatura (**fig. 143**) della seconda metà dell'XI secolo vediamo san Benedetto in trono accogliere benignamente i codici (e i possedimenti) che l'abate Desiderio da Montecassino e futuro papa (con il nome di Vittore III) gli offre[68].

Desiderio è in piedi e china appena la testa, mentre con entrambe le mani tende idealmente al santo fondatore un manoscritto prezioso, dalla copertina ornata di gemme. L'abate solo in apparenza compie un deferente omaggio; in realtà vuole ricordare lo splendore artistico a cui ha portato Montecassino.

Matilde, come ricorda Donizone, aveva una predilezione per i manoscritti, anche miniati, che amava ricevere e donare alle chiese («Collezionò ella sempre buoni libri in abbondanza / libri ora in dono riceve d'ogni arte e miniati»[69]). Matilde, nel manoscritto di Admont, immagina (come immaginava Desiderio) di trovarsi davanti all'arcivescovo, orgogliosa dell'opera che ha fatto confezionare; di fronte al prelato preferisce farsi ricordare non come aspirante sovrana, ma come la devota della Chiesa, quale fu per tutta la vita.

Matilde di Canossa aveva donato al monastero di san Benedetto in Polirone (situato oggi nel mantovano comune di San Benedetto Po) anche un bellissimo Evangeliario miniato (prima del 1099), confezionato nello stesso scrittorio di Polirone[70]. A questo Evangeliario nell'aprile del 1109 fece aggiungere, trascritto sul medesimo, un «preceptum» nel quale spiegava come sarebbe dovuto essere ricordato l'anniversario della sua morte, impegnando il monastero ad eseguire in tutti i dettagli la celebrazione descritta. In cambio Matilde fece una donazione ingentissima all'abbazia. In questo modo, avrebbe continuato a essere presente nell'anniversario della morte attraverso l'Evangeliario con il suo nome posto sull'altare quando si celebrava la messa. Nel documento si prescriveva: «Da questo giorno fino alla fine del mondo, finché questo monastero rimarrà nel servizio di Dio, si ponga con cura ogni giorno nella mensa principale in nome di lei [Matilde], il pane, il vino e il restante vitto come quello destinato ai singoli monaci per il mantenimento di un povero [...]. Si celebri poi come festivo l'anniversario della sua morte, come si è soliti fare per i grandi abati di questo monastero»[71].

Matilde morì nella notte del 24 luglio 1115 a Bondeno di Roncore. Volle essere sepolta nella chiesa dell'abbazia di San Benedetto in Polirone – nella cappella di Santa Maria – abbazia a lei tanto cara, alla quale aveva donato, come si è appena detto, l'Evangeliario che doveva essere posto sull'altare nell'anniversario della sua morte.

Il pavimento nella cappella, ricoperto interamente a mosaico, nei secoli ha subito molti guasti, ma gli studiosi ritengono che la parte a mosaico del transetto circondasse originariamente il sepolcro (più volte spostato) che la contessa aveva da tempo programmato (**fig. 144**). Nel mosaico spiccano, fra tante figure, le quattro Virtù cardinali: Prudenza, Giustizia, Fortezza e Temperanza, ciascuna identificata dalla scritta latina con il nome che le appartiene (**fig. 145**). Tali Virtù Donizone, nel *Prologo* della sua opera, dichiara proprie della contessa (alle quali, prodigo, aggiunge anche quelle teologali: Fede, Speranza e Carità). Rispetto agli avi, di Matilde: «Larga è ancora più la sua fama, poiché le quattro Virtù le sono compagne ogni tempo, ricche di doni. Alta Prudenza la regge, quella che i giusti governa: discretamente procede, e con Temperanza governa; esercita continuamente Pietà e Giustizia. I precetti temibili osserva del Giudice Dio. Forte nelle sventure non si esalta se gli eventi le sono propizi»[72].

Lascio aperta la questione se Matilde avesse donato o no i suoi beni alla Chiesa, un atto che comunque non ebbe alcuna conseguenza pratica, o se l'erede designato fosse stato Enrico V (che in effetti, un anno dopo la morte di Matilde, scese in Italia per impossessarsi dei suoi beni allodiali), così come non mi pronuncio se Dante avesse pensato alla contessa per la dolce figura di Matelda, protagonista degli ultimi

144-145. *Il transetto a mosaico che circondava il sepolcro di Matilde* (in alto), e *Le quattro Virtù cardinali* (in basso), San Benedetto Po (Mantova), abbazia di San Benedetto, cappella di Santa Maria, 1151.

cinque Canti del Purgatorio (come vollero i primi commentatori della *Commedia* che la intesero come simbolo della Vita attiva, un'ipotesi ancora oggi controversa[73]).

Mi pare di dover concludere: Matilde fu una donna ardita, appassionatamente devota alla causa della Chiesa, alla quale sacrificò ogni altro interesse, potente e sola, un destino subìto e voluto.

La papessa Giovanna

«Habet» o «non habet»?

«La calunnia è un venticello, un'auretta assai gentile che insensibile, sottile, leggermente, dolcemente, incomincia, incomincia a sussurrar. Piano, piano, terra terra, sottovoce, sibilando, va scorrendo, va scorrendo, va ronzando, va ronzando nell'orecchie, della gente s'introduce, s'introduce destramente e le teste e i cervelli fa stordire e fa gonfiar»[74]. Si potrebbe applicare l'inizio dell'aria di don Basilio del *Barbiere di Siviglia* di Rossini alla storia della papessa Giovanna, sempre raccontata da uomini ostili che, a poco a poco, con stratificazioni di notizie spesso contradditorie, le fanno raggiungere il punto più alto del potere, pagato poi con la vita. Da qui la conclusione dell'aria: «Alla fin trabocca e scoppia, si propaga, si raddoppia, e produce [...] un tumulto generale che fa l'aria rimbombar. E il meschino, calunniato, avvilito, calpestato, sotto il pubblico flagello per gran sorte ha da crepar».

La papessa Giovanna in realtà non è mai esistita, ma dal 1250 fino al 1550, dunque per tre secoli, con tre caute eccezioni[75], tutti coloro che hanno narrato la vicenda, spesso uomini di Chiesa molto vicini al papato, hanno creduto e fatto credere a una storia che sembrava compromettere la reputazione della Chiesa stessa.

Una donna, travestita da uomo, avrebbe occupato il soglio pontificio. Sarebbe stata scoperta perché colta dai dolori del parto, morendo immediatamente o fatta morire, donde poi, per evitare che si ripetesse un simile scandalo, fu istituito, si racconta, il rito di verificare a ogni elezione la virilità del papa, fatto sedere su una sedia forata che permetteva l'ispezione. Quest'ultimo segmento della storia è stato ancora evocato il 16 ottobre 1978 nell'entusiasta ritratto che il saggista e filosofo francese Maurice Clavel fece sul «Nouvel Observateur» del neo eletto Giovanni Paolo II, uomo energico e vigoroso: «Ce li ha, duos et bene pendentes». Un richiamo alla frase che nel Medioevo un diacono, conclusa l'esplorazione manuale, avrebbe pronunciato: «Habet duos testiculos et bene pendentes»; al che i cardinali avrebbero risposto: «Deo gratias»[76].

Come è nata questa leggenda? Lo indagheremo, avvertendo che però non sarà sufficiente ricercarne l'origine: il problema storico, infatti, è sempre quello del perché, in un dato tempo e in un certo luogo, gli sparsi dati hanno acquistato vitalità ed espressività come mentalità collettiva. Il caso rimanda, nonostante evidenti inverosimiglianze, a temi dibattuti nella Chiesa lungo tutto il Medioevo e ad alcuni giunti fino a noi: validità dei sacramenti impartiti da vescovi ordinati da un papa illegittimo, infallibilità papale, continuità della tradizione romana da san Pietro in poi, esclusione delle donne dal sacerdozio, celibato dei preti.

Dalla leggenda al caso storico

La storia comincia intorno alla metà del XIII secolo[77]. Il manoscritto dell'esemplare autografo della *Cronaca universale di Metz*, scritta dal domenicano borgognone Jean de Mailly, che terminò la sua carriera nel nord-est della Francia, a Metz, conserva, rilegati insieme, sia il testo preparatorio che la versione definitiva dell'opera. Nel primo vediamo proprio il frate al lavoro che ordina a sé stesso di indagare meglio quello sta scrivendo: «Require», «Controlla».

> Controlla di un certo papa, o piuttosto di una papessa, perché era femmina. Travestendosi da uomo, per la rettitudine del suo ingegno divenne prima notaio di curia, poi cardinale e infine papa. Un giorno, mentre stava montando a cavallo, partorì un bambino e immediatamente la giustizia romana *lo* fece legare per i piedi e attaccare alla coda di un cavallo e fu trascinat*o* e lapidat*o* dal popolo per mezza lega e dove morì lì fu sepolto; lì fu scritto: «Pietro, Padre dei Padri, rendi pubblico il parto della papessa». Sotto il pontificato fu istituito il digiuno delle Quattro tempora, chiamato Digiuno della Papessa[78].

La notizia è collocata un po' a casaccio subito dopo la presa di Gerusalemme del 1099: il cronista ignora il nome della «papissa», da dove provenga, né sa perché sia rimasta incinta; l'incertezza della storia si vede anche nell'oscillazione fra maschile e femminile del personaggio. Le sei P dell'iscrizione, che vedremo decrittate in vario modo da altri autori, derivano probabilmente da un fraintendimento nella lettura di una iscrizione su una lapide, per esempio una commemorazione di un'offerta di un devoto di Mitra: «Propria pecunia posuit patri patrum P.» («P. ha offerto il suo denaro al ministro di Mitra»). Il devoto aveva un nome che cominciava per P e «pater patrum» designa in molte iscrizioni il ministro dei misteri di Mitra[79]. Quanto all'enigmatico accenno al digiuno stagionale non ha alcun riscontro con l'evento narrato[80]. In questo racconto si tratta di una intrusa che ha cercato di imbrogliare; la maternità serve a fare scoprire l'inganno. La «papessa» viene prontamente giustiziata secondo il dettato della legge e il popolo infuriato completa il castigo sollecitato dall'iscrizione. La Santa Sede non è turbata né coinvolta e continua il suo santo lavoro istituendo le «Quattro tempora».

Molto simile è la storia narrata circa trent'anni più tardi, nel 1261, da un francescano di Erfurt; unica novità: la donna è più definita, mentre l'arrivo in scena del diavolo la fa scivolare verso il peccato. È bella ed elegante, di grande scienza, si veste con abiti maschili e ostenta ipocritamente un alto livello sociale. Non ha un nome e non si sa come sia rimasta gravida una volta divenuta papa. È il diavolo, in concistoro, che pubblicamente la svergogna additando l'usurpazione della carica: «O papa, padre dei padri, palesa il parto della papessa»[81]. C'è anche una vaga indicazione della fonte della notizia, «come dicono i Romani», il che fa pensare a una cronaca locale.

Circa nello stesso tempo un domenicano francese, Étienne de Bourbon, compose un trattato rimasto incompleto per la morte del suo autore, avvenuta nel 1261, intitolato *Trattato di diversi materiali per la predicazione* (*Tractatus de diversis materiis praedicabilibus*), noto anche come *Trattato dei sette doni dello Spirito Santo.*

È una raccolta per aiutare i predicatori che riunisce citazioni di autori importanti («auctoritates»), argomenti di ragionamento scolastico («rationes») e brevi racconti di supporto destinati a ravvivare l'omelia («exempla»). I sermoni nel Medioevo erano rigidamente strutturati in modo gerarchico e anche la storia della papessa è incastonata in una omelia che segue lo schema consueto. Nel libro V (*Sul dono del consiglio*) sotto il titolo: *Sulla prudenza*, divisione: *Sulle precauzioni da prendersi nell'elezione dei prelati*, capitolo: *Che l'elezione sia limpida*, ecco finalmente il nostro «exemplum» al paragrafo 10: *Si mostra come l'elezione debba essere al riparo da ogni usurpazione*. L'«exemplum» mescola sapientemente la narrazione di Jean de Mailly ad altre contenenti dettagli del tipo di quelli raccolti dal francescano di Erfurt e fornisce un'interpretazione del tutto nuova:

> Uno stupefacente colpo di audacia o piuttosto di follia accadde verso l'anno 1100, come si racconta nelle Cronache. Una certa donna che conosceva il latino e sapiente nell'arte di redigere documenti, si vestì di abiti maschili fingendosi un uomo. Venne a Roma dove fu accolta volentieri sia per la sua energia che per la cultura. Fu nominata notaio di Curia; poi, con l'aiuto del diavolo, cardinale, e infine papa. Rimasta incinta, partorì durante una cavalcata. La giustizia romana avendo scoperto il caso intervenne: legati i piedi alle zampe d'un cavallo

[la donna] fu trascinata fuori dalla città e a distanza di mezza lega lapidata dal popolo; fu sepolta nel luogo stesso dove morì; e sulla pietra che ricopriva il suo corpo fu scritto: «Perdona padre dei padri alla papessa che ha mostrato il parto» («Parce pater patrum papisse prodere partum»). Ecco a quale detestabile fine conduce tanta temeraria presunzione[82].

Anche se ancora anonima, ormai la protagonista è una vera donna, sostenuta infatti da un racconto tutto al femminile, i cui atti dimostrano la voluta premeditazione tesa all'inganno, con un progetto definito. Viene a Roma per percorrere una sorta di «cursus honorum» vertiginoso e perverso e riesce a diventare papa. L'aiuto del diavolo e la volontà colpevole della truffatrice tolgono ogni responsabilità alla Santa Sede che ha subìto l'oltraggio. Audacia riprovevole, follia detestabile, presunzione temeraria: le qualità negative di una donna che ha voluto studiare, osando competere con il sapere maschile e invadere il confine proibito del sacro, sono proposte alle donne in ascolto dell'omelia come difetti congeniti dell'essere femminile.

L'*exemplum* si insinua anche in un'opera di carattere storico. Non se lo fa infatti sfuggire il domenicano Iacopo da Varazze, già autore, come sappiamo, della famosa *Legenda aurea*, nella sua *Cronaca di Genova* finita nel 1297, a suo parere città illustre e ingiustamente trascurata dagli storici. Nel capitolo dedicato ai vescovi, poiché per quelli più antichi Iacopo non ha notizie, inserisce brani tratti da cronache universali, situando la storia della papessa al tempo del vescovo Sigeberto, nell'anno 864. Il racconto è simile a quello riportato da Étienne de Bourbon, innova soltanto riguardo alle ragioni della morte e alle sue conseguenze: al momento delle doglie la donna cercò riparo in una casetta lungo la via che stava percorrendo in processione con cardinali, clero e popolo: qui spirò per i dolori del parto. Per questo, tuttora, afferma Iacopo da Varazze, i papi compiono una deviazione per evitare di passare davanti alla casetta dove un'immagine di marmo illustra l'avvenimento[83]. (La deviazione, nel XII secolo, fu dovuta molto probabilmente al numero accresciuto dei partecipanti alla processione papale, che avevano difficoltà a passare dalla stretta attuale via dei Querceti)[84] (**fig. 146**).

Il commento morale di Iacopo da Varazze è più lungo della stessa storia della papessa: l'implacabile ritratto misogino dalla protagonista si estende ora a tutte le donne in generale:

Questa donna iniziò l'impresa in modo presuntuoso, proseguì stupidamente e con l'inganno, finì nell'ignominia. Questa è in effetti la natura della donna che, davanti a una azione da intraprendere, all'inizio avanza con la presunzione e l'audacia, giunta a metà prosegue con la stupidità, e alla fine incorre nella vergogna. La donna dunque comincia ad agire con presunzione e audacia, ma non prende in considerazione la fine dell'azione e ciò

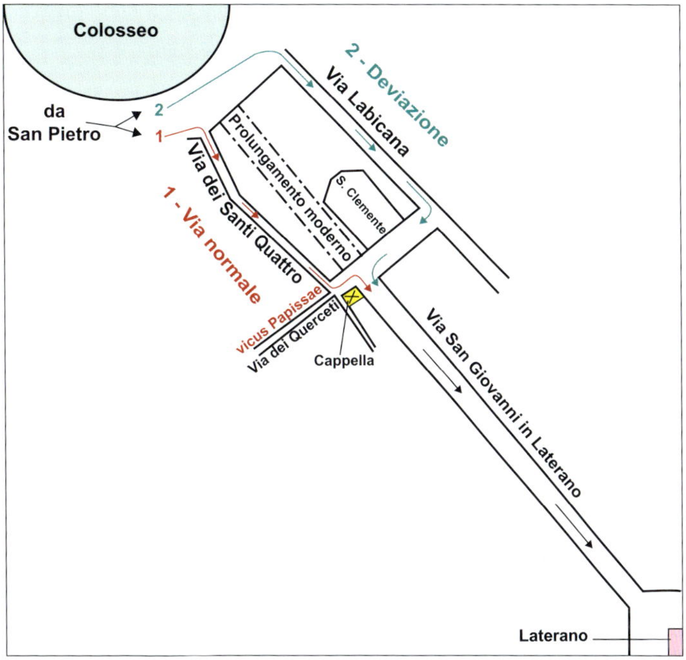

146. *L'itinerario della processione dal Colosseo al Laterano*: la freccia in rosso indica l'itinerario seguito fino al XII sec.

che le pertiene, ma pensa, anche solo per averla iniziata, di avere già fatto grandi cose. Se le capita di cominciare qualche cosa di grande, dopo avere principiato ed essere arrivata a metà, non sa continuare con sapienza, e questo per una mancanza di discernimento. E perciò è inevitabile che finisca con vergogna e ignominia quello che aveva intrapreso con presunzione e audacia e continuato con stupidità. E così appare chiaramente che la donna comincia con presunzione, continua con stupidità e finisce in modo ignominioso[85].

La leggenda della papessa caduta nella rete degli ordini mendicanti sarà stata ripetuta in chissà quante prediche nelle chiese e nelle piazze, inculcando negli uomini la sicurezza di essere superiori fisicamente e spiritualmente alle donne e, in queste ultime, la disistima di sé da trasmettere da madre in figlia.

Perché si levi una forte voce contraria che confuti questi stereotipi e, possiamo proprio dire, questi insulti martellanti rivolti alle donne, dobbiamo aspettare la famosa Christine de Pizan, che nel 1405 scrisse *La città delle Dame*. L'impazienza ci spingerebbe a parlarne subito, ma lasceremmo la nostra infelice giovane ancora senza un nome, negandole la notizia di altri importanti particolari e perciò, con l'assicurazione di incontrare presto Christine, continuiamo a occuparci della nostra enigmatica anonima.

Un importante personaggio ecclesiastico, il vescovo domenicano Martino Polono (o Boemo), concluse, poco prima della morte, avvenuta nel 1278, la *Cronaca dei sommi pontefici romani e degli imperatori e delle sette età del mondo* che diventò la più diffusa e conosciuta delle cronache universali nel XIV-inizio XV secolo.

Come i cirri sparsi, esili e trasparenti, sospinti dal vento si uniscono in un'unica nuvola coesa, così i vari resoconti fin qui esaminati, parziali e fluttuanti, acquistano sotto la penna di Martino Polono la compattezza di un racconto unico e compiuto. Proprio perché fortunatissimo, il *Chronicon summorum pontificum imperatorumque de septem aetatibus mundi* diede alla vicenda della papessa un profilo definitivo, senza ulteriori ritocchi[86]. La donna qui acquistò finalmente un nome, un'origine, un tempo preciso nella serie dei pontefici: da *exemplum* per la predicazione si trasformò in un caso storico-giuridico di non legittimità elettiva.

> Dopo questo papa Leone IV, Giovanni Anglico, nato a Magonza[87], fu papa per due anni sette mesi e quattro giorni. E morì a Roma; la sede restò vacante un mese. Costui, secondo quanto si racconta, fu femmina; ancora adolescente fu condotta da un suo innamorato ad Atene vestita in abiti maschili. Qui trasse tanto profitto nelle diverse scienze che nessuno le stava alla pari, fino al punto che qualche tempo dopo a Roma, tenendo lezioni sulle discipline del Trivio, ebbe per discepoli e uditori grandi maestri. E dato che nella città di Roma godeva di grande reputazione per i suoi costumi di vita e per la sua scienza, fu eletta all'unanimità papa. Senonché durante il pontificato fu resa incinta da uno del suo seguito[88]. Non conoscendo il tempo del parto, mentre era diretta da San Pietro al Laterano, trovandosi pressata dalle doglie, partorì fra il Colosseo e la chiesa di San Clemente. Lì morì e, stando a quanto si dice, lì fu sepolta. E poiché il pontefice, arrivando in questo stesso punto compie sempre una deviazione, molti credono che questo avvenga per il detestabile ricordo di quel fatto. Giovanni non viene iscritto nel catalogo dei santi pontefici in ragione della non conformità che il sesso femminile esercita in questa materia[89].

La storia ha assunto l'aspetto di un evento veramente accaduto perché viene indicata una data ancorata alla successione dei papi; la donna, che probabilmente si chiamò Giovanni perché al momento dell'elezione aveva mutato il suo nome di battesimo assumendo quello da papa, si muove secondo una condotta coerente: è l'amore che la porta ad Atene e la sua carriera è dovuta al suo grande talento. Secondo Alain Boureau la scelta da parte di Martino Polono del nome Giovanni dipese dal fatto che quel nome era stato usato da molti papi dal IX al X secolo (da Giovanni VII, morto nell'882, a Giovanni XVII, morto nel 1003). Il susseguirsi di deposizioni rese problematica la numerazione dei titolari con questo nome. Inoltre Giovanni XI e Giovanni XII ebbero una pessima fama[90].

Martino Polono distingue nettamente due piani: in quello storico-giuridico il protagonista è maschile perché è un papa, in quello narrativo è femminile perché avviene il parto. L'elezione è stata regolare e senza brogli. Il giudizio sull'episodio non è più di tipo morale, per sottolineare la fragilità della donna, creatura incapace di resistere al desiderio carnale, ma verte sul problema della legittimità del papa. Dopo avere riportato la notizia della deviazione del percorso della processione pontificia, data per vera, Martino Polono con un linguaggio propriamente giuridico dibatte un caso che si potrebbe presentare nella realtà e lo risolve: un individuo ineleggibile, anche se eletto legalmente, rimane illegittimo[91]. Dal sermone che accoglieva l'*exemplum* l'episodio è passato all'interno della storia ecclesiastica destinata soprattutto a uomini di Chiesa, poiché il problema, riguardante l'autorità pontificia, è dibattuto all'interno della Sede apostolica.

Una sedia di marmo e due di «porfido»

L'orientamento storico-giuridico continua e si sviluppa con il benedettino francese Geoffroy de Courlon che, nella sua *Cronaca dell'abbazia di Saint-Pierre-le-Vif a Sens*, completata nel 1290, riporta la storia della papessa intitolandola: «Deceptio Ecclesiae Romanae» («Inganno verso la Chiesa romana»). Segue molto da vicino il testo di Martino Polono ma aggiunge per la prima volta il rimedio ideato per impedire che il tranello della papessa si ripetesse. Dopo avere ricordato la deviazione del percorso della processione papale e l'esclusione di «papa Giovanni» dalla serie dei papi annota: «Per questa ragione si dice che i Romani presero l'abitudine di accertarsi del sesso dell'eletto attraverso il foro d'una cattedra di marmo»[92].

Il provvedimento è accennato anche dal domenicano provenzale Robert d'Uzès che data una delle sue numerose visioni al 1291, mentre si trovava nella città d'Orange (visione che forse è stata trascritta in un periodo successivo). Ecco il suo racconto:

> Nell'anno del Signore 1291 mentre soggiornavo nella città d'Orange accadde un giorno, mentre mi ero adagiato sul letto per riposare, ed ero ancora sveglio, che lo Spirito del Signore mi prendesse in spirito e mi ponesse nella città di Roma, aldiquà del fiume Tevere; e, guardando oltre il fiume, vidi una cattedra lignea molto antica e vuota. Ed ecco dalla parte verso cui scorre il fiume avanzò un drappo bianco, contenente la larva di un uomo, ma dentro era vuoto. Era stato sistemato sulla cattedra e, un volta rimosso, era stato sostituito con l'immagine argentea della beata Vergine con il figlio[93]. Mentre osservavo questa scena lo spirito mi condusse al palazzo lateranense. Ed ecco mi pose nel portico davanti alla sedia di porfido dove si dice che sia provato se il papa è uomo, e ogni cosa era piena di polvere e non sembrava che vi vivesse alcuno. Ed ecco, davanti al *Sancta Sanctorum* vidi una canna grossa molto più delle altre, della stessa altezza di un uomo imponente, e un serpente enorme si avvolgeva con violenza a essa; il suo capo stava sopra il tetto: due volte si arrestò e due volte si avventò con maggior impeto. Mentre mi chiedevo meravigliato che cosa volesse significare, lo spirito che mi aveva condotto lì, e che stava alla mia destra, mi disse: il serpente è l'Anticristo ed ecco il suo giudizio dal cielo[94].

Il lenzuolo bianco e vuoto allude all'assenza del pontefice che siede proprio sulla cattedra lignea ritenuta nel Medioevo quella dell'apostolo Pietro, ma che era invece il trono donato da Carlo il Calvo[95]. In una Roma che ormai è solo la città del papa, costui è invece assente e perciò il Laterano è completamente immoto e silenzioso e tutto avvolto dalla polvere.

Le visioni si susseguono e presentano immagini violente della fine del mondo, della venuta dell'Anticristo e dello sfascio della Chiesa. È possibile cogliere il richiamo a quel periodo di grande smarrimento e di vuoto di potere, «di assenza appunto che precedette il pontificato di Celestino V con il lungo periodo di sede vacante dalla morte di Niccolò IV (4 aprile 1292) all'elezione fugace di Celestino V (5 luglio 1294) e l'inizio del pontificato di Bonifacio VIII probabilmente da lui indicato come l'Anticristo»[96].

In una *Revelatio facta in fine quadragesime* Robert ascolta la parola di Dio entro di sé: «Le chiese saranno profanate, i santi calici contaminati, uomini immondi indosseranno vesti consacrate e i sacri teli riceveranno l'impurità delle donne mestruate»[97]: qui è evidente il solito terrore verso la donna che abbia accesso al sacro.

Un terrore che ha radici profonde, che risale a quando i sacerdoti non si poterono più sposare e la donna da compagna e amica divenne occasione di peccato. Nel *Decretum* di Graziano (1140), fondamento del diritto canonico, si proibisce alle donne, perfino alle monache, di toccare i sacri calici e le ampolline affinché «Dio, irritato per tali perversioni, non invii piaghe al suo popolo»[98]. Secondo Paucapalea, allievo di Graziano, che scriveva fra il 1140 e il 1148, disastrose sono le conseguenze del mestruo della donna, il solo essere vivente ad averlo; a contatto di quel sangue: «la frutta non matura più, il vino inacidisce, l'erba muore, gli alberi perdono i loro frutti, il ferro si arrugginisce e l'aria si oscura; se i cani leccano quel sangue contraggono la rabbia»[99]. Uguccione da Pisa, grande giurista del XII secolo, dichiara che nessuna donna può essere ordinata sacerdote «a causa della costituzione della Chiesa stabilita in ragione del sesso» («constitutio ecclesiae facta propter sexum»). Le ragioni? Eccole, spiega sempre Uguccione: «Si dice che per tre ragioni l'uomo e non la donna è immagine di Dio. Così come Dio è unico e tutto deriva da lui, ugualmente all'inizio l'uomo fu creato solo [...]. In secondo luogo, così come l'origine della Chiesa, sotto forma di sangue e acqua, scaturì dal costato di Cristo addormentato, ugualmente fu dal fianco di Adamo dormiente che venne formata Eva. In terzo luogo, così come Cristo comanda alla Chiesa e la governa, allo stesso modo l'uomo comanda alla donna»[100]. E tanto basti riguardo a tali affermazioni.

Robert, a proposito del «viaggio» a Roma, descrive due sedie di porfido nel portico del palazzo lateranense e non una sola come aveva detto Geoffroy de Courlon: entrambi accennano a un rito evidentemente conosciuto sul quale non era necessario soffermarsi oltre.

Il significato dei due seggi. I due seggi, designati come «duae curules», sono nominati per la prima volta nella *Vita* di Pasquale II all'inizio del suo pontificato (1099-1118), dove si dice che sono collocati all'entrata della cappella di San Silvestro in Laterano, per la cerimonia nella quale il papa si sedeva successivamente in entrambi. In uno riceveva una cintura da cui pendevano sette chiavi e sette sigilli, nell'altro la «ferula», cioè lo scettro papale. I primi simboleggiavano i sette doni dello Spirito Santo che dovevano guidare le azioni del neo-eletto pontefice, la seconda, definita «signum regiminis et correctionis», era il segno visibile del possesso del Palazzo del Laterano e dello stato papale[101].

Queste notizie sono riprese, con alcune discrepanze rispetto alle insegne ricevute e al loro significato, verso il 1189, dal cardinale Albino e, verso il 1192, da Cencio Savelli (camerlengo di Clemente III, 1187-91, e poi dell'immediato successore Celestino III, morto nel 1198).

Nel *Liber censuum* entrambi descrissero i seggi chiamandoli «sedes porphyreticae» ripetendo che facevano parte delle cerimonie della presa di possesso del Palazzo del Laterano e che si trovavano all'entrata della cappella di San Silvestro in Laterano. Specificano però che erano posti sotto un arco sostenuto da due colonne di porfido in modo da richiamare un trono imperiale posto sotto un baldacchino di porfido[102].

Una miniatura tratta dal cosiddetto «Exultet Barberini» della fine dell'XI secolo (**fig. 147**), mostra il papa-imperatore in un'ambientazione simile: siede in un trono sostenuto da leoni sotto un arco che poggia su due colonne.

Il resoconto del cardinale Albino e di Cencio Savelli dipende da una parte perduta del *Liber Politicus* di Benedetto, canonico di San Pietro, il quale lo aveva compilato intorno al 1140 ai tempi di Innocenzo II (1130-40), *terminus ante quem* per il posizionamento e uso dei due seggi. Simboleggiavano il doppio principato di Pietro e di Paolo; dal momento che si alzava da entrambi, il papa era considerato «dominus» della sua nuova dimora.

La denominazione di «sedes curulae» segnala che erano intesi come seggi di magistrati, mentre la successiva di «sedes porphyreticae» enfatizza, per l'uso del porfido, il marmo imperiale nell'antica Roma e a

147. *Il papa Gregorio VII in trono*, Città del Vaticano, BAV, ms. Barberini lat. 592, f. 5r, fine dell'XI sec.

Costantinopoli, una connotazione anch'essa imperiale nel cerimoniale pontificio, in linea con l'ideologia che pretendeva l'autorità universale del papa proclamata da Gregorio VII (1073-1095). Non fu certamente un caso che i due seggi fossero stati posizionati all'entrata della cappella di San Silvestro, il papa che, secondo il *Constitutum Costantini*, aveva ricevuto dall'imperatore in dono il palazzo lateranense, le insegne imperiali, la sovranità temporale su Roma, sull'Italia e sull'impero romano d'Occidente e il primato sui cinque patriarcati (Roma, Costantinopoli, Alessandria d'Egitto, Antiochia e Gerusalemme[103]).

Dal 1309 al 1378 i papi si trasferiscono ad Avignone. La lontananza da Roma fa perdere ai riti le loro consolidate sequenze e il silenzio cala anche sulla verifica della virilità del papa. Ma appena il pontefice fece ritorno nell'Urbe, ecco che il cronista viennese Jean di Vickring (1340-43), nel *Liber certarum historiarum* (giunto a noi attraverso la revisione di un più tardo compilatore, il cosiddetto «Anonymus Leoliensis», verso il 1379), racconta la solita storia della papessa con una notizia un po' più dettagliata riguardo alla verifica del sesso del papa:

A papa Leone successe Giovanni Anglico che, ancora da ragazza, fu condotta in Grecia dal suo amante e lì fece tanti progressi da potere leggere il Trivio e divenne così celebre da essere eletta papa. Rimasta incinta, andando da San Pietro verso il Laterano, partorì in grave pericolo; per evitare la causa di un simile errore, quando per la prima volta il pontefice è fatto sedere sulla cattedra di Pietro, i genitali sono toccati dal diacono più giovane attraverso una sedia per tale ragione forata[104].

A distanza di tempo, il sacerdote e cronista del Galles del sud Adam da Usk, nel suo *Chronicon*, pretende di aver assistito alle cerimonie per l'elezione di Innocenzo VII nel 1404 – ma egli si limita a descrivere la cavalcata processionale del pontefice da San Pietro al Laterano. La sedia di porfido forata – una sola – questa volta è posta all'interno della cattedrale di San Giovanni ed è il cardinale più giovane a compiere l'ispezione[105].

Maggiori particolari sono forniti dall'umanista Jacopo d'Angelo da Scarperia. Egli descrive al suo maestro di greco, il bizantino Manuele Crisolora, i funerali d'Innocenzo VII e le cerimonie dell'incoronazione e intronizzazione di Gregorio XII nel 1406, per mostrargli il fasto e lo splendore della Chiesa di Roma. Tratteggia ad esempio dettagliatamente l'oro che scintilla in ogni parte dell'abbigliamento del neo-eletto come fosse un sovrano, a cominciare dai sandali d'oro[106]. Giunto al Laterano il pontefice è condotto verso un seggio di marmo che si trova a metà del portico del palazzo, denominato «seggio stercorario» perché egli «si ricordi di essere stato innalzato dal fango e dallo sterco». Dopo una serie di riti e cerimonie nella cattedrale entra nel palazzo e sale al primo piano fino alla cappella di San Silvestro. Nel resoconto per la prima volta la verifica della virilità è posta all'interno delle cerimonie del neo-eletto pontefice, quelle che si concludono con la presa di possesso del Laterano. «Presso questa cappella sono posti stabilmente due seggi in porfido identici fra loro, sui quali, per il fatto di essere perforati, *il volgo racconta la pazzesca favola che qui il pontefice viene palpato per conoscere se è maschio.* Nel seggio di destra riceve dal sacerdote della cappella il bastone e le chiavi, nel secondo di sinistra gli è data una cintura rossa da cui pendono dodici pietre preziose». Il bastone – spiega Jacopo d'Angelo di Scarperia – significa lo scettro del sovrano e il potere di giudicare e governare. Le chiavi sono il dono fatto dal Redentore a Pietro, e aprono o chiudono il Cielo[107]. Infine le pietre preziose ricordano il pettorale di pietre preziose che anche i sacerdoti ebrei indossavano[108].

Come si evince dalle testimonianze che ho citato e ancora da molte altre, dalle imprecisioni dei racconti circa il luogo dove erano collocate le sedie e il loro numero variabile, una o due, nessuno ha realmente as-

148. *Seggio di marmo rosso antico*, Città del Vaticano, Musei Vaticani, II sec. d.C. ca.

sistito al rito della verifica e, come ha giustamente sottolineato Alain Boureau (che ha dedicato un libro esauriente e dottissimo alla papessa Giovanna), «rimane il mistero di questo rito pubblico che nessuno vede, ma che altri hanno sempre visto»[109]. Inoltre bisogna sottolineare che «questo rito non è mai esistito; o almeno, nessuno dei testi normativi, numerosi e dettagliati che fissano i modi dell'incoronazione papale, lo menziona»[110].

Cosa resta allora? Le due sedie in questione, non veramente di porfido ma di marmo «rosso antico» proveniente dal sud della Grecia, miracolosamente giunte fino ai nostri giorni, provenienti dal Palazzo del Laterano, spostate da Pio VI ai Musei Vaticani (**fig. 148**) dove una ancora si trova, mentre l'altra fu portata via da Napoleone e ora è al Louvre[111].

Purtroppo non si sa assolutamente dove si trovassero nell'Antichità e gli archeologi variano la data. Quella che ottiene più consenso le pone nel II secolo d.C.[112].

Sono identiche anche nelle misure, monolitiche e molto eleganti, con uno schienale semi-curvo e braccioli ai lati. La seduta è forata con un buco di 21,4 cm di diametro e una susseguente apertura quasi quadrata fino al termine della seduta di 13,2 cm per 13,7. Le lastre di sostegno sono a gamba di leone con relativa zampa, decorate ciascuna da una palmetta. Nella base è praticata una resecazione rettangolare. Come scrive Andrew Wilson, chiunque abbia familiarità con il disegno dei seggi attribuirà a queste sedute una funzione analoga a quella delle latrine romane[113]: un impiego rimasto dimenticato per secoli, sostituito invece da fantastiche spiegazioni.

È probabile che queste «seggette di lusso» provengano proprio dal Palazzo del Laterano quando apparteneva a Costantino. In ogni caso si sono conservati vari altri esemplari analoghi ai nostri due reperti[114]. Gli antichi Romani conoscevano sia le latrine in comune, ad esempio nelle

149. Antiche latrine romane a Ostia antica (Roma).

terme (**fig. 149**), dove le deiezioni erano portate via da un piccolo corso d'acqua sottostante, sia le latrine individuali – con seggi del tipo di quelli del Louvre e dei Musei Vaticani –, che segnalavano una classe sociale elevata e ricca, sensibile al bisogno di intimità e isolamento: in questo caso al di sotto del seggio veniva posto un vaso (*lasanum*), utile anche ai medici che potevano esaminare ciò che si era depositato per curare disturbi intestinali[115] (**fig. 150**). Nei nostri seggi in effetti nella base marmorea vi è una resecazione rettangolare praticata per tenere in posizione il recipiente[116].

Il grande umanista Bartolomeo Sacchi, conosciuto come Platina, chiamato a dirigere e riordinare la Biblioteca Vaticana da Sisto IV, scrisse per suo incarico nel 1471-75 le *Vitae pontificum*, che ebbero un grande successo. Fra la *Vita* di Benedetto IV e quella di Leone III inserì quella della papessa Giovanna, attingendo a Martino Polono e a Geoffroy de Courlon con un proprio commento: disse di accettare che i papi avessero l'abitudine di deviare il percorso andando al Laterano per non passare sul luogo dove aveva partorito Giovanna, ma negò risolutamente che la sedia forata servisse per accertare da parte del più giovane dei diaconi la virilità del papa: «Questo seggio è stato così preparato affinché colui che è investito d'un così grande potere sappia che egli non è Dio, ma un uomo; sappia che per questo egli è sottomesso alle necessità della natura

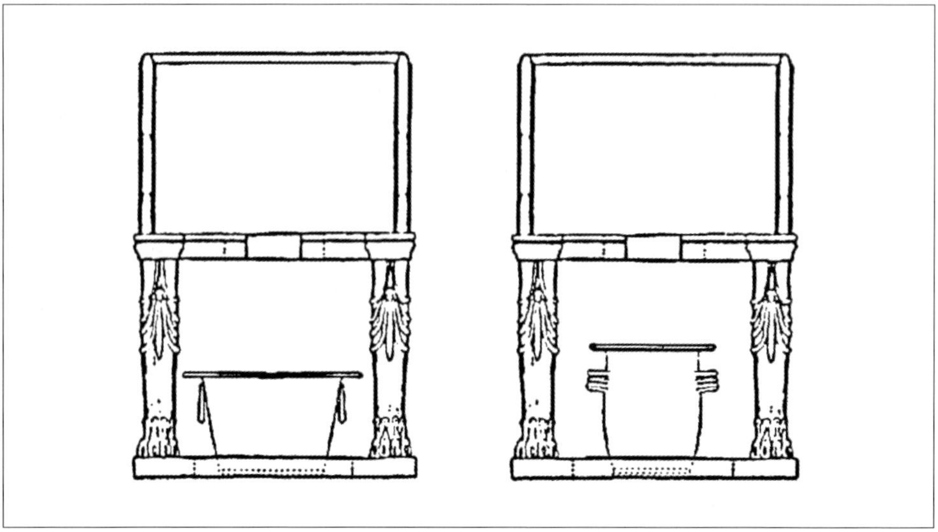

150. *Seggi romani*. Disegno ricostruttivo: a sinistra è stato posto il *lasanum* in bronzo proveniente da Pompei, a destra quello in terracotta proveniente da Bordeaux.

e che deve defecare: per questo motivo giustamente questo seggio è detto stercorario (escremenziale)»[117]. Il Platina aveva dunque visto giusto.

Alain Boureau ha creduto che il Platina (da Paolo II perseguitato e incarcerato) avesse espresso un giudizio maligno quasi di rivalsa: «per salvare il papa dall'impurità sessuale lo immerge negli escrementi»[118]. Come rileva sorridendo Andrew Wilson[119], Alain Boureau, al pari di molti altri studiosi moderni, non è riuscito a capire la vera e originale funzione di questi seggi, contentandosi della fumosa definizione di «sedie da bagno» come gli studiosi del XVIII secolo li avevano definiti: avevano osservato che alcuni seggi provenivano dalle terme, ed erano giunti a supporre che servissero a bagni di vapore[120], non avendo assolutamente capito la loro umile ma necessaria funzione.

Secondo Cesare D'Onofrio le due «sedes porphyreticae» erano invece due sedie antiche da parto per la nascita degli imperatori, utilizzate nel Medioevo per rappresentare metaforicamente la «Mater Ecclesia»[121]. È però un'ipotesi insostenibile: perché le sedie da parto sarebbero state due? Inoltre non c'è alcun testo liturgico o dottrinale che leghi i due seggi all'immagine della «Mater Ecclesia», che evoca comunque un ruolo protettivo e non di partoriente[122].

Non sappiamo come e quando i due «troni», così erano stati interpretati – ma completati da cuscini? –, siano arrivati davanti alla cappella di San Silvestro. E non sappiamo chi abbia inventato la leggenda della

151. *Verifica della virilità del papa*, da Johann Wolf, *Lectiones memorabiles et reconditae*, Frankfurt, Henning Gros, 1671.

verifica della virilità del pontefice, la cui prima rappresentazione visiva è comunque in una stampa seicentesca che non conosce il seggio di marmo rosso antico, sostituito da uno di intera fantasia (**fig. 151**).

La concreta realtà di questi magnifici oggetti offrì però la prova provata dell'esistenza della papessa Giovanna. Trasformarono un fantasma in una donna pericolosissima, perché resero vera e credibile la sua esistenza, evidenziando nel contempo la fallibilità della Santa Sede che così facilmente era stata ingannata.

Dalla parte della papessa (o quasi)

A Martino Polono è attribuita anche un'altra versione della storia della papessa Giovanna, che termina in modo inaspettato e nuovo. Riassumo la prima parte della nota vicenda: condotta, giovinetta, in abiti maschili ad Atene da un suo amante, fece tali progressi nelle arti liberali e in tutte le altre scienze che nessuno poteva esserle paragonato. Trasferitasi a Roma, per la sua bravura ebbe addirittura come allievi dei filosofi, primeggiando nelle arti del Trivio e del Quadrivio. Eletta papa, oscurava per sapienza e probità i suoi predecessori. La fragilità femminea le fu fatale perché un diacono la rese incinta. Non conoscendo la data del parto, un giorno, andando dal Laterano verso San Pietro,

> stretta dalle angustie delle doglie sulla strada che conduce al Colosseo, partorì in mezzo alla via. La memoria scolpita sulla pietra esiste ancora oggi. E quel vicolo fu detto «vicolo della papessa». Essa in verità venne subito deposta e vestito l'abito monacale visse in penitenza fino a che suo figlio divenne vescovo di Ostia. Sentendosi poi prossima alla morte ordinò di essere seppellita nel luogo stesso dove aveva partorito: la qual cosa però suo figlio non volendo permettere, trasportato il corpo della madre a Ostia, lo tumulò con onore nella chiesa cattedrale. Per i meriti di costei fino ai nostri giorni Dio ha operato moltissimi miracoli. Ma per il fatto che nella Sacra Scrittura non si tiene conto della genealogia delle donne, così nelle cronache essa non viene annoverata tra i pontefici[123].

Per la prima volta la papessa non riceve un immediato e definitivo castigo, non muore per il parto né viene lapidata. Anche il bambino sopravvive e farà poi, crescendo, un'ottima carriera.

Poiché la ex papessa si ravvede e passa il resto della vita in penitenza, si incanala nell'alveo delle grandi peccatrici pentite[124]. Il figlio vescovo non tumula la madre sul luogo del parto ignominioso, come la madre per umiltà aveva richiesto, ma la seppellisce nella cattedrale della sua diocesi, con sommi onori. Il compimento della storia è veramente glorioso perché alla tomba avvengono miracoli: dunque è diventata santa.

Un secondo autore che permette di vedere la storia sotto una luce non totalmente negativa è il Boccaccio, che ha una evidente ammirazione per Giovanna (subito chiamata con questo nome): per il coraggio nel seguire l'innamorato, per la fedeltà e l'amore che gli dimostra dopo la sua morte e insieme per la grande dedizione allo studio che ne sostanzia tutta la vita, dalla gioventù alla maturità. L'autore, anche se costretto dalle fonti sulla papessa a esprimere un giudizio negativo, lo aggiunge però a mo' di cornice a un ritratto tratteggiato nel segno dell'empatia.

Il Boccaccio, intorno al 1360, non è più l'autore anche salace del *Decameron*, si è ritirato nella quiete di Certaldo, ha rinnegato il volgare, scrive in latino, ha ottenuto gli ordini sacri e professa un culto umanistico per la sapienza degli antichi. In questa nuova atmosfera scrive il *De mulieribus claris*, raccogliendo le biografie di 104 donne famose, fra cui anche quella della nostra papessa che entra per la prima volta nella letteratura profana.

Tutta la prima parte del racconto ha l'andamento di una novella: la fanciulla, spinta da una grande passione, segue lo studente da cui è tanto attratta in Inghilterra. Lì ama ma anche studia intensamente. Ed ecco la tragedia: il giovanetto muore, inventa il Boccaccio.

> Quando il giovane morì, ella, che conosceva il proprio ingegno e si sentiva attratta dal fascino della scienza, mantenne l'abito maschile senza voler unirsi ad altro uomo e senza dichiararsi donna; anzi, attendendo con sollecitudine agli studi, vi trasse tale profitto nelle lettere profane e sacre, da esser ritenuta eccellente sugli altri.
>
> Così, fornita di mirabile scienza, e già avanti negli anni, venne dall'Inghilterra a Roma, dove per alcuni anni insegnò le arti del Trivio ed ebbe uditori famosi. Aveva credito, oltreché per la scienza, per la sua singolare onestà e castità, e perciò fu da tutti creduta uomo.
>
> Ben nota a molti, alla morte del sommo pontefice Leone V, fu eletta papa in sua vece con il voto di tutti i cardinali; e fu chiamata Giovanni. Se fosse stata uomo, avrebbe avuto il titolo di Giovanni VIII. Non avendo temuto di salire la cattedra di Pietro e di trattare e somministrare i sacramenti (ufficio mai prima concesso, dalla religione cristiana, ad alcuna donna), raggiunse in alcuni anni il vertice dell'apostolato ed esercitò, come donna, il vicariato di Cristo in terra[125].

Da notare che Giovanna, dopo la morte dello studente, rimane fedele alla memoria del suo innamorato decidendo di restare casta: proprio un tratto da novella che il Boccaccio si costringe a non sviluppare. Fin qui il ritratto è del tutto positivo, dal punto di vista sia intellettuale sia morale. Ma la Giovanna insieme pudica e dedita agli studi con grande successo sarebbe mai potuta essere conosciuta e apprezzata per i suoi meriti etici e intellettuali, se si fosse mostrata qual era: una donna? Evidentemente no, sembra suggerire il Boccaccio: infatti per i tanti meriti fu creduta un uomo.

Perché il dramma si compia interviene addirittura Dio, permettendo al diavolo di suscitare in lei la lussuria, tenuta fino a quel momento perfettamente a bada.

Ma poi Dio guardò dall'alto con compassione il suo popolo e non permise che una femmina occupasse sede tanto alta e presiedesse al governo di tanto popolo e lo ingannasse con così infausto errore; e la abbandonò a sé stessa, vedendola osare cose sconvenienti e perseverare nell'errore. Per consiglio del diavolo, che a tanta scellerata audacia l'aveva spinta e ve la tratteneva, ella che, come donna privata, aveva serbato singolare onestà, eletta alla suprema carica del pontificato, fu trascinata all'ardore della libidine. Né a lei, che così bene aveva saputo mentire il sesso, mancarono le arti per saziare la sua lussuria. Trovò ben uno che in segreto la montasse (lei, il successore di Pietro!) solleticando la sua bruciante prurigine: e così accadde che il papa concepì. Indegna scelleratezza! Invincibile pazienza di Dio! Colei che aveva saputo così a lungo ingannare la vista degli uomini, non seppe trovare il modo di nascondere il parto vergognoso. Un giorno, mentre si dirigeva dal Gianicolo al Laterano, per celebrare solennemente le rogazioni – ed era molto più vicina al termine della gravidanza di quel che credesse –, quando giunse alla località tra il Colosseo e la chiesa di San Clemente papa, senz'aiuto di ostetrica, partorì sulla pubblica via; e così mostrò come tutti gli uomini, tranne il suo amante, ella avesse tanto a lungo ingannato.

Allora fu cacciata via dai cardinali; e, misera, se ne andò con il figlio testé partorito.

Ancor oggi per detestare la sua sozzura e per perpetuare la sua infamia, i sommi pontefici, quando celebrano con il clero e con il popolo la solennità delle rogazioni, evitano di passare in processione per l'abominevole luogo del parto, che è a metà di quell'itinerario; e deviano per viuzze laterali; poi, quando si sono lasciati addietro il luogo detestabile, rientrano nella via maestra e compiono il percorso iniziato[126].

Con l'intervento del demonio tutte le luci che rendevano tanto attraente Giovanna si spengono di colpo, lasciando emergere solo i tratti scontati della figlia di Eva, pronta a ubbidire al grande Tentatore. Da qui in avanti la riprovazione morale del Boccaccio, tanto veemente da lasciare sospettare l'ipocrisia, accompagna la papessa. Boccaccio tuttavia è troppo parziale; per la violenza del biasimo, se egli fosse stato coerente, avrebbe dovuto concludere la vicenda con la morte della protagonista, giusta punizione del suo misfatto, invece grazia la sua eroina: cacciata dai cardinali, scappa con il suo bambino.

L'opera del Boccaccio è importante perché alla sua diffusione, e soprattutto alla sua traduzione in francese agli inizi del Quattrocento, si accompagna nei manoscritti la rappresentazione miniata delle donne famose trattate, fra cui, naturalmente, Giovanna.

In un codice di una traduzione anonima intitolato *Des cleres et nobles femmes*[127] il miniatore scelse di rappresentare il momento del cedimento, quando Giovanna decide di accoppiarsi (**fig. 152**): è in trono, abbigliata con un mantello bordato d'oro e pietre preziose che mostra lo stile di vita di un personaggio ricco e potente; il triregno luccicante d'oro lascia

152. *La papessa Giovanna convoca il futuro amante*, Paris, BNF, ms. Français 599, f. 88r, 1488-96.

intravedere i biondi capelli della donna seduttiva. Con la sinistra si appoggia a un codice ugualmente lussuoso, con la destra fa il gesto della parola. Ha infatti convocato un giovane tonsurato che, congiungendo le mani, si dichiara disponibile a quanto gli viene richiesto.

Rarissima è la rappresentazione della papessa nel suo ruolo, senza segni di ignominia. Così la vediamo mentre si rivolge a due cardinali in un incunabolo miniato e stampato a Parigi da Antoine Vérard il 26

153. *La papessa Giovanna in colloquio con due cardinali*, Paris, BNF, Vélins 1223, f. r8r, 1493.

aprile del 1493 (**fig. 153**). Nessun tratto fa pensare al travestimento. È un personaggio maschile quello che i due cardinali hanno davanti e per questo non mostrano né imbarazzo né inquietudine[128].

Quattro diverse miniature si impegnano invece a mostrare il parto e lo sconcerto prodotto fra gli astanti, ognuna con una propria interpretazione.

154. *Il parto della papessa Giovanna*, London, British Library, ms. Royal 16 G V, f. 20r, 1440 ca.

155. Maestro dell'Incoronazione della Vergine, *Il parto della papessa Giovanna durante una processione*, Paris, BNF, ms. Français 12420, f. 155v, 1401-02.

Nel manoscritto del 1440 miniato dal cosiddetto Maestro Talbot di Rouen (perché eseguì due manoscritti per John Talbot, conte di Shrewsbury) la papessa (**fig. 154**), con una semplice tiara e i capelli un po' lunghetti, fra religiosi e laici in processione, sembra essersi arrestata per dare istruzioni, ignorando che ai suoi piedi da sotto l'abito è spuntato un neonato. L'espressione di tutti è estremamente composta[129].

In altri manoscritti invece si preferisce dare una rappresentazione più cruda mostrando il parto in atto, anche se una certa dignità è riconosciuta

156. *Il parto della papessa Giovanna*, Paris, BNF, ms. Français 598, f. 151r, 1403 ca.

alla papessa che partorisce compostamente in piedi. Si veda ad esempio la miniaura (**fig. 155**) dovuta al cosiddetto Maestro dell'Incoronazione della Vergine (1401-1402), nella quale la papessa stessa fa un gesto di stupore per quello che le sta avvenendo, unendosi al coro di sorpresa di un vescovo e di due cardinali che la circondano[130].

Nella miniatura del 1403 circa, la papessa (**fig. 156**) che ha ancora il ventre molto prominente per la gravidanza giunta al termine, perde quasi l'equilibrio ed è evidente il suo imbarazzo di fronte al gesto del cardinale vicino che le chiede una spiegazione[131].

157. *La papessa Giovanna contempla il bambino appena nato*, Paris, Bibliothèque de l'Arsenal, ms. 5193, f. 371, XV sec.

Completamente diversa è invece l'interpretazione offerta da un anonimo miniatore, l'unico a fare esprimere alla papessa il suo affetto di madre, rapita dalla nuova vita schiusasi ai suoi piedi (**fig. 157**)[132].

L'artista prese come modello la figura della Vergine che adora il Bambino appena nato, apparso «in ictu oculi» («in un battere di ciglia») ai

158. Jaime Ferrer, *Natività*, Vic, Museu Episcopal, XV sec.

suoi piedi, perché così era avvenuto secondo quanto Maria stessa aveva spiegato alla mistica Brigitta di Svezia (1303-1373)[133]. Precedentemente la Vergine era stata sempre rappresentata distesa sul letto nel rispetto realistico delle sue condizioni fisiche. Con il racconto di Brigitta cambiò l'iconografia della Nascita divina. Il Bambino, divenuto l'assoluto protagonista, non fu più posto in una mangiatoia in parallelo al giaciglio di Maria, ma collocato al centro della composizione con Giuseppe e Maria inginocchiati e adoranti. Cito come esempio la tavola (**fig. 158**) di Jaime Ferrer (da notare che Giuseppe non ha il nimbo tondo della santità), in cui vediamo la Vergine incrociare le braccia al petto nel gesto della sottomissione e della deferenza.

Non sappiamo la ragione di questo modo affettuoso di trattare la papessa da parte del miniatore, o piuttosto del suo committente: sembra quasi che conosca l'altra versione di Martino Polono, nella quale la papessa dopo un'aspra vita di penitenza diventa santa, e dunque, conoscendo il lieto fine, non abbia voluto ritrarla in modo ignominioso.

Invece in una xilografia colorata contenuta in un incunabolo del *De claris mulieribus*, destinata a un pubblico non così elitario come quello dei manoscritti, Giovanna è per la prima volta rappresentata a terra, senza più alcun portamento, sofferente, e se due cardinali si sono chinati a sostenerla, quelli di destra si allontanano visibilmente colmi di sdegno e di disprezzo (**fig. 159**).

Il Boccaccio scrisse in due redazioni distinte, una fra il 1356-1360, l'altra nel 1373, un libro intitolato *De casibus virorum illustrium* (*Le sventure degli uomini illustri*), con un dichiarato intento morale: le biografie, da Adamo ai suoi contemporanei, mostrano come uomini particolarmente favoriti dalla fortuna finirono in modo miserabile la vita per la loro follia e superbia. Nella versione più ampia, nel libro IX, capitolo VI: «Dolentes quidam et superbos»[134], Boccaccio condensa in poche righe quanto aveva scritto nel libro *De claris mulieribus* a proposito di Giovanna. Non c'è più l'intervento del diavolo, tutto il racconto ha la piattezza del riassunto e così si conclude: «E (a causa del parto) cacciata dai fasti del pontificato dove era stata seduta per due anni sette mesi e alcuni giorni, si doleva di essere diventata un misera donnetta. O buon Dio! Cosa non osano le donne? Forte della sua reputazione e dei suoi studi tese la rete al papato e dopo avere realizzato il suo desiderio, mantenne quel ruolo per quasi tre anni; ne riderei, se non me lo impedisse la sacralità di quella carica». Una miniatura (**fig. 160**) ben si accompagna all'opacità del testo in un misto di crudezza e ipocrisia: la fitta processione dove spicca un pingue laico esterrefatto, con la borsa bene in vista, sfila impassibile, mentre la

159. Boccaccio, *Il parto della papessa*, da *De claris mulieribus*, Ulm, f. 107v, 1473, Paris, BNF.

madre per la prima volta fa un vago tentativo di afferrare il bambino che sta precipitando a terra, e che per la prima volta insanguina l'abito[135].

Non seguirò Giovanna nella polemica che coinvolge la Chiesa di Roma da Lutero in poi[136], ma prendo congedo con un'immagine in cui è rappresentata senza segni di derisione e non nella scena del parto (**fig. 161**).

Siede in trono con il bastone pontificale sormontato dalla croce e un libro nelle mani. Sul capo è posto il triregno ma indossa saio e mantello bruni, velo bianco e cordone: è abbigliata quasi come una francescana. Secondo una convincente ipotesi ricorderebbe Manfreda di Pirovano, una cugina di Matteo Visconti, vicario imperiale all'inizio del XIV secolo, finita sul rogo perché discepola dell'eretica Guglielma. Manfreda faceva parte degli Umiliati, un ordine religioso di laici penitenti e non coniugati, il cui abito marrone imitava quello francescano, che si occupavano della lavorazione della lana e proponevano un modello di vita austera e frugale. Se quindi è giustificato l'aspetto francescano, il triregno richiede una spiegazione più complessa.

160. *Il parto della papessa Giovanna*, Paris, BNF, ms. Français 226, f. 252r, 1415-20.

Guglielma era arrivata a Milano, forse dalla Boemia, fra il 1260 e il 1270 con un bambino; predicava la fine dei tempi vicina e si riteneva l'incarnazione dello Spirito Santo. Ebbe successo soprattutto fra gli Umiliati e le famiglie aristocratiche milanesi. Morì nel 1282 e fu sepolta nel cimitero cistercense di Chiaravalle, il che indica quanto fosse sfuggente la sua posizione. Si sviluppò un culto promosso da tre discepoli di Guglielma, uno dei quali era Manfreda, culto che attirò l'attenzione della Chiesa cui seguì un processo dell'Inquisizione. Guglielma, che aveva avuto le stimmate, secondo i suoi adepti, era stata poi assunta in cielo ed era riapparsa dopo la morte. Aveva designato Manfreda come vicaria, la quale si comportava come un vero papa e quando fu fermata dal processo stava costruendo una struttura ecclesiastica tutta al femminile,

161. Bonifacio Bembo o Francesco Zavattari, *La papessa Giovanna* (tarocchi Visconti-Sforza), New York, The Pierpont Morgan Library, 1451-53.

perché nominava cardinali-donna e lei stessa si era assunta prerogative sacerdotali, oltre a redigere o a fare redigere un nuovo Vangelo.

Negli Annali di Colmar, all'anno 1301[137], si ricorda che Guglielma l'anno precedente era arrivata a Bingen dall'Inghilterra: era una vergine molto bella e molto eloquente che affermava di essere lo Spirito Santo, incarnatosi per la redenzione delle donne che battezzava nel nome del Padre, del Figlio e di sé stessa [essendo lo Spirito Santo]. Morta, le sue ceneri furono portate a Milano e viste più volte dal domenicano Giovanni di Wissenburc[138].

Appaiono evidenti i contatti con la storia di Giovanna: Guglielma arriva in Germania ma proviene dall'Inghilterra, è molto sapiente, quando giunge a Milano ha un bambino. D'altra parte, la diffusione della storia della papessa comincia proprio con la predicazione dei domenicani e in area germanica.

Alain Boureau vede un intreccio inestricabile a tre fili nella costruzione del personaggio della nostra papessa: la predicazione francescana e domenicana, la storia della prova della virilità e l'eresia femminile di Guglielma.

Manfreda, come gli altri due compagni, finì sul rogo per la fede nella maestra che aveva sognato un pontificato al femminile. L'inesistente Giovanna è una sua antenata, obbligata a morire per la persistenza di una ossessione maschile: la paura che la donna potesse esercitare delle prerogative maschili, la paura di un corpo di donna di cui si teme la perversa seduzione. È perciò smascherata, Giovanna, dal frutto della sua colpa sacrilega.

Capitolo 5

Christine de Pizan: quando il genio nasce dalla sfortuna

Dio non ha fatto le donne solo per piangere, parlare e filare

Tommaso di Benvenuto aveva delle proprietà nel territorio di Pizzano (oggi piccola frazione nel comune di Monterenzio nel Bolognese); studiò medicina a Bologna dove insegnò astrologia fra il 1344 e il 1356, e poi si spostò a Venezia. Qui lo raggiunse un condiscepolo, Tommaso Mondini di Forlì, e Tommaso ebbe così modo di conoscere sua figlia e di sposarla. È Cristina, la famosa Christine de Pizan, a raccontarlo

> Nacqui da nobili genitori, in Italia nella città di Venezia, nella quale mio padre nativo di Bologna la Grassa ove io fui poi allevata, andò a sposare mia madre, che vi era nata. [...] Mio padre ebbe l'apprezzamento dei Veneziani e per il valore e l'autorità della sua scienza fu tenuto in conto di consigliere stipendiato della suddetta città dove io nacqui[1].

Tommaso tornò poi a Bologna dove raggiunse una solida fama come astrologo e per tre anni resistette al pressante invito di Carlo V a trasferirsi in Francia; alla fine accettò. Fu uno spostamento definitivo: nel 1369 giunse a Parigi con tutta la famiglia. Erano nati nel frattempo anche Paolo e Aghinolfo. Cristina aveva allora quattro anni; firmerà tutte le sue opere con il nome francesizzato di Christine de Pizan (per le proprietà paterne) e così, come lei volle, la chiameremo.

E ora una nota sommessa per una vita di donna, anonima perché donna: la madre – dicono i documenti – era una nobile veneziana, ma Christine non ci disse mai il nome e nemmeno la dettagliata voce del *Dizionario Biografico degli Italiani* lo può registrare[2], anche se questa donna visse con la figlia (almeno dalla precocissima vedovanza di Christine in poi), sobbarcandosi tutte le incombenze domestiche. Christine infatti non cucinava: una delle opere sue più famose, *La Città delle Dame*, inizia con la madre che interrompe una lettura: «Mia madre mi venne a chiamare per la cena, che era già l'ora»[3].

L'infanzia e la prima giovinezza di Christine furono estremamente felici. La famiglia viveva nell'agiatezza, a stretto contatto con la corte. Carlo V apprezzava moltissimo la cultura e la scienza di Tommaso, astrologo e medico, ma anche valente per i preziosi consigli politici e lo colmava, insieme anche ai propri fratelli, di benefici, donazioni e terre.

Christine fu un maschio mancato perché, come lei stessa racconta, il padre desiderava moltissimo un figlio per erede, tuttavia i genitori, pur pienamente d'accordo, fallirono nell'intento. Ma «Dame Nature» intervenne perché Christine assomigliava in tutto al padre, nelle attitudini e nel fisico «fors de sexe tant seulement»[4]. Probabilmente fu proprio per questo, credo, che il padre, nello scoprire un'eccezionale intelligenza e un vivissimo desiderio di apprendere da parte della figlia, per il piacere di seguirne i progressi le insegnò a leggere e a scrivere, cosa in quei tempi abbastanza insolita (se, come era il caso di Christine, il suo destino sarebbe stato quello non di entrare in un monastero, ma di sposarsi).

La madre invece avrebbe voluto che la figlia si preparasse a essere una buona padrona di casa. Nella *Città delle Dame*, Rettitudine, nel capitolo: «Contro quelli che dicono che non è bene che le donne apprendano le lettere», dopo avere esposto esempi di uomini di tutti i tempi di parere contrario, rincuora Christine dicendo:

> Non tutti gli uomini quindi, specialmente i più colti, condividono l'opinione che sia male l'educazione per le donne. È ben vero che molti tra quelli meno istruiti lo sostengono: sarebbero molto irritati se le donne ne sapessero più di loro. Tuo padre, che fu un grande medico e filosofo, non pensava certo che le donne fossero meno capaci di imparare le scienze, anzi per il fatto che ti vedeva così portata come sei per le lettere, ne era molto soddisfatto. Il parere femminile di tua madre, che ti voleva occupata con rocca e fuso[5], durante la tua infanzia fu l'ostacolo più grande allo studio e all'approfondimento delle scienze. Ma, come dice il proverbio già citato, «Ciò che la Natura dona, nessuno lo può togliere». Tua madre non riuscì a impedire che tu, disposta naturalmente allo studio, raccogliessi per lo meno le stille del sapere che percepivi qua e là. Non penso che per questo tu ritenga di valere di meno, ma che lo stimi, al contrario, un grande tesoro; e senza dubbio hai ragione.

Christine è d'accordo: «Dama, le vostre parole sono vere come il Padre Nostro»[6]. Certamente la figlia detestava il progetto pedagogico della madre e infatti Ragione, venuta insieme a Rettitudine e Giustizia a chiedere a Christine di prendere la difesa delle donne scrivendo la *Città delle Dame*, le dice: «Gli uomini, per rimproverare le donne, fanno grande uso di un proverbio latino che dice: "Dio fece le donne per piangere, parlare e filare"»[7].

Per Christine l'istruzione imperfetta ricevuta – molto probabilmente non andò a scuola e del latino ebbe solo una modesta infarinatura[8] – fu un rimpianto bruciante lungo tutta la vita e un rimprovero amaro verso il genitore che, pur conscio dell'intelligenza della figlia, aveva seguito gli usi del suo tempo che mettevano a frutto solo il talento dei figli maschi, dotandoli di una buona istruzione. Scrisse nel 1403, quando era un'autrice già affermata, nell'imponente *Le livre de la mutacion de fortune*: «Sono come gli innamorati ardenti e colmi di desiderio che non possono né vedere né ascoltare la fonte della loro gioia e in questo io a loro somiglio perché desidero quello che non possiedo, il tesoro di una grande sapienza»[9]. E ancora: «Ma poiché ero nata donna, non era opportuno che io godessi di qualcuno dei beni di mio padre e non potei accedere alle ricchezze della fontana di grande pregio, per seguire usanza piuttosto che giustizia»[10].

Tuttavia, insieme al padre, Christine poté frequentare la grande Biblioteca Reale del Louvre a cui il colto re Carlo V stava dando grande impulso e del quale, divenuta autrice e biografa, tessé le lodi, fondandone il mito: «Che dire di più della saggezza del re Carlo e del suo grande amore per lo studio e la scienza; che fosse così, ben lo dimostrava la bella collezione di libri importanti e la bella biblioteca, dove aveva i principali volumi, scritti dai massimi autori, di religione, di teologia, di filosofia e di tutte le scienze, molto ben eseguiti e riccamente miniati. I migliori copisti che si potevano trovare erano di continuo occupati per lui in tale opera»[11].

Fu il sovrano a fare tradurre in francese il *Polycraticus* di Giovanni di Salisbury e nell'esemplare che gli è dedicato vediamo, per l'appunto in una miniatura (**fig. 162**), la trasposizione in immagine del prologo del traduttore Denis Foulechat, il quale dichiara che Carlo V «ama la vera scienza», cioè «la vera e perfetta filosofia». Il re è seduto davanti a un mobile per libri a più piani e con una ruota girevole, in una stanza raccolta che evoca la biblioteca da lui fatta istallare nella torre della falconeria nel palazzo del Louvre nel 1368; punta il dito su una pagina aperta in cui è riportato il versetto di Siracide 14,20: «Beatus vir qui in sapientia morabitur et in iustitia meditabitur» («Beato l'uomo che si dedicherà alla sapienza e mediterà sulla giustizia»). La mano di Dio benedicente sbuca dal soffitto sul savio sovrano.

Sovrintese alla Biblioteca del Louvre fino al 1411 Gilles Malet, grande amico di Tommaso di Benvenuto e in seguito della figlia, il quale dovette rendere agevole la loro frequentazione del palazzo.

Come dovesse apparire ce lo mostra un particolare della miniatura del mese di Ottobre delle *Très Riches Heures*, capolavoro dei fratelli Limbourg, fatto eseguire da Jean duca di Berry, fratello del sovrano (**fig. 163**).

Certamente Christine seppe anche trarre profitto dai manoscritti della biblioteca di casa del colto padre. Rivendicò il proprio spirito di iniziativa, insieme al rammarico di un apprendimento né ordinato, né guidato da alcun maestro, in un ricordo molto personale trasfuso in metafora: «Non potei trattenermi dal rubare delle briciole e delle pagliuzze, delle monetine e pochi denari caduti dall'enorme ricchezza di cui disponeva [mio padre] in grande abbondanza, e per quanto io ne abbia avuta poca rispetto al mio grande desiderio, tutta quella che ho è rubata, così ho potuto mettere insieme un piccolo avere, nella mia opera si vede bene»[12].

Tuttavia, in complesso, Christine crebbe in un ambiente stimolante, vivace e molto sereno. A quindici anni il padre, del tutto prono alle consuetudini del tempo, la fece sposare con il ventiquattrenne Étienne de Castel, notaio e segretario del re. Fu un matrimonio molto felice che durò però soltanto dieci anni, perché Etienne nel 1390 morì durante un'epidemia a Beauvais, dove aveva accompagnato il sovrano. Christine lo rimpianse per tutta la vita.

Una nave nella tempesta

Sempre nella *Città delle Dam*e, fece un resoconto molto crudo e realistico dell'infelicità di tante donne maltrattate:

> Quante donne ci sono che, a causa della crudeltà dei loro mariti, passano una vita matrimoniale disgraziata, in più grave penitenza che se esse fossero schiave dei Saraceni? Dio! Quante botte senza causa né ragione, quante infamie, oltraggi, offese, servitù e ingiurie devono sopportare tante nobili e oneste donne, senza che nessuna di loro protesti. E quante sono quelle che, con tanti figli, muoiono di fame e di miseria, mentre i loro mariti stanno in luoghi dissoluti o se la spassano in città nelle taverne; per di più, quando i mariti rientrano, picchiano le povere donne, ed è tutto quello che ricevono per cena.

Come non bastasse, gli uomini si permettono di scrivere falsità sulle donne. «Sono invenzioni fatte di proposito e false. Infatti sono gli uomini a dominare le loro mogli e non le donne a dominare i mariti, poiché essi non sopporterebbero mai una tale autorità». Tuttavia – è Rettitudine che parla ora a Christine nella *Città delle Dame* –, ci sono anche esempi di armonia coniugale. «Questo lo sai dalla tua esperienza: il marito che avevi era tale che non avresti potuto domandare di meglio. Nessuno, pensi, avrebbe potuto essere più buono, più dolce, più leale, e più teneramente innamorato: la morte te l'ha sottratto, e serberai sempre nel cuore il dolore per la sua scomparsa»[13].

162. *Il re Carlo V in lettura osserva il «Polycraticus» di Giovanni di Salisbury che ha appena fatto tradurre in francese*, Paris, BNF, ms. 24287, f. 2r, 1372.

La prosperità della famiglia aveva cominciato a incrinarsi proprio al tempo del matrimonio di Christine. Carlo V morì il 16 settembre del 1380. Tommaso rimase a corte ma si fecero prepotenti le ostilità di chi era stato geloso dei favori di cui egli aveva goduto al tempo del defunto sovrano, tanto che dal 1385 non ricevette più alcun compenso. Si ammalò, e morì nel 1387. Étienne de Castel divenne il capofamiglia, ma, come sappiamo, dopo tre anni anch'egli morì.

163. *Il Louvre, particolare del mese di Ottobre* (dalle *Très Riches Heures du Duc de Berry*), Chantilly, Musée Condé, ms. 0065 (1284), f. 10v, 1412-16.

Per Christine, vedova a venticinque anni, iniziò un periodo tristissimo. Si trovò sola e povera, con tre figli piccoli, la madre e una nipote a carico – tre volte doppia come si descrisse[14] –, a doversi destreggiare fra complicati atti giudiziari e processi per i quali non aveva alcuna preparazione. Questo è l'unico rimprovero che rivolge all'amatissimo marito: «È abitudine comune degli uomini sposati di non mettere al corrente le mogli dei loro affari; da questo viene spesso un gran male; io stessa ne ho fatto esperienza e quando le mogli non sono stupide ma prudenti e sagge, non è certo un atto di buon senso»[15].

Il padre non aveva amministrato in modo attento i suoi beni e il loro possesso fu contestato in lunghi processi giudiziari; anche il marito non era stato previdente: Christine scoperse stipendi arretrati e mai riscossi, si trovò attorniata da una folla di creditori veri e presunti, spesso senza scrupoli, e di nuovo costretta a lunghi processi – per alcuni occorsero vent'anni prima che potesse riavere il dovuto. Si descrive umiliata e in lacrime, del tutto fuori posto nella grande sala della Camera dei conti dove si tenevano le udienze: «Quante volte errai senza meta passando le mattinate in quel palazzo, morendo di freddo, in cerca dei miei avvocati e procuratori per ricordare loro di sollecitare la mia causa»[16].

I due fratelli, non riuscendo più a mantenersi, decisero di rientrare in Italia dove avevano proprietà ereditate dal padre. Anche questa fu una separazione dolorosa: «E io che amo così teneramente la mia famiglia mi lamento con Dio quando vedo mia madre senza i suoi figli a cui vuol tanto bene e io senza i miei fratelli»[17]. Entrambe sapevano che non li avrebbero più rivisti.

Più e più volte Christine nelle sue opere rimpiange la mancanza del marito che coincise con la fine della felicità. «Me l'ha preso la morte nel fiore della giovinezza, all'età di 34 anni, e io, che ne avevo 25, rimasi con i miei tre figli e una famiglia pesante. Quindi giustamente, posso ben dire, fui colma di amarezza rimpiangendo la sua dolce compagnia e la gioia passata, durate soltanto dieci anni»[18]. Fu costretta ad assumersi la guida di una nave rimasta senza capitano in mezzo alla tempesta; «vedendo i fiotti della tribolazione che si rovesciavano su di me ho desiderato morire piuttosto che vivere, e non dimenticando la fedeltà e l'amore che gli avevo promesso decisi fermamente di non avere mai più nessun'altro»[19]. Tuttavia la disperazione costrinse Christine a una svolta nella vita; diventò una donna autonoma e indipendente, capace di mettersi al timone e di portare in salvo sé stessa e la famiglia: scoprì la scrittura, prima donna a vivere dei proventi delle opere che compose numerosissime, con grande successo e in pochi anni.

Il racconto di quella metamorfosi è in versi ed è molto noto. Lettrici e lettori lo conosceranno; mi scuso in anticipo per la ripetizione, che forse ci consentirà di aggiungere qualche noterella.

L'autrice è su una nave con il marito e la famiglia durante una grande tempesta. Ma un'onda trascina Étienne in mare e lo fa annegare. Christine, esausta per il pianto e la fatica, si addormenta mentre l'imbarcazione va alla deriva, finendo contro una roccia, subendo gravi danni. Sogna, ed ecco arrivare Fortuna che la tocca e la modella; sempre dentro il sogno Christine si sveglia e si accorge di essersi trasformata: «Mi sentii molto più agile del solito, il mio volto era mutato e indurito e la mia voce era diventata profonda e il corpo più forte e snello, ma dal dito era caduto l'anello che Imeneo mi aveva donato. [...] Mi ritrovai con un animo forte e ardito, in cui mi stupivo, ma capii di essere divenuta un vero uomo»[20].

Molto importante è la perdita dell'anello nuziale: Christine non cercherà mai più la protezione e la sicurezza economica di un marito, si manterrà da sola svolgendo un mestiere da uomo perché diventerà una scrittrice. «Allora diventai un vero uomo, non è una storia, capace di condurre le navi. Fortuna mi insegnò questo mestiere». E Fortuna le dà anche un martello con cui riesce a riparare la nave.

Più snella, più agile, e una voce più profonda: questi sono i mutamenti, i tratti distintivi del maschio in cui si sta trasformando: cioè la sua voce sarà ascoltata, come viene ascoltata quella degli intellettuali maschi. Il suo vestiario sarà più semplice – parleremo del suo inconfondibile e sempre identico vestito blu, quasi una divisa – e come i maschi riserverà molto meno tempo e pensieri alla moda, a elaborate pettinature; non vedrà più se stessa come una donna debole, di complessione delicata a cui si devono compianti e compatimenti: sarà una donna forte, condurrà una vita sana e sobria. In effetti descriverà il suo corpo: «fort assez e bien constitué»[21]. È diventata un uomo perché infatti è un uomo il capofamiglia, e lei lo è perché ha deciso di rimanere per sempre vedova. Ma soprattutto ha in mano il martello e ripara la nave perché sarà lei, *con le sue opere*, capace di mantenere la famiglia e risollevarne le finanze sconquassate.

Gli anni durissimi della prima vedovanza, le umiliazioni subite, la necessità di affrontare e vincere tante difficoltà pratiche costringono Christine a una maggiore autoconsapevolezza e a scoprire dentro di sé il germogliare di risorse che la vita felice e distratta della sua giovinezza amorosa aveva lasciato come semi nascosti.

Christine era sempre vissuta a corte, conosceva e aveva frequentato l'ambiente dei nobili che si dilettavano di ballate e poesie, e cominciò quindi a comporne di lievi, piacevoli ed eleganti mescolando tocchi personali a temi consueti. Le dedicò a questi conoscenti altolocati: ebbe successo, iniziò a farsi conoscere e a essere ricompensata. «Dunque mi misi a creare cose graziose, all'inizio più leggere; e proprio come l'operaio che diventa sempre più abile nel suo lavoro quanto più lo pratica, studiando sempre più diverse materie, il mio senso si imbeveva di cose differenti, correggendo il mio stile in maggiore raffinatezza e più alta materia»[22].

Continua a leggere e a istruirsi accanitamente, lavora senza tregua, scopre quanto autentica e profonda sia la sua passione di studiosa. Ma è anche estremamente abile nel farsi conoscere e nel conquistare uno spazio proprio, in quello affollato di soli autori maschi. Con grande coraggio e ardimento osa attaccare le opinioni e il valore poetico del *Roman de la rose* di Jean de Meung. In realtà il poema, come è noto, è composto da due parti ben distinte: la prima, scritta da Guillaume Lorris nel 1245 circa, consta di circa quattromila versi e svolge in forma allegorica e un po' preziosa, secondo gli stilemi della poesia cortese, il desiderio non esaudito di un cavaliere per il bocciolo di una rosa bellissima, scoperta nel giardino dove è penetrato. Da qui le lotte che egli intraprende per conquistarlo, ostacolato da vari personaggi quali Malabocca, Falso Sembiante e Gelosia arroccata nel suo castello. Il poema rimase incompiuto per una cinquantina di anni. Alla fine del XIII secolo un universitario parigino, Jean de Meung, lo riprese per portarlo a compimento e scrisse più di diciottomila versi, ma con un tono assolutamente diverso. Non rimase più nulla della delicatezza della poesia cortese. Jean de Meung fece scendere in campo i personaggi di Ragione, Natura e Genius (l'intelletto dell'intellettuale), e in modo verboso, da professore dell'università parigina, dichiarò apertamente lungo tutto il poema il proprio disprezzo verso la donna, solo strumento dell'appagamento sessuale del maschio. Non esiste l'amore ma solo l'istinto, allo stesso modo dei tori e delle vacche nei prati. Il linguaggio è spesso volgare e licenzioso. Ad esempio, grida un marito geloso alla propria moglie: «Siete, siete state, sarete, tutte puttane, nei fatti e nelle intenzioni!»[23].

L'attacco di Christine, che, forte della conoscenza dell'italiano, contrappose l'altezza poetica della *Divina commedia* di Dante alla prolissità concettosa di Jean de Meung[24], e che invocava il riconoscimento della dignità delle donne, scatenò un dibattito protrattosi per anni. Con la sua forte presa di posizione Christine riuscì a portare il dibattito in pubblico e a conquistare una grande fama. Contro di lei si mossero personaggi famosi e importanti; loro malgrado, gli altezzosi professori universitari furono costretti a occuparsi degli scritti di Christine, rapida a ribattere con spirito e ironia alle loro sentenze, inesorabilmente smontate dalla logica e dall'intelligenza dell'autrice, la quale, dapprima combattente solitaria, conquistò via via sostenitori altrettanto famosi e influenti.

Jean de Montreuil, segretario di Carlo V, fu costretto a occuparsi di «quella donna di nome Cristina, che ormai dà in pasto al pubblico i suoi scritti». Senza rispondere nella sostanza alle argomentazioni dell'autrice, seppe solo manifestare un rabbioso disprezzo: «Benché ella non manchi affatto di spirito – per quanto una donna possa averne – mi sembra di sentire la cortigiana greca Leontio che, come ci ricorda Cicerone, osò scrivere contro il grande filosofo Teofrasto». L'insignificante donnetta Christine gli ricordò, pronta, che «una piccola punta di temperino o coltellino può forare un grande sacco pieno e gonfio di cose materiali»[25].

Un inconfondibile abito blu

Christine, ammaestrata dai tanti processi nei quali era stata coinvolta, aveva acquisito anche la capacità di presentare un documento ordinato di prove e controprove; con felice iniziativa radunò tutti gli scritti, suoi e dei suoi detrattori, sul dibattito intorno al *Roman de la rose* e, alzando al massimo il grado sociale dei destinatari, il 1° febbraio del 1402 dedicò la raccolta alla regina Isabella di Baviera, moglie di Carlo VI.

Molti anni dopo, e precisamente il primo giorno dell'anno 1414, portò alla medesima sovrana un lussuoso manoscritto contenente più di quindici sue opere. Nelle prime due miniature di questo codice l'autrice si è fatta rappresentare, a f. 3r, nel momento in cui è ammessa alla presenza della sovrana e, a f. 4r, mentre è al lavoro (**figg. 164 e 165**). Non dimentica, Christine, di ricordare nella dedica che era stata la sovrana a commissionare il lavoro: «Appena ebbi ricevuto il vostro ordine feci in modo, signora, che il manoscritto fosse completo nello scritto e adorno di belle miniature»[26].

Quindi, compiendo un leggero salto nel tempo, facciamo conoscenza anche con le immagini della nostra autrice.

Siamo dentro la reggia, in una stanza d'apparato – non stupiamoci dei letti, l'unico mobilio comodo medievale usato anche come divano – dove i muri per proteggere dall'umidità e dalle correnti d'aria, ma anche per aggiungere sontuosità, sono coperti da tappezzerie che alternano i fiordalisi d'oro sul fondo blu dei Valois a losanghe bianche e blu, i colori della Baviera. Su questo sfondo araldico, seduta su un letto minore rispetto al letto dirimpetto con baldacchino e tende raccolte, si staglia la regina che indossa una *houppelande*, un'ampia sopravveste di broccato rosso ricamata d'oro, doppiata di ermellino; sul capo la complicata acconciatura comporta un cuscinetto tempestato di fiori e di pietre preziose. Le dame che l'accompagnano sono invece sedute in cerchio su grossi cuscini e in mezzo è Christine in ginocchio con il prezioso manoscritto fra le mani. È una composizione che dà l'impressione di fasto e intimità insieme (non dimentichiamo di notare la bella poltrona accanto al letto d'onore e il sedile in pietra sotto la finestra che permette di osservare comodamente cosa succede al di fuori, nonché i due cani da compagnia).

Christine indossa una semplice «cottardita» blu con un velo bianco che copre il collo e l'ampia scollatura, posta sopra una cotta aderente rosso scuro; la sua acconciatura è piuttosto semplice, una cuffia «a corna» sulla quale è posato un velo che nasconde completamente i capelli[27].

164. *Christine presenta le sue opere alla regina Isabella di Baviera*, London, British Library, ms. Harley 4431, f. 3r, 1410-14.

L'abito modesto blu e lo svolazzante velo bianco sul capo sono la divisa che la individua come scrittrice e intellettuale, e in questa tenuta, fino a che visse, volle sempre essere rappresentata quando si trovava nel suo studio al lavoro. A f. 4r (**fig. 165**), all'inizio di *Cent balades*, eccola in una stanza estremamente raccolta mentre con penna e raschietto (per correggere gli errori, fare la punta alla penna e tenere distesa la pagina) compone in silenzio – le finestre e la porta sono ben chiuse –, con accanto l'immancabile cagnolino. Porre sé stessa, una donna, nel riquadro di solito riservato a un uomo, come ad esempio Giovanni Boccaccio rappresentato all'inizio del suo *Livre des femmes nobles et renommees* (**fig. 166**), fu una coraggiosa innovazione di Christine.

165. *Christine al lavoro*, London, British Library, ms. Harley 4431, f. 4r, 1410-14.

166. *Giovanni Boccaccio, autore del «Livre des femmes nobles et renommees»*, Paris, BNF, ms. Français 598, f. 4v, 1403.

Si tratta di un'immagine promozionale che imprime nella memoria del lettore il ritratto, certo non fisiognomico, di Christine, come scrittrice sapiente, autorevole e dotata di qualità morali, perché, oltre a difendere l'onore e la dignità delle donne, Christine si prefigge di istruire, convincere e, nelle opere politiche, di dare saggi consigli, prevedendo le conseguenze delle situazioni analizzate.

Non è un caso la scelta del colore blu. Il poeta Guillaume de Machaut spiega in una ballata: «Chi saprà giudicare rettamente i colori e dire giustamente il loro significato, dovrà pregiare sopra tutto il bell'azzurro, non ho alcun dubbio. Giallo significa falsità, bianco gioia, verde novità, vermiglio ardore, nero lutto, ma non dubitare che il bell'azzurro significa lealtà. Se vuoi amare l'azzurro e tenerlo caro, e io

167. *Lo specchio posato sul tavolo dove Christine è intenta a scrivere*, Paris, BNF, ms. Français 603, f. 81v, 1410-11.

faccio l'uno e l'altro, ricordati che significa la lealtà che non inganna. E devi onorarlo e riverirlo perché davvero non vale niente una cosa se manca di verità [...]»[28].

Anche la presenza ripetuta del cagnolino non mi sembra casuale, per il significato di fedeltà che la sua immagine comporta, in quanto è il più fedele amico dell'uomo: per questo compare ai piedi, ad esempio, di Ilaria del Carretto nel monumento funebre che le dedicò, fra il 1406 e il 1408, Iacopo della Quercia nel duomo di Lucca.

In un manoscritto autografo, datato intorno al 1410, del *Livre de la mutacion de fortune*, del 1403, dove come al solito Christine si presenta nel suo studiolo, vestita di blu, con il velo bianco intenta a comporre, vediamo che sul tavolo, oltre a due volumi e una scatoletta contenente

168. *Christine illustra i suoi «Proverbes moraulx»*, London, British Library, ms. Harley 4431, f. 259v, 1410-14.

il raschietto e la penna, è posato anche uno specchio incastonato in un elaborato piedistallo (**fig. 167**). Qui Christine prende a prestito l'attributo tenuto in mano da Ragione, apparsa insieme a Rettitudine e Giustizia a incitare l'autrice a costruire, cioè a scrivere *La Città delle Dame* (composta fra il 1404 e il 1405).

Ragione spiega a Christine la propria missione.

169. *Christine ammaestra il figlio*, London, British Library, ms. Harley 4431, f. 261v, 1410-14.

Il mio compito è quello di redimere gli uomini e le donne quando hanno intrapreso un cammino errato e ricondurli sulla retta via. E quando sbagliano, se hanno la capacità di riconoscermi, vado da loro in segreto e li ammonisco, mostrando i loro errori, in cosa sbagliano e quali sono le cause, poi insegno loro come fare il bene e come rifuggire dal male. E poiché il mio compito è mostrare con chiarezza a ogni uomo e ogni donna in coscienza e nei fatti le virtù e le colpe, mi vedi portare come uno scettro questo specchio risplendente, che tengo nella mano destra. Sappi in verità che chiunque vi si guardi può conoscere il proprio essere fino in fondo[29].

Christine perciò, con la scelta non solo del blu ma anche dell'attributo di Ragione, da cui è ispirata, rappresenta sé stessa come intellettuale affidabile e scrupolosa[30].

In due miniature in cui si mostra come autrice non la vediamo scrivere ma trarre dai propri libri la materia per ammaestrare, perché è lei stessa Ragione e la sua missione è educare.

All'inizio del libro composto negli anni 1400-1, *Les Proverbes moraulx*, si fa ritrarre nel suo studio mentre istruisce i destinatari di quest'opera, con i quali discute, composta e dignitosa (**fig. 168**).

Nel medesimo manoscritto, nella miniatura all'inizio degli *Enseignemens moraux*, scritti intorno al 1400 per il figlio maggiore Jean, si mostra ancora più assertiva, guardando direttamente negli occhi il giovane interlocutore in ascolto con le braccia conserte nel gesto della sottomissione (**fig. 169**). Da notare che in entrambe le immagini Christine è seduta, come se fosse in cattedra, avendo preso posto su uno scranno come il maestro in una scena di lezione, mentre i convenuti stanno in piedi.

Educare con parole e immagini. Jean aveva allora quindici anni e Christine lo incita a studiare e a comportarsi con «prudenza», ovvero a mettere a frutto il buon senso[31], assicurandogli che in questo modo potrà scacciare la «fortune l'amère», poiché l'uomo è padrone del proprio destino. Lo esorta a guardarsi però dai cattivi libri, quelli che dicono che le donne non valgono nulla, come ad esempio il *Roman de la rose* e l'*Art d'aimer* di Ovidio (Christine lo leggeva tradotto), e a onorare e a non diffamare né ingannare il genere femminile. Dovrà trattare bene la moglie (non come una serva!), che avrà scelto buona e saggia; certo si dovrà fare rispettare ma – e questo la dice lunga sui costumi dell'epoca – per nessuna ragione la deve picchiare («garde-toi de la battre point»)[32].

Non sappiamo se Jean sia stato uno sposo perfetto; comunque doveva presentarsi bene perché la madre riuscì a sistemarlo presso il duca di Borgogna, Filippo l'Ardito (fratello di Carlo V). E poiché parliamo di Jean ricordiamo rapidamente che entro il 1400-1, quando Christine scrisse il suo primo libro, *L'Epistre Othea*, il carico familiare era diminuito. La figlia Marie, che allora doveva avere tredici o quindici anni, assolutamente per libera scelta – sottolineò la madre – entrò nel convento delle domenicane di Saint-Louis de Poissy (dove venivano accettate soltanto giovinette che appartenevano all'alta aristocrazia), al seguito della quattrenne Maria di Francia, figlia di Carlo VI e della regina Isabella. Evidentemente Christine aveva saputo ben mettere a segno le sue frequentazioni a corte[33].

Certamente pensava ancora a suo figlio Jean di quindici anni quando compose *L'Epistre Othea*, una lettera che una dea di questo nome, inventato da Christine, scrive al quindicenne futuro eroe di Troia, Ettore. L'opera ebbe un enorme successo, ne rimangono quarantasette manoscritti: è un piccolo manuale che deve guidare il giovane cavaliere a sapersi comportare bene nel vasto mondo. Ogni capitolo ha uno schema fisso: quattro versi enunciano un buon consiglio che nel *Texte* si appoggia a un episodio della mitologia antica; segue una «glossa» che racconta una storia del personaggio citato, unita a un consiglio tratto da un autore dell'Antichità (Socrate, Platone o Aristotele), offrendo insegnamenti utili al cavaliere per raggiungere la fama ed esercitare le virtù proprie del suo stato; infine segue un'«allegoria» con l'interpretazione spirituale di quanto narrato, tratta dai Padri della Chiesa e dalla Sacra Scrittura. In questo modo Christine insegna la mitologia, ma in una prospettiva cristiana, e la dea fornisce al suo discepolo un'istruzione laica e religiosa insieme. La fonte dei personaggi è soprattutto l'*Ovide moralisé*, adattamento francese delle *Metamorfosi*, ma ogni episodio narrato è rielaborato dall'immaginazione e dal talento dell'autrice, capace di mescolare i testi e di inventare e di suggerire a miniatori e miniatrici un'iconografia laica completamente nuova, riadattando quella religiosa.

Ad esempio nel manoscritto Français 606 quasi interamente autografo di *L'Epistre Othea*, dedicato a Luigi d'Orléans (fratello minore di Carlo VI), Nettuno, accorso fra le nuvole per impedire un imminente naufragio, ripete lo schema del santo apparso nel cielo per salvare i naviganti durante una tempesta[34] (**figg. 170-171**).

Venere che dal cielo fa scendere cuoricini rossi sugli innamorati, i quali li innalzano felici, mi sembra si appoggi, come retro-ispirazione, sulla discesa dello Spirito Santo a Pentecoste sotto forma di fiammelle infuocate (**fig. 172**).

La Luna invece saetta frecce su una folla di uomini e donne riversi a terra perché, avendo influenza, il «pianeta», sulla melanconia e la follia, a seconda delle disposizioni degli uomini, genera «la maladie de franasie et melancolie» (**fig. 173**); l'immagine mi pare che ricordi da vicino l'ira di Dio mentre saetta le frecce mortali della peste sull'umanità peccatrice o il Dio d'amore mentre colpisce le sue vittime. In ogni caso quella della Luna è una malefica influenza da cui il bravo cavaliere si deve guardare[35] (avrà anche pensato, Christine, a Carlo VI come una vittima della Luna per la sua intermittente follia?).

A volte Christine mescola i miti, le fonti scritte e le immagini, e ne trae un insegnamento morale e religioso, come ad esempio per quanto riguarda la storia di Perseo e Andromeda. Perseo viene ricordato per

170. *Nettuno evita un naufragio*, Paris, BNF, ms. Français 606, f. 16v, 1407-09.

171. Herman de Limbourg, *San Nicola salva i marinai*, New York, The Metropolitan Museum of Art, *Belles Heures de Jean de France, duc de Berzy*, f. 168r, 1405-08.

avere ucciso la Medusa che pietrificava chiunque con il suo sguardo; dal sangue colato dal collo reciso nacque Pegaso, l'immortale cavallo alato.

Perseo salvò anche la bellissima Andromeda, nuda e incatenata a una roccia, destinata a essere divorata da un mostro marino. (Bellerofonte

172. *L'influenza di Venere sugli innamorati*, Paris, BNF, ms. Français 606, f. 6r, 1407-09.

173. *La Luna rende uomini e donne pazzi e malinconici*, Paris, BNF, ms. Français 606, f. 7r, 1407-09.

174. *Perseo e Andromeda*, Paris, BNF, ms. Français 606, f. 4v, 1407-09.

invece viene ricordato per avere ucciso la Chimera – un mostro con la testa di leone, il corpo di capra e la coda di serpente – combattendo sul cavallo alato Pegaso.)

Nella miniatura (**fig. 174**) Andromeda, vestita e a mani giunte, prega, il cavaliere sul cavallo alato impugna una falce, e dal mare è sorto un terribile mostro.

Per analizzare questa miniatura, così piacevole da guardare ma così complessa nei suoi significati, volgiamoci a un altro manoscritto, sempre dell'*Epistre Othea*, che ci permette di comprendere meglio come testo e immagine si corrispondano, anche perché le figure sono accompagnate da titoletti identificativi.

Riassumiamo innanzitutto ciò che è scritto nella pagina dedicata a Perseo e Andromeda nel citato ms. 606[36], anche per avere un'idea precisa del modo di raccontare di Christine.

(Chiedo a chi legge di ascoltarla senza troppa impazienza perché lo stile qui è un po' didascalico e ripetitivo.)

Testo. Christine si rivolge al giovane Ettore esortandolo ad ammirare il grande Perseo la cui fama ha raggiunto il mondo; si mostra in volo a cavallo nel cielo e ha liberato con la sua forza Andromeda dalla belva restituendola ai genitori, proprio come deve fare il bravo cavaliere errante. Questo episodio è da ricordare, ammonisce Christine, perché il bravo cavaliere deve comportarsi così se vuole acquistare l'onore tanto apprezzato. Ettore si specchi nello scudo lucente di Perseo che ha vinto innumerevoli nemici e abbia come arma il falcetto di lui (l'arma usata contro Medusa) e così diventerà forte e famoso.

Glossa. Poiché è bene che al buon cavaliere siano dovuti reverenza e onore, se ne parlerà secondo la maniera dei poeti. Perseo, il valente cavaliere, conquistò molti reami e da lui prende il nome la grande terra di Persia. Quando i poeti dicono che Perseo vola a cavallo di Pegaso si deve intendere la buona fama che si diffonde nell'aria. Porta in mano un falcetto o una falce per significare la grande messe di gente sconfitta in molte battaglie. Liberò Andromeda dalla belva: era una fanciulla figlia di re che egli liberò da un mostro marino, perché per la sentenza degli dèi doveva essere divorata; questo significa che ogni cavaliere è obbligato a soccorrere una donna quando essa ne abbia bisogno. Il gruppo di Perseo e Pegaso rappresenta la buona fama ottenuta con meriti propri dal buon cavaliere, diffusa per ogni dove. Dice Aristotele che la buona fama fa l'uomo noto al mondo e bene accolto alla presenza dei principi.

Allegoria. L'esperto cavaliere deve desiderare di ritrovarsi in paradiso in compagnia dei santi per la buona fama acquisita con i propri meriti. Il

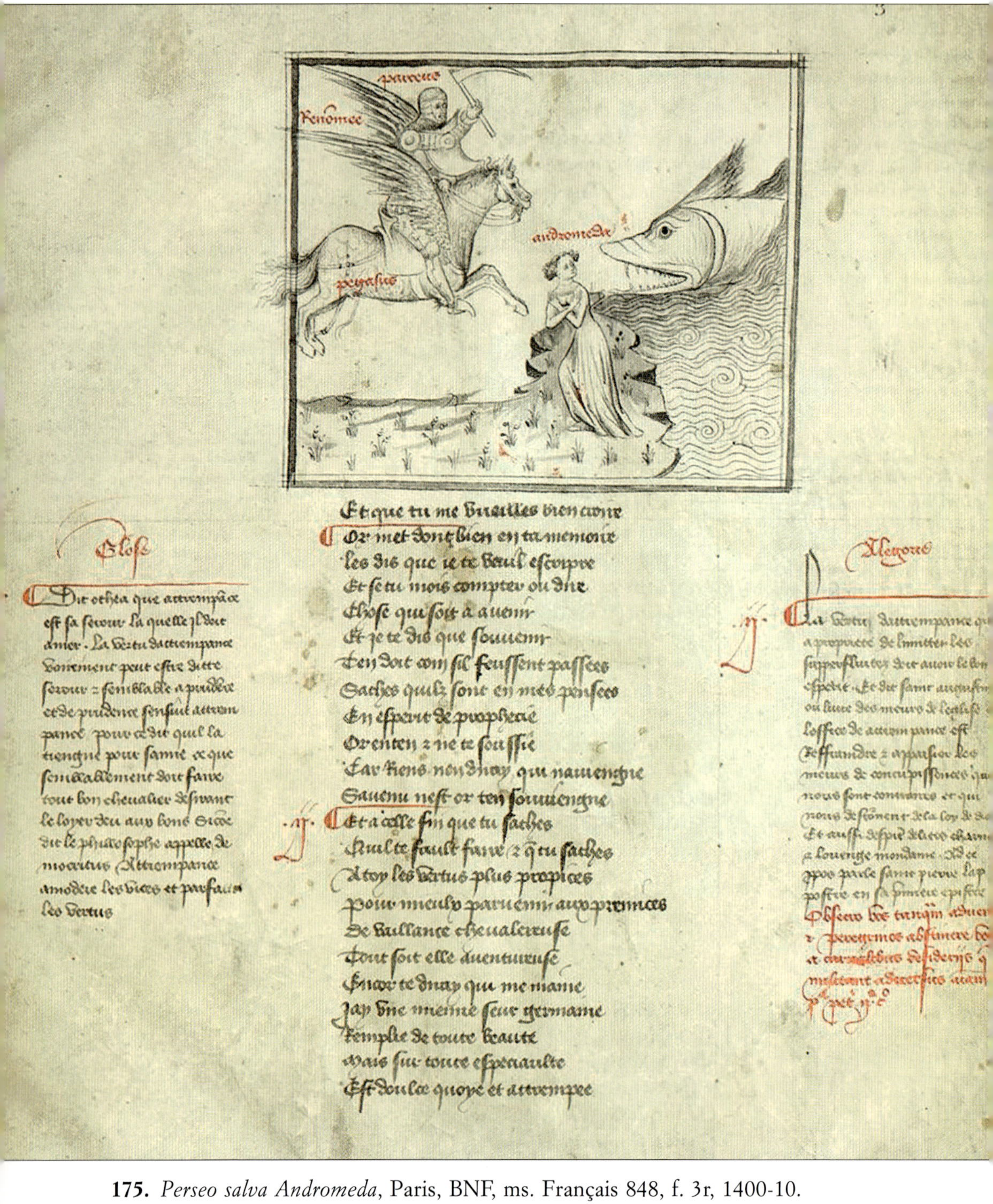

175. *Perseo salva Andromeda*, Paris, BNF, ms. Français 848, f. 3r, 1400-10.

176. Particolare della figura precedente.

cavallo Pegaso che lo porta sarà il suo buon angelo, il quale nel giorno del Giudizio farà un rapporto positivo delle opere del proprio protetto. Andromeda liberata è l'anima del cavaliere; egli la libera dal nemico, cioè dall'inferno, vincendo il peccato. Anche sant'Agostino dice che per vivere bene occorre possedere buona coscienza e buona fama. Buona coscienza per sé stesso e buona fama per il prossimo e per questo dice il saggio: «Curam habe de bono nomine, magis enim permanebit quam mille thesauri preciosi»; Ecclesiaste 41 [15] («Tieni conto del buon nome: perché questo sarà tuo più stabilmente che mille tesori preziosi e grandi»).

Nella miniatura (**figg. 175-176**) vediamo i personaggi contrassegnati dai titoletti in rosso: «Parseus», «Renommee», «Pegasus» e «Andromeda».

Andromeda incrocia le braccia sul petto quasi a volersi coprire, ricordo dell'Andromeda nuda e vergognosa di fronte all'eroe, particolare che compare in una illustrazione dell'*Ovide moralisé*, il testo che Christine tenne presente per la narrazione (**fig. 177**).

177. *Perseo libera Andromeda*, Paris, Bibliothèque de l'Arsenal, ms. 5069, f. 61v, inizio del XIV sec.

Nella miniatura del ms. Français 606, come abbiamo visto, Andromeda, vestita, è inginocchiata e congiunge le mani in preghiera (**fig. 174**). Christine copiò lo schema di san Giorgio che libera la principessa e Millard Meiss suggerì a confronto una miniatura del cosiddetto «Codice di san Giorgio» (**fig. 178**): l'eroe a cavallo sconfigge il drago emergente dall'acqua mentre la fanciulla, vestita e a mani giunte in preghiera, assiste ansiosa all'esito del combattimento[37].

Christine sostituì però al santo l'eroe del mito, Perseo. Nel testo dell'*Ovide moralisé* si racconta anche di Perseo che, con un falcetto,

178. *San Giorgio libera la principessa uccidendo il drago*, Città del Vaticano, BAV, Arch. Cap. S. Pietro, ms. C 129, f. 85r, prima metà del XIV sec.

179. *La costellazione Perseo*, Wien, ÖNB, *De noticia doctrine […] ymaginum signorom celi*, ms. 2352, f. 15r, 1392-93.

180. *La Morte con la falce*, New Haven (Conn.), Yale University Library, Archive Beinecke Library, 1442-47.

181. *Cristo discende agli Inferi*, Paris, Musée du Louvre, part. del «Parement de Narbonne», 1375 ca.

troncò la testa della Medusa. Nei manoscritti di quest'opera manca una miniatura che illustri il particolare, ma Christine se ne ricordò visivamente perché Perseo è anche una costellazione ed è rappresentato in molti manoscritti astrologici, come ad esempio nel ms. 2353 della Nationalbibliothek di Vienna, datato fra il 1392 e il 1393, con i piedi alati mentre con una mano brandisce la testa mozzata di Medusa e con l'altra l'arma della vittoria, un falcetto (**fig. 179**).

Christine poté conoscere questo tipo di rappresentazione data la professione del padre astrologo; magari avrà sfogliato un codice di questo tipo nella biblioteca di casa.

Trasportò però su un registro religioso il falcetto di Perseo trasformandolo, nella miniatura del ms. Français 606, in una falce, attributo della Morte, uno dei *Novissimi* (cioè le cose ultime: Morte, Giudizio, Inferno e Paradiso), come ad esempio nella carta di tarocco del mazzo Visconti di Modrone (**fig. 180**).

Rispetto all'immagine citata del ms. Français 848 (**fig. 175**), sostituì alla balena un mostro dai denti aguzzi simile a quello che rappresenta la bocca dell'inferno, come si vede nella *Discesa di Cristo al Limbo* del Maestro del «Parement de Narbonne», fatta eseguire da Carlo V verso il 1375[38] (**fig. 181**).

In questo modo Christine riuscì a legare la miniatura al testo dell'*Allegoria* dove si parla per l'appunto dell'inferno. Valga il solo esempio del capitolo dedicato a Perseo e Andromeda per mostrare non solo la cultura di Christine ma la sua capacità di immaginazione e il suo talento.

Testimone del suo tempo

Christine, attenta autopromotrice di sé stessa, si fece rappresentare anche mentre dedicava di volta in volta le proprie opere ai suoi augusti protettori, fra cui i fratelli del sovrano Carlo V: mi limito al solo esempio di Luigi d'Orléans (**figg. 182 e 183**) al quale offrì *Le livre du débat des deux amans*, oppure *L'Epistre Othea* (qui eccezionalmente vestita a lutto, per ricordare il suo stato vedovile[39]).

Il primo di gennaio del 1404 ebbe l'idea di offrire personalmente i suoi omaggi a Filippo l'Ardito, fratello di Carlo V, portandogli in dono *Le livre de la mutacion de fortune*, sontuosamente miniato. Pochi giorni dopo fu richiamata a corte, dove l'autrice si recò «avec ses gens», cioè con i suoi aiutanti[40], copisti e miniatori, ricevuta con grande riguardo.

Il principe le commissionò un trattato «per riportare alla memoria le virtù e i fatti del serenissimo principe, il saggio re Carlo, portatore di saggezza e di ogni virtù». Christine si dichiarò felice di fare gli elogi del sovrano e disse di sentirsi tenuta al doveroso omaggio, «dal momento che – scrisse – nella mia giovinezza e nella mia infanzia insieme ai miei genitori fummo nutriti del pane offertoci dal re»[41]. Quell'incarico fu decisivo per la carriera di Christine nel mondo delle lettere, perché le fu riconosciuta la qualità di autore politico. Anzi, diciamo meglio: era la prima donna a scrivere di storia e di politica, circostanza eccezionale, tanto più se si pensa che erano passati solo pochi anni da quando aveva cominciato a comporre ballate!

Grazie agli studi di Suzanne Solente, che ha curato l'edizione del testo, possiamo sapere quali furono i libri, alcuni forse prestati dallo stesso Filippo l'Ardito, che Christine ebbe sotto mano per comporre *Le livre des fais et bonnes meurs du sage roy Charles V*. Testi principali furono *Les grandes chroniques de France* e *Les Fleurs des Chroniques* di Bernard Gui, seguiti dalla *Chronique normande* e da un documento sul grande scisma, cioè *L'Avis baillé par l'Université de Paris au roy sur le débas des papes*, quindi il *Manipulus florum* di Tommaso d'Irlanda, raccolta di citazioni per ordine alfabetico con un indice assai comodo, e molti altri ancora[42]. Christine è consapevole di avere ricopiato, nella sua opera, molti passi delle fonti lette, con l'aggiunta solo di lievi ritocchi, ma, spiega, colui che costruisce una casa non ha fabbricato i mattoni e la malta necessari per fare sorgere l'edificio secondo il proprio intendimento; chi ricama non ha fabbricato i fili d'oro e di seta e nemmeno la stoffa e tuttavia ottiene la figura nata dalla propria immaginazione. *Le livre des fais et bonnes meurs du sage roy Charles V* non è però soltanto una compilazione, perché Christine, che frequentò la corte fin dalla prima giovinezza, aggiunse testimonianze di prima mano, di persone e di situazioni; vi mescolò anche propri ricordi, come ad esempio l'equilibrista che volteggiava su una corda tesa fra le due torri di Notre-Dame. Soprattutto espose le riflessioni politiche che le avevano ispirato il regno e il governo di Carlo V: quando conservare le vecchie leggi e quando formularne di nuove, se fosse giusto pagare le tasse, come e quanto la saggezza e la prudenza del sovrano in varie circostanze avessero assicurato un periodo di prosperità e di pace al paese. Seguiranno altri trattati politici, fra i quali ricordo solo *L'Epistre à la reine*, in forma di lettera datata 5 ottobre 1405 e indirizzata a Isabella, moglie di Carlo VI. Giovanni senza Paura, duca di Borgogna e figlio di Filippo l'Ardito, lottava per la reggenza contro Luigi d'Orléans, fratello del re Carlo VI e reggente in sua vece, data l'intermittente pazzia del

182. *Christine offre a Luigi d'Orléans «Le livre du débat des deux amans»*, London, British Library, ms. Harley 4431, f. 58v, 1410-14.

sovrano. Christine supplica la regina di intervenire e fare riappacificare i due duchi. Non si sbagliava affermando che l'unione dei reali costituiva il pilastro della difesa del paese, così come era stato al tempo di Carlo V con i suoi fratelli; acutamente previde, se fosse perdurata la discordia, il varco aperto all'aggressione inglese (che si manifesterà con la sconfitta

183. *Christine offre a Luigi d'Orléans «L'Epistre Othea»*, London, British Library, ms. Harley 4431, f. 95r, 1410-14.

dei francesi ad Azincourt nel 1415); previde anche che la guerra civile in atto avrebbe portato il paese a un disastro totale.

L'autrice nell'*Epistre à la reine* sostiene di credere che Isabella sia neutrale, quando invece per la sua posizione la regina prendeva parte al conflitto, ma ancora una volta Christine intese valorizzare il ruolo della donna mettendo la sovrana davanti al dovere di esercitare la sua funzione regale per assicurare la pace, perché Isabella, in quanto regnante, è la madre del suo popolo.

Luigi d'Orléans e Giovanni senza Paura fecero, provvisoriamente, pace: influì l'opera di Christine? Non lo sappiamo, contentiamoci di supporlo.

Su questa intellettuale geniale sono stati scritti moltissimi e ottimi libri; mi dispiace di non poter dare conto neppure brevemente della straordinaria attività dell'autrice di cui lei stessa era ben conscia. Da imprenditrice e copista, in *Le livre de l'advision Cristine* valutò la propria produzione letteraria non in titoli ma in quantità di volumi, di fogli e di quaderni riempiti: «Dal 1399 quando cominciai a scrivere e fino al 1405 (ma ancora non mi fermo), ho portato a termine quindici volumi principali senza contare gli altri di piccola entità, i quali tutti insieme sono formati da circa settanta quaderni di grande formato»[43]. Si tratta di più di ottocento fogli riempiti *recto* e *verso*, quindi Christine in sette anni produsse più di duecento pagine manoscritte all'anno. Componeva davvero velocemente: *Le livre des fais et bonnes meurs du sage roy Charles V* fu portato a termine dal primo gennaio al 30 novembre del 1404 e *Le livre de la Cité des Dames* – sul quale adesso mi voglio concentrare, perché è il suo manifesto più articolato ed esplicito in difesa delle donne – dal dicembre del 1404 all'aprile del 1405.

In difesa delle donne offese e calunniate

Christine inizia *Le livre de la Cité des Dames* permettendoci di entrare nell'intimità della sua casa e della sua vita di studiosa. Le cedo subito la parola:

> Un giorno, mentre ero seduta nella mia stanza, come sempre concentrata nello studio delle lettere, attività consueta della mia vita, e con intorno a me numerosi volumi di differenti materie, a quell'ora ormai stanca per avere studiato a lungo il difficile pensiero di diversi autori, distolsi lo sguardo dal mio libro pensando per una volta di tralasciare le questioni sottili per dilettarmi nella lettura di qualche poesia. Con questa intenzione cercavo intorno a me qualche opera breve, e per caso mi capitò tra le mani uno strano libro, che non era mio, lasciato lì da qualcuno con altri volumi, come in prestito. Cominciai a sfogliarlo e vidi dall'intestazione che parlava di un tale Mateolo. Allora sorrisi: pur non avendolo mai visto prima, avevo spesso sentito dire che, tra gli altri libri, questo parlava bene delle donne, e pensai che poteva divertirmi leggerlo. Ma non lo guardai a lungo: mia madre mi venne a chiamare per la cena, che era già l'ora, quindi abbandonai la lettura, proponendomi di riprenderla l'indomani.

Il giorno dopo Christine scoprì invece che le pagine di Mateolo erano colme di maldicenze e di sgradevolezze contro le donne e cominciò a riflettere sul fatto che non soltanto un autore per nulla autorevole le denigrava, ma che «più in generale in ogni trattato di filosofi e poeti, predicatori, la lista sarebbe lunga, sembrano tutti parlare con la stessa bocca, tutti d'accordo nella medesima conclusione che il comportamento delle donne è incline a ogni tipo di vizio»[44]. A Christine risultava il contrario, esaminando sia la propria condotta sia quella di tante amiche ben conosciute, ma d'altra parte – e qui comincia a serpeggiare sotto traccia il suo tagliente sarcasmo – sarebbe stato troppo grave «che uomini così famosi, tanti importanti intellettuali di così grande intelligenza, così sapienti in tutto, come sembra che fossero quelli, avessero scritto delle menzogne in tanti libri, al punto che – spiega – stentavo a trovare un'opera morale indipendentemente dall'autore, senza incappare, prima di terminare la lettura, in qualche capitolo o chiosa di biasimo alle donne»[45].

Dunque, si convince Christine, era lei a essere nel torto anche se il breve inciso: «in questo modo mi affidavo più ai giudizi altrui che a ciò che io sentivo e sapevo» è già una piccola lezione di metodo e mette sulla buona strada chi legge. Christine, dando ragione agli uomini, a fil di logica conclude: «Dio ha fatto una cosa ben vile quando creò la donna, meravigliandomi che un artigiano così degno avesse realizzato un'opera tanto abominevole, ricettacolo, secondo l'opinione di quegli autori, di tutti i mali e di tutti i vizi. Riflettendo così, mi prese una grande tristezza e dispiacere: disprezzavo me stessa e tutto il sesso femminile come un mostro generato dalla natura»[46]. Sembra un uccello che si dibatte nella rete, Christine: non può pensare che Dio si sia sbagliato e deve concludere perciò che per lei sia stata proprio una grande sfortuna che Dio non l'abbia fatta nascere uomo perché – e questa conseguenza è abile e spiazzante – per tale condizione non può servirlo con tutte le virtù di cui gli uomini sono invece colmi.

Il passo seguente è noto, ma credo che non annoi rileggerlo:

> Ah! Dio, come può essere? Come posso dubitare senza cadere in fallo, che la tua infinita saggezza e perfetta bontà abbiano generato qualcosa che non sia buono? Non hai creato tu stesso la donna nei minimi particolari, dandole tutte quelle inclinazioni che tu stesso desideravi avesse? E com'è possibile che tu ti sia sbagliato? E nonostante ciò ecco tante e gravi accuse elaborate, stabilite e mosse contro le donne. Non riesco a capire questa avversione. E se è vero, mio Dio, che nel sesso femminile abbondano così tanti vizi, come molti affermano, e tu stesso dici che le testimonianze di molti garantiscono la verità, perché non dovrei pensare che sia tutto vero? Ahimè, mio Dio, perché non mi hai fatta nascere maschio, affinché le mie virtù fossero tutte al tuo servizio, così da non sbagliarmi in nulla ed essere perfetta in tutto, come gli uomini dicono di essere?

E conclude: «Nella mia follia mi disperavo del fatto che Dio mi avesse messa al mondo in un corpo di donna»[47].

Come si vede, Christine, che colloquia alla pari con Dio come fosse uno degli autori con cui in passato si era misurata, non desidera diventare un uomo per possedere virtù e qualità che ritiene di non possedere, non c'è affatto una freudiana «invidia del pene», ma, come almeno in apparenza sostiene, si dispiace di non poter servire Dio come invece possono fare gli uomini, esseri perfetti e senza vizi.

Tre Dame e un raggio d'oro

Dopo questo primo capitolo che funge da prologo, ecco la magica apparizione che dà avvio alla trama.

184. *Ragione, Rettitudine e Giustizia appaiono a Christine*, Paris, BNF, ms. Français 1177, f. 3v, terzo quarto del XV sec.

Immersa in quei dolenti pensieri, a capo chino per la vergogna, gli occhi pieni di lacrime, stavo appoggiata con la guancia sulla mano a un bracciolo del mio scranno quando improvvisamente vidi un fascio di luce sul mio grembo come un raggio di sole e io, che stavo in una stanza in penombra dove a quell'ora non poteva entrare la luce del sole, trasalii. Come se mi fossi svegliata di colpo alzai la testa per guardare da dove provenisse quel chiarore e vidi in piedi davanti a me tre Dame incoronate, dal portamento maestoso[48].

Sono tre straordinarie Virtù: Ragione, Rettitudine e Giustizia, che dimostreranno quanto fossero lontane dal vero le affermazioni misogine maschili e, dopo averle demolite, aiuteranno Christine a costruire una città fortificata, abitata soltanto da donne illustri.

Christine lascia supporre che tutto sia un sogno, dentro un sogno, una *mise en abyme*: la stanza è in penombra, lei ha il capo chino e lo solleva come se si svegliasse all'improvviso. Soffermiamoci su quel raggio di sole che la raggiunge sul grembo. Le miniature di manoscritti composti dopo la morte di Christine – gli artisti hanno aggiornato alla moda del proprio tempo l'abbigliamento dell'autrice donandole l'*hennin*, il cono a veli che per noi identifica la fata – sono però strettamente fedeli al racconto.

Ne presento due. Nella prima (**fig. 184**) Christine appoggia una mano sulla guancia a sostenere la testa, seduta al suo scrittoio; ha gli occhi chiusi e per una volta i libri accatastati davanti, su un tavolo tondo con leggio, rimangono inutilizzati. Non si è ancora accorta dell'arrivo delle tre Virtù, ognuna con il proprio simbolo: uno specchio, una riga e una coppa. Il raggio di sole, un fascio di linee dorate, entra dalla finestra alle sue spalle.

185. *Le tre Dame nel sogno di Christine*, Bibliothèque de Genève, ms. Français 180, f. 5v, seconda metà del XV sec.

Nella seconda (**fig. 185**), i libri sono stati eliminati per sottolineare maggiormente l'arrivo delle tre Dame, contestualmente al torrente di luce che investe l'autrice addormentata.

Nelle immagini dell'Annunciazione, spesso Maria ha in mano o accanto a sé

186. Gentile da Fabriano, *Annunciazione*, Città del Vaticano, Pinacoteca, 1423-25.

un libro mentre dal cielo la raggiunge un raggio d'oro: «È la parola di Dio che non può essere separata dall'Incarnazione»[49], come ad esempio nella tavola di Gentile da Fabriano, dove sul libro aperto (**fig. 186**), abbandonato sulla panca, è scritta la conclusione del dialogo di Maria con l'Arcangelo Gabriele: «Ecce ancilla Domini fiat voluntas tua» («Ecco l'ancella del Signore, sia fatta la tua volontà»).

Nella miniatura della Visitazione delle *Très Riches Heures du Duc de Berry* (**fig. 187**) Maria, raggiunta da un fiume d'oro che dal cielo giunge al suo grembo dove è ospitato il Bambino divino, vi appoggia un libro per significare che le Scritture si sono adempiute, come recita il Vangelo di Giovanni: «E il Verbo si è fatto carne» («Et Verbum caro factum est»).

Christine sta dunque per concepire un libro, come Maria Cristo nel momento dell'Annunciazione.

187. *L'incontro di Maria in attesa della nascita di Cristo e di Elisabetta in attesa di Giovanni Battista*, Chantilly, Musée Condé, ms. 0065 (1284), f. 38v, 1411-16.

Che Christine attraverso il raggio d'oro avesse volontariamente istituito un paragone con l'episodio evangelico lo dimostra proprio nella *Città delle Dame* il modo in cui l'autrice conclude la sua risposta ai discorsi con i quali le tre Virtù si sono presentate: «Comandate e io obbedirò, *e sia fatto di me secondo la vostra volontà*»[50].

Del resto nel *Livre de l'advision Cristine* Natura le dice:

> Quando tu eri incinta, giunta al momento di partorire, sentivi terribili dolori. Ora io voglio che da te nascano nuovi libri che in futuro presenteranno al mondo per sempre la memoria di te davanti ai principi e a tutto l'universo [...]. Tu partorirai con gioia per mezzo del tuo spirito: malgrado la fatica e il dolore, proprio come la donna che appena sente il grido del neonato dimentica il male patito, così tu dimenticherai la fatica e la pena ascoltando la voce della fama dei tuoi volumi mentre si diffonde nel mondo[51].

Non si può dire che Christine non avesse autoconsapevolezza del proprio valore.

Boccaccio: un autore di peso, a volte troppo

Christine per scegliere i suoi esempi di regine, guerriere, poetesse, indovine, scienziate, martiri e sante attinse largamente al *De mulieribus claris* di Giovanni Boccaccio che, tradotto in francese nel 1401[52], conobbe subito un largo successo. Tuttavia se ne distaccò in punti importanti.

Giovanni Boccaccio non aveva trovato donne a lui contemporanee abbastanza degne da essere ricordate: «Sono giunto come è ben chiaro fino alle donne del nostro tempo. Ma fra esse è così raro il numero di coloro che brillano, da ritenere più onesto por termine alla mia impresa piuttosto che continuare prendendo a soggetto le donne d'oggi»[53]. Al contrario Christine pensa che la sua *Città* continuerà a essere costruita nel presente e nel futuro e trova esempi degni da segnalare. Rispondendo al quesito se sia bene che le donne imparino le lettere, cita il caso di Giovanni d'Andrea il quale,

> celebre giurista di Bologna la Grassa, e non sono passati sessant'anni, non pensava fosse un male dare un'educazione alle donne. Egli aveva una figlia bella e buona che gli era tanto cara, di nome Novella. Le insegnò le lettere e il diritto e, quando qualche contrattempo gli impediva di far lezione ai suoi studenti, mandava in cattedra la figlia al posto suo. Affinché la bellezza di Novella non distraesse l'attenzione degli astanti, davanti a lei c'era una tendina. In quel modo suppliva alle occupazioni di suo padre e le rendeva più leggere. Egli l'amò tanto che per fissare il suo nome nella memoria, fece una notevole discussione di un libro di diritto che intitolò con il nome di sua figlia, *La Novella*.

(E non importa, dico io, la tangenza con le *Novellae Constitutiones*, cioè le costituzioni imperiali emanate da Giustiniano dal 535 in poi, «novelle» perché nuove rispetto al precedente *Codice* giustinianeo.)

Christine conclude: «Non tutti gli uomini quindi, specialmente i più colti, condividono l'opinione che sia male l'educazione per le donne. È ben vero che molti fra quelli meno istruiti lo sostengono: sarebbero molto irritati se le donne ne sapessero più di loro»[54].

Christine si oppone a Boccaccio anche riguardo alla sua nostalgia per la mitica età dell'oro, quando si viveva una vita serena e semplice; ritiene al contrario che quello sia stato un tempo in cui gli uomini, vestiti di pelle d'animale e nutriti da ghiande, vivevano come bestie, senza legge, né giustizia, né ordine. Fa invece una lode della civiltà e del progresso, ai quali diedero importante impulso le donne, in particolare Cerere, che insegnò agli uomini ad arare e a seminare la terra: una donna e non una dea per Christine, la quale, nella determinazione degli uomini a trasformare personaggi femminili in divinità, vede il rifiuto di riconoscere a donne realmente vissute bravura e talento. Il lavoro degli agricoltori permise poi ad altri uomini di fare invenzioni tecniche, di raffinare ed elevare il proprio pensiero e così «il rude selvaggio fu mutato in un uomo civile e cittadino»[55].

Christine, rispetto a Boccaccio, rovescia anche il tipo di esemplarità di alcune eroine vessate, o addirittura uccise, proposto nel *Decameron*, perché ricontestualizza la loro storia, come ad esempio quella di Griselda[56]. Il marito, marchese di Saluzzo, per provarne fedeltà e ubbidienza, tratta la moglie in maniera crudelissima facendole credere di avere ordinato la morte dei figli e poi, dopo molti anni, dichiara di volerla cacciare perché vuole sposare una bella fanciulla, in realtà la loro figlia, che Griselda è costretta ad accogliere e onorare. Solo dopo quest'ultima prova il marchese si dichiarerà soddisfatto e svelerà a Griselda tutte le menzogne e da quel momento le mostrerà amore. Il giudizio del Boccaccio è molto ambiguo; sostanzialmente il racconto è presentato come esempio della brava moglie resistente a ogni angheria. Christine invece narra la storia dal punto di vista di Griselda, mostrando fino a che punto può arrivare la crudeltà maschile. In questa e in altre novelle sempre riprese dal Boccaccio, come quella di Bernabò da Genova, di Tancredi principe di Salerno e dei fratelli di Elisabetta[57], l'autrice sottolinea il capriccio, la superficialità e la violenza di cui le loro donne sono vittime. Bernabò è dominato da una rabbia e da una prepotenza incontrollate che la moglie, ingiustamente condannata a morte senza poter pronunciare una parola che la discolpi da una calunnia falsa, giudica «beste» e «digne de mort»; il vecchio Tancredi è in preda a un non paterno amore per la propria figlia Ghismonda, la quale morendo suicida, poiché Tancredi le ha ucciso l'amante e le ha fatto «dono» del cuore di lui, gli grida: «Sembri un serpente che prima uccide e poi piange la sua vittima». I sadici e reiteratamente crudeli fratelli di Elisabetta sono mossi dalla più bieca avarizia. Queste storie vengono raccontate nella *Città delle Dame* immediatamente dopo quelle di due terribili imperatori, Nerone, stupratore e assassino della propria madre, e Galba, crudelmente efferato, unici due capitoli in tutta l'opera intitolati a due uomini[58].

Fra gli esempi tratti invece dall'Antichità, il racconto di Lucrezia, suicidatasi dopo essere stata stuprata, porta Christine a riflettere sulla violenza esercitata sul corpo femminile e nella terza parte della *Città delle Dame*, dedicata alle sante e alle martiri, insiste sulle torture e sui tentativi di abusi sessuali a cui queste ultime sono sottoposte. Secondo Christine il suicidio di Lucrezia ebbe una conseguenza politica, perché venne emanata una legge che condannava gli stupratori a una «pena legittima, giusta e santa». La storia è raccontata per opporsi a chi sostiene che le donne traggano piacere nell'essere violentate: «Mi irrita e mi rende triste – spiega l'autrice – che gli uomini dicano che le donne vogliono essere stuprate e che a loro non dispiace essere violentate, anche quando si ribellano e urlano; non riesco a credere che possano gradire una così grave villania»[59], un'affermazione che purtroppo possiamo aggiornare al nostro tempo.

Ma torniamo all'inizio, al momento dell'apparizione delle tre Virtù. Ragione per prima cosa invita Christine a ribellarsi al principio di autorità e a ragionare con la propria testa. I filosofi possono sbagliare e i poeti spesso, raccontando in modo immaginario, esprimono il contrario di ciò che scrivono e anche se il *Roman de la rose* «gode di grande credito a causa dell'autorità di chi l'ha scritto, l'esperienza dimostra che la verità è tutto il contrario» (seguono l'esemplificazione e la dimostrazione)[60]. È per la ricerca della verità perseguita da Christine con lo studio continuo, e per la necessità di difendere le donne dalle ripetute e gratuite ingiurie e villanie ricevute dagli uomini, che le tre Virtù sono accorse.

Quella che Christine, assistita dalle tre Virtù, si accinge a fare sorgere nel Campo delle Lettere è una città metaforica, fortificata e invincibile dove le pietre, le mura e i magnifici edifici sono le argomentazioni elaborate dall'autrice a protezione delle donne calunniate, una città dove vivranno per sempre eroine di tutti i tempi, magnificate e lodate.

Il nesso fra progetto e realizzazione è ben rappresentato nella miniatura del ms. Harley 4431 (**fig. 188**) dove Christine, davanti al suo tavolo da lavoro, punta il dito sul libro che scriverà (o è invece quello, infame, di Mateolo?[61]), sollecitata dalle tre Virtù davanti a lei; nella parte di destra l'autrice inizia l'opera insieme a Ragione, riparando ed elevando le mura in rovina di una città vuota di edifici, colma solo di pietrame e blocchi alla rinfusa (le accuse ancora gravanti sul mondo femminile).

188. *Ragione, Rettitudine e Giustizia appaiono a Christine che, aiutata da Ragione, comincia a costruire le mura della Città delle Dame*, London, British Library, ms. Harley 4431, f. 290r, 1410-14.

L'autrice comincia a scavare il fossato con la zappa dell'intelligenza e Ragione si incarica di portare via le «sporche pietre nere e grossolane», cioè le accuse più rozze e insensate formulate dalla parte maschile. In tal modo Christine può cominciare a smontare le calunnie di chierici, di scrittori e di poeti.

Dio creò Eva dalla costola di Adamo nel senso che gli doveva essere al fianco come compagna e non ai suoi piedi come una serva [...]. Alcuni sono così folli da pensare, quando sentono dire che l'uomo venne creato a immagine di Dio, che si parli del corpo materiale: ma non è così, perché Dio non aveva ancora assunto una forma umana: si tratta dell'anima, che è intelletto spirituale e che vivrà eternamente, a immagine di Dio. E Dio creò l'anima così buona e nobile nel corpo femminile, come in quello maschile, senza differenze[62]. Se qualcuno mi dice – argomenta ancora Ragione – che, a causa di Eva, è per una donna che l'uomo fu bandito [dal paradiso terrestre], io rispondo che egli ha raggiunto un grado più alto per il tramite di Maria di quello che perdette a causa di Eva, poiché mai l'umanità sarebbe stata unita alla divinità se non ci fosse stata la colpa di Eva[63].

Originale è poi il significato che Christine attribuisce alla castità e alla verginità, imposte dalla Chiesa come modello di virtù (in realtà per controllare la sessualità femminile). Per l'autrice si tratta invece di una scelta, libera e volontaria, che svincola la donna dal suo ruolo tradizionale e obbligato di madre e di sposa.

L'eroina guerriera Pentesilea «fu così fiera che non si degnò mai di unirsi a un uomo, e rimase vergine tutta la vita»[64]. E qui l'autrice si distacca del tutto dal Boccaccio, secondo il quale Pentesilea si era recata da Ettore con «la brama di avere da lui un figlio illustre, che potesse succederle al trono»[65].

Ricordo che quando Christine riesce finalmente a governare la nave dopo che il marito era affogato fra le onde, perde l'anello nuziale perché è conscia di una totale trasformazione di sé. Da quel momento è diventata un'intellettuale e vivrà da allora e per sempre calata nel nuovo ruolo da cui trae una grande soddisfazione, come un'antica romana, la nobile vergine Cornificia che, mandata a scuola insieme al fratello, «si applicò alle lettere e prese piacere al dolce sapore dello studio»[66]. L'esempio, insieme a una lunga teoria di donne sapienti, risponde alla domanda di Christine se Dio non avesse mai voluto onorare il sesso femminile concedendo alle donne «una grande intelligenza e un profondo sapere e se esse hanno un ingegno capace di questo». Prontamente Ragione spiega che «se ci fosse l'usanza di mandare le bambine a scuola e di insegnare loro le scienze come si fa con i bambini, imparerebbero altrettanto bene e capirebbero le sottigliezze di tutte le arti, così come essi fanno»[67].

Il sapere ristretto delle donne dipende dalla loro vita, monotona e senza stimoli. «Le donne non hanno l'esperienza di tante situazioni differenti, ma limitandosi alle occupazioni domestiche, restano a casa, ma non c'è niente di più stimolante per un essere dotato di ragione che un'esperienza ricca e varia»[68].

Questo è tanto più vero, spiega Christine, perché si verifica anche nei lodatissimi uomini: coloro che vivono isolati sugli altipiani o chini a lavorare i campi appaiono «così sempliciotti che li si potrebbe scambiare per animali. E, nonostante ciò, è innegabile che la natura li abbia forniti degli stessi doni fisici e intellettuali che hanno gli uomini più saggi e più eruditi che si possono trovare nei grandi centri e nelle città. Tutto ciò deriva dal non potere imparare»[69].

Quando da piccola io vivevo in campagna, i miei amici, figli di contadini, assai intelligenti ma costretti ad andare a piedi nudi e a scuola solo quando i lavori agricoli non richiedevano pressantemente il loro contributo, a me, con le scarpe e tanto per bene e ordinata, che ogni giorno entravo in classe, chiedevano sinteticamente conto della nostra differenza sociale: «Perché a te sì e a noi no?», una domanda che non ho mai dimenticato, domanda che, purtroppo, anche oggi non riguarda affatto soltanto il mio caso personale.

Christine ha bisogno del sostegno di personaggi autorevoli per la sua difesa del mondo femminile. Se fino a questo momento abbiamo visto casi in cui Christine prende le distanze da Boccaccio, è ben vero che per l'apprezzamento delle donne colte lo cita spesso come referenza indiscutibile, tanto più che il grande scrittore si rivolge non solo alle donne eccezionali ma a tutte, invitandole a non ritenersi soltanto «capaci di accalappiare gli uomini e di mettere al mondo e allevare bambini», ma a sviluppare la bella intelligenza di cui Dio le ha dotate, il che avverrà, purché lo vogliano[70]. Boccaccio loda Proba la Romana che aveva avuto l'idea di «mettere in versi armoniosi e densi in dieci libri le Scritture e le Storie del Vecchio e Nuovo Testamento». Ma lascia affiorare un certo pregiudizio misogino, quando scrive che «suscita meraviglia che una tale idea nasca da un cervello di donna ma è ancora più prodigioso, [...], che sia stata realizzata»[71]. Christine lo riporta con una certa ironia[72].

Le invenzioni più importanti secondo Christine, che in questo si appoggia – come dichiara – sull'autorità di Boccaccio, furono tutte opera di donne che per le loro qualità straordinarie furono onorate come dee e alla fine ritenute tali. In effetti Boccaccio così inizia il capitolo dedicato a Minerva: «Minerva conosciuta anche come Pallade, fu una vergine talmente celebre che gli uomini sciocchi pensarono non avesse un'origine mortale»[73].

Passo rapidamente in rassegna le inventrici di Cristina: Nicostrata, che gli italiani chiamano Carmenta, fu la prima donna a promulgare le leggi della convivenza civile e «inventò l'alfabeto latino, la formazione delle parole, la distinzione tra vocali e consonanti e tutte le basi della grammatica»[74]. Di lei torna a parlare Christine a proposito del gran bene reso dalle donne al mondo, perché l'invenzione della scrittura offrì tanti vantaggi che la pur lunga enumerazione dell'autrice non può esaurire; e conclude: «Dove vi fu mai un uomo che fece di meglio?»[75].

Minerva, come si è detto, creduta dagli sciocchi del suo tempo una dea per le iniziative straordinarie, inventò «le cifre e la maniera di servirsene e di svolgere rapidamente le addizioni», l'arte della lana (l'intero ciclo, dalla tosatura delle pecore fino al modo di filarla), la tessitura e le tecniche per ottenere la stoffa, come ricavare l'olio dalle olive, il modo di fabbricare carri e carretti, le armature, le corazze in ferro e in acciaio, tutti gli strumenti musicali a fiato, a cominciare dal flauto.

Una miniatura della traduzione in francese dell'opera di Boccaccio mostra le invenzioni dovute a Minerva che Christine puntualmente ripete (**fig. 189**): in senso orario, vediamo due uomini intenti a fare dei conti, un tessitore al telaio, una donna con il pettine per cardare la lana, un fabbro intento a forgiare un elmo, un uomo concentrato a schiacciare le olive con il martello (strano modo per ricavare l'olio) e infine un giovane che suona il flauto.

189. *Minerva*, da Giovanni Boccaccio, *Le livre des femmes nobles et renommees*, Paris, BNF, ms. Français 598, f. 13r, 1403.

Cerere, «nell'Antichità regina di Sicilia», inventò le pratiche dell'agricoltura; a lei dobbiamo l'aratro, il mulino, e poi le case e le città: e «trasformò un mondo selvaggio in civile e cittadino»[76]. Iside ideò l'arte del giardinaggio e della coltivazione delle piante nonché «la scrittura simbolica degli Egiziani».

Al termine di questa prima, numerosa lista di donne meritevoli di lode, Christine prorompe in una appassionata perorazione rivolta a Ragione:

> Ah! Dama, ora capisco più che mai, grazie al vostro racconto, l'enorme ingratitudine e ignoranza di quegli uomini che sono tanto maldicenti nei confronti delle donne! Già pensavo che dovesse essere sufficiente, perché gli uomini non sparlino delle donne, pensare al fatto che tutti loro hanno avuto una madre e conoscere il bene evidente che le donne fanno abitualmente agli uomini, veramente un'abbondanza di doni prodigati con generosità che essi hanno ricevuto e ricevono dalle donne. Che tacciano! Che tacciano d'ora in avanti i chierici maldicenti, coloro che ne hanno parlato e ne parlano con biasimo nei loro libri e nei loro poemi, e tutti i loro complici e sostenitori. Abbassino gli occhi per la vergogna di aver osato mentire tanto nei loro libri, quando la verità va contro le loro affermazioni, come si vede dalla nobile Carmenta, che per la sua grande intelligenza fu per loro come una maestra[77].

Poi Ragione, riprendendo il discorso, ricorda altre donne degne di entrare nella città che esse stesse costruiscono con il loro valore. Aracne scoprì l'arte di tingere la lana e fabbricare gli arazzi, la coltivazione del lino e della sua tessitura; Panfila comprese il modo per ricavare la seta dai bachi, tingerla e farne stoffa; e poi ancora tre pittrici, due greche: Tamara, maestra dell'arte della pittura di cui parla anche Boccaccio, e Irene, e poi Marzia la romana, famosa per il suo autoritratto dipinto guardandosi in uno specchio, «così realistico che qualsiasi persona lo vedeva, pensava fosse viva»[78]. Notiamo la precocità di questo apprezzamento poiché nel Medioevo il ritratto fisiognomico era del tutto sconosciuto, in quanto non ricercato né voluto.

E qui Christine introduce un ricordo personale, perché ci tiene a fare conoscere la propria qualità di intenditrice di opere d'arte:

> Io stessa conosco una donna che si chiama Anastasia, espertissima nell'eseguire miniature e sfondi nei libri: non c'è artista in tutta Parigi, dove vi sono i migliori del mondo, che la superi, né che esegua così delicatamente motivi floreali e miniature come lei, e il suo lavoro è così stimato che le si affidano le rifiniture delle opere più ricche e più lussuose. Lo so per esperienza, perché lei ha dipinto per me alcune miniature ritenute uniche tra quelle degli altri grandi artisti[79].

Una miniatura (**fig. 190**) di un manoscritto del 1404 contenente anche *Le livre de la mutacion de fortune* rappresenta una parete della sala del

190. *Gli affreschi della sala del «castello girevole» di Fortuna*, Chantilly, Musée Condé, ms. 493, f. 108v, 1404.

«castello girevole» dove sono dipinte scene di battaglia e di re e regine in trono, in due strisce sovrapposte.

La miniatura corrisponde perfettamente all'appunto che l'autrice aveva inviato: «Per il miniatore: la storia [cioè la miniatura] dovrà essere collocata in questo spazio, e deve essere come una grande sala, come se fosse dipinta, e ci fossero rappresentazioni tutt'intorno di storie di battaglie di re e di regine, in due file»[80].

In un manoscritto posteriore e più lussuoso, quest'appunto per errore fu copiato dal copista con inchiostro rosso: lo vediamo in basso a sinistra (**figg. 191-192**).

Nella miniatura di questo manoscritto Christine stessa si è fatta ritrarre mentre ammira gli affreschi corredati da didascalie – qui si preferì dividere le scene su entrambe le pareti –, affreschi che devono rappresentare «tutta la storia dell'umanità così come narrata nelle cronache». Che l'autrice sia entrata all'interno dell'immagine da lei stessa ideata sottolinea il desiderio di Christine di essere ammirata per la capacità di scrittrice ma anche per la fervida immaginazione visiva, sostenuta dalla sua cultura in campo artistico.

Con la malta del calamaio

Dopo il primo libro in cui, con l'aiuto di Ragione, Christine ha costruito le forti mura della Città, interviene Rettitudine che le darà man forte a innalzare case ed edifici dove verranno per sempre ad abitare «eccellenti dame di grande fama e illustri» che si aggiungeranno a quelle già ricordate. Rettitudine esorta l'autrice: «Mescola la malta del tuo calamaio e costruisci con la forza della tua penna, perché ti fornirò abbastanza materiale»[81]. Sfilano le dieci Sibille, le profetesse (come Cassandra) e poi le regine e le imperatrici (come Didone e Semiramide), quest'ultime in grado di governare il loro regno e di soccorrere il marito in caso di bisogno, solidali e piene d'amore. «Allora che tacciano e vadano a cuccia Mateolo e tutti gli altri giullari invidiosi che hanno detto tante menzogne delle donne!», esclama felice Christine[82], la quale poi attraverso esempi di altre nobili donne smonta ulteriori accuse. È falso che le donne odino i loro mariti quando invecchiano o non amino uomini di scienza o intellettuali[83], e qui vengono evocate nobili matrone dell'Antichità greca e latina, rintuzzando ancora una volta le opinioni espresse da Jean de Meung nel *Roman de la Rose*. Naturalmente fanno bene gli uomini a seguire i consigli delle loro sagge mogli, e anzi si ricordino di quanto il mondo si sia avvantaggiato mediante il loro aiuto: leggano i grandi esempli biblici di Giuditta e di Ester, insieme a quelli offerti dalla letteratura classica latina, come le sagge Sabine, o dalla storia geograficamente e temporalmente più vicina, come la regina Clotilde, moglie di Clodoveo. Poi Christine passa a considerare il rapporto dell'uomo con la donna in ambito sessuale, i maltrattamenti, le violenze, gli stupri, la crudeltà e la prepotenza maschile a cui ho già accennato; e mi dispiace di non potermi soffermare ad analizzare gli esempi, perché in ognuno brillano l'intelligenza irata di Christine e la sua ampia libertà mentale.

La Città ormai è quasi del tutto costruita e le auguste abitanti possono entrare e prenderne possesso. In questa miniatura (**fig. 193**) un buon gruppo di loro viene accolto da Rettitudine. Notiamo fra esse Christine,

191. *L'appunto di Christine per il miniatore in «Le livre de la mutacion de fortune»* (in basso, a sinistra, in rosso), Paris, BNF, ms. Français 603, f. 127v, 1410-11.

192. Particolare della figura precedente.

con il suo inconfondibile abito blu e il semplice velo svolazzante bianco, che non rinuncia a una abile autopromozione! Spiccano torri e bei palazzi; soltanto un grande argano di legno ricorda che l'impresa edilizia ha ancora bisogno di qualche intervento.

Nel terzo libro interviene Giustizia, il cui compito è fare in modo che «l'eccellentissima Regina, beata fra le donne, con il suo nobile seguito, risieda nella Città, su cui regnerà e governerà, che sarà abitata dalla moltitudine di nobili dame della sua corte e della sua casa»[84].

Il seguito di Maria è costituito da sante martiri di cui, di volta in volta, vengono raccontati i terribili supplizi, ai quali però Christine imprime

193. *Rettitudine accoglie le future abitanti nella loro Città; fra esse, Christine*, Paris, BNF, ms. Français 1178, f. 64v, 1413-14.

una sottolineatura particolare perché non sono soltanto descrizioni di torture che devono fare inorridire per la loro spietatezza.

Le imputate sono sempre molto belle e in quanto tali suscitano reiterati tentativi di stupro da parte dei giudici e dei vari imperatori bramosi di possederle. Le torture sono applicate nelle parti del corpo, spesso denudato, che maggiormente avevano attratto i crudeli inquirenti. È evidente come il tema dei maltrattamenti e dei soprusi subiti dalle donne al tempo dell'autrice guidi il dettagliato racconto. Tutte le fanciulle però hanno resistito e ora sono sante nel Cielo.

Giustizia, perché sia tributata una degna accoglienza alla Madonna, si incarica di fare imparare a memoria alle nobili abitanti un articolato saluto indirizzato alla «Regina dei Cieli».

Maria è qualificata più volte, nel discorso di Giustizia, come «regina» perché Christine, per ragioni politiche, privilegiò del culto mariano la posizione cistercense che sottolineava il ruolo della Vergine in quanto regina. Maria è implicitamente mostrata da Christine come un modello del potere femminile, cosicché la regalità della Regina dei Cieli è messa in parallelo con quella della regina di Francia, proprio nel momento in cui, per la follia di Carlo VI, la questione della reggenza della moglie Isabella e il problema della successione femminile al trono erano in primo piano nell'attualità politica[85].

Maria Regina, non coronata da Cristo, ma da un angelo, è rappresentata sul portale della Vergine in un bassorilievo della facciata occidentale di Notre-Dame a Parigi degli anni 1220-40, cioè durante la reggenza di Bianca di Castiglia. Le occorrenze di questo soggetto iconografico appartengono al XIII secolo, poi spariscono per riprendere, al tempo di Christine, nelle miniature[86]. Cito, ad esempio, una miniatura che apre un manoscritto dell'inizio del XV secolo della *Legenda aurea* di Iacopo da Varazze tradotta in francese (**fig. 194**).

Christine, nella sua appassionata difesa delle donne, tenne per ultima la figura più importante che è ora chiamata a sostenere la causa: la Vergine Maria. Ascoltiamo Giustizia:

> Ti salutiamo, Regina dei Cieli, con il saluto che l'Angelo ti rivolse, e che ti piacque sopra ogni altro: *Ave, Maria.* Tutto il devoto sesso femminile ti supplica per grazia e per pietà, che tu non abbia in orrore abitare tra loro, come *difesa, protezione e guardia contro ogni assalto dei nemici e del mondo*, e che esse possano bere dalla fontana delle virtù, che da te sgorga, ed essere soddisfatte, e che ogni peccato e vizio risulti loro abominevole. Vieni da noi, *Regina Celeste*, Tempio di Dio, Cella e Chiostro dello Spirito Santo, Dimora della Trinità, Gioia degli Angeli, Stella e Guida dei Peccatori, Speranza dei Veri Credenti. *Oh! Dama, chi può essere che, considerando la tua dignità, osi lasciarsi sfuggire dalla bocca questo oltraggio, che il sesso femminile è vile?* Anche se tutte le altre donne fossero malvagie, lo splendore della tua bontà brilla a tal punto che ogni altra malvagità scomparirebbe. *E poiché Dio volle scegliere la propria sposa in questo sesso, Dama eccellentissima, in tuo onore gli uomini devono non solo astenersi dal diffamare le donne, bensì averle in grande rispetto.*

A questi argomenti, ritenuti da Christine inoppugnabili, risponde benignamente Maria rivolgendosi alla terza Virtù: «Giustizia, da mio Figlio amatissima: molto volentieri abiterò e resterò *tra le mie sorelle e amiche, le donne*, e in loro compagnia, come Ragione, Rettitudine, tu, e anche la Natura, mi chiedete. Esse mi servono, lodano e onorano continuamente, così *sono e sarò per sempre a capo del sesso femminile*, poiché così fu da sempre nel pensiero di Dio Padre, prestabilito e deciso dalla santa Trinità»[87].

194. *Coronamento della Vergine da parte di un angelo*, Paris, BNF, ms. Français 242, f. Ar, inizio del XV sec.

Nella miniatura del ms. Harley 4431 (**fig. 195**) vediamo la *Città* del tutto terminata con i tetti lucenti e maiolicati. La Vergine tiene un libro nella posizione in cui di solito sorregge il Bambin Gesù ed è da ricordare che Giustizia la accoglie ripetendo il saluto dell'arcangelo Gabriele nell'Annunciazione. L'Incarnazione, la parola di Dio racchiusa nel libro delle Sante Scritture ha reso sublime la santità della Vergine[88].

Tutta la *Città delle Dame* e le sue abitanti sono una rappresentazione simbolica. Christine ha lavorato con la zappa dell'intelligenza e mescolato la malta del suo calamaio, costruendo con la forza della sua penna. Giustizia, congedandosi, rivolta a Christine, le dice: «Mi pare proprio di avere ben svolto il mio compito, perfezionando le alte cime della tua Città e popolandola di donne eccellenti, così come ti avevo promesso. E queste *ultime serviranno da porte e inferriate alla nostra Città* [...]. Tutte possono essere accolte in questa Città delle Dame, della quale si

195. *La Vergine con le sante entra nella Città delle Dame accolta da Giustizia*, London, British Library, ms. Harley 4431, f. 361r, 1410-14.

può dire: "Gloriosa dicta sunt de te Civitas Dei!" ("Di te si dicono cose gloriose, città di Dio!")»[89].

Il versetto è tratto dal salmo 87 (86),3; il titolo della *Città delle Dame* non è un richiamo alla *Città di Dio* di sant'Agostino, un paragone fatto in passato dagli studiosi e abbandonato perché inconsistente. Come invece ha scoperto Jeffrey Richards, la *Città di Dio* è la Vergine Maria. La liturgia canta il versetto biblico 87 (86),3 appena citato nell'antifona della comunione per la festa dell'Immacolata Concezione di Maria l'8 dicembre[90].

Christine ha inoltre preso spunto dal cistercense Riccardo di San Lorenzo, di Rouen, morto dopo il 1245, il quale, nella sua opera *De laudibus beatae Mariae Virginis*, afferma che «La città (*urbs*) deriva il suo nome da cerchio (*orbe*) poiché le antiche città erano costruite con pianta circolare. Tutto ciò si può riferire alla beata Vergine poiché lei è quella città di cui dice il salmo 86 [87,3]: "Di te si dicono cose gloriose, Città di Dio"»[91].

Una preghiera del breviario per l'Assunzione della Vergine recita: «La torre celeste, cioè la Vergine Maria, è costruita con pietre splendenti, cioè con le *sante persone* che prendono posto nella sua genealogia [...]. È posta in mezzo alla città di Dio di cui si dicono cose gloriose, *come una difesa contro i nemici della nostra fede*»[92] ma anche questo passo, come sappiamo, è citato nella *Città delle Dame*[93]. Il culto mariano di Christine risente anche qui della tradizione mariana cistercense[94].

Con la *Città delle Dame* Christine raggiunse l'apogeo della fama e, pensiamo, del suo benessere, materiale e spirituale.

La situazione politica nel paese negli anni seguenti andò però peggiorando, la produzione di Christine diminuì, si fece più cupa e più rara e a tratti si interruppe. Nel 1418 a Parigi regnava il terrore, si moltiplicavano gli assassini e Christine dovette temere per la propria vita perché abbandonò la città e si rifugiò nel convento di Poissy, dove si trovava la figlia. Per dieci anni rimase in silenzio, ma quando nel 1429 le giunsero le notizie della marcia gloriosa di Giovanna D'Arco, riascoltiamo la sua voce, di nuovo ottimista e felice, nel poemetto *Ditié de Jehanne d'Arc*. In Giovanna l'autrice vide realizzarsi il riscatto della donna: «Oh, che onore per il sesso femminile! Che sia protetto da Dio è evidente, quando tutto questo gran popolo di cani ha distrutto il regno, ora risollevato e salvato da una donna, che ha sterminato i traditori, ciò che centomila uomini non sarebbero riusciti a fare!».

Christine morì di lì a poco, senza sapere della terribile fine della sua eroina.

Capitolo 6

Margherita Datini: un matrimonio per corrispondenza

Francesco Datini, un marito difficile

Francesco Datini, figlio di Marco, ricchissimo mercante, nacque a Prato probabilmente nel 1335 e fu il fondatore di un grande sistema di aziende il cui archivio (con 140.000 lettere) è stato conservato. Costruì pazientemente la sua agiatezza partendo quasi dal nulla, svolgendo la sua attività prima ad Avignone, dove risiedette per quasi vent'anni, e poi, anche in conseguenza del ritorno del papa a Roma (1376-77), rientrò in Italia, definitivamente però solo a partire dal 1383. Le sedi principali dei suoi commerci furono Prato e Firenze, dove a tempi alterni abitò, ma aprì aziende e compagnie anche in altre città, fra cui Pisa e Genova. Indirizzò i suoi traffici anche all'estero: oltre che in Francia, in Catalogna, con fondaci a Barcellona, Valenza e Maiorca. Francesco Datini si dedicò sia all'attività bancaria sia al commercio, comprando e vendendo di tutto, armature, sale, vino, stoffe di pregio, schiavi e schiave, interessandosi soprattutto all'industria laniera. Ebbe una grande sensibilità per gli oggetti artistici e per i manoscritti, che acquistò e vendette contribuendo alla diffusione della cultura. Profuse molte delle sue tante energie nella costruzione di un grande palazzo a Prato, con le pareti e i soffitti interamente affrescati[1] (**fig. 196**), e della non lontana villa del Palco, la dimora estiva, e nell'organizzare e dirigere un grande patrimonio immobiliare di case, poderi e boschi.

Sempre in viaggio e sempre al lavoro, anche a tarda notte, fu un uomo inquieto, di carattere difficile, pronto alle critiche e ai sospetti. Morì nel 1410 lasciando quasi tutti i suoi beni a una istituzione caritativa da lui stesso fondata, il Ceppo dei poveri, posta nel suo stesso palazzo di Prato, che volle gestita dal Comune e non dall'autorità ecclesiastica. Il susseguirsi di epidemie di peste e per conseguenza la morte di molti collaboratori scossero l'animo del Datini che, nell'ultima parte della vita, anche per l'influenza del notaio Lapo Mazzei, suo amico e consigliere,

196. *Gli affreschi della «camera dell'uno letto»*, Prato, Palazzo Datini, 1390 ca.

estremamente religioso, nonché del predicatore Giovanni Dominici, fu portato a un ripiegamento interiore e a una maggiore attenzione al suo essere cristiano. L'istituzione del Ceppo potrebbe essere letta però come un grandioso atto contabile: Dio, grazie a quel gesto caritatevole, avrebbe avuto misericordia per i tanti peccati commessi dal grande mercante quando l'anima sua fosse giunta nell'aldilà.

Bastino questi pochi cenni perché vogliamo che protagonisti di queste pagine siano la moglie di Francesco[2], Margherita, e il suo intenso e travagliato rapporto con il marito.

Conosciamo i due coniugi attraverso le lettere che si scambiarono, causate dai continui viaggi del Datini e dalle sue molteplici attività, ma anche dall'imperioso bisogno di comunicare incessanti direttive. Sono giunte fino a noi 268 lettere di Margherita al marito e 250 di Francesco alla moglie. Egli voleva altresì ricevere informazioni dettagliate sulla gestione della casa di Prato curata dall'efficiente Margherita, spesso rudemente rimproverata, che sovrintendeva a tutte le attività domestiche e agli interessi del marito, anche politici.

Il problema dell'erede

Francesco dedicò la giovinezza e la maturità a farsi una posizione; solo quando ritenne che i beni accumulati richiedessero un erede legittimo a cui trasmetterli pensò al matrimonio. (Prima di sposarsi aveva avuto un figlio, nel 1375, che morì dopo pochi mesi[3].)

Vivendo ad Avignone conobbe la nobile Dianora Gherardini e i suoi sei figli, tre maschi e tre femmine; la più piccola si chiamava Margherita. Avevano cercato rifugio nella città francese dopo che il capofamiglia Domenico Bandini ebbe tagliata la testa per ragioni politiche il 30 dicembre del 1360 e tutti i beni della famiglia furono confiscati. Francesco, che viveva ad Avignone dal 1350, aveva quarantuno anni quando nel 1376 celebrò il matrimonio con la sedicenne Margherita, concluso con un grande banchetto.

Fu una scelta oculata e disinteressata dal punto di vista economico perché la sposa, a causa delle precarie condizioni finanziarie della famiglia, portò in dote solo giovinezza e molte qualità, oltre alla speranza di una prole numerosa.

In una lettera che Francesco mandò alla propria balia, considerata sempre come madre[4], monna Piera di Pratese Boschetti, loda Margherita per il suo aspetto e perché è «buona donna chome fose mai in Firenze»;

loda anche la propria scelta insistendo sulla lunga amicizia e conoscenza con la famiglia Bandini-Gherardini, che gli aveva permesso di fare un passo meditato e sicuro: «Io chonoscho loro ed eglino chonoschono me: è grande tenpo ch'abiamo auta amistà insi(e)me, io gli chonoscho megl(i)o che persona ch'io sapia, e pertanto l'ò fatto p(i)ùe volentieri ed è p(i)ùe anni insino ch'io fui chostì, che di tutto io era bene informato. Questo vi dicho perch'io soe bene quello ch'i' òe fatto»[5].

Nelle sue lettere Margherita si rivela donna molto intelligente, dotata di integrità morale, di solido buon senso e di ottime qualità organizzative, venendo incontro alle attese di Francesco Datini, che tuttavia sottostimò il fatto che proprio queste doti non configuravano la moglie rispettosa, obbediente e malleabile che avrebbe desiderato in risposta alle esigenze del proprio carattere, autoritario e irascibile.

Finché i coniugi vissero ad Avignone Margherita rimane per noi in ombra. Sia amici che parenti si aspettavano che nascesse presto un bambino, e trascorsi quattro anni dalle nozze cominciarono a prodigarsi in consigli non richiesti. Queste lettere si collocano fra il 1380 e il 1382.

Niccolò di Giovanni di ser Dato spera che i coniugi vogliano lasciare Avignone e «venire a quest'aria: e colla grazia di Dio – dice a Francesco – acquisterai qualche fanciullo: Iddio t'a dato di costà roba; di qua ti darà famiglia». Il medesimo Niccolò assicura che la moglie Piera continua a pregare Dio perché conceda il bambino, ma insiste sulla bontà dell'aria dell'Italia, dove l'amico avrebbe anche meno crucci, ostacolo alla paternità: «Quest'aria ti sarebbe con la grazia di Dio buona, che è molto adattativa e faresti senza tanti pensieri, ché l'allegrezza à a ingenerare e per li troppi pensieri si è contrario». Ancora più irritanti saranno suonate agli orecchi di Margherita le parole del cognato Niccolò dell'Ammannato Tecchini che aveva sposato la sorella, Francesca. Da poco padre del quarto figlio, oltre a ripetere il rimedio del ritorno, perché «i paesi di qua son paesi maschili e multipricativi», e a magnificare in tal senso l'aria di Fiesole, non si trattenne dal riportare a Francesco un'ambasciata della propria moglie che si offriva addirittura di prestare a Margherita uno o due dei propri bambini, «ma donarglieli no, perch'ella non ha provato come si fanno»[6], quasi che la culla vuota fosse dipesa da cattiva volontà della mancata madre (al volo notiamo la disinvoltura con cui sono trattati i bimbi piccoli, come facenti parte di una cucciolata che si può facilmente smembrare).

Dal canto suo Francesco, non potendo avere figli dalla moglie, si rivolgeva ad altre donne e Niccolò dell'Ammannato il 30 gennaio del 1385 scrisse al cognato raccomandandogli ironicamente di dire a Margherita di salutare il marito, quando da Firenze veniva a Pisa, con il detto usato nelle Marche: «Abbi a mente càsata [la tua casa] ed ella m'intenderà bene», una velata allusione alle distrazioni sessuali di Francesco. Il 31 luglio dello stesso anno Margherita, da Prato, scrivendo al marito a Firenze, dopo un elenco di dettagli pratici, gli chiese di venire presto a stare con lei, citando il medesimo detto affinché potesse avere l'animo in pace: «Sollecitate, il più tosto che vo' potete, di venirne: rachordavi "Chasata", il dettato di Nicholò dell'Aman(a)to, che 'l buono an(i)mo abbio io»[7].

Margherita soffriva di debilitanti dolori mestruali che apertamente nella corrispondenza chiama «doglie», probabilmente derivati da un'endometriosi, una condizione inibente la fertilità. Ci fu anche il tentativo di un medico, nel 1385, Naddino Bovattieri di Prato, che esercitava ad Avignone, sicuro di una sua prescrizione perché questa aveva giovato a una paziente sofferente dei medesimi disturbi di Margherita, paziente che subito aveva partorito un maschio[8]. La prescrizione è andata perduta ma il risultato è ben noto.

Proprio nella sua stessa casa però Margherita ebbe motivo di sentirsi profondamente ferita perché Francesco, nel 1387, ebbe un altro figlio dalla schiava quindicenne Ghirigora, che aveva seguito la coppia da Avignone. Francesco aveva provveduto a maritarla già incinta con una dote generosa a Cristofano di Mercato da Prato. Annota lui stesso la nascita: «Ricordanza che al di 6, la notte innanzi, di settembre [1387], la Ghirigora di Firiglione di Borgo in Brescia, donna di Cristofano di Mercato, partorì uno fanciullo maschio, il quale disse essere di Francesco di Marco». Il bimbo fu subito battezzato e dato a balia alla moglie di un mugnaio insieme a «sei pezze lane e quattordici line, sei stringole [fasce] e una coltricella per la culla e uno guanciale». Il neo-padre è sempre il mercante attento a rendiconti precisi. Passano alcuni mesi, il cugino e socio Niccolò di Piero di Giunta del Rosso rassicura nel febbraio del 1388 Francesco, in quel momento a Pisa: «Il fanciullo istà bene, sarà buono fanciullo. Dio il benedica e faccialo buono uomo, s'egli è di suo piacere»; nel frattempo però era cominciata la ridda delle balie e dopo poco la situazione precipitò, nonostante l'intervento di tre medici e l'impiego del prezioso grasso di castoro. Il 6 di marzo Francesco segnava: «A di 6 di marzo 1388 morì il fanciullo, e ripuosesi a Santo Francesco a piè della sepoltura mia»[9]. Evidentemente il Datini aveva riposte molte speranze su questo bimbo, tanto da seppellirlo come fosse un proprio figlio legittimo.

Nella piccola Prato la notizia doveva essere circolata, ma in ogni caso siamo certi che Margherita fosse a conoscenza di tutto; infatti lo stesso Datini annota il denaro dato alla moglie perché acquistasse la stoffa per la «coltricella per lo fanciullo».

La mancanza di un figlio incise moltissimo nel rapporto fra i coniugi Datini: portò Francesco a continui viaggi e a prolungate separazioni, a mostrare alla moglie un affetto irritato, a frequentare altre donne e a concentrarsi sui suoi affari, nonché a dedicarsi intensamente alla costruzione del magnifico palazzo a Prato. L'edificio, annotò acutamente Lapo Mazzei, sostituì la mancanza di un erede perpetuando, agli occhi del ricco mercante, la sua memoria ai posteri[10].

Margherita, che si sentiva in colpa per la sua infertilità, fu portata a essere sempre sulla difensiva e spinta, per equilibrare la sua grave imperfezione di sposa, a dare al marito sempre il meglio di sé come efficientissima padrona di casa e governatrice dell'azienda domestica in un viavai continuo di contadini, operai e muratori.

Nel 1392 Datini ebbe di nuovo da una schiava ventenne, Lucia, poi data in moglie a uno dei servi di casa, Nanni di Prato, una bambina, chiamata Ginevra: la bimba sopravvisse e ne torneremo presto a parlare.

Non mi pare un caso che la sorella Francesca, nel 1393, avesse ripreso l'argomento delle mancate nascite facendo sapere a Margherita di avere trovato una donna che dava da applicare sul corpo, ma doveva essere d'inverno, un impiastro puzzolentissimo, infallibile. Chiedeva se il marito l'avrebbe accettato. Non sappiamo se questo medicamento fu mai utilizzato; in caso positivo non ebbe effetto perché due anni dopo Francesca mandava alla sorella una cintola miracolosa attraverso il proprio marito, il quale suggeriva però un'alternativa:

> E dice la Francesca che se la faccia cignere da uno fanciullo vergine, e dica prima 3 paternostri e 3 avemarie a onore di Dio e della Santa Trinità e di Santa Caterina; e che le lettere che sono scritte nella cintola le si ponga in sul corpo a carne ignuda. Io Niccolò mi credo che le farebbe più d'utile e più bene, a quello a ch'ella la vole adoperare, ch'ella desse mangiare a tre poveri tre venerdì, e non andare dietro a parole che dicono le femine[11].

Anche se Margherita resistette fino al 1398 prima di accogliere in casa Ginevra, è evidente – lo rivelano due lettere al marito del 1395 – come avesse perso la speranza di diventare madre, mostrando di comprendere il cruccio del marito, invitandolo alla rassegnazione. Nella prima dichiara di avere notato molta preoccupazione da parte del marito, e senza saperne la ragione è lei stessa assai preoccupata perché teme che egli si dispiaccia tanto da risentirne nell'anima e nel corpo. Perché il marito, in questa, come anche in altre questioni, non fa quello che dice che farebbe con i suoi figli, se ne avesse, affermando che se Dio glieli togliesse accetterebbe il suo fato? Se si riponesse tutta la fede in Dio e si accettassero in pace gli eventi non si sarebbe così in preda alle passioni. La vita è breve, e in fondo Dio ha concesso molto a lei e al marito, per cui se anche capitasse che a lei o al marito qualcosa andasse storto, anche in questo caso bisognava pazientare e non adirarsi per qualche piccola contrarietà. Piuttosto, suggerisce ancora Margherita, il marito, venendo a Firenze, rilegga quei libri di meditazione, parrebbe di capire, conservati in casa, che lo potrebbero aiutare.

Di poi che 'l fratello di Nanni da Santa Chiara fune partito avemo una tua lettera, la quale m'à data molta manichonia, perché vegho te esere chon tanta manichonia; bench'io no' sapia bene la chagone, ma sia che si vogla, perché pigiala per modo che tti faca male per l'anima e per lo chorpo? Ma perché no' fai tue di questo e dell'artre chose, chome tu ne di' che faresti de' figluoli, se ttu n'avesi, ché di' che, se Idio te li toglese, rimarestine chosì per chontento? Se noi rimettesimo i' Lui ogni nostro fatto e di c(i)ò che avenise fosimo chontenti, non aremo delle pasioni che noi abiamo. Se noi pensasimo alla morte e quanto ci s'à a stare pocho in questo mondo, no' ci daremo tante pene quante ci diamo e lasceremoci ghovernare a Lui e di tutto rimaremo per chontento: dispiace tropo a Dio chi si schognosce! Richordati di que' libri che ttu legi quando sène qua e non ti darai tanta pena quanto tu tti dai; no' credo che sia né uomo né femina che se n'abia a dare meno di noi, perché abiamo molte grazie riceute da Dio e non abiamo charicho niuno delle chose di questo mondo: queste sono grazie no' chonosc(i)ute, ché può avenire che noi non estiamo bene due persone, pure che noi siamo pacienti d'alchuna choseta che può adivenire. Pensiamo a quegli ch'anno a portare di grandi pesi e no' gli posono fugire, rimettiamo i(n) Dio ongni chosa e lasciamo fare Lui dell'avere e dalle persone ciò ch'è di suo piacere, e chi questo facese non arebe tante pene[12].

Il problema centrale della mancanza dei figli percorre tutta la lettera in modo velato ed è un dolore, sottolinea Margherita, che deve unire perché è comune a entrambi. E qui pare di sentire in questi consigli alla rassegnazione anche la voce dell'amico Lapo Mazzei.

Amaro boccone

Molti anni dopo, il 18 maggio del 1402, Margherita scrive una lettera generosa e malinconica[13] in cui riflette su che cosa significhi la morte di un figlio anche per una madre della quale dovrebbe essere estremamente gelosa e che invece compatisce.

Francesco Datini doveva avere avuto un altro figlio illegittimo che era morto. Margherita al solito parla di un avvenimento – senza specificare quale fosse – che ha molto addolorato il marito, e di conseguenza lei stessa per l'amore che la lega a lui, ma Francesco si deve riconfortare perché Dio non gli ha permesso di avere figli legittimi e ora gli toglie di mezzo altri ostacoli in quanto vuole il bene della sua anima. Poi senza alcun'altra spiegazione Margherita dice di pregare Dio che abbia misericordia «per quella madre», affinché per il dolore non offenda Dio stesso a causa del troppo «amaro botchone» che deve inghiottire. Lei, Margherita, è riconoscente a Dio che non le farà mai provare quel medesimo «botchone». A quarantadue anni evidentemente ogni speranza di una gravidanza si era spenta.

Penso che ttu sia cho' maninchonia assai, di che mi grava; e simile io sono tanto manichonosa del chaxo atchorso, sì per amore di te, che penso ch'ella ti sarà grande maninchonia per più rispetti. Io vognio che ttu ti chonforti, perché Idio t'à ttolto che ttu non ài avuti figniuogni e ora ti lieva dinanzi questi isprotchi [ostacoli] a cc(i)ò che ttu tti spitchi di questo mondacco, ché vedi che speranza ci si può porre; a mio parere, e' gni è da dolersi del chaso, ma chredimi, Franceschо, che Dio fa ttutto pel bene dell'anima tua, purché ttu sapi chongnioccere; ma chosì il volessi tu ffare chome ttu il chongniocci! Perch'io penso che ci sarai o stasera o domattina qui, farò sanza più dire: prieghо Idio ch'egni abi fatto verace miserichordia, e dia grazia at quella madre ch'ella porti questa faticha per modo ch'ella non offenda a Dio, ché ttropo ène amaro botchone questo chet quand'io lo penso la grazia che Dio m'à fatta, ch'io non arò at provare questo botchone, Idio mi dia grazia ch'io ne sia chononocente di questa e di tutte l'altre ch'egni m'à fatto, e a tte dia grazia che ttu facci quelle chose che a llui piaccono.

La bambina Ginevra

Da quattro anni però in casa era venuta ad abitare Ginevra e Margherita le si affezionò molto. Parla di lei in varie lettere perché la vuole ben vestita; standо a Prato, per ogni acquisto che non fosse un alimento, Margherita dipendeva in tutto dal marito a Firenze. Ordina bottoni d'argento per la giubba della bimba e manda indietro altri bottoni che a suo parere stonano con l'abito su cui devono essere cuciti, ordina per la bimba pianelle e scarpette. Quando Ginevra è a Firenze spedisce da Prato proprio per lei e la nipote Tina cipolle, cacio e mandorle e gli ingredienti per fare frittelle, raccomandandosi che vengano cucinate perché evidentemente assai gradite[14]; parla del carattere vivace della bambina che, cadendo, si è rotta la testa ma senza conseguenze. Si era invece molto impensierita per un male di Ginevra alla gola, aveva chiamato più volte il medico e con sollievo può alla fine comunicare al marito che tutto si era risolto. Durante la malattia lo rassicura e dichiara per la bimba un amore materno:

Della Ginevra non ti dare manichonia, perché credo di quello della ghola per aventura non farà chapo e non bisongnia ch'io ti dicha, in perciò io so tu se' certo, io la ghoverno più che s'ella fossi mia e chosì la riputo mia; io non te n'ò voluto dire nulla, perché so ài altre manichonie e non n'è istato di bisongnio: e' rotto del chapo è pichola chosa, ma la paura mia è stata di questo della ghola: il maestro [il medico] mi dice non crede facia chapo. Noi tengniamo i modi ci dice e non n'à auto né febre né nulla e non n'à perduto né mangiare né bere[15].

Anche Datini si curò molto di Ginevra: quando era bambina le procurava i giocattoli che desiderava e pagò per lei una maestra perché imparasse a leggere[16]. Raggiunti i sedici anni scelse per lei «Lionardo ser Tommasi, giovane buono e d'ongni buono aspetto», assegnandole una dote importante e facendo celebrare le nozze con un fastosissimo banchetto[17].

Francesco Datini e la moglie rientrarono stabilmente a Prato, come si è detto, nel 1383, ma immediatamente il marito si spostò a Pisa per organizzare una nuova compagnia e da allora, per sedici anni circa, passò la maggiore parte del suo tempo a Firenze, dove pure aveva un bel palazzo, o a Pisa, raggiungendo la moglie a Prato per brevi periodi, per lo più di domenica. Qualche volta la moglie si trasferiva a Firenze, dove risiedeva Francesca con tutta la famiglia, ma essenzialmente Margherita abitò a Prato. Proprio a questa separazione dobbiamo la fitta corrispondenza dei coniugi, che si scrivevano quasi ogni giorno, anche per la poca distanza fra Prato e Firenze, una ventina di chilometri, percorsi dai corrieri a dorso di mulo o di asino che trasportavano insieme alle missive, mercanzie e derrate alimentari.

Le lettere di Margherita hanno due motivi ricorrenti: la preoccupazione per la vita disordinata del marito, il suo troppo lavoro che lo porta a vegliare anche la notte, a consumarsi nel continuare a scrivere lettere e fare conti, e la constatazione che questo avvenga perché sono lontani. Il marito promette di cambiare, di venire a vivere con la moglie, ma queste promesse sono sempre disattese: da qui la continua preghiera di un ritorno.

Tu chredi – scrive Margherita in una lettera del 28 gennaio 1386 – ch'ongnuno pighi piacere chome te de le chosse; se tu ài lasso la mano, sì t'ab[i] il danno. E tu mi mandi a dire ch'io ghodi e ch'io mi dia buono tempo: io [...] niuna chosa al mondo di che darmi buono tempo; tu me 'l potresti dare buono, se tu volessi, ma tu non ne vorai, né per te né per altrui. Ongni sera, quando me ne voe a letto, mi richordo che tu debi veghiare insino a mattino e poscia di' ch'io mi dia buono tempo: dattelo tu che ài di che e fallo dare altrui; ma ss'io fossi singnore, io ti chaverei di tanti pensieri[18].

Undici anni dopo ancora non si è rassegnata all'assenza del marito (che non le dà aiuto ed è probabilmente infedele):

Io mi maraviglio che ttu non se' tornato con Nicholò: io ti prieghо che ttu tti debi ingegnare di tornare inanzi la Pasqua, in perciò ch'io ne sto con molta manichonia per pùe chose che mi sono dette, e non basta la manichonia ch'io mi dò, ma tutti gli amici tuoi non mi dichono altro se non che ttu istaresti meglio qui per più chagioni, le quali tu tti sai: tu mi intendi! Io ti priegho tue ne voglia chontentare me e chi bene ti vuole di stare chostà il meno che ttu puoi[19].

«*Ricorditi! Ricorditi!*»

Le lettere che Datini spediva alla moglie erano estremamente minuziose: un accavallarsi di ordini e spesso di rimproveri scanditi da un verbo ricorrente era: «ricorditi». Ecco un esempio:

Ricorditi di trarre di quel vino bianco ogni di un poco, e ricorditi di mandare a mulino un sacco di grano che v'è rimaso, e falla tutta aburattare quando ti pare. Ditemi se la cavalla è in punto di poterla mandare a chiedere e s'ella è ferrata [...] e ricorditi d'inaffiare i melaranci come si faceva prima, imperò ch'egli si riarderebbono se non se ne desse loro per questi caldi: fallo fare al Rosso, che n'è maestro [...] e ricorditi di fare istare serrate le finestre della cucina, acciò che la farina non riscaldi[20].

Ma oltre a tutto questo il marito richiedeva l'invio di indumenti precisamente indicati e di tutti i prodotti della campagna, nonché di pane fresco, anche trenta pezzi alla volta, che spesso giudicava non riuscito bene. Margherita rispondeva punto per punto preparando insieme ceste e sacchi dove i cibi o la frutta e verdura più cagionevoli erano avvolti in tovaglie e stoffe candide con molta cura, anche queste descritte nelle missive perché di ogni cosa il Datini voleva tenere il conto. Partivano così da Prato a dorso di mulo, quasi ogni giorno, polli, uova, piccioni, carne di cinghiale, starne, oche, lardo, ranocchie, tinche e storioni, e poi, a seconda delle stagioni, fagioli, fave, piselli, cipolle, porri e insalata, spinaci, aranci, ciliegie, pere, castagne, fichi, uva e nocciole ma anche piatti preparati dalla stessa Margherita: gelatina di maiale e di vitello speziati e ancora spezie dolci e pepe, insieme agli indumenti del marito che, ricevuti sporchi, ripartivano debitamente lavati e accomodati insieme ad altri che l'amorevole moglie pensava potessero essere utili, e, in aggiunta, medicamenti, occhiali e libri.

Margherita sapeva di essere una valida collaboratrice; con orgoglio invitava Francesco a fidarsi di lei; si occupava di tutto in modo migliore di quanto facesse lui quando era a Prato, riguardo sia alla casa sia alla «famiglia», cioè tutte le persone, servi, serve, schiave e schiavi, che erano alle dipendenze del marito e che vivevano con lei; lo prega anche di vivere più serenamente, per lui e per sé stessa, per avere un po' di pace:

Io ti priegho che tu istia cho' meno manichonia che ttu puoi e diène meno a me, chè tu puoi, inperò ch'io no' poso più tanto: mi sento trista e tu sai chome tu mi lasciasti, perciò che tu sai la 'fermità ch'i' òe auta e questa astate m'àe atecata afatto. Franciescho, io ti dicho che, a mio parere, tu puoi vivere sanza darti niuno pensiero o manichonia delle chose di questa chasa, perché n'ò magiore pensiero e magiore solecitudine che quando tu ci sène: credo tenere sì fatti modi e tenere per sì fatti modi la famigla, ch'io no' riceverò verghogna niuna a mio parere: e così piaccia a Dio che sia[21].

Margherita conosce l'opinione comune secondo la quale le mogli debbono essere sottomesse e l'uomo, nella coppia, comandare, ma sono ruoli che non accetta come ovvi, mostrando continua insofferenza: «ma s'io [...] avese podere sopra a te chome tu à sopra a me to darei uno manolvadore [un guardiano]»[22]; «ma tue à (a) chomandare e io sempre per ubidire»[23]; «puoi fare quel che tti piade, chome singniore ch'è un bello uficio, ma volsi usare chon discrezione»[24] .

In una lettera, scritta il 12 settembre 1402 da Firenze, dove si trovava malata e sola e certamente di pessimo umore, comunica la notizia della morte di Tommaso Soderini – era andato a render conto a Dio –, augurando che così accada a tutti gli uomini che provano piacere a parlare male delle donne: «è ito a chotare co(n) meser Dome(ne)dio: cosùa fosono tuti gn'a(l)tri che si diletano di dir male de le femine»[25].

«*Ma d'ongni chosa mi darei pace...*»

Francesco Datini pretendeva di sovrintendere a ogni cosa, sicuro che gli errori fossero sempre della moglie, come ad esempio quando l'accusa di avere fatto «infracidare l'agresto»[26] e di averne versato per terra parecchio, o di aver lasciato entrare la pioggia della strada in cantina – un buon modo per tenerla fresca, commenta ironicamente –, nonostante Margherita avesse avuto a disposizione tante persone alle quali fare portare della sabbia per impedire l'infiltrazione, un sistema che egli era solito impiegare e che certamente avrebbe messo in atto se fosse stato a Prato[27]. Era evidentemente così incollerito da non trattenersi dal paragonare Margherita alla moglie del suo nobile amico Guido del Palagio, la quale durante trentaquattro anni di matrimonio non aveva mai dato al marito alcun dispiacere. La risposta di Margherita è secca e tagliente e rimanda al mittente ogni accusa e di suo ne aggiunge altre.

Per quanto riguarda l'agresto la colpa è del barile cattivo, tanto è vero che quello spedito a Firenze alla sorella Francesca già tre anni prima «non se l'ene infracidato ghociola», e se si è versato è perché il marito stesso non aveva chiuso bene il tappo e infatti era già capitato che fosse stato proprio lui a versarlo, ma in quel caso era stato zitto. Quanto all'accusa di avere lasciato entrare l'acqua in cantina nega recisamente che questo sia avvenuto e potrebbe produrre molti testimoni al riguardo. Il giudizio di Guido del Palagio è giusto, ma egli ha sempre trattato la moglie benissimo, come confermano Lapo Mazzei e la nuora a cui Margherita si era rivolta per informarsi meglio. Guido l'ha considerata non come la moglie di un albergatore ma come una signora e lei invece, Margherita, da quindici anni abita per l'appunto in un albergo e non in una casa e in più deve sovraintendere a tutte le opere di muratura. Certamente un albergatore non riuscirebbe a portare avanti entrambi i compiti.

Tu di' che Ghuido dice che lla donna sua no' gli fece mai dispiacere niuno: io credo che dicha vero, ma io credo ch'egli ne fece via meno a lei ch'ella non ne fece a lui; non che Ghuido sapese ghovernare una donna, ma egli ghoverna una città. Io mi sono bene informata, e chon ser Lapo e cholla nuora sua, che fu qui ritta, de' modi che tie' Ghuido in chasa sua. Ghuido non n'è d'aghuaglare a gl'atri huomini: e' tenea la donna sua chome donna e non chome moglie d'aberghatore, che gl'è quindici benedetti anni, ch'io ci venni, ch'io sono stata ne l'abergho e non credo che sia niuno aberghatore che faccia l'abergo e anche muri a un'otta[28].

Si è dovuta occupare anche della mula, alla quale ora occorre applicare un salasso perché Francesco l'ha troppo rimpinzata e troppo fatta riposare. «Volese Idio che tu tenesi chosì ad agio me!». Poi, dopo un lungo elenco di ordini eseguiti, e dopo avere ricordato come avesse poco aiuto e ormai anche scarsa salute, conclude: «Ma d'ongni chosa mi darei pace, pure che fosi chognosciuto la metà di quello ch'io fo»[29].

Addirittura in una lettera del 7 aprile 1397 è talmente esasperata per le tante incombenze che gravano sulle sue spalle che avrebbe la tentazione di farsi monaca, perché non è una santa, come le ha mostrato Iddio: non lo dice, ma lo fa intendere: «Se no' fosi per amore di te e perché io no' sono libera, io vedrei pure s'io potesi uscire di queste tribulazione, ch'io non ne istarei a servire più questo mondo. Io no' sono leghata né di figliuoli, né di parenti, né di danari, né di merchatantie, si che niuna chosa mi te(n)ghono se no' [qu]elle due ch'ò detto, né santa che i' me sia, sì che Idio mi dimostrò»[30]. Come terziaria domenicana fu rappresentata quando era ancora viva (morì nel 1423) da Pietro di Miniato e aiuti insieme al marito (defunto nel 1410) nell'affresco (**fig. 197**) del Tabernacolo della Romita a Prato del 1418 (i coniugi sono protetti dai santi Giovanni e Stefano[31]).

197. Pietro di Miniato e bottega, *La Madonna con i santi Giovanni e Stefano e i coniugi Datini*, Prato, Tabernacolo della Romita, 1418.

L'impresa della scrittura

Francesco Datini si aspettava di ricevere rapporti frequenti; leggere e rispondere facevano parte integrante dei compiti di padrona di casa di Margherita, che si serviva di vari scrivani; del resto anche il marito per lettere che riteneva semplicemente di routine dettava ai suoi impiegati professionisti. Poiché le missive erano «pubbliche», Francesco e la moglie si sentivano inibiti a parlare di questioni più intime e spesso rimandavano discorsi più dettagliati a quando si sarebbero visti, a meno che avessero a disposizione persone di fiducia. Di solito alle bambine non si insegnava a leggere e scrivere, salvo che fossero destinate al monastero, perché si pensava che fosse una competenza inutile per il ruolo cui erano destinate di spose e madri. Anzi, dedicarsi all'apprendimento avrebbe sottratto tempo alle occupazioni domestiche, che quindi sarebbero state eseguite con minore cura, e magari le donne avrebbero letto cose non appropriate. Quando Margherita, verso i trentasei anni, decise seriamente di imparare a leggere e scrivere non fu per nulla incoraggiata dal marito, che in questo campo condivideva l'opinione dominante: «Provedi alla famiglia per modo ti sia honore, e none attendere tanto a llèggere che tue faccia male l'altre chose: dàe ordine all'altre chose per modo vadano bene, e poscia puoi leggere quanto vuoi»[32].

Margherita tuttavia non era del tutto analfabeta. Situazione abbastanza insolita, proveniva da una famiglia dove la madre sapeva scrivere bene, come dimostrano le tredici lettere giunte fino a noi. In una lettera del 7 giugno del 1385, tre anni prima di morire, dichiara di non potere più scrivere per problemi alle mani, ma non così due anni prima, il 5 ottobre del 1383, perché in una lettera autografa afferma di leggere ancora le lettere del genero ma con gli occhiali, forse ancora per non molto. Scrivendo a Francesco manda infatti un'ambasciata alla figlia: «Dille s'io arò mai la forza nelle mani ch'io le scriverò di mia mano: ma no posso, credo sia per pechati miei»; e rivolta solo al genero: «Io so be' legere la letera tua aoperando li occhiali, ma dubito, se dIdio no ti fa quela grazia che fece agli apostoli, tue non saper legere questa»[33]. Fu probabilmente Dianora a insegnare alla figlia a leggere almeno i testi religiosi, scritti in gotico, e a insegnare alla figlia a scrivere, anche se a livello elementare.

Margherita fu in gran parte un'autodidatta, ma recentemente Jerôme Hayez ha ritrovato una sua lettera, quasi illeggibile tanto è scritta male, con molte macchie d'inchiostro, le righe a volte strette l'una all'altra, a volte con grandi spazi interlineari, del 20 febbraio 1388[34], quando aveva ventotto anni (**fig. 198**).

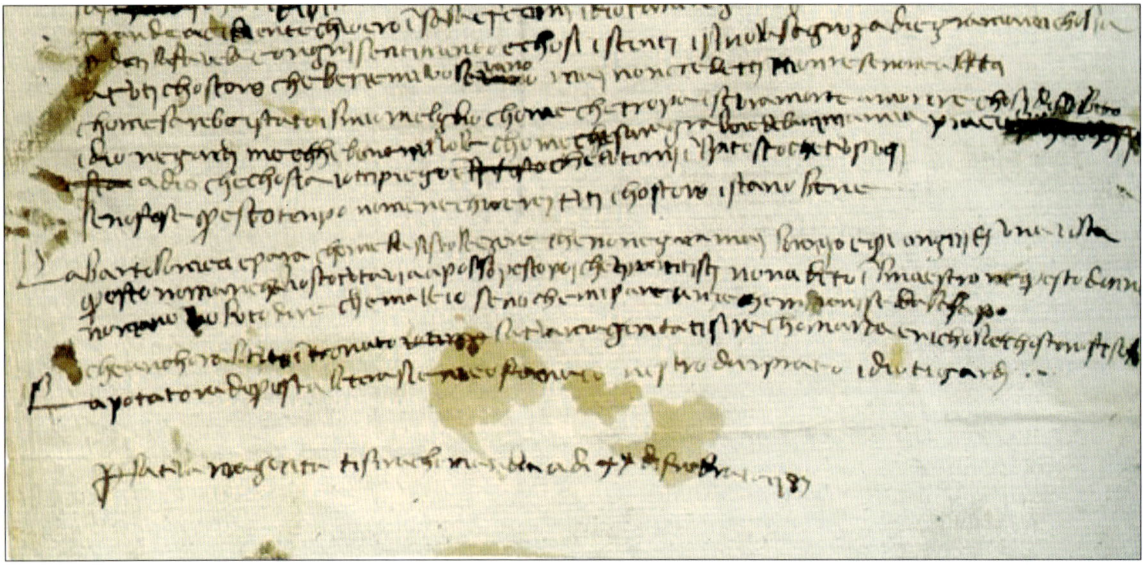

198. *Prima lettera autografa di Margherita Datini*, part., 20 febbraio 1388, Prato, Archivio di Stato, Fondo Datini, 9302781.

Si sentiva molto trascurata: forse non è un caso che da pochi mesi fosse nato il secondo bambino illegittimo di Francesco[35]: «Anche io vore' che Dio faciese tanta grazia che io mi churari [*sic*] pocho di me chome *altri di me. Tu mi intendi*». Lo supplica di non stare più lontano, di lavorare meno, poiché è stato tanto malato: «Io ti priego che tu no[n] vogli esere senpre micidiale di te che tu ti sapi bene gove[r]nare e stieti a vivere i*n* chapo, che è tenpo molto chagionevole a chi à 'vuto difeto chome à' 'uto tu, e diciolo el maest[r]o Giovani [...]». Deplora la costruzione del palazzo di Prato che costerà al marito una fortuna e che gli guasterà l'anima, gli toglierà ogni riposo in questa vita e anche dopo morto e gli ha fatto perdere la testa: «Ó paura che chotesta chasa no[n] sia q*u*ela chasa che gasti l'anima che al chorpo ne dà pocho riposo e darai [*sic*] mai né a vita né al morto ch'ela t'à fata p*er*dere ongni chonoscimento».

Gli descrive un suo svenimento in cui ebbe paura di morire, meravigliandosi che il marito non avesse fatto alcun commento al riguardo.

Io chredo che chostoro v'avesano avisati chom'io ebi male, chome p*er* [= che] la letera che riceveti da te tu no· ne fai me[n]sione niuna. Sone molto maravigliata, chome p*er* [= che] pocho me ne churo p*er* me. P*er*r ave[n]tura no[n] te l'averano iscrito, chome [che] io il diciese a Iachopo da Sa[n] Donino il dì che tu ti partisti qu*i*nci. Sai ch'io ti disi la matina che io [non] mi sentivo chosì bene. A le 22 ore mi vene uno grande acidente, ch'io ero i*n* sala, e fecimi Idio tanta granzia [*sic*] che io pote' chiamare. P*er*deti la favela e ongni sentimento, e chosì istenti i[n]sino a la groza [la campana che suonava a sera]. Die' gra· mani[n]cholia a tuti chostoro che bene mi volevano. Mai non credetti morire senone alatta (?) [= alotta], chome [che] sarebe istato il mio melglio, chome ch'è tropa iscura morte a morire chosì di subito. Idio ne gardi me e chi bene mi vole, chome che sarà gra[n] bene de l'anima mia.

È una lettera molto personale e carica di emozione: evidentemente Margheria non volle vi fossero testimoni a quanto andava dicendo o non volle aspettare, non avendo scrivani a disposizione.

Il risultato di questa prova fu però per lei insoddisfacente, tanto che non osò per anni affrontare l'impresa della scrittura in maniera continuativa. Va anche ricordato che allora leggere e scrivere erano due operazioni completamente distinte e che le donne al massimo sapevano leggere le preghiere, aiutate anche dal fatto di conoscerle quasi a memoria. Altra difficoltà: i libri erano scritti in gotico prima dell'invenzione della stampa, mentre le lettere, almeno nella cerchia di Datini, erano vergate in scrittura mercantile. Scrive infatti Domenico di Cambio a Francesco, il 21 ottobre 1396, di dire a Margherita che non si meravigliava che lei fosse capace di leggere l'Ufficio della Madonna (cioè un libro d'ore che accompagnava la preghiera personale quotidiana) né che fosse invece incapace di leggere una sua lettera: era ovvio perché per capire «le lettere di merchatanti» bisognava che studiasse di più.

A la parte che dite che monna Margherita apara alegere e dite chella sa bene legere ilibriciuolo deluficio della Donna eche a questidi ella s'abatte auna mia lettera e nolla seppe legere, ionomene maraviglo punto chella sia di quella ischiatta del prete chenosapea dire luficio seno cholsuo libro chosi fara monna margherita chenosapra mai bene legiere se none nel suo libro ma sella vogla daparare alegere le lettere di merchatanti ditele chella istudi uno mese alegere chomella istudiato nel libro suo que' VI mesi[36].

E in effetti leggere una lettera senza la divisione delle parole e senza la punteggiatura e in grafia mercantesca non era certo facile!

Margherita nelle sue lettere menziona più volte libri di devozione. Per la nipote Tina (Caterina), figlia di Francesca, che veniva spesso a trovarla e che poi abiterà quasi stabilmente a Prato per fare compagnia a Ginevra, scrive al marito il 21 marzo del 1394: «La Tina ane letto il saltero; arebe di bisogno di qualche libricuolo che vi fose suso i sette salmi [penitenziali] e l'ufficio della Donna, ch'avese buona lettera»[37]: questi libri servivano ai bambini per imparare a leggere e insieme a iniziare una educazione religiosa. Margherita ricorda ancora un libro d'ore da mandare alla sorella Francesca[38]; questi libri erano di solito in latino, ma è possibile che quelli menzionati da Francesca fossero in volgare, proprio per il loro scopo didattico[39]. Margherita desidera un libro d'ore per sé, e ne accenna il 12 agosto 1395, pregando che sia facile da leggere. «Del fatto de lo libriciolo fané tuo parere, ma sopra tutto fae ch'abia buone lettere e grandi e intendevoli»[40], e il giorno dopo torna sull'argomento: «Del fatto de' libro non v'afrettate però che monna Diana di meser Iachopo Zarini me n'à prestato uno per insino a tanto ch'io n'abi uno a mio modo, ed ella no' se ne isconc(i)a [dispiace], perché n'àe un altro»[41]. Due anni dopo, il 25 maggio 1397, discute con il marito di un libro d'ore: non è soddisfatta del colore della copertina, che non vuole sia del tipo di quella delle monache, e vorrebbe essere accontentata presto perché le dispiace non poter pregare regolarmente come è sua abitudine: «Di mandarti per lo libriciuolo mio isciamito vermiglio, no' me ne chontento: io lo voglio nero, se tue me ne vuoi chontentare della choverta delle monache no' bisongnia dire, io me la saprei fare io istesi, ma io no' vi voglio sue né chosa biancha, né rosa, ch'ella m'abarbaglia: io ve la voglio nera. Priegoti me la facci fare tosto, perché mi sa male ch'io no' legha l'ore, chom'io mi soglievo»[42].

Comunque già sapere dettare una lettera esigeva una grande concentrazione mentale e una notevole abilità: Margherita era molto fiera di questa sua capacità e si offese moltissimo, aveva allora ventisei anni, quando Francesco, nel 1386, le disse di avere ricevuto una lettera così bene composta da fare supporre l'intervento di un'altra persona:

> Voi m'avete ditto per due vostre lettere che io non debo avere dettate queste lettere io – ribatte Margherita –, ma che lle dèe avere dettate Piero di Filippo. Salvo la grazia vostra, mai non mi dettò lettere, né d'egli, né neuno; voi mi tenete un da pocho, ch'io non chredea che io facessi dettare mie lettere a lui. Quando io non avesse Simone, andrei a Niccholò dell'Amanato, che mi parebe più convenevole che Piero di Filippo, o a Lorenzo: di questi due direi i miei sagretti, e non a più persona[43].

La risposta del marito è una pungente presa in giro che certamente non avrà ammansito la moglie: si compiace per la bravura nonostante la giovinezza di Margherita e nonostante – sottolinea – che tale bravura sia un'eccezione rispetto al suo modo di dettare le lettere, ma poiché di solito si dice che se un fanciullo si mostra straordinariamente eccellente è vicino a morire, egli teme che sia proprio la fine imminente a portare la moglie a raggiungere livelli tanto eccezionali:

> I' òe auta tua lettera, e se l'una fue bene dettata, l'altra è via melglo, di che io veggio ora di certto ch'ella fue detta per te, di che ò grande piacere d'una partte e d'altra partte ò grande dispiacere. E dirotti chome i' òe grande piacere che Idio t'abia data tanta bontà che tue sappi tanto di bene chome a dire simily chose; ma i' òe grande paura che tue no sia prèso alla mortte, in però ch'egl'è un volghare che quando uno fancullo fae o dice chose che a lui sia fuori di forma secondo la sua giovaneza, e l'uomo dice «di certto questo

fancullo no dèe a vivere»; chosì, per simile modo, si dice di molte persone. E perché questa lettera è fuori d'una forma da femina giovane chome se' tue, e no llo ài achostumato, dubito che tue vorai fare miracholi prèso alla tua[44].

Quando non era chiamata a rispondere punto per punto agli ordini o alle critiche del marito, Margherita era spiritosa e brillante. Glielo scrive Lapo Mazzei, a proposito di una lettera del 15 aprile del 1394 che egli non si era trattenuto dal leggere mentre era a tavola con la moglie. «E v'era monna Tessa mia donna; ch'io vi prometto che, tra le risa e il diletto, io mi tramutai per modo che la donna si consumava sapere il tenore della scritta ch'io leggeva; e uditala, non si potea ricredere dello ingegno che Dio v'ha dato»[45].

Il marito non si curava però di aiutare Margherita a esprimere tanti talenti mettendola a suo agio con buoni scrivani, anzi si era lamentato della pessima lettera dettata da Margherita, che gli risponde lo stesso 15 aprile del 1394, giorno nel quale aveva ricevuto tante lodi. Era vero, l'aiutante era pessimo, ma non c'era rimedio perché essendo assegnato a una donna non si poteva sperare di meglio, e aggiungeva, all'attacco: neanche un uomo riuscirebbe a tenere testa a tante faccende quanto lei, obbligata a occuparsene; neppure il segretario della Signoria era mai così impegnato quanto lei: «Del chanceliere mio iscrivo pegio l'un dì che latro: me ne grava, ma no'si disdicie, perché stane a ghovernmento di femina; ma tu m'ài bene lasciata a fare più faciende, che s'io fosi uno huomo basterebe, che non ebe mai sì fatta faccienda, il chancielere de' Signorii»[46]. Naturalmente i rimproveri erano diretti anche a chi sedeva accanto a lei, giudicato e ammonito.

Passando gli anni Margherita trovò sempre più penoso dipendere dagli scrivani che inoltre non sempre erano a sua disposizione; i ritardi nelle risposte provocavano i rimproveri del marito. Ma soprattutto gli volle dimostrare, quasi una sfida, di essere capace, senza maestri, di portare a termine la grande impresa di sapere leggere e scrivere bene, anche se non rinunciò completamente all'aiuto dei dettatori, perché a volte aveva tanto da fare da non avere il tempo, evidentemente non breve, per la stesura di una lettera. Dei miglioramenti di Margherita ci informa il suo sostenitore Lapo Mazzei che, in una lettera dell'8 aprile 1396, le scrive: «M'è detto ch'avete così bene apparato, che è una maravigla nella etade che siete, nella quale l'altre sogliono dimenticare»; pochi mesi dopo, il 22 settembre, scrive al marito dicendogli di essere ansioso di ricevere qualche prova dei progressi della moglie: «Bene ho astettato qualche lettera da monna Margherita per sapere de' suoi processi» e ancora il 4 dicembre: «Dite a monna Margherita che mai no le scriverò più nulla, s'ella non iscrive a me qualche cosa; ch'io voglio sapere com'elle è saccente nella scritture, e' se 'l suo fia dettato di monaca o di romita o di spigolistra [bigotta], o pur di comune donna»: voleva cioè sapere se Margherita scriveva in gotico come le religiose oppure in quale altro tipo di scrittura[47]. Una frase che dimostra che non fu l'affettuoso amico a istruire Margherita, come a lungo si è pensato, prendendo alla lettera una sua frase bonaria del dicembre del 1396: «Io perdono alla discepola mia, a cui ho insegnato, s'ella non mi risponde, poi che mi fate fede ch'ella è sotto pasqua in tanti viluppi»[48].

La scrittura di Lapo è notarile e Margherita scrive con quella mercantesca; inoltre egli stette troppo poco tempo con lei per avere il tempo di insegnarle. Ebbe invece un ruolo più importante, anche se indiretto, il figlio decenne di Lapo, Pieraccino. Tutte le lettere autografe di Margherita del 1399, ben venti scritte in questo medesimo anno, partirono da Firenze, dove la casa era separata dagli uffici. Margherita non aveva quindi a disposizione tanti scrivani come a Prato; per questo, all'occorrenza, si serviva di Pieraccino che era stato assunto da Francesco come apprendista e abitava in casa con Margherita. Il 18 febbraio Pieraccino scrisse a Francesco, a nome della moglie, una lettera con una grafia molto incerta, ma il giorno dopo, di suo pugno, Margherita giustificava il bambino: era ancora agli inizi, fino allora aveva studiato matematica, ma era già tanto bravo a leggere; esprimeva insieme la speranza che il marito venisse presto a insegnargli (circostanza che non si verificò): «E' gn'a una chosa che ti piaccia, che gn'e presto e' leggiere. Del non avere ischritto diritto n[on] te ne maravignare che none iscrissi anchora, in perciò ch'egni sta anchora all'abacho, ma e' mi pare di chondizione ch'egn'aparerà tosto, se gni sarà insenato, e chuesto si farà chuande tu sarai qui»[49].

È molto probabile che Margherita, stando a Firenze dove aveva meno incombenze sulle spalle rispetto a Prato, seguisse gli sforzi di Pieraccino; istruendolo esercitava le proprie competenze e istruiva anche sé stessa usando le liste di lettere dell'alfabeto già pronte per giovani apprendisti. Ad esempio potrebbe avere utilizzato «un quaderno di esercizi di scrittura» che risulta nell'Archivio Datini[50]. Osservando le lettere autografe di Margherita si possono vedere chiaramente i progressi (**fig. 199**): riesce a maneggiare meglio la penna e la grafia è più fluida, gli spazi fra una riga e l'altra sono più regolari; adotta via via anche alcune abitudini dei mercanti: ad esempio è molto precisa nel datare la sua corrispondenza, scrivendo sempre giorno, mese e anno, divide la lettera in paragrafi – anche se all'i-

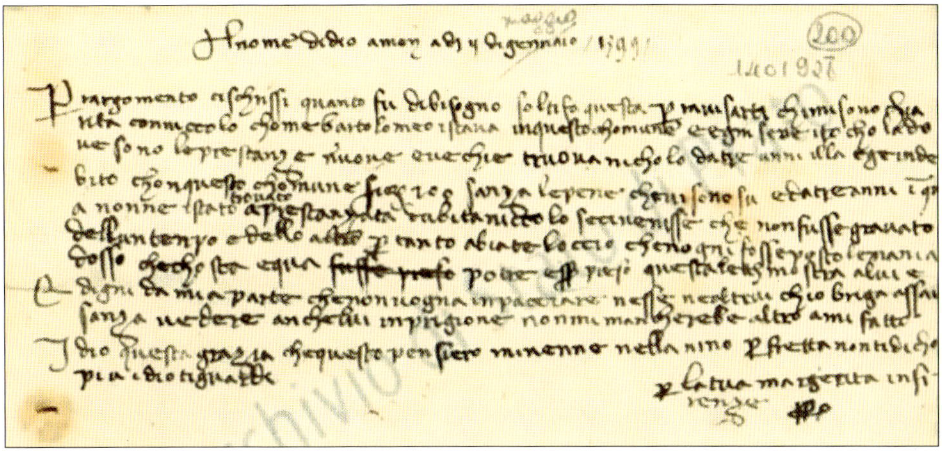

199. *Lettera autografa di Margherita Datini che mostra una raggiunta capacità di scrittura, 2 maggio 1399*, Prato, Archivio di Stato, Fondo Datini, 1401929.

nizio non sempre a proposito – che fa iniziare con una lettera più grande alla sinistra del testo. Omette i saluti convenzionali ma invece, proprio come i mercanti, si riferisce alla lettera appena ricevuta o appena spedita.

Sapendo lei stessa maneggiare la penna si lamenta degli scrivani a disposizione del marito, quanto al modo sia di scrivere sia di comporre: «Non mi mandate più lettere se no'lle scrive Guido, perché lo scritore non n'è troppo buono e perché 'l dettatore è peggio», ordina in una lettera del 17 marzo 1399[51].

Nonostante i tanti rimbrotti e le critiche, Francesco Datini era molto legato a Margherita, e lo scrisse una volta da Pisa, non direttamente all'interessata ma, scontroso e riservato com'era, all'amico e socio Monte Angiolini, in una lettera del 13 marzo 1385: Margherita non gli avrebbe dato eredi ed era spesso malaticcia, molti ritenevano che egli preferisse abitare lontano da lei, ma non era così; egli non poteva pensare di vivere senza la moglie. Ma lasciamo parlare Francesco che trova una espressione molto bella per dire il suo legame: «Dite a Margherita che, nonostante ella sia come sia e parli chi vuole parlare, io non ho intenzione né di andare né di restare in nessun luogo, dove ella non sia con me; e, parli chi vuole parlare, non mi sembra di essere uomo senza di lei»[52].

Abbiamo la fortuna di conoscere il volto di Margherita grazie a un ritratto, assai poco stilizzato, che pare ricerchi la rassomiglianza fisiognomica, nella grande tavola con la rappresentazione della Trinità e, ai piedi della Croce, i coniugi Datini insieme alla piccola Ginevra in veste di devoti, fiancheggiati dallo stemma di Francesco[53] (**figg. 200 e 201**).

200. *La Trinità con i coniugi Datini e la piccola Ginevra*, Roma, Musei Capitolini, 1404-10.

201. Margherita Datini, part. della figura precedente.

Tutti e tre sono vestiti di rosso, indossano cioè vesti costose. Francesco Datini giunge le mani in preghiera così come Ginevra (ma la sua figuretta è assai rovinata), mentre Margherita – tratti decisi, grandi occhi malinconici – incrocia le mani al petto nel gesto della sottomissione e ha il capo e le spalle coperti da un pesante velo nero.

Molto probabilmente fu Francesco Datini a guidare il pittore nei gesti da adottare. Ma, come abbiamo visto, Margherita, apparentemente assoggettata, ebbe di sé una grande autostima, dimostrò al marito la propria bravura con strenuo accanimento, conquistandone la ruvida stima.

Penso che Margherita e le altre donne le cui storie ci hanno accompagnato fin qui sarebbero state d'accordo con quanto ebbe a dire Charlotte Witton (1896-1975), sindaca di Ottawa: «Qualsiasi cosa facciano le donne, devono farla due volte meglio degli uomini per essere apprezzate la metà. Per fortuna non è una cosa difficile»[54].

Note

Note

Capitolo 1

[1] Jane Austen, *L'abbazia di Northanger*, Roma-Napoli, Theoria, 1982, p. 146.

[2] Il manoscritto fu commissionato da Gregorio Muntaner (1028-1072), abate di Saint-Sever nella Francia sud-occidentale; conosciamo anche il nome del pittore: Stephanus Garsia. Per il rapporto fra questa miniatura e *Guernica* (1937) di Pablo Picasso si veda Alessandro Barbero e Chiara Frugoni, *Medioevo. Storia di voci, racconto di immagini*, Roma-Bari, Laterza, 1999, p. 131.

[3] «Tutti i responsabili del destino famigliare, cioè tutti i maschi che detengono qualche diritto sul patrimonio [...], considerano di conseguenza come loro primo diritto e loro primo dovere di far sposare i figli e di farli sposare nel modo migliore»: Georges Duby, *Le mariage dans la société du Haut Moyen Âge*, in *Il matrimonio nella società altomedievale*, Spoleto, CISAM, 1977, vol. I, pp. 15-39, p. 21.

[4] Riassumo l'analisi molto dettagliata di Paulette L'Hermite-Leclercq, *Le donne nell'ordine feudale (XI-XII secolo)*, in Georges Duby e Michelle Perrot, *Storia delle donne*, vol. II: *Il Medioevo*, a cura di Christiane Klapisch-Zuber, Roma-Bari, Laterza, 1990, pp. 251-309, pp. 253-272. All'autrice sono debitrice delle considerazioni espresse in margine a questa storia.

[5] *Ibidem*, p. 262.

[6] *Ibidem*, pp. 258-259.

[7] Ulrich Hub, *L'ultima pecora*, ed. illustrata da Jörg Mühle, Roma, Lapis, 2019, p. 64.

[8] Geoffrey Chaucer, *I racconti di Canterbury*, a cura di Ermanno Barisone, Milano, TEA, 1993, p. 182.

[9] Dietmar Rieger, *Le motif du viol dans la littérature de la France médiévale entre norme courtoise et réalité courtoise*, in «Cahiers de civilisation médiévale», 31, 1988, pp. 241-267, con esempi non limitati alla Francia medievale.

[10] Chaucer, *I racconti di Canterbury*, cit., pp. 187-188.

[11] Il baccelliere era cavaliere «apprendista» che entrava al servizio di un «dominus» famoso e potente; il baccelliere di solito aveva al suo seguito un piccolo numero di aiutanti a cavallo (da tre a cinque) a cui aveva procurato cavalli e armi.

[12] Chaucer, *I racconti di Canterbury*, cit., p. 192.

[13] *Ibidem*, pp. 17-18.

[14] Cyrille Vogel, *Les rites de la célébration du mariage: leur signification dans la formation du lien durant le haut Moyen Âge*, in *Il matrimonio nella società altomedievale*, cit., pp. 397-465, p. 445.

[15] *Ibidem*, p. 448.

[16] Si veda: Georges Duby, *Il cavaliere, la donna e il prete. Il matrimonio nella Francia feudale*, Milano, il Saggiatore, 2017. Gabriella Rossetti, *Il matrimonio del clero nella società altomedievale*, in *Il matrimonio nella società altomedievale*, cit., pp. 473-554, p. 553, sottolinea che una

importante ragione per cui la Chiesa proibì il matrimonio dei sacerdoti fu dovuta alla volontà di recuperare il controllo delle terre da loro gestite, poiché spesso i figli diventavano a loro volta preti. Nel 1079 «fu vietato ai chierici l'accesso agli ordini».

[17] «Admonendi sunt coniuges ut suscipiendae prolis se meminerint causa coniunctos, et cum immoderatae admistioni servientes, propagationis articulum in usum transferunt voluptatis, perpendant quod licet extra non exeant, in ipso tamen coniugio coniugii iura transcendunt. Unde necesse est ut crebris exorationibus deleant quod pulchram copulae speciem admistis voluptatibus foedant»: Gregorii Magni *Regula pastoralis*, III, 27, PL 77, col. 102.

[18] Questa frase può molto cambiare di senso a seconda della virgola, perché avrei potuto tradurre invece: la donna, «non osando ucciderlo, come fanno le madri lo nutriva come un bambino normale». Ho preferito una traduzione che può suonare azzardata per varie ragioni. Siamo in un'epoca in cui si succedono efferatezze di ogni genere e Gregorio di Tours le racconta senza alcun commento o sanzione. La madre, dopo poco, vende il bambino ai mendicanti. Gli studiosi si sono accorti che «accidentalmente» morivano soffocate nel letto dei genitori molte più femmine che maschi come si evince dai penitenziali, i manuali per aiutare il confessore a comminare la giusta tariffa di penitenza. Poiché sarebbe bastato dire: «non osando ucciderlo lo nutriva», la precisazione di Gregorio di Tours «come fanno di solito le madri» suonerebbe del tutto illogica.

[19] «In Biturigo quoque fuit quaedam mulier, quae concipiens peperit filium, cuius poplites ad stomachum, calcanei ad crura contraxerant; manus vero eius erant adhaerentes pectori, sed et oculi clausi erant. Qui magis monstrum aliquod quam hominis speciem similabat. Qui cum non sine derisione multorum aspiceretur, et mater argueretur cur talis ex illa processerit, confitebatur cum lacrymis, nocte illum Dominica generatum. Quem interimere non audens, ut mos matrum est, tamquam sanum puerum nutriebat. Adultumque tradidit mendicis, qui accipientes posuerunt eum in carrucam et trahentes ostendebant populis, multum per eum stipendii accipientes. Dum haec per longa tempora gererentur, anno aetatis suae undecimo advenit ad festivitatem beati Martini, proiectusque a foris ante sepulchrum miserabiliter decubabat. Transacta autem festivitate, visum auditumque recepit. Inde reductus ad solitam consuetudinem, postulabat stipem. Post annum fere aut eo amplius venit iterum ad solemnitatem, positusque est in loco in quo prius iacuerat, decursisque solemnitatis festis, directis omnibus membris, plenissimam obtinuit sanitatem. Quae nec credibilia fortasse videantur, ego eum sospitem vidi; nec audita ab aliquo, sed ab eius ore narrata cognovi. Sed quia dixi, parentibus eius ob peccatum evenisse per violentiam noctis Dominicae; cavete, o viri, quibus sunt coniuncta coniugia! Sat est aliis diebus voluptati operam dare; hunc autem diem in laudibus Dei impolluti deducite. Quia cum evenerit exinde aut contracti aut ephilentici aut leprosi nascuntur. Sitque documentum, ne malum quod una nocte committitur, per multorum annorum spatia perferatur»: Gregorii Turonensis *Liber II de virtutibus sancti Martini*, 24, *De homine omnibus membris contracto*, in *Monumenta Germaniae Historica*, *Scriptores Rerum Merovingicarum*, *tomus* I, *pars* II, a cura di Bruno Krusch, Hannoverae, Impensis Bibliopolii Hahniani, 1885, editio nova 1969, p. 167 (edizione precedente p. 617).

[20] Nei giorni di feste civili gli uffici pubblici erano chiusi. Giovanni Boccaccio, *Decameron*, a cura di Vittore Branca, Firenze, Le Monnier, 1951, vol. I, p. 296.

[21] Al tempo del Boccaccio il calendario si portava alla cintura in un astuccio, come quello degli occhiali: nota di Vittore Branca, *ibidem*, p. 298.

[22] L'Hermite-Leclercq, *Le donne nell'ordine feudale*, cit., p. 275.

[23] Nell'Antichità le sirene erano ritenute degli esseri ibridi, metà fanciulle e metà uccelli. Il *Liber monstrorum* dell'inizio dell'VIII secolo descrive per la prima volta una sirena con la coda di pesce. Si veda Edmond Faral, *La queue de poisson des sirènes*, in «Romania», 74, 1953, pp. 433-506.

[24] «Quid agit femina maritata cum muliere Christo dilecta? Quid quae amat virum, cum ea quae diligit Christum? [...] Dispar est habitu, dispar affectu: et sicut dispar est vestimento, ita animo. Mulier saecularis organum est satanae. Haec cantat tibi quod illecebras saeculi moveat, et semitas diaboli ostendat, sicut legimus. Sirena maris talis est sursum ex umbilico, qualis pulcherrima et formosa virgo: ab umbilico vero usque ad pedes talis sicut est piscis. Sirena habet

caput virginis, et posteriora piscis. Cantat dulce magnis vocibus, et multis modulis, atque cum magna dulcedine dat voces concordes: sed per suas dulces cantilenas saepe marinarios decipit, et in discrimen perducit. Saepe nautae navigantes mare dulces audiunt voces sirenarum, et per dulces voces et suaves cantus earum decipiuntur, et ad mortale periculum perducuntur. Sicut sirena per dulces cantus decipit marinarios, ita saecularis femina per suos deceptorios sermones decipit Christi servos. Et sicut sirena per suaves cantilenas solet navigantes mare a recto itinere deviare, atque in perditionem perducere; ita saecularis femina per blanda verba ac seductoria, solet Deo servientes a sancto proposito retrahere, et in periculum animarum suarum perducere. Igitur, soror dilecta mihi in Christo, fuge cantus sirenarum, ne dum delectaris audire delectamenta terrena, a recto itinere avertaris. Quid enim sunt verba saecularium mulierum nisi cantus sirenarum? Ergo cantus sirenae fuge et a lingua mala suadentis mulieris separa aures tuas»: Bernardi *Liber de modo bene vivendi*, 57, *De fuga mulierum saecularium*, PL 184, coll. 1285-1286. Certamente il mondo monastico non è granitico e, come mi fa ricordare Clara Gennaro, accanto a un testo come questo ci sono le pagine colme di umanissima comprensione di Pietro il Venerabile scritte a Eloisa per consolarla della morte di Abelardo, il quale negli ultimi anni della sua vita era stato accolto dallo stesso Pietro nella sua abbazia.

[25] Chiara Frugoni, *L'ideologia del potere imperiale nella «Cattedra di S. Pietro»*, in «Bullettino Storico Italiano per il Medioevo», LXXXVI, 1976-77, pp. 65-181.

[26] *La Bibbia di S. Paolo fuori le mura*, a cura di Viviana Jemolo e Mirella Morelli, Roma, De Luca Editori, 1981, p. 11.

[27] Charles T. Little, *Avori milanesi del X secolo*, in *Millennio ambrosiano*, a cura di Carlo Bertelli, Milano, Electa, 1988, vol. II, pp. 82-101, p. 84 e bellissima foto a p. 86, fig. 103.

[28] Qui c'è un rammendo e forse in origine era stata ricamata una spada. Sulla bravura nel cucire i vari pezzi della stoffa con invisibili cuciture e sugli aspetti tecnici del ricamo: Gale R. Owen-Crocker, *The Bayeux Tapestry, invisible seams and visible boundaries*, in «Anglo-Saxon England», 31, 2002, pp. 257-273.

[29] Per l'imponente bibliografia relativa a questo ricamo rimando all'impegnata rassegna del lungo articolo di Luigi Provero, *Fedeltà inaffidabili: aristocrazia e vassallaggio nell'arazzo di Bayeux*, in «Reti Medievali Rivista», 16, 2, 2015, pp. 53-93.

[30] *Ibidem*, p. 82.

[31] Vi è anche la rappresentazione riconoscibile dell'abbazia di Mont-Saint-Michel, tuttavia mi sembra impossibile, come si continua a ripetere, che l'uomo accanto che la indica possa essere identificato con il probabile impaginatore, il monaco Scolland, perché il personaggio non è tonsurato.

[32] Provero, *Fedeltà inaffidabili*, cit., p. 75.

[33] *Ibidem*, p. 88.

[34] È presente nel grande banchetto prima della battaglia, nel consiglio di guerra insieme ai fratellastri Guglielmo e Roberto, insieme a Guglielmo nel combattimento che muta le sorti della battaglia; inoltre, non a caso identificati dalla scritta, compaiono anche tre suoi vassalli.

[35] Lo ha notato Charles Gibbs-Smith, *The Bayeux Tapestry*, London, Phaidon Press, 1973, p. 9.

[36] Chiara Frugoni, *La voce delle immagini. Pillole iconografiche dal Medioevo*, Torino, Einaudi, 2010, pp. 3-9.

[37] Embrione della futura abbazia di Westminster di Londra.

[38] Owen-Crocker, *The Bayeux Tapestry*, cit, p. 271.

[39] «Non te ulla pietas plangentium matrum, aut lugentium patrum funera filiorum, non mugitus et gemitus revocat infantium»: Quodvultdei *De symbolo*, PL 61, col. 655 (qui è attribuito ad Agostino, *De symbolo ad catechumenos. Sermo alius*, 4). C'è un *climax* di annotazioni che dovrebbe colpire Erode: il pianto muto delle madri, le preghiere dei padri, il lamento inarticolato dei bambini, ma con un rincaro lessicale: «straziante». Ringrazio Nicoletta Scalari per questa osservazione.

[40] Francisco de Asís García García, *La matanza de los inocentes*, in «Revista digital de iconografía medieval», 3, 5, 2011, pp. 23-37, p. 32.

[41] Ringrazio Luciano Valle per questo riferimento biblico.

[42] Si veda la voce a cura di Viktor Heinrich Elbern, *Egberto*, in *Enciclopedia dell'Arte Medievale*, Roma, Istituto dell'Enciclopedia Treccani, 1994, vol. V, pp. 771-773.

[43] Diether Rudloff, *Zillis: images de l'univers roman*, Saint-Léger-Vauban, Zodiaque, 1989, p. 15.

[44] «Puer a puritate vocatus, quia purus est, et necdum lanuginem floremque genarum habens» («il *puer* è chiamato *puer* per la sua purezza; è infatti puro e privo ancora della prima peluria o lanugine delle guance»): Isidoro di Siviglia, *Etimologie o Origini. Libri XII-XX*, a cura di Angelo Valastro Canale, Torino, UTET, 2004, vol. I, 1. XI, 2, 10, pp. 914-915.

[45] È questa l'interpretazione data da Ettore Rota, curatore dell'edizione del 1904: Petri Ansolini de Ebulo *De rebus Siculis carmen*, edizione a cura di Ettore Rota, *Rerum italicarum scriptores*, N.S., vol. XXXI, 1, parti 1-3, Città di Castello, S. Lapi, 1904-10, in particolare parte 2 (1905), p. 75.

[46] Petrus de Ebulo, *Liber ad honorem Augusti. Eine Bilderchronik der Stauferzeit aus der Burgerbibliothek Bern*, a cura di Theo Kölzer e Marlis Stähli, Sigmaringen, Thorbecke, 1994, fig. a p. 107. Testo latino e traduzione tedesca a p. 105.

[47] Redatte da Raimondo di Peñafort con l'aggiunta nei margini del manoscritto della *Glossa ordinaria* di Bernardo di Parma, fra il 1335-40. Questo manoscritto ha una storia singolare perché fu composto in due fasi. Dapprima fu steso il testo, poi, dopo averlo acquistato, il compratore (che Alixe Bovey ha identificato, osservando lo stemma più volte ripetuto lungo le pagine, nel giovane John Batayle, canonico del priorato di San Bartolomeo a Smithfield) fece aggiungere un profluvio di miniature con storie bibliche, animali ibridi e *drôleries*: Alixe Bovey, *A pictorial ex libris in the Smithfield decretals: John Batayle, canon of St Bartholomew's, and his illuminated law book*, in A.S.G. Edwards (a cura di), *Decoration and Illustration in Medieval English Manuscripts*, London, British Library, 2002, pp. 67-91.

Capitolo 2

[1] Ho trattato a lungo questo argomento, con relativa bibliografia, nel mio libro *Uomini e animali nel Medioevo. Storie fantastiche e feroci*, Bologna, Il Mulino, 2018, pp. 17-25.

[2] «Et creavit Deus hominem ad imaginem suam; ad imaginem Dei creavit illum: masculum et feminam creavit eos. Benedixitque illis Deus et ait: "Crescite et multiplicamini et replete terram et subicite eam et dominamini piscibus maris et volatilibus caeli et universis animantibus quae moventur super terram". Dixitque Deus: "Ecce dedi vobis omnem herbam adferentem semen super terram et universa ligna, quae habent in semetipsis sementem generis sui, ut sint vobis in escam et cunctis animantibus terrae omnique volucri caeli et universis, quae moventur in terris et in quibus est anima vivens, ut habeant ad vescendum". Et factum est ita. Viditque Deus cuncta quae fecerat et erant valde bona»: Genesi 1,27-31.

[3] «Haec vocabitur virago, quoniam de viro sumpta est»: Genesi 2,23.

[4] «Benedixitque Deus Noe et filiis eius et dixit ad eos: "Crescite et multiplicamini et implete terram. Et terror vester ac tremor sit super cuncta animalia terrae et super omnes volucres caeli cum universis, quae moventur super terram; omnes pisces maris manui vestrae traditi sunt. Omne, quod movetur et vivit, erit vobis in cibum; quasi holera virentia tradidi vobis omnia, excepto quod carnem cum anima, quae est in sanguine, non comedetis. Sanguinem enim animarum vestrarum requiram de manu cunctarum bestiarum; et de manu hominis, de manu viri fratris eius requiram animam hominis. Quicumque effuderit humanum sanguinem, per hominem fundetur sanguis illius; ad imaginem quippe Dei factus est homo. Vos autem crescite et multiplicamini et pullulate super terram et dominamini ei"» («Crescete e moltiplicatevi e riempite la terra, e incutete tremore e terrore a tutti gli animali del cielo e a tutti gli uccelli del cielo, insieme a tutti quelli che strisciano sulla terra; e tutti i pesci del mare sono messi in vostro potere. Tutto ciò che si muove e ha vita vi sarà di cibo; ve lo do come vi detti tutta l'erba verde; soltanto, non mangerete carne con il suo principio vitale, che risiede nel sangue. Del sangue che alimenta la vostra vita chiederò conto…»).

[5] Quando Giacobbe, prima di morire, raduna tutti i suoi discendenti per predire a ciascuno il suo avvenire, rivolgendosi a Giuda lo benedice paragonandolo a un vittorioso leone cacciatore di prede (Genesi 49,9: «Catulus leonis Iuda: a praeda, fili mi, ascendisti; requiescens accubuit ut leo et quasi leaena; quis suscitabit eum?»; «Un giovane leone è Giuda; dalla carneficina, figlio mio, tu sei ritornato. Si è accovacciato e riposa come un leone e come una leonessa: chi oserà disturbarlo?»).

[6] «Dicit ei Iesus: "Iam noli me tenere, nondum enim ascendi ad Patrem; vade autem ad fratres meos et dic eis: Ascendo ad Patrem meum et Patrem vestrum, et Deum meum et Deum vestrum". Venit Maria Magdalene annuntians discipulis: "Vidi Dominum!", et quia haec dixit ei».

[7] Sull'abate e sulla sua destinataria si veda Peter Kidd, *Contenuto e codicologia*, in *Il salterio di St. Albans. Saggi e commenti*, volume che accompagna il facsimile del manoscritto, Roma, Istituto dell'Enciclopedia Treccani/Müller und Schindler, 2007, pp. 31-184, pp. 35-40.

[8] Jane Geddes, *Decorazione e illustrazione*, in *Il salterio di St. Albans. Saggi e commenti*, cit., pp. 185-279, p. 209.

[9] Marco 16,19; Luca 24,50; Atti degli apostoli 1,9-11.

[10] Geddes, *Decorazione e illustrazione*, cit., pp. 209-210.

[11] «Prima autem sabbatorum, valde diluculo venerunt ad monumentum portantes, quae paraverant, aromata. Et invenerunt lapidem revolutum a monumento; et ingressae non invenerunt corpus Domini Iesu. Et factum est, dum mente haesitarent de isto, ecce duo viri steterunt secus illas in veste fulgenti. Cum timerent autem et declinarent vultum in terram, dixerunt ad illas: "Quid quaeritis viventem cum mortuis? Non est hic, sed surrexit. Recordamini qualiter locutus est vobis, cum adhuc in Galilaea esset, dicens: "Oportet Filium hominis tradi in manus hominum peccatorum et crucifigi et die tertia resurgere". Et recordatae sunt verborum eius et regressae a monumento nuntiaverunt haec omnia illis Undecim et ceteris omnibus. Erat autem Maria Magdalene et Ioanna et Maria Iacobi; et ceterae cum eis dicebant ad apostolos haec. Et visa sunt ante illos sicut deliramentum verba ista, et non credebant illis. Petrus autem surgens cucurrit ad monumentum et procumbens videt linteamina sola; et rediit ad sua mirans, quod factum fuerat».

[12] «Venit hora, et nunc est, quando veri adoratores adorabunt Patrem in Spiritu et veritate; nam et Pater tales quaerit, qui adorent eum. Spiritus est Deus, et eos, qui adorant eum, in Spiritu et veritate oportet adorare»: Giovanni 4,23.

[13] «Reliquit ergo hydriam suam mulier et abiit in civitatem et dicit illis hominibus: "Venite, videte hominem, qui dixit mihi omnia, quaecumque feci; numquid ipse est Christus?". Exierunt de civitate et veniebant ad eum [...]. Ex civitate autem illa multi crediderunt in eum Samaritanorum propter verbum mulieris testimonium perhibentis: "Dixit mihi omnia, quaecumque feci!". Cum venissent ergo ad illum Samaritani, rogaverunt eum, ut apud ipsos maneret; et mansit ibi duos dies. Et multo plures crediderunt propter sermonem eius; et mulieri dicebant: "Iam non propter tuam loquelam credimus; ipsi enim audivimus et scimus quia hic est vere Salvator mundi!"»: Giovanni 4,28-42.

[14] Forse per un errore, è scritto *fecit* invece di *feci*, che ci aspetteremmo e che è nel testo di Giovanni. Otto Demus, *The Mosaics of San Marco in Venice*, Chicago-London, The University of Chicago Press, 1984, vol. I, *Text*, 1, *The Eleventh and Twelfth Century*, pp. 122-123; vol. I, *Plates*, 2, *The Eleventh and Twelfth Century*, fig. 147.

[15] «Martha autem satagebat circa frequens ministerium; quae stetit et ait: "Domine, non est tibi curae quod soror mea reliquit me solam ministrare? Dic ergo illi, ut me adiuvet". Et respondens dixit illi Dominus: "Martha, Martha, sollicita es et turbaris erga plurima, porro unum est necessarium; Maria enim optimam partem elegit, quae non auferetur ab ea"».

[16] «Maria autem erat quae unxit Dominum unguento et extersit pedes eius capillis suis, cuius frater Lazarus infirmabatur». A questo episodio Giovanni dedicò il paragrafo successivo.

[17] «Iesus ergo, ut vidit eam plorantem et Iudaeos, qui venerant cum ea, plorantes, fremuit spiritu et turbavit seipsum et dixit: "Ubi posuistis eum?". Dicunt ei: "Domine, veni et vide". Lacrimatus est Iesus»: Giovanni 11,33-35.

[18] L'espressione piuttosto oscura si chiarisce rivolgendoci al racconto, si può dire identico, di Matteo 26,6-13 e Marco 14,3-9 circa lo spargimento dei profumi su Cristo.

[19] «Maria ergo accepit libram unguenti nardi puri, pretiosi, et unxit pedes Iesu et extersit capillis suis pedes eius; domus autem impleta est ex odore unguenti. Dicit autem Iudas Iscariotes, unus ex discipulis eius, qui erat eum traditurus: "Quare hoc unguentum non veniit trecentis denariis et datum est egenis?". Dixit autem hoc, non quia de egenis pertinebat ad eum, sed quia fur erat et, loculos habens, ea, quae mittebantur, portabat. Dixit ergo Iesus: "Sine illam, ut in diem sepulturae meae servet illud. Pauperes enim semper habetis vobiscum, me autem non semper habetis"».

[20] «Sciens autem Iesus ait illis: "Quid molesti estis mulieri? Opus enim bonum operata est in me; nam semper pauperes habetis vobiscum, me autem non semper habetis. Mittens enim haec unguentum hoc supra corpus meum, ad sepeliendum me fecit. Amen dico vobis: Ubicumque praedicatum fuerit hoc evangelium in toto mundo, dicetur et quod haec fecit in memoriam eius"»: Matteo 26,10-13.

[21] Ai tempi di Cristo gli invitati, a piedi nudi, erano adagiati su letti disposti a ferro di cavallo e dietro di loro era lasciato uno spazio per il passaggio dei servi. L'iconografia occidentale non ha tenuto mai conto di questa disposizione.

[22] Cristo dice al fariseo, rivolto alla peccatrice: «"Remissa sunt peccata eius multa, quoniam dilexit multum; cui autem minus dimittitur, minus diligit". Dixit autem ad illam: "Remissa sunt peccata tua". Et coeperunt, qui simul accumbebant, dicere intra se: "Quis est hic, qui etiam peccata dimittit?". Dixit autem ad mulierem: "Fides tua te salvam fecit; vade in pace!"»: Luca 7,47-50.

[23] «Et factum est deinceps, et ipse iter faciebat per civitatem et castellum praedicans et evangelizans regnum Dei; et Duodecim cum illo et mulieres aliquae, quae erant curatae a spiritibus malignis et infirmitatibus: Maria, quae vocatur Magdalene, de qua daemonia septem exierant, et Ioanna uxor Chuza, procuratoris Herodis, et Susanna et aliae multae, quae ministrabant eis de facultatibus suis»: Luca 8,1-3.

[24] «Mulier in tranquillitate discat cum omni subiectione; docere autem mulieri non permitto neque dominari in virum, sed esse in tranquillitate. Adam enim primus formatus est, deinde Eva; et Adam non est seductus, mulier autem seducta in praevaricatione fuit. Salvabitur autem per filiorum generationem, si permanserit in fide et dilectione et sanctificatione cum sobrietate»: I Timoteo 2,11-15. L'attribuzione a Paolo della prima lettera a Timoteo già all'inizio dell'Ottocento è stata messa seriamente in dubbio per lo stile e sulla base di argomenti di ordine storico che riguardano l'attività di Paolo stesso; lo scritto va considerato come una lettera dettata dai suoi discepoli, anche se la paternità paolina è ancora sostenuta ufficialmente dalla Chiesa a difesa della tradizione. Ringrazio Clara Gennaro e Luciano Valle per questa precisazione.

[25] «Viro enim mulier, non mulieri vir auctor erroris est»: Ambrosii *De paradiso*, I, 12, PL 14, col. 303.

[26] «Et Evam te esse nescis? Vivit sententia Dei super sexum istum, in hoc saeculo: vivat et reatus necesse est. Tu es Diaboli ianua, tu es arboris illius resignatrix, tu es divinae legis prima desertrix, tu es quae eum persuasisti, quem diabolus aggredi non valuit. Tu, imaginem Dei, hominem, tam facile elisisti: propter tuum meritum, id est mortem, etiam Filius Dei mori habuit»: Tertulliani *De cultu foeminarum*, I, 1, PL I, col. 1305.

[27] *Age of Chivalry. Art in Plantagenet England 1200-1400*, a cura di Jonathan Alexander e Paul Binski, London, Royal Academy of Arts, 1987, p. 353.

[28] Si veda *infra*, p. 79.

[29] Nei sedili degli stalli del coro di una chiesa la «misericordia» era una piccola mensola, spesso scolpita, applicata alla faccia inferiore del ripiano mobile del sedile stesso il quale, quando veniva alzato, serviva da appoggio «misericordioso» a chi doveva stare in piedi, spesso a lungo, durante il tempo della recita dell'ufficio divino.

[30] «Nam corporea pulchritudo in pelle solummodo constat. Nam si viderent homines hoc quod subtus pellem est, sicut lynces in Boeotia cernere interiora feruntur, mulieres videre nausearent. Iste decor in flegmate, et sanguine, et humore, ac felle consistit. Si quis enim considerat quae

intra nares, et quae intra fauces, et quae intra ventrem lateant, sordes utique reperiet. Et si nec extremis digitis flegma vel stercus tangere patimur, quomodo ipsum stercoris saccum amplecti desideramus?»: Oddonis abbatis Cluniacensis *Collationum libri tres*, II, PL 133, col. 556.

[31] «O si protinus intellectu conspexisset quid sub cute latebat! Quia nimirum nihil carnis pulchrum est, nisi fucus pellis»: Oddonis abbatis Cluniacensis *De vita sancti Geraldi Aureliacensis comitis*, I, PL 133, col. 648. I due passi sono citati da Jacques Dalarun, *La donna vista dai chierici*, in Georges Duby e Michelle Perrot, *Storia delle donne*, vol. II: *Il Medioevo*, a cura di Christiane Klapisch-Zuber, Roma-Bari, Laterza, 1990, pp. 24-55, p. 29.

[32] «Volo autem vos scire quod omnis viri caput Christus est, caput autem mulieris vir, caput vero Christi Deus [...]. Vir quidem non debet velare caput, quoniam imago et gloria est Dei; mulier autem gloria viri est. Non enim vir ex muliere est, sed mulier ex viro; etenim non est creatus vir propter mulierem, sed mulier propter virum».

[33] Paolo Zapperi, *L'uomo incinto. La donna, l'uomo, il potere*, Roma, Lerici, 1979, pp. 19-25.

[34] La trascrizione di tutte le didascalie della pagina si può leggere nella recensione di Léopold Delisle ad August Bastard d'Estang, *Peintures, ornements, écritures et lettres initiales de la Bible de Charles le Chauve, conservée à Paris*, Paris, Imprimerie nationale, 1883, in «Bibliothèque de l'École des Chartes», 44, 1883, pp. 340-352, p. 343.

[35] «Suadet nuper creatae anguis dolo puellae. Post haec amoena lustrans Adam vocat Redemptor. Uterque ab umbris pellitur inde sacris, et iam labori rura colunt habiti».

[36] Saverio Lomartire, *Scripta manent. Rileggendo le epigrafi medievali nel duomo di Modena*, in *Il duomo di Modena*, a cura di Chiara Frugoni, Modena, Panini, 1999, pp. 121-134, p. 129 e Idem, *Cultura epigrafica intorno al Duomo di Modena*, in *Romanica. Arte e liturgia nelle terre di San Geminiano e Matilde di Canossa*, Modena, Panini, 2006, pp 67-84, pp. 72-76 e pp. 230-231.

[37] «Sexus iste nostrum primum venenavit parentem, suum quoque maritum et patrem, iugulavit Ioannem Baptistam, inimicis suis fortissimum tradidit Samsonem, quodam etiam modo interfecit Salvatorem, quia nisi eius culpa exigeret, Salvator noster pro nobis mori necessarium non haberet. Heu quantos iam perdidit! Quos adhuc potest perdere non desistit! Ut breviter dicam, omnibus qui perierunt, qui pereunt, seu qui usque in finem saeculi perituri sunt, sexus iste duplicem contulit mortem. Nisi enim peccasset, et peccando primum hominem peccare fecisset, homo non moreretur in corpore, nec eius anima in aeternum periret. Vae sexui, cui nec timor inest, nec verecundia, nec bonitas, nec amicitia, qui magis timeri potest cum amatur, quam cum odio habetur»: Goffridi abbatis Vindocinensis *Epistolae*, IV, 24, PL 157, col. 168. Un brano di questo testo è riportato e commentato da Dalarun, *La donna vista dai chierici*, cit., p. 28.

[38] «Sexus enim iste sua suasione decepit hominem primum, suaque interrogatione circumscripsit apostolum Petrum. Illum ad praevaricationem impulit, hunc compulit ad negandum. Hic itaque sexus more ancillae ostiariae gerens officium, omnes quos illicit, aut excludit a vita, sicut Petrum a Christo; aut includit in mortem, sicut Adam in paradiso»: Goffridi abbatis Vindocinensis *Epistolae*, III, 21, PL 157, col. 126.

[39] Un'analisi assai circostanziata in Dalarun, *La donna vista dai chierici*, cit., pp. 29-30.

[40] Victor Saxer, *Le culte de Marie-Madeleine en Occident. Des origines à la fin du Moyen Âge*, 2 voll., Auxerre-Paris, Société des fouilles archéologiques/Clavreuil, 1959.

[41] Gregorii Magni *XL Homiliarum in Evangelia libri duo*, *Homilia* 33, PL 76, col. 1239 e ss.

[42] Victor Saxer, *Santa Maria Maddalena dalla storia evangelica alla leggenda e all'arte*, in *La Maddalena tra sacro e profano*, a cura di Marilena Mosco, Milano-Firenze, Mondadori/La Casa Usher, 1986, pp. 24-28, p. 24.

[43] Saxer, *Le culte de Marie-Madeleine*, cit., pp. 62-74, 234, 263-265.

[44] Marcello Mignozzi, *In bilico tra sacro e profano. L'iconografia della Maria Maddalena dalle origini al XV secolo*, in *Una sposa per Gesù. Maria Maddalena tra antichità e postmoderno*, a cura di Edmondo Lupieri, Roma, Carocci, 2019, pp. 129-154, p. 132. Il testo della *Vita eremitica beatae Mariae Magdalenae* fu pubblicato da Jean Misrahi, *A Vita sanctae Mariae Magdalenae (BHL 5456I) in an Eleventh-Century Manuscript*, in «Speculum», 18, 1943, pp. 335-339.

[45] «Istam peccatricem feminam nulli dubium est Mariam fuisse Magdalenam, quae prius quidem exstitit famosa peccatrix, sed postea laeta est gloriosa praedicatrix. Haec ut cognovit Salvatorem esse cum Pharisaeo, humilem videlicet cum superbo, elegit magis de pietate Salvatoris confidere, quam austeritatem Pharisaei formidare»: Goffridi abbatis Vindocinensis *Sermones*, *Sermo* IX, *In festivitate beatae Mariae Magdalenae*, PL 157, col. 271.

[46] «Haec, inquam, peccatrix a septem daemoniis possessa legitur, id est universitate vitiorum plena fuisse perhibetur. Ac sic ex miseranda peccatrice felix discipula facta, in omni vita sua deinceps Domino diligenter obsequitur»: *ibidem*, col. 272.

[47] «Cum ipse Dominus et Salvator noster Iesus Christus cum discipulis suis in domo Simonis coenaturus recumberet, haec ad illum mulier accessit atque, prout bene consueverat, unguentum detulit et quod ipsi apostoli minime praesumpsissent, super caput ipsius illud cum magna devotione effudit»: *ibidem*, coll. 272-273. Secondo l'abate la mistica unzione è per manifestare pubblicamente la divinità di Cristo, a differenza di Pietro che invece aveva addirittura negato di conoscerlo: «Illum siquidem Petrus negat quem mulier praedicat et quia Deus est universorum mystica unctione designat»: *ibidem*.

[48] «Haec est, inquam, illa bona femina quae prima cum purae dilectionis studio ad monumentum venit; haec est illa veraciter, quae ibi beatas lacrymas flevit. Huic Christus surgens a mortuis primum apparuit; et haec illum surrexisse apostolis prima nuntiavit» («Questa è la santa donna che per prima, mossa da un sentimento di amore puro, si recò al sepolcro; questa è davvero quella che lì pianse sante lacrime. Costei fu la prima a cui Cristo, risorgendo dalla morte, apparve, e lei fu la prima ad annunciare agli apostoli la sua resurrezione»): *ibidem*.

[49] «O quam pura, quam provida exstitit huius poenitentis intentio, cui licet Dominus quidquid deliquerat, dimisisset, quasi odisset, propriam deinceps persecuta est carnem, continuis castigans eam ieiuniis et longa orationum et vigiliarum assiduitate fatigatam legi mentis ac rationis diligenter subiiciens. [...] Declinans invidiam Iudaeorum, et patriae ultimum vale dicens, pro sui Conditoris amore suscepit gaudens exsilium!» («Quanto pura, quanto provvidenziale risultò l'intenzione di questa penitente! Sebbene il Signore le avesse condonato ogni suo peccato, dopo di ciò perseguitò la sua carne come se la odiasse, punendola con continui digiuni, sottomettendola scrupolosamente alla legge della mente e della ragione con lo sfinirla in una pratica lunga e costante di preghiere e di veglie [...]; evitando l'ostilità dei Giudei, e dando l'addio definitivo alla patria, accettò di buon grado l'esilio per amore del suo *Creatore*»): *ibidem*, coll. 273-274.

[50] *La leggenda di Tristano*, a cura di Luigi di Benedetto, Bari, Laterza, 1942, p. 31. La citazione è tratta da Virtus Zallot (*Sulle teste nel Medioevo. Storie e immagini di capelli*, Bologna, Il Mulino, 2021, pp. 25-26), che ringrazio. Per una ricchissima esemplificazione rimando al suo libro.

[51] «E tanti amor soverchi / portan a quello [il capo], che, per farlo biondo, / al sole stanno, quando egli arde il mondo»: Franco Sacchetti, *Canzone contro a la portatura de le donne fiorentine*, vv. 28-30, da *Il libro delle rime*, in Aldo Borlenghi (a cura di), *Franco Sacchetti, Opere*, Milano, Rizzoli, 1957, p. 1012. In una sua novella osserva che le donne stanno «tutto dì su per li tetti, chi l'increspa e chi l'appiana e chi l'imbianca, tanto che spesso di catarro si muoiono»: Franco Sacchetti, *Il Trecentonovelle*, Novella CLXXVIII, a cura di Valerio Marucci, Roma, Salerno Editrice,1996, p. 604, nota 2. Questa moda era in voga soprattutto a Firenze e a Venezia. Le donne per questo sfruttavano le altane, «terrazze esposte al sole e riparate da sguardi indiscreti».

[52] Daniela Bohde, *Mary Magdalene at the foot of the cross. Iconography and the semantics of place*, in «Mitteilungen des Kunsthistorischen Institutes in Florenz», 61, 1, 2019, pp. 3-43.

[53] Si trattò di un equivoco perché si credette di riconoscere nella scena di Pilato nell'atto di lavarsi le mani quella della Maddalena che unge i piedi di Cristo: Saxer, *Le culte de Marie-Madeleine*, cit., pp. 65-74 e Id., *Santa Maria Maddalena*, cit., p. 25.

[54] Queste notizie sono date da Iacopo da Varazze, *Legenda aurea*, a cura di Alessandro e Lucetta Vitale-Brovarone, Torino, Einaudi, 1995, cap. XCVI, pp. 516-526, p. 518. Per il testo latino: Iacopo da Varazze, *Legenda aurea*, 2 voll., ed. critica a cura di Giovanni Paolo Maggioni, Firenze, Sismel-Edizioni del Galluzzo, 1998, vol. II, cap. XCII, pp. 628-642, p. 631

(d'ora innanzi citate come ed. italiana e ed. latina, perché anche per l'edizione italiana il titolo è *Legenda aurea*).

[55] Le notizie che ho riportato sui naviganti si leggono nella citata *Legenda aurea* (si veda la nota precedente). Non ero riuscita a leggere il nome scritto nel nimbo del vescovo all'estrema destra, anche se avevo supposto che fosse «Cedonius». Ringrazio Antonio Ciaralli e Attilio Bartoli Langeli che hanno letto per me: «SANCTUS». «Di ciò che segue sono scritte solo le prime lettere: quasi sicura l'iniziale, C, le seguenti potrebbero essere ON in nesso».

[56] Una scheda accurata in *La Maddalena tra sacro e profano*, cit., pp. 43-45.

[57] Saxer, *Santa Maria Maddalena dalla storia evangelica*, cit., p. 27.

[58] *Ibidem*, p. 25. Per Iacopo da Varazze si veda *supra* la nota 54.

[59] Oggi tra Betània e Gerusalemme c'è il muro di separazione israeliano.

[60] Iacopo da Varazze, *Legenda aurea*, ed. it., pp. 516-517. Iacopo da Varazze, ed. lat., vol. I, p. 629: «Maria Magdalena a Magdalo castro cognominata clarissimis est exorta natalibus, utpote ex regia stirpe descendentibus; cuius pater Syrus, mater vero Eucharia nuncupata est. Hec cum fratre suo Lazaro et sorore sua Martha Magdalum castrum, quod est secundo miliario a Genezareth, et Bethaniam, que est iuxta Hierusalem, et magnam Iherosolimorum partem possidebat. Que tamen omnia inter se taliter diviserunt quod Maria Magdalum, a quo et Magdalena nuncupata est, et Lazarus partem urbis Hierusalem et Martha Bethaniam possederunt. Cum autem Magdalena deliciis corporis se totam exponeret et Lazarus militie plus vacaret, Martha prudens partes sororis et fratris et suam strenue gubernabat et militibus et famulis suis ac pauperibus necessaria ministrabat. Omnia tamen hec post ascensionem Domini vendiderunt et ad pedes apostolorum pretium posuerunt. Cum igitur Magdalena divitiis abundaret, quia rerum affluentiam voluptas comes sequitur, quanto divitiis et pulchritudine splenduit tanto corpus suum voluptati substravit, unde iam nomine proprio perdito peccatrix consueverat appellari».

[61] «Culpa istius mulieris fuit quia peccatrix erat et carnalibus voluptatibus se exposuerat. Habuit enim tria que sibi et aliis mulieribus fuerunt et sunt causa peccati. Primo pulchritudinem corporis, quia dicitur fuisse multum pulchra et formosa; secundo opulentiam rei temporalis, quia fuit multum locupleta, tertio habuit dominium sui et libertatem quia fuit sui domina quia cum Lazaro fratre suo et Martha sorore sua patrimonium suum divisit et Magdalum castrum in partem suam accepit. Ista tria, ut dictum est, fuerunt sibi et sunt multis aliis mulieribus occasio peccati. Primum quod est occasio peccati est pulchritudo corporis [...], mulier habens pulchritudinem in voluptates se immergit. Quando autem mulier est pulchra et sapiens non est periculum quia sapienter se conservat; similiter quando est turpis et fatua non est periculum quia nemo eam sollicitat; sed quando est pulchra et fatua, tunc est periculum. Nam quia est pulchra sollicitata a multis, quia vero est fatua custodire se nescit»: Iacopo da Varazze, *Sermones quadragesimales*, edizione critica a cura di Giovanni Paolo Maggioni, Firenze, Sismel-Edizioni del Galluzzo, 2005, *De eodem sermo*, II, pp. 397-398.

[62] «Tertium quod in muliere est occasio peccati, est quando libera sui domina est. Est enim mulier mollis et incauta et ideo est regenda et custodienda, unde dicitur Ecc. XXVI: "In filia non avertente se firma custodiam ne inventa occasione abutatur se"; ubi dicitur de muliere, Ecc. XXV: "Si non ambulaverit ad manum tuam, confundet te in conspectu inimicorum tuorum". Quia enim mulier est magis fragilis et vir magis virilis, ideo circa mulierem quatuor custodie sunt adhibende, sicut dicit Augustinus in libro De decem chordis, que sunt timor Dei, diligens custodia viri, verecundia et confusio mundi et terror legum publicarum que uxores fornicarias condempnant. Custodia autem viri, ut ibidem dicit Augustinus, debet esse: timor Dei et ipsa sua virilitas. Et subdit Augustinus: "Ideo mulieri maior custodia, quia maior infirmitas"»: *ibidem*, pp. 399-400. Ringrazio Carla Casagrande per avermi segnalato l'edizione critica e per avermi inviato le pagine del sermone: in questi tempi di chiusura delle biblioteche, un dono prezioso.

[63] «Nulli mulieri liberae sub regni nostri ditionem legis Langobardorum viventem liceat in sui potestatem arbitrium, id est selpmundia vivere, nisi semper sub potestatem virorum aut certe regis debeat permanere; nec aliquid de res mobiles aut immobiles sine voluntate illius in cuis mundium fuerit, habeat potestatem donandi aut alienandi»: *Edictum Rotharis regis*, art. 204, in *Monumenta Germaniae Historica*, *Leges Langobardorum*, *Legum tomus* IV, a cura di

Georg Heinrich Pertz, Friedrich Bluhme e Alfred Boretius, Hannoverae, Impensis Bibliopolii Hahniani, 1868, p. 50.

[64] Carla Casagrande, *La donna custodita*, in Georges Duby e Michelle Perrot, *Storia delle donne*, vol. II: *Il Medioevo*, cit., pp. 88-128, p. 89.

[65] Egidio Romano, *De regimine principum libri III*, Romae, apud Bartholomaeum Zanettum, 1607, p. 272, cit. da Casagrande, *La donna custodita*, cit., p. 107. Sulle prediche «ad status» e sulla figura della donna custodita rimando a questo bel saggio appena citato che ho seguito da vicino.

[66] *Ibidem*, p. 107.

[67] «Illud enim corpus Domini intravit ad discipulos ianuis clausis, quod videlicet ad humanos oculos per nativitatem suam clauso exiit utero Virginis»: Gregorii Magni *XL Homiliarum in Evangelia libri duo*, *Homilia* 26, PL 76, col. 1192.

[68] «Haec est enim quae sola virgo concepit, virgo peperit, et post partum virgo mente et corpore inviolata permansit»: Goffridi abbatis Vindocinensis *Sermones*, *Sermo* VIII, *In omni festivitate beatae Mariae matris Domini*, PL 157, coll. 265-267, col. 265. Sui dogmi di Maria, Dalarun, *La donna vista dai chierici*, cit., pp. 35-37. Sul velo e sulla spalla della *Madonna Hodigitria* (che indica la via) *con il Bambino* di Berlinghiero Berlinghieri del 1230-35 (ora al Metropolitan Museum di New York) spicca una croce a forma di stella. Si tratta di un motivo tipico di molte icone bizantine o di rappresentazioni da esse derivate, antico simbolo siriaco della triplice verginità: prima, durante e dopo il parto; si veda Alfredo Tradigo, *Icone e santi d'Oriente*, Milano, Mondadori Electa, 2004, p. 170. Ringrazio Giulio Canfarini per questa segnalazione.

[69] «Sine peccato confiteri necesse esse pietati. [...]. De qua propter honorem Domini nulla prorsus, cum de peccatis agitur, haberi volo quaestionem»: Augustini *De natura et gratia*, 36, PL 44, col. 267. Si veda Pietro Maranesi, *Gli sviluppi della dottrina sull'Immacolata Concezione nei secoli XII-XV*, in «Italia francescana», 80, 2005, pp. 97-122.

[70] Quei Vangeli cioè accolti dalla Chiesa, anche se non sono stati ritenuti ispirati da Dio.

[71] Virginia L. Bush, *The sources of Giotto's meeting at the golden gate and the meaning of the dark-veiled woman*, in «Bollettino del Museo civico di Padova», LXI, 1972, pp. 7-29, pp. 14 e ss., con ampia bibliografia. Sul problema se il bacio indicasse anche l'immacolata concezione di Maria, esente dunque dal peccato originale, opinione strenuamente sostenuta dal francescano Duns Scoto, si veda Don Denny, *Some symbols in the Arena Chapel frescoes*, in «The Art Bulletin», 55, 1973, n. 2, pp. 205-212, pp. 210-212.

[72] Marilyn Aronberg Lavin, *Cimabue, la vita di Maria madre e sposa*, in Marilyn Aronberg Lavin e Irving Lavin, *Liturgia d'amore. Immagini dal Cantico dei Cantici nell'arte di Cimabue, Michelangelo e Rembrandt*, Modena, Panini, 1999, pp. 47-71, pp. 67-71.

[73] Iacopo da Varazze, *Legenda aurea*, cap. CXIX, ed. it., pp. 632-657, p. 632; ed. lat., vol. II, cap. CXV, pp. 779-810, p. 779.

[74] *Ibidem*, ed. it., p. 637; ed. lat., p. 786: «Statimque anima ad Marie accessit corpusculum et de tumulo prodiit gloriosum, sicque ad ethereum assumitur thalamum comitante secum multitudine angelorum».

[75] *Ibidem*, ed. it., p. 637; ed. lat., p. 786: «Thomas autem cum abesset et rediens credere recusaret, subito zonam qua corpus eius precinctum fuerat ab aere recepit illesam ut vel sic intelligeret totaliter fuisse assumptam».

[76] Claudio Cerretelli, *La Madonna della Cintola a Prato*, in *Colloqui davanti alla madre: immagini mariane in Toscana tra arte, storia e devozione*, a cura di Antonio Paolucci, Firenze, Mandragora, 2004, pp. 81-90.

[77] Iacopo da Varazze, *Legenda aurea*, ed. it., pp. 637-638; ed. lat., p. 786: «Hoc autem totum quod predictum est illud apocryphum, de quo ait Ieronimus in epistola sive sermone ad Paulam et Eustochium, esse videtur: "Ne forte si venerit in manibus vestris illud apocryphum de transitu virginis dubia pro certis recipiatis, ille sane libellus vere apocryphus est censendus, nisi quo ad aliqua fide digna que videntur a sanctis approbata; que sunt novem, scilicet quod promissa sit et exhibita virgini omnimoda consolatio, apostolorum omnium congregatio, sine

dolore consummatio, sepulture in valle Iosaphat preparatio, exequialis devotio, Christi et totius curie celestis obviatio, Iudeorum persecutio, miraculorum in omni causa condecente coruscatio, in anima simul et corpore assumptio". Porro multa alia sunt ibi posita potius ad simulationem quam ad veritatem, ut quod Thomas non affuerit et veniens dubitaverit et hiis similia que per se patent que sunt relinquenda potius quam asserenda».

[78] «Quod Christi corpus gloriose resurrexit omnibus fidelibus est certum; quod autem corpus beatae Mariae Virginis glorificatum surrexit, et si non sit certum, tamen pie credendum»: Iacobi de Voragine *Sermones de sanctis per anni totius circulum*: *De assumptione sermo* I, Venetiis, 1573, citato da Aronberg Lavin, *Cimabue, la vita di Maria madre e sposa*, cit., p. 263.

[79] L'antifona è una frase spesso costituita da un versetto di un salmo, di preferenza cantata durante la celebrazione liturgica.

[80] Lo ha notato Aronberg Lavin, *Cimabue, la vita di Maria*, cit., p. 51: rimando a questo studio (che affronta in modo approfondito anche tutte le fonti liturgiche relative all'Assunzione di Maria) per una analisi dettagliata di questo mosaico.

[81] L'antifona appena ricordata «Veni, electa mea, et ponam in te thronum meum» è spesso citata con la variante non priva di conseguenze quanto a significato: «ponam te in thronum meum». La prima variante è la dicitura voluta da Innocenzo II: l'accento è sul versante politico perché Cristo pone in Maria, cioè nella Chiesa guidata dal pontefice, il suo trono. Nella seconda variante invece Cristo invita Maria, come persona e non come personificazione, a sedersi accanto a lui nel trono del cielo. Aronberg Lavin, *Cimabue, la vita di Maria*, cit., ha raccolto le varianti registrate anche in molti manoscritti della *Legenda aurea*: «ponam te in thronum meum», alle pp. 60-62 e pp. 109-112, senza tuttavia alcun commento.

[82] «Hec in onore tuo, prefulgida mater honoris, / regia divini rutilat fulgore decoris. / In qua, Criste, sedes manet ultra secula sedes. / Digna tuis dextris est quam tegit aurea vestis. / Cum moles ruitura vetus foret, hinc oriundus / Innocentius hanc renovavit papa secundus»: Ursula Nilgen, *Maria Regina, ein politischer Kultbildtypus?*, in «Römisches Jahrbuch für Kunstgeschichte», 19, 1981, pp. 1-33, spec. pp. 24-30, trascrizione della scritta a p. 26, con una veloce traduzione non letterale.

[83] «Mariti, amate le vostre mogli, come Cristo ha amato la sua Chiesa; egli ha dato sé stesso per lei; [...] volendo presentarla a sé stesso, questa Chiesa, tutta splendente, che non avesse macchia o ruga o altra cosa del genere, ma fosse santa e senza alcun difetto» («Viri, diligite uxores vestras, sicut et Christus dilexit ecclesiam et se ipsum tradidit pro ea [...], ut exhiberet ipse sibi gloriosam ecclesiam non habentem maculam aut rugam aut aliquid eiusmodi sed ut sit sancta et immaculata»).

[84] Su questa pala si veda: *Capolavori del Trecento. Il cantiere di Giotto, Spoleto e l'Appennino*, Perugia, Quattroemme, 2018, pp. 294-297. Sul tema dell'Assunzione di Maria per quanto riguarda il mosaico di Roma, gli affreschi di Cimabue e la pala del Maestro di Cesi, si veda, oltre al contributo di Aronberg Lavin, *Cimabue, la vita di Maria*, cit., anche Chiara Frugoni, *La voce delle immagini. Pillole iconografiche dal Medioevo*, Torino, Einaudi, 2010, pp. 267-291.

[85] Hieronymi *Adversus Jovinianum*, I, PL 23, col. 235.

[86] «Post peccatum autem et extra paradisum protinus nuptiae»: *ibidem*.

[87] «Et tu adversus spiritum insanos vitiorum voluptatemque tumultus forti mentis vigore stude devincere» («E tu sforzati di vincere con forte determinazione interiore i malsani tumulti dei vizi e la voluttà»): Ratherii Veronensis episcopi *Praeloquiorum libri VI*, II, PL 136, col. 191, citato da Chiara Frugoni, *L'iconografia del matrimonio e della coppia nel Medioevo*, in *Il matrimonio nella società altomedievale*, 2 voll., Spoleto, CISAM, 1977, vol. II, pp. 901-966, p. 946.

[88] «Quid per uxorem nisi voluptas carnis accipitur?»: Gregorii Magni *XL Homiliarum in Evangelia libri duo*, II, 26, 5, PL 76, col. 1269.

[89] Matthäus Bernards, *Speculum virginum. Geistigkeit und Seelenleben der Frau im Hochmittelalter*, Köln-Graz, Böhlau, 1955, pp. 42 e ss.

[90] Ambrosii *De virginibus*, I, 10, PL 16, col. 205.

[91] Bernards, *Speculum virginum*, cit., pp. 10-25.

[92] Da notare che l'unica coppia sentita veramente come tale – entrambi i coniugi sono ricordati per nome – appartiene al Nuovo Testamento.

[93] «Imago Creatoris non habet copulam nuptiarum. Ubi diversitas sexus aufertur, et veteri homine exuimur, et induimur novo, ibi in Christum renascimur virginem qui et natus ex virgine, et renatus per virginem est» («La figura del Creatore prescinde dall'unione coniugale. Quando la diversità tra i sessi viene tolta, e noi ci spogliamo dell'uomo vecchio e ci rivestiamo dell'uomo nuovo, allora rinasciamo in Cristo vergine, il quale è nato da una vergine ed è risorto grazie a una vergine»): Hieronymi *Adversus Jovinianum*, I, PL 23, col. 235.

[94] «"Sanguisugae tres filiae erant dilectione dilectae, sed istae non saturaverunt eam, et quartae non sufficit dicere satis est: Infernus, et amor mulieris et terra quae non satiatur aqua, et ignis non dicit satis est". Sanguisuga diabolus est, diaboli filiae sunt dilectione dilectae quae satiari interfectorum cruore non possunt: "Infernus et amor mulieris et terra arens, et exaestuans" (Proverbi 30,15): non hic de meretrice, non de adultera dicitur, sed amor mulieris generaliter accusatur, qui semper insatiabilis est. [...]. Si odiosam duxerit, ferri non potest. Si amabilem, amor illius inferno et arenti terrae, et incendio comparatur»: *ibidem*, coll. 261-262.

[95] «In coniugali quippe vinculo si pudicitia conservatur, damnatio non timetur»: Augustini *De bono viduitatis*, 9, 12, PL 40, col. 437.

[96] «Uxor non propter libidinem sed propter filiorum procreationem accipitur»: Caesarii Arelatensis *Sermo* 44, 188, Turnhout, Brepols, 1953, *Corpus Christianorum, series latina*, vol. 103, p. 196.

[97] «In Maria Christum pia virginitas peperit; in Anna Christum viduitas parvum grandaeva cognovit; in Elisabeth Christo coniugalis castitas et anilis fecunditas militavit»: Augustini *Sermones*, *Sermo* 192, PL 38, col. 1012.

[98] Edmond Martène, *De antiquis ecclesiae ritibus libri*, Antverpiae, Typis Joannis de la Bry, 1736, vol. II, p. 355.

[99] «Benedic Domine anulum istum, ut in eius figura pudicitiam custodiant»: *ibidem*, p. 356.

[100] *La Cappella Palatina a Palermo*, a cura di Beat Brenk, Modena, Panini, vol. *Testi*, *schede*, pp. 474-475. La scritta sul mosaico in alto, «Stella parit solem, rosa florem, forma decorem» («La stella partorisce il sole, la rosa il fiore, la Grazia la bellezza»), allude a Maria (la stella) e al Bambino (il sole) ma era anche cantata nella cerimonia di incoronazione di un sovrano. Ruggero II fu incoronato nel 1130.

[101] Ernst Günther Grimme, *Der Aachener Domschatz*, Düsseldorf, Schwann, 1972, p. 55.

[102] David John Athole Ross, *Olympias and the serpent*, in «Journal of the Warburg and Courtauld Institutes», 26, 1963, pp. 1-21.

[103] Il miracolo avvenne affinché «non filius Joseph sed Dei et Mariae Virginis crederetur»: Haymonis Halberstatensis episcopi *Homiliae de tempore*, *Homilia* XVIII, PL 118, col. 129.

[104] «Magni soboles emitur, cuius conceptus infestatio est pudicitiae, partus vitae. [...] Nesciunt virgines quid ex maritali licentia muliebris sustineat infirmitas. Nesciunt, inquam, quibus uxor subiiciatur iniuriis, quanta fecundam sauciet anxietas, quo sterilis moerore crucietur. Si formosa est, difficile caret infamia; deformem maritus aspernatur. Numquam lectus est sine rixa, cuius vel pudet vel taedet coniugalem [...]. Quae igitur quies est animae, cui vel maritus est pro supplicio, vel conscientiae pro flagello?»: Hildeberti Cenomanensis episcopi postea Turonensis archiepiscopi *Epistolae*, *Epistola* XXI, PL 171, coll. 193-194, citato da Dalarun, *La donna vista dai chierici*, cit., p. 37.

[105] Un'attenta analisi di questa vicenda è svolta da Georges Duby, *Il cavaliere, la donna e il prete. Il matrimonio nella Francia feudale*, Milano, il Saggiatore, 2017, pp. 114-119.

[106] Iacopo Passavanti, *Specchio di vera penitenza*, a cura di Filippo Luigi Polidori, Firenze, Le Monnier, 1863, *Trattato della superbia*, cap. V, pp. 209-211.

[107] Un esorcismo musicale laico era quello esercitato nei confronti delle donne tarantolate. Si credeva che fossero tali perché punte da un ragno velenoso; le donne, soprattutto fanciulle, venivano guarite da una danza frenetica che le portava a uno stato di trance. Queste manifestazioni facevano capo a motivazioni di carattere psicologico inerenti a una società molto repressiva nei

confronti di giovani donne in età da matrimonio (il fenomeno si è oggi sostanzialmente esaurito con la sola liberalizzazione dei costumi). Ringrazio Giulio Canfarini per questa osservazione.

108 La tavola, già nell'omonima chiesa di San Francesco a Pisa, fu dipinta dopo il 1253 perché uno dei miracoli rappresentati, la donna guarita dalla fistola al seno, è raccontato nel *Trattato dei miracoli* di Tommaso da Celano, composto per l'appunto nel 1252-53: Chiara Frugoni, *San Francesco, modello di vita, santo taumaturgo, santo delle stimmate*, in *L'arte di Francesco. Capolavori d'arte italiana e terre d'Asia dal XIII al XV secolo*, a cura di Angelo Tartuferi e Francesco D'Arelli, Firenze, Giunti, 2015, pp. 35-45, p. 43. Su basi stilistiche viene datata al 1230-35 da Angelo Tartuferi, *Scheda per Giunta di Capidtino, ibidem*, p. 180.

109 Ringrazio per questa ipotesi di lettura Attilio Bartoli Langeli e Antonio Ciaralli. Sul TLIO, *Tesoro della lingua italiana delle origini*, «gazzaria» significa eresia.

110 Chiara Frugoni, *Vivere nel Medioevo. Donne, uomini e soprattutto bambini*, Bologna, Il Mulino, 2017, pp. 197-237.

111 Peter Kidd, *L'iniziale del salmo 105*, in Id., *Contenuto e codicologia*, cit., pp. 111-116; Geddes, *Decorazione e illustrazione*, cit., pp. 244-245.

112 Kidd, *L'iniziale del salmo 105*, cit., p. 116.

Capitolo 3

1 Venanti Fortunati, *Opera pedestria, Monumenta Germaniae Historica, Auctorum antiquissimorum libri*, IV, 2, ed. a cura di Bruno Krusch, Berolini, apud Weidmannos, 1885, pp. 38-49; *Vita Sanctae Radegundis*, II, 3, p. 38 (d'ora innanzi l'opera verrà citata come Venanti Fortunati *Vita*): «tempestate barbarica Francorum victoria regione vastata». Per il testo italiano: Venanzio Fortunato, *Vite dei santi Ilario e Radegonda di Poitiers*, Roma, Città Nuova, 1989, traduzione, introduzione e note di Giovanni Palermo, p. 96 (avverto che non mi sono avvalsa, se non in qualche caso espressamente citato, di questa traduzione).

2 Jean Favier, *Préface*, in *La vie de sainte Radegonde par Fortunat*, Poitiers, Bibliothèque municipale, ms. 250 (136), sous la direction de Robert Favreau, Paris, Seuil, 1995, p. 8.

3 Venanti Fortunati *Vita*, II, 3, p. 38.

4 Gregorio di Tours, *La storia dei Franchi*, a cura di Massimo Oldoni, Milano, Mondadori, voll. I-II, con testo latino a fronte, 1981.

5 Maggiori e articolate notizie nell'*Introduzione generale* di Stefano Di Brazzano, curatore di Venanzio Fortunato, *Opere/1*: *Carmi, Spiegazione della preghiera del Signore, Spiegazione del Simbolo, Appendice ai Carmi* (testo latino con traduzione a fronte), Roma-Aquileia, Città Nuova/ Società per la conservazione della basilica di Aquileia, 2001, pp. 15-38.

6 Non mi occupo della biografia scritta fra il 1096 e il 1133 dal vescovo Ildeberto di Lavardin perché al grande riformatore non interessava raccontare la storia della santa; Radegonda per Ildeberto è solo una grande penitente che attraverso una durissima ascesi espia le colpe della carne, e un esempio che le donne del suo tempo, a suo dire fragili per natura, devono seguire per riuscire a vivere lontane dal mondo e percorrere la via del pentimento come la ex regina. Egli insiste soltanto sulla sua verginità prima del matrimonio e sul disgusto provato nel congiungersi con il marito da cui cerca di sottrarsi in ogni modo. Poiché il mio studio è focalizzato sul recupero della personalità di Radegonda non mi occupo neppure dell'intera sua iconografia. Utili ragguagli e bibliografia in questo senso in: Magdalena E. Carrasco, *Spirituality in context: The romanesque illustrated life of St. Radegund of Poitiers (Poitiers, Bibl. mun., ms. 250)*, in «Art Bulletin», 72, 3, 1990, pp. 414-435, p. 415, nota 10.

7 Sul perché di questi viaggi gli storici avanzano disparate supposizioni: rimando alla già citata *Introduzione generale* di Stefano Di Brazzano, cit., pp. 24 ss.

8 *Ibidem*, p. 37.

9 Su questo tema: Sara Mangoni, *Venanzio Fortunato e il cibo nel libro XI dei Carmina: l'apologia dei sensi, tra contrasti e simbologie*, pdf online, pp. 1-19.

[10] «Inter odoriferas tamen has quas misimus herbas / purpureae violae nobile germen habent. / Respirant pariter regali murice tinctae / et saturat foliis hinc odor inde decor»: Fortunato, *Opere/1*, cit., *Carmi*, VIII, 6, pp. 450-451.

[11] *Ibidem*, XI, 13, pp. 556-557.

[12] «Haec quoque prima fuit hodiernae copia cenae, / quod mihi perfuso melle dedisti holus; / Nec semel aut iterum, sed terque quaterque cucurrit, / cuius me poterat pascere solus odor. / [...] Praeterea venit missus cum collibus altis / undique carnali monte superbus apex, / deliciis cinctus quas terra vel unda ministrat; / compositis epulis hortulus intus erat. / Haec ego nunc avidus superavi cuncta gulosus: / et mons et hortus ventre tenetur iners»: *ibidem*, 9, pp. 552-553.

[13] «Deliciis variis tumido me ventre tetendi, / omnia sumendo: lac olus ova butur. / Nunc instructa novis epulis mihi fercula dantur, / et permixta simul dulcius esca placet. / Nam, cum lacte mihi posuerunt inde buturum: / unde prius fuerat, huc revocatur adeps»: *ibidem*, 22, pp. 560-562.

[14] «Nam ex illo tempore quo beato Medardo consecrante velata est usque ad infirmitatem praeter lugumen et holera non pomum, piscem, vel ovum nec quid aliud edit»: Venanti Fortunati *Vita*, XV, 36, p. 42.

[15] «Non avem, piscem vel pomum nec ovum habens edulium»: *ibidem*, XXI, 50, p. 44.

[16] Fortunato, *Opere/1*, cit., *Carmi*, XI, 11, pp. 554-555; 552-555.

[17] «Plurima de pictis concurrunt poma canistris, / quorum blandifluus me saturavit odor. / Olla nigella nimis dat candida pocula lactis / atque superba venit quae placitura fuit. / Haec dominae matri famulans, haec munera natae iunctus amore pio tertius ipse loquar»: *ibidem*, 10, pp. 552-555.

[18] «Caelesti affectu, non crimine corporis ullo: / non caro, sed hoc quod spiritus optat amo. / [...] te mihi non aliis oculis animoque fuisse, / quam soror ex utero tu Titiana fores, / ac si uno partu mater Radegundis utrosque, / visceribus castis progenuisset, eram, / et tamquam pariter nos ubera cara beatae / pavissent uno lacte fluente duos»: *ibidem*, 6, pp. 550-551.

[19] «Aspexi digitos per lactea munera fixos, / et stat picta manus hic ubi crama rapis. / Dic, rogo, quis teneros sic sculpere conpulit ungues? / Daedalus an vobis doctor in arte fuit? / O venerandus amor cuius faciente rapina / subtracta specie venit imago mihi! / Spes fuit, haec quoniam tenui se tegmine rupit: / nam neque sic habuit pars mihi parva dari. / Haec facias longos Domino tribuente per annos, / in hac luce simul matre manente diu»: *ibidem*, 14, pp. 556-557.

[20] *Ibidem*, 20, pp. 560-561.

[21] Scrive ancora Venanzio Fortunato: «La tua mano, con il cui sudore prepari il cibo per le tue sorelle, ora si congela con l'acqua e ora si brucia con il fuoco. [...] Ora corri attizzando fuochi e cucinando pietanze» («Dextra ubi nempe paras sudando sororibus escas, / undis et flammis hinc riget, inde calet [...]. Nunc faciendo focos epulasque coquendo recurris»): Id., *Opere/1*, cit., *Carmi*, XXVII, pp. 660-661.

[22] «In brevibus tabulis mihi carmina magna dedisti, / quae vacuis ceris reddere mella potes: / multiplices epulas per gaudia festa ministras, / sed mihi plus avido sunt tua verba cibus: / versiculos mittis placido sermone refectos, / in quorum dictis pectora nostra ligas»: *ibidem*, XXXI, pp. 664-665.

[23] «Redemptoris nostri tantum dives est largitas, ut in sexu muliebri celebret fortes victorias et corpore fragiliores ipsas reddat feminas virtute mentis inclitae gloriosas. Quas habentes nascendo mollitiem facit Christus robustas ex fide»: Venanti Fortunati *Vita*, I, 1, p. 38.

[24] «Indicabat adolescens iam tunc merita senectutis, obtinens pro parte quae petiit» («Già da adolescente mostrava i pregi della vecchiaia, ottenendo da parte sua quello che voleva conseguire»): *ibidem*, II, 5, p. 38.

[25] Il ms. 250 rivestito da una rilegatura cinquecentesca è suddiviso in cinque parti. La prima, ff. 1r-20v, contiene i brani dei Vangeli delle più importanti feste dell'anno e delle celebrazioni in uso presso la chiesa funeraria di santa Radegonda. La mano è del XV secolo. Le restanti quattro parti sono invece tutte della fine dell'XI secolo o dell'inizio del XII secolo. La seconda, ff. 21r-43v, contiene la biografia di Fortunato con le relative miniature, seguita nei ff.

44r-46v dal testo di Gregorio di Tours relativo ai funerali della santa. La terza, ff. 44r-47v.-73r, contiene le omelie sui Vangeli delle principali feste e infine, ff. 73v-79 include una serie di documenti che riguardano la santa: la lettera da lei scritta ai vescovi e alcuni diplomi falsi con privilegi relativi alla chiesa funeraria di santa Radegonda e al monastero annesso. Lo studio base relativo alle miniature del testo di Fortunato rimane quello di Émile Ginot, *Le manuscrit de Sainte Radegonde de Poitiers et ses peintures du XI siècle*, in «Bulletin de la Société française de reproductions de manuscrits à peintures», 4, 1914-20, pp. 10-69.

[26] «Verso il 1100 o forse un po' più tardi, in ogni caso non dopo il primo quarto o il primo terzo del XII secolo»: Jean Vezin, *Étude paléographique et codicologique du manuscrit de la «Vita Radegundis»*, in *La vie de sainte Radegonde par Fortunat*, cit., pp. 115-125, p. 124.

[27] Si veda la nota seguente.

[28] La convincente ipotesi che si tratti di Baudonivia e che originariamente nel ms. 250 al ritratto della biografa seguisse la sua opera decorata da miniature spetta a Émile Ginot. Riassumo il suo ragionamento (pp. 10-14), ampliando le sue criptiche citazioni grazie a un contributo recente: Teemu Immonem, *The romanesque cult of Saint Radegund and the ms. 250*, in *Golden Leaves and Burned Books. Religious Reform and Conflict in the Long European Reformation*, a cura di Teemu Immonem e Gabriele Müller, Hamburg, Finnish Society for Cultural History, 2020, specialmente pp. 128-131. Nella Biblioteca municipale di Poitiers è custodito, oltre al ms. 250, anche il ms. 252 che contiene tre biografie di Radegonda secondo questo ordine: una *Vita* di Radegonda di Ildeberto di Lavardin, poi quella di Fortunato, quindi quella di Baudonivia; sono poi inclusi il testo di Gregorio di Tours relativo al funerale della santa monaca e della monaca Disciola, nonché una nuova collezione di miracoli avvenuti sulla tomba di Radegonda dal 1249 al 1268, il che fa supporre che questo manoscritto sia di poco posteriore al 1268. Il manoscritto era accompagnato da miniature oggi tutte perdute; probabilmente lo scempio avvenne durante la Rivoluzione francese. Siamo sicuri però della loro presenza perché fra il 1741 e 1749 il maurino Dom Léonard Fonteneau soggiornò a Poitiers copiando moltissimi documenti; descrisse anche in modo assai minuzioso il ms. 252: a quel tempo conteneva ancora 28 miniature nella biografia di Venanzio Fortunato e 13 in quella di Baudonivia, più una miniatura nella biografia di Ildeberto in cui l'autore faceva omaggio della sua opera a santa Radegonda. In effetti i fogli strappati del manoscritto coincidono con quelli che Léonard Fonteneau aveva indicato come contenenti le miniature. Prima del 1765 il benedettino Antoine-Joseph Pernety, per preparare l'ottavo volume di *Gallia christiana*, copiò le due serie delle miniature dei mss. 250 e 252 concernenti la biografia di san Fortunato (i disegni costituiscono il ms. 251 sempre della Biblioteca municipale di Poitiers). Anzi, poiché l'ottavo volume di *Gallia christiana* è del 1744 potremmo precisare che i calchi furono fatti prima di questa data. Antoine-Joseph Pernety fu un copiatore fedelissimo: lo vediamo confrontando i calchi e le miniature del ms. 250; dunque lo fu anche per quanto concerne quelle del ms. 252 perdute. Il testo della *Vita* di san Fortunato del ms. 252, conclude Ginot, *Le manuscrit*, cit., p. 20, è «visibilmente copiato da quello del ms. 250» e poiché nel ms. 252 segue alla biografia del santo vescovo quella di Baudonivia, l'autore deduce che anche nel ms. 250 le due biografie fossero una di seguito all'altra, tanto più che Baudonivia fin dal *Prologo* dichiara che l'opera di Fortunato è il libro primo e il suo sarà il secondo, costituendo così le due opere un binomio inscindibile. Per la stessa ragione anche la *Vita* di Baudonivia sarà stata accompagnata da miniature. Che poi il ritratto della monaca di f. 43v del ms. 250 rappresenti non Radegonda, come molti studiosi hanno sostenuto, ma Baudonivia, Ginot lo dimostra (*ibidem*, p. 51 e ss.) analizzando in parallelo le miniature di Fortunato, che scrive prima che inizi la sua opera, e della monaca, che ugualmente è ritratta in atto di scrivere. È certamente Baudonivia, perfettamente al suo posto in quanto autrice.

[29] Carrasco, *Spirituality in context*, cit., p. 420.

[30] I vari supplizi cui sono poi sottoposti Savino e Cipriano, illustrati nel ciclo affrescato, sono analizzati da un punto di vista di storia del diritto da Witold Maisel, *Problèmes juridico-historiques à propos des fresques de la crypte à Saint-Savin-sur-Gartempe*, in «Cahiers de Civilisation Médiévale», 6, 24, 1963, pp. 477-479.

[31] Piotr Skubiszewski, *Le décor de la «Vie de Radegonde» de Poitiers*, in *La vie de sainte Radegonde*, cit., pp. 127-237, p. 148.

[32] «Subdita semper Deo, sectans monita sacerdotum, plus partecipata Christo quam sociata coniugio»: Venanti Fortunati *Vita*, III, 9, p. 39.

[33] «Credens sub inopis veste Christi membra se tegere»: *ibidem*, 11, p. 39.

[34] *Ibidem*, VII, 18, p. 40.

[35] «Item nocturno tempore cum reclinaret cum principe, rogans se pro humana necessitate consurgere, levans egressa cubiculo tam diu ante secretum orationi incumbebat iactato cilicio, ut solo calens spiritu flaceret gelu penetrata, tota carne praemortua, non curans corporis tormenta mens intenta paradiso, leve reputans quod ferret tantum ne Christo vilesceret. Inde regressa cubiculum, vix tepefieri poterat vel foco vel lectulo. De qua regi dicebatur habere se potius iugalem monacham quam reginam. Unde et ipse inritatus pro bonis erat asperrimus, sed illa pro parte leniens, pro parte tolerabat modeste rixas inlatas a coniuge»: *ibidem*, V, 14, p. 40.

[36] Secondo Skubiszewski, *Le décor*, cit., p. 155, si tratterebbe della scena delle nozze; mi pare una interpretazione da respingere perché contigua alla rappresentazione del banchetto è quella di Radegonda che prega. Venanzio Fortunato (*Vita*, IV, 13 e V, 14, p. 40) unisce l'interruzione del pranzo con l'abbandono del letto coniugale.

[37] In età merovingia coloro che il re chiamava a fare parte del suo seguito.

[38] Venanti Fortunati *Vita*, XI, 23-25, p. 41.

[39] Clotario I sposò Radegonda «cuius fratrem postea iniuste per homines iniquos occidit»: Gregorio di Tours, *La storia dei Franchi*, cit., III, 7, vol. I, pp. 222-223.

[40] «Quae semel excessi patriam, bis capta remansi, / atque iterum hostes fratre iacente tuli».

[41] «Restiterat germanus apex, sed sorte nefanda / me pariter tumulo pressit harena suo». Alcuni studiosi ritengono che Venanzio Fortunato abbia scritto a nome di Radegonda. Non è di questa opinione Peter Dronke, *Donne e cultura nel Medioevo. Scrittrici medievali dal II al XIV secolo*, Milano, il Saggiatore, 1986, p. 122, perché è sicuro che Radegonda abbia composto versi in latino, anche se ammette che è difficile stabilire la misura di una collaborazione di Venanzio. Nel piano editoriale in due volumi delle opere di Venanzio Fortunato a cura di Stefano Di Brazzano (di cui per ora è stato pubblicato il primo volume dedicato alle opere in versi) non è compreso il *De excidio Thuringiae*. Per il testo latino si veda Venanti Fortunati *De excidio Thuringiae* e *Ad Artachin*, in Venanti Fortunati *Opera poetica*, *Appendix carminum*, a cura di Fridericus Leo, *Monumenta Germaniae Historica*, *Auctorum antiquissimorum libri*, IV, 1, Berolini, apud Weidmannos, 1881, p. 274: vv. 147-148, p. 278: vv. 9-10 (Radegonda chiede al nipote Artachi di consolarla perché ha saputo anche della morte in battaglia di un cugino assai amato, Amalafredo).

[42] «Et quoniam frequenter aliqua occasione divinitate prosperante casus ceditur ad salutem, ut haec religiosius viveret, frater interficitur innocenter». «Directa igitur a rege veniens ad beatum Medardum Novomago, supplicat instanter ut ipsam mutata veste Domino consecraret»: Venanti Fortunati *Vita*, XII, 26, p. 41.

[43] «Adhuc beatum virum perturbabant proceres et per basilicam graviter ab altari retrahebant ne velaret regi coniunctam»: *ibidem*, 27, p. 41.

[44] Cioè: vedova professa che aveva fatto voto di astinenza, carità e preghiera; Suzanne Fonay Wemple, *Le donne fra la fine del V e la fine del X secolo*, in *Storia delle donne*, a cura di Georges Duby e Michelle Perrot, vol. II: *Il Medioevo*, a cura di Christiane Klapisch-Zuber, Roma-Bari, Laterza, 1990, pp. 207-250, p. 236.

[45] Franca Ela Consolino, *Due agiografi per una regina: Radegonda di Turingia fra Fortunato e Baudonivia*, in «Studi Storici», 29, 1, 1988, pp. 143-159, p. 144. Nei primi secoli cristiani le diaconesse si dedicavano a funzioni assistenziali – accudire i malati e prendersi cura dei poveri –, ma non appartenevano, a differenza dei diaconi, ai gradi inferiori della gerarchia ecclesiastica.

[46] Paola Santorelli, *La «Vita Radegundis» di Baudonivia*, Napoli, D'Auria, 1999 (edizione latina del testo con traduzione a fronte, p. 11 e pp. 72-73: d'ora in avanti citata: Baudoniviae *Vita Radegundis*).

[47] Venanti Fortunati *Vita*, XVII, 39-44, pp. 42-43.

[48] «Quotiens autem cum cognovisset decubantem in lectulo, portans poma peregrina, dulce simul et calidum, reficiebat aegrotum!»: *ibidem*, XX, 49, p. 44.

[49] Gregorii Turonensis *Liber in gloria confessorum*, 106, PL 76, coll. 905-908; Baudoniviae *Vita Radegundis*, 23, p. 103.

[50] Baudoniviae *Vita Radegundis*, 5, pp. 74-75.

[51] «Priusquam exciperet Arelatensem regulam»: Venanti Fortunati *Vita*, XXIV, 59, p. 45.

[52] «Si dirigono ad Arles. Qui, ricevuta la regola del santo Cesario e della beata Cesaria, si premunirono con la protezione regia, perché non avevano potuto trovare nessuna solerte tutela da parte di colui che avrebbe dovuto essere il loro pastore» («Arelatensim urbem expetunt. De qua regulam sancti Caesarii atque Caesariae beatae susceptam, reges se tuitione munierunt, scilicet quia in illum, qui pastor esse debuerat, nullam curam defensiones suae potuerant repperire»): Gregorio di Tours, *La storia dei Franchi*, cit., IX, 40, vol. II, pp. 450-451. In effetti, come vedremo (p. 185), poco tempo dopo la tormentata vicenda della collocazione delle reliquie della Santa Croce, poiché i rapporti con il vescovo Meroveo si erano ulteriormente deteriorati, eccezionalmente Radegonda (insieme alla badessa Agnese) si mise in viaggio e andò ad Arles, verso il 570, al monastero di Saint-Jean dove era badessa Liliola, succeduta a Cesaria che seguiva la regola di cui il fratello Cesario era autore.

[53] «Itaque post tot labores quas sibi poenas intulerit et ipse qui voce refert perhorrescit. Quadam vice dum sibi latos tres circulos ferreos diebus quadragesimae collo vel brachiis nexuit, et tres catenas inserens circa suum corpus dum alligasset adstricte, inclusit durum ferrum caro tenera supercrescens. Et transacto ieiunio cum voluisset catenas sub cute clausas extrahere nec valeret, caro per dorsum atque pectus super ferrum catenarum est incisa per circulum, ut sanguis fusus ad extremum exinaniret corpusculum»: Venanti Fortunati *Vita*, XXV, 60, p. 45.

[54] La documentazione va dal VI al XII secolo. L'uso di portare un anello intorno al collo, segno di ignominia, che si poteva togliere solo dopo avere ucciso un nemico, è già ricordato da Tacito (*Germania*, 31): Henri Platelle, *La pénitence des parricides*, in *La violence et ses remèdes en Flandre au XI siècle*, in «Sacris Erudiri», 20, 1971, pp. 145-161, p. 153.

[55] Non condivido l'opinione di Michel Rouche, *Fortunat et Baudonivie: deux biographes pour une seule sainte*, in *La vie de sainte Radegonde*, cit., pp. 239-249, p. 244, secondo il quale Radegonda avrebbe preso su di sé la punizione dovuta a Clotario I per l'uccisione di suo fratello. Gli devo però la conoscenza dell'articolo di Henri Platelle.

[56] «Item vice sub altera iussit fieri laminam in signo Christi oricalcam, quam accensam in cellula locis duobus corporis altius sibi inpressit, tota carne decocta. [...] Una quadragesimarum [...] iubet portare aquamanile ardentibus plenum carbonibus. Hinc discedentibus reliquis, membris trepidantibus, animus armatur ad poenam, tractans quia non essent persecutionis tempora a se ut fieret martyra. Inter haec ut refrigeraret tam ferventem animum, incendere corpus deliberat, adponit aera candentia, stridunt membra crementia, consumitur cutis et intima quo attigit ardor fit fossa. Tacens tegit foramina, sed conputrescens sanguis manifestabat quod vox non prodebat in poena»: Venanti Fortunati *Vita*, XXV-XXVI, 60-63, p. 45.

[57] *Ibidem*, XXI, 50, p. 44.

[58] Chiara Frugoni, *La voce delle immagini. Pillole iconografiche dal Medioevo*, Torino, Einaudi, 2010, pp. 49 ss.

[59] Fortunato, *Opere/1*, cit., *Carmi*, VIII, 14, pp. 22-25.

[60] Carrasco, *Spirituality in context*, cit., p. 432.

[61] Émile Briand, *Histoire de sainte Radegonde, reine de France, et des sanctuaires et pèlerinages en son honneur*, Paris-Poitiers, Oudine et Cie, 1909, pp. 326-330.

[62] «Redeuntes vero ad monasterium, ducebat nos abbatissa cum virginibus per loca singula, in qua sancta aut legere consueverat, aut orare, lugens ac dicens: "Ecce ingredimur in cellulam, et matrem amissam non reperimus. Ecce spatium in quo flectens genua cum lacrymis Dei omnipotentis misericordiam precabatur, et a nobis non videtur. Ecce librum in quo legebat, et vox spiritali sale condita non verberat aures nostras. Ecce fusa, in queis per longa jejunia et profluas lacrymas nectere solita, et almi sanctitate digiti non cernuntur". Haec illis dicentibus,

renovantur lacrymae, suspiria proferuntur, et ipsa quoque viscera ab affectu plorantium resolvuntur in fletum. Tantusque moeror pectus meum obsederat, ut a lacrymis non desisterem, nisi scirem beatam Radegundam ablatam monasterio corpore, non virtute; et assumptam a mundo, collocatam in caelo»: Gregorii Turonensis *Liber in gloria confessorum*, 107, PL 71, coll. 906-907. La regola di san Cesario prescriveva che le religiose, oltre a leggere e meditare e copiare codici, filassero la lana con la quale si confezionavano i loro abiti.

[63] Chiara Frugoni, *San Francesco, modello di vita, santo taumaturgo, santo delle stimmate*, in *L'arte di Francesco. Capolavori d'arte italiana e terre d'Asia dal XIII al XV secolo*, a cura di Angelo Tartuferi e Francesco D'Arelli, Firenze, Giunti, 2015, pp. 35-46, pp. 42-43. Per la datazione della tavola si veda *supra*, cap. II, nota 108.

[64] Thomae Celani *Tractatus de miraculis B. Francisci*, XVIII, 193, in *Analecta Franciscana*, X, Ad Claras Aquas prope Florentiam, Ex Typ. Collegii s. Bonaventurae, 1926-41, p. 328; *Fonti francescane*, seconda ristampa, Assisi, Movimento Francescano, 1978, pp. 823-824.

[65] Venanti Fortunati *Vita*, XXVII, 64-65, pp. 45-46.

[66] *Ibidem*, XXVIII, 66-67, p. 46.

[67] Frugoni, *La voce delle immagini*, cit., pp. 67-88.

[68] «Femina quaedam Leubila dum vexaretur in rure ab adversario graviter, sequenti die sancta orante, nova Christi curatione in scapula crepante cute et verme foras exeunte, sana est reddita publice, et ipsum vermem calcans pede liberata se retulit»: Venanti Fortunati *Vita*, XXVIII, 67, p. 46.

[69] «Hinc iubet omnes removeri, remanente tantum sola simul aegrota cum medica fere per horas duas. Quantum est corporis forma a capite usque ad plantam infirma membra conbaiulat. Dehinc quo manus attingebat, fugiebat dolor de languida et quam duae deposuerant exiit salubris de tepida, quae vinum nec odorabat accepit, bibit et refecta est. Quid plura? Sequenti die cum iam speraretur migrare de saeculo, salva processit in publicum»: *ibidem*, XXIX, 69-70, p. 46. «Conbaiulat» è un «hapax» di Venanzio Fortunato e abbastanza raro è anche il verbo «baiulare». Non è molto chiara questa azione condotta in solitudine. Radegonda sembrerebbe che fosse entrata nella tinozza per massaggiare tutto il corpo dell'anonima monaca. Tuttavia il verbo «conbaiulare» si potrebbe intendere, come mi suggerisce Giuliano Ranucci, in senso più figurato, dando al «prendere su di sé» il significato di «prendere in cura». Radegonda allora, dall'esterno del mastello, sollevava di volta in volta tutte a una a una (e qui *conbaiulare* sarebbe appropriato) le membra della monaca per massaggiarle. Dante in *Paradiso*, VI, 73-74: «di quel che fe' con il baiulo seguente, / Bruto con Cassio nell'inferno latra» piega il significato del latino «baiulus», portatore, a quello di reggitore, governatore. Ringrazio di nuovo Giuliano Ranucci per questa citazione.

[70] Ginot, *Le manuscrit*, cit., p. 40.

[71] Si veda *supra*, nota 28.

[72] Conservati nel ms. 251 nella medesima biblioteca di Poitiers ai fogli 19v e 21v: Vezin, *Étude paléographique*, cit., p. 118 che riporta anche le didascalie in latino.

[73] Venanti Fortunati *Vita Martini*, I, vv. 469-471 e II, vv. 349-352, PL 88, coll. 378 e 390.

[74] «Est et in rebus minimis magna gloria Creatoris. Ergo casu dum glomus quem sancta filaverat perpenderet de camera, veniens sorix ut tangeret, antequam filum incideret mortuus in morsu pependit»: Venanti Fortunati *Vita*, XXX, 72, p. 46.

[75] *Ibidem*, XXI, 73, p. 46.

[76] «Goda puella saecularis post Deo monacha serviens, dum longo sub tempore lecto flebilis decubaret et inpenso multo medicamine plus langueret, facta candela ad mensuram suae staturae, Domino miserante in nomine sanctae feminae, qua hora frigus speraret, lumen accendit et tenuit, cuius beneficio ante fugata sunt frigora quam esset candela consumpta»: *ibidem*, XXXII, 74, pp. 46-47.

[77] *Ibidem*, XXXIII, 75, p. 47.

[78] «Si propter brevitatem multa praetermittimus, plus peccamus»: *ibidem*.

[79] «Anderedus agens eiusdem beatissimae [Radegundis], cum sibi filii nascerentur, quos ut videret mox perderet et cogitaret sepelire mater tristis dum pareret, exanimem infantulum lacrimosi parentes iactant in sanctae cilicium. Qui saluberrimam vestem mox panni nobilis attigit, ad officium vitale redit infans de funere et rubens levat de pallio pallor vicinus ad tumulum» («[Il bambino] non appena toccò la veste saluberrima di stoffa (perciò) nobile, tornò dal funerale alle sue funzioni vitali e, dal pallio, se ne va, tornando rosso il pallore tipico di chi si approssima alla sepoltura»): *ibidem*, XXXIV, 79, p. 47.

[80] Frugoni, *La voce delle immagini*, cit., pp. 49 e ss.

[81] «Animia monacha dum tanto hydropis morbo tumefacta tenderetur, ut salus esset in ultimo, et deputatae sorores spectarent, quo momento exhalaret spiritum, visa est illi per soporem cum veneranda abbatissa beata Radegundis in balneo sine liquore nudam iubere descendere. Deinde manu beatae visa est oleum aegrotae super caput effundere et nova veste contegere. Quo peracto mysterio, evigilanti de sopore de morbo nihil apparuit, ita ut nec subsudasset et intus aqua consumpta sit. Quo novo sub miraculo non reliquit in utero nec morbus vestigium. Nam quae credebatur deferri praeceps ad tumulum, levat ad cursum de lectulo, ut olei testimonium odor inesset capitis et ventris nulla pernicies»: Venanti Fortunati *Vita*, XXXV, 80-81, p. 47.

[82] Si veda la nota seguente.

[83] «Quadam vice obumbrante iam noctis crepusculo inter coraulas et citharas dum circa monasterium a saecularibus multo fremitu cantaretur et sancta duabus testibus perorasset diutius, dicit quaedam monacha sermone ioculari: “Domina, recognovi unam de meis canticis a saltantibus praedicari”. Cui respondit: “Grande est, si te delectat coniunctam religioni audire odorem saeculi”. Adhuc soror pronuntiat: “Vere, domina, duas et tres hic modo meas canticas audivi quas tenui”. Sancta respondit: “Teste Deo me nihil audisse modo saeculare de cantico”. Unde manifestum est, ut carne licet in saeculo, mente tamen esset in caelo»: Venanti Fortunati *Vita*, XXXVI, 82-83, pp. 47-48.

[84] «Praedicetur in laude Christi, more beati Martini, tempore praesenti, antiqui norma miraculi»: *ibidem*, XXXVII, 84, p. 48. Per l'analogo miracolo di san Martino si veda: Venanti Fortunati *Vita Martini*, I, vv. 159-178, PL 88, coll. 370-371.

[85] «Surgit haec ab oratione, resurgit illa de funere, et se tunc sublevat vetula cum revixisset infantula. Quam tacto iterum signo laetificata reddit vivam, quam flens acceperat mortuam»: Venanti Fortunati *Vita*, XXXVII, 86, p. 48.

[86] Su questi miracoli si veda anche: Magdalena E. Carrasco, *Sanctity and experience in pictorial agiography: Two illustrated lives of saints from romanesque France*, in Renate Blumenfeld-Kosinski e Timea Szell (a cura di), *Images of Sainthood in Medieval Europe*, Ithaca, NY, Cornell University Press, 1991, pp. 33-67.

[87] «Commemoretur et illud nobile factum. Per somnium tribunus fisci cognomento Domolenus die qua sanctissima migravit de saeculo, dum graviter suffocationis totus languore deficeret videbatur ipsi, quod sancta in vicum eius dignabiliter accessisset. Currit, salutat, interrogat quid beata requireret. Tunc ipsa dicit, quod ad eum illic videndum pervenerit. Et quia votum plebis erat, ut beati Martini oratorium conderent, adprehendit tribuni manum beatissima dicens: “Hoc loco sunt confessoris venerandae reliquiae, per hoc aedificate templum quod sibi ducat dignissimum”. Quale Dei mysterium! Fundamentum et pavimentum repertum est, quo basilica facta est. Adhuc in ipso sopore manum trahit per fauces eius, et gulam diu deliniens, insuper et hoc dicens: “Veni ut tibi melior a Deo sanitas conferatur”. Et videbatur sic rogare: “Per meam vitam ut propter me relaxes illos quos habes in carcere”. Evigilans tribunus refert quod viderat coniugi dicens: “Vere credo, quod hac hora exiit sancta de saeculo”. Dirigit ad civitatem, ut per hoc vera cognosceret, transmittit ad carcerem qui septem reos ibi retentos admonitus relaxaret. Redeunte transmisso refert ea hora migrasse iustam de saeculo, et tryplici mysterio, carcere relaxato, tribuno sano reddito, aedificato templo, sanctae probavit miraculum»: Venanti Fortunati *Vita*, XXXVIII, 87-90, pp. 48-49.

[88] Per le ragioni dell'assenza nel manoscritto della biografia di Baudonivia si veda *supra* la nota 28.

[89] Così lo definisce esplicitamente nel cap. 8: «His igitur studiis occupata per omnem modum, sicut est in primo libro intimatum, meruit soli Deo prompte vacare» («Impegnata in ogni modo

in queste occupazioni assidue, come è stato reso noto nel primo libro, meritò di dedicarsi senza indugio soltanto a Dio»: Baudoniviae *Vita Radegundis*, 8, pp. 76-77.

[90] «Non ea quae vir apostolicus Fortunatus episcopus de Beatae vita composuit iteramus, sed ea quae prolixitate praetermisit, sicut in libro suo disseruit»: *ibidem*, *Prologus*, pp. 68-69.

[91] «Wa! Quid potatis, qualis est illi rex caelestis, qui sic tam magnos regis interfecit?»: Gregorio di Tours, *Storia dei Franchi*, cit., IV, 20-21, vol. I, pp. 326-329.

[92] «Ad numerum circiter dugentarum» erano intorno al feretro di Radegonda: Gregorii Turonensis *Liber in gloria confessorum*, 106, PL 71, col. 905.

[93] «Quia non ut filiae regum, sed ut malarum ancillarum genitae in hoc loco humiliamur»: Gregorio di Tours, *Storia dei Franchi*, cit., IX, 39, vol. II, pp. 440-441.

[94] «Cumque praestulantes adventum nullum episcopum advenire senserunt, Pectavum regressi sunt et se infra basilica sancti Helari tutaverunt, congregatis secum furibus, homicidis, adulteris omniumque criminum reis, stabilientes se ad bellum atque dicentes, quia: "Reginae sumus nec prius in monastyrio nostro ingrediemur, nisi abbatissa eiciatur foris"»: *ibidem*, 40, vol. II, pp. 452-453.

[95] *Ibidem*, 40-41, vol. II, pp. 452-457; X, 15, vol. II, pp. 530-537.

[96] *Ibidem*, 16, vol. II, pp. 541-545.

[97] *Ibidem*, 20, vol. II, pp. 560-563.

[98] Gregorio di Tours racconta nei dettagli la lunga sedizione di cui ho riferito per sommi capi.

[99] «Hoc illa audiens, ibi a Francis fanum coli, iussit famulis fanum igni conburi, iniquum iudicans, Deum caeli contempni et diabolica machinamenta venerari. Hoc audientes Franci universaque multitudo cum gladiis et fustibus vel omni fremitu diabolico conabantur defendere; sancta vero regina inmobilis perseverans, Christum in pectore gestans, equum quem sedebat in antea non movit, antequam et fanus perureretur, et, ipsa orante, inter se populi pacem firmarent. Quo facto, virtutem et constantiam reginae omnes admirantes, Domino benedixerunt»: Baudoniviae *Vita Radegundis*, 2, pp. 70-71.

[100] «Postquam, operante divina potentia, a rege terreno discessit, quod sua vota poscebant, dum Suedas in villa, quam ei rex dederat, resideret, in primo anno conversionis suae, vidit in visu navem in hominis specie et in totis membris eius sedentes homines, se vero in eius genu sedentem; qui dixit ei: "Modo in genu sedes, adhuc in pectore meo sessionem habebis". Ostendebatur ei gratia, qua fruitura erat»: *ibidem*, 3, pp. 72-73.

[101] «Dum in villa ipsa adhuc esset, fit sonus, quasi eam rex iterum vellet accipere, se dolens gravi damno pati, qui talem et tantam reginam permisisset a latere suo discedere, et nisi eam reciperet, penitus vivere non optaret»: *ibidem*, 4, pp. 72-73.

[102] «Despexit sedem patriae, vicit dulcedinem coniugis, exclusit caritatem mundialem, elegit exsul fieri, ne peregrinaretur a Christo»: *ibidem*.

[103] «Adhuc de regali secum habens ornamento felte fusum ex auro et gemmis vel margaritis factum, habentem in se auri solidos mille, quem per nonnanem nomine Fridovigiam, quam proximam habebat, cum suis fidelibus transmisit viro venerabili domino Iohanni reclauso in castello Cainone, ut pro ea oraret, ne iterum ad saeculum reverteretur, et vestem ei cilicinam transmitteret, unde corpus suum limaret»: *ibidem*.

[104] È uno dei tanti gioielli trovati nella tomba della regina a Saint-Denis, durante gli scavi del 1954: Jean Hubert, Jean Porcher e Wolfgang F. Volbach, *L'Europa delle invasioni barbariche*, Milano, Feltrinelli, 1968, p. 234, fig. 249.

[105] Baudoniviae *Vita Radegundis*, 4, pp. 72-73.

[106] «Ante annum transitus sui, vidit in visu locum sibi paratum. Venit ad eam iuvenis praedives, pulcherrimus, et quasi iuvenilem habens aetatem, qui suavi tactu blandoque conloquio dum cum ea loqueretur, illa de se zelans, blandiciam ipsam respuebat. Qui dixit ei: "Quid me desiderio accensa cum tantis lacrimis rogas, gemens requiris, fusis precibus poscis, pro me tanto cruciatu affligis, qui semper tibi assisto? Tu, gemma preciosa, noveris, te in diademate capitis mei primam esse gemmam". Nulli dubium est, quod Ipse eam visitavit, cui se tota devotione

tradidit vivens in corpore, et gloriam, qua fruitura erat, ei ostendit»: *ibidem*, 20, pp. 98-99 (ho modificato la traduzione).

[107] «Sic rex, amaritudine plenus intelligens, hoc petitionem esse beatae reginae, paenitentia ductus, malis consiliariis reputans seque indignum iudicans, quod talem habere reginam diutius non meruisset, prosternit se et ille ante limina sancti Martini pedibus apostolici viri Germani, rogat, ut sic pro ipso veniam peteret beatae Radegundi, ut ei indulgeret, quod in eam per malos consiliarios peccaverat. Unde ultio divina de praesenti in eos vindicavit: sicut Arrius, qui contra fidem catholicam certans, omnia intestina sua in secessu dimisit, ita et de istis evenit, qui contra beatam reginam egerunt. Tunc rex timens Dei iudicium, quia eius regina magis Dei voluntatem fecerat quam suam, dum cum eo commorata fuerat, rogat eum celeriter illuc venire. Sic vir apostolicus dominus Germanus Pictavis veniens, ingressus in monasterium, in oratorium dominae Mariae nomini dedicatum prosternit se ad sanctae reginae pedes, pro rege veniam poscens»: *ibidem*, 7, pp. 76-77.

[108] «Nonnullae de ipsa [Radegonda] regali stirpe hac religionis forma florebant»: Gregorii Turonensis *Liber in gloria confessorum*, 106, PL 76, col. 905.

[109] «Semper de pace sollicita, de salute patriae curiosa, quandoquidem inter se regna movebantur, quia totos diligebat reges, pro omnium vita orabat et nos sine intermissione pro eorum stabilitate orare docebat. Ubi eos inter se amaritudinem moveri audisset, tota tremebat, et quales litteras uni, tales alteri dirigebat, ut inter se non bella nec arma tractarent, sed pacem firmarent, et patria ne periret. Similiter et ad eorum proceres dirigebat, ut praecelsis regibus consilia salutifera ministrarent, ut, eis regnantibus, populi et patria salubrior redderetur. Congregationi suae assiduas vigilias inponebat et, ut sine intermissione pro eis orarent, cum lacrimis docebat. Se vero in quantum cruciatum affligebat, quis hoc verbis explere valeat? Et, intercedente ea, pax regum, mitigatio belli, salus patriae aderat; eius obtentum intellegentes, benedictum nomen Domini conlaudabant»: Baudoniviae *Vita Radegundis*, 10, p. 83; Consolino, *Due agiografi per una regina*, cit., p. 155.

[110] Baudoniviae *Vita Radegundis*, 13, pp. 86-87.

[111] Santorelli, *La «Vita Radegundis»*, cit., pp. 46-47.

[112] «Vir inluster Leo nomine ad consilium sinodi evocatus a viris apostolicis Leontio et Eusebio episcopis, dum iter ageret, oculi eius gravi sunt caligine obducti, sanguinis nube cooperti; nisi se a famulis sustentatus pergeret, penitus viam nec videret. Qui ingressus monasterium beatae, ubi filias suas ei devotus tradidit Domino servituras, introivit in oratorium domnae Mariae nomini dedicatum». Ottenuta la guarigione, «ipsa ei fecit devotio fundamentum basilicae dominae Radegundis percutere, ubi et centum dedit solidos ad fabricam ipsam faciendum»: Baudoniviae *Vita Radegundis*, 15, pp. 88-89.

[113] Reovale divenne poi sacerdote e fece parte anche della missione organizzata da Radegonda per ringraziare l'imperatore Giustino dell'invio della reliquia della Santa Croce. Gli studiosi ritengono che un primo tentativo per acquisirla fallì e allora, per mascherare l'insuccesso, gli inviati della ex regina si rivolsero alle reliquie del martire Mammete: si veda Santorelli, *La «Vita Radegundis»*, cit., pp. 139-140, commento al cap. 14, pp. 86-89.

[114] «Quod fecit illa in orientali patria, hoc fecit beata Radegundis in Gallia. Et quia sine consilio, in mundo dum vixit, nihil facere voluit, transmisit litteras ad praecellentissimum domnum Sigebertum regem, cuius imperio patria ista regebatur, ut ei permitteret pro totius patriae salute et eius regni stabilitate lignum crucis Domini ab imperatore expetere»: Baudoniviae *Vita Radegundis*, 15, p. 90.

[115] Hubert, Porcher e Volbach, *L'Europa delle invasioni barbariche*, cit., p. 243 e p. 365. Il reliquiario conterrebbe le reliquie di san Maurizio e un'iscrizione sul retro del cofanetto spiega che fu eseguito per volontà del sacerdote Teuderigo. Riporta anche il nome dei due donatori Nordolaus e Rihlindis e dei due orafi che lo eseguirono, Undiho ed Ello.

[116] Gregorio di Tours, *Storia dei Franchi*, cit., IX, 40, vol. II, pp. 450-451.

[117] «Sic devotus rex per fidelem suum virum inlustrem Iustinum comitem transmisit ad virum apostolicum domnum Eufronium Turonicae civitatis episcopum, ut cum honore digno gloriosam crucem Domini vel sanctorum reliquias in monasterio dominae Radegundis introponeret, quod et factum est»: Baudoniviae *Vita Radegundis*, 16, pp. 92-93.

[118] Santorelli, *La «Vita Radegundis»*, cit., p. 146.

[119] «Quis queat dicere, quantum et quale donum huic urbi beata contulit? Unde, quisquis ex fide vivit, eius nomini benedicit. Praecellentissimis enim dominis regibus et serenissimae dominae Bronichildi reginae, quos caro dilexit affectu, et sacrosanctis ecclesiis vel pontificibus eorum cum contestatione divina suum commendavit monasterium»: Baudoniviae *Vita Radegundis*, 16, p. 92. Infatti Radegonda, temendo che con la sua morte venisse a mancare anche la sua autorità carismatica, scrisse una lettera, che ci è stata conservata, a tutti i vescovi perché proteggessero il monastero e la comunità. Il testo in italiano è pubblicato in appendice in Fortunato, *Vite di santi*, cit., pp. 135-143. Il testo latino è in *Monumenta Germaniae Historica, Diplomatum imperii tomus I*, a cura di Georg Heinrich Pertz, Stuttgart, 1965, pp. 8-11.

[120] Santorelli, *La «Vita Radegundis»*, cit., p. 14.

[121] *Ibidem*, p. 55.

[122] Baudoniviae *Vita Radegundis*, 9, pp. 78-81.

[123] «Illa pia sollicitudine maternoque affectu, quod lectio continebat, ad animae salutem praedicare non cessabat»: *ibidem*, pp. 80-81.

[124] «Instituit, ut, dum reficerent, semper lectio legeretur, ut non solum fauces accipiant cibum, sed et aures audiant Dei verbum. [...] Et quia numquam ociosa ab opere Dei esse voluit, insistebat itaque orationi, lectioni et elymosinis ac praedicationibus incessanter omnibus diebus, ut nulla esset, quae se de ignorantia excusaret»: *ibidem*, 17, pp. 94-97.

[125] «Ubi a lectione cessasset mens intenta ad Christum, tamquam si diceret: "Ego dormio, et cor meum vigilat", aiebat: "Quare taces? Lege, ne cesses"»: *ibidem*, 9, pp. 80-81.

[126] «Quod frequenter nobis dum praedicaret, dicebat: "Vos elegi filias, vos, mea lumina, vos, mea vita, vos, mea requies totaque felicitas, vos, novella plantatio. Agite mecum in hoc saeculo, unde gaudeamus in futuro"»: *ibidem*, 8, pp. 78-79.

[127] *Ibidem*, pp. 76-77; 10, pp. 82-83.

[128] *Ibidem*, 10, pp. 80-83.

[129] «Adiciatur et aliud ad laudem Christi miraculum, qui suos trepidare aliis facit. Vinoberga una ex eius fuit famulabus, qui ausu temerario in cathedra beatae reginae post eius discessum sedere praesumpsit. Quo facto, iudicio Dei percussa, sic ardebat, ut viderent omnes fumum de ea in altum procedere, et illa coram omni populo proclamaret, confitens se peccasse; propterea arderet, quia in beatae sede consederat. Tribus diebus et tribus noctibus unum incendium passa, vociferans clamabat: "Domina Radegundis, peccavi, male egi, indulge, refrigera membra duro cruciatu exusta. Misericordia larga, bonis operibus gloriosa, quae omnibus misereris, miserere mei". In tanta poena ipsam omnis populus videns, pro ea precabatur, tamquam si praesens esset, dicens, quia, ubicumque ex fide invocatur, adest: "Domina bona, parce ei, ne tanto cruciatu infelix deficiat". Sic beatissima ad preces omnium benigne indulgit, ignem ferventem conpescuit; sospes ad domum suam rediit. Et sic istius poena omnes fecit cautos ac devotos»: *ibidem*, 12, pp. 84-85.

[130] *Ibidem*, 11, pp. 82-85.

[131] «Ut suam fidelem Dominus declararet in medio populi, ibi, dum pausaretur sanctum corpus, caecum inluminavit»: *ibidem*, 24, pp. 102-103.

[132] «Cum volaret, servus beatae reginae nomine Banisaios extendit manum, de cauda eius tres tulit pennas, quas mari intingens, tempestate conpescuit»: *ibidem*, 17, pp. 94-95.

[133] In presenza invece liberava le consorelle da altri pericoli. Cacciò migliaia e migliaia di demoni che sopra il muro del monastero in forma di capre cercavano di assalire l'edificio nella notte. Mentre le consorelle riposavano, Radegonda vegliava in preghiera e «con la santa mano destra attraverso il segno della croce proteggeva il monastero»: *ibidem*, 18, pp. 96-97.

[134] «Ubicumque invocata fuerit, benigne exaudit. Si febricitans aut pustulam habens aut a quacumque tentus infirmitate pro interiecta longinquitate terrae spatia ad eam venire non potuisset, candela in eius nomine accensa omnem febrem depulit»: *ibidem*, 17, pp. 94-95.

[135] Lo dice lo stesso Gregorio di Tours in *Liber in gloria confessorum*, 106, PL 71, col. 906. In più aveva aggiunto di avere visto che gli ossessi, circondando il feretro lungo il trasporto, gridavano che dentro di loro i diavoli erano tormentati dalla santa.

[136] Santorelli, *La «Vita Radegundis»*, cit., p. 156.

[137] «Dum istud ageretur, de pueri brachio, qui totos [cereos] tenebat, unus exilivit in altum super omnem populum et se in sancto sepulchro ad pedes beatae posuit et, quod aesitabantur, declaravit. Respicientes ad nomen, cuius esset cereus, inventum est Calvae nomen»: Baudoniviae *Vita Radegundis*, 25, pp. 102-105.

[138] «Hoc videns episcopus vel omnis populus, admirantes virtutem beatae Radegundis, Domino benedixerunt. Quantae post eius transitum ibi sunt factae virtutes, quanti daemoniaci liberati, quanti febricitantes sunt redditi sanitati, quis enumerare valeat?»: *ibidem*, 25, pp. 104-105.

[139] «Tamquam si ex ore Dei prolatum audisset verbum, dedit volatum et nusquam comparuit. Merito ei aves et bestiae oboediunt, quia illa numquam praeteriit Domini oboedire praecepto»: *ibidem*, 19, pp. 96-97.

[140] «Lapidarii, qui in monte operabantur, in aere audierunt angelum loquentem; unus dixit ad alios: "Quid facitis? Dimittite eam adhuc". Quia hae voces ad Domini pervenerunt aures, angeli, qui eam ferebant, respondentes dixerunt: "Iam factum est". Quid faciemus? Illam recepit paradisus, ubi gloriatur cum Domino»: *ibidem*, 22, pp. 100-101.

[141] *Ibidem*, 26, pp. 104-105; 28, pp. 106-107.

[142] «Praecipue una tantum baccabatur, ut in eius fremitu tota tremeret basilica»: *ibidem*, 27, pp. 104-105.

[143] «Ad basilicam sancti viri sunt alii liberati, alii vero basilicae dominae Radegundis sunt directi, ut, sicut aequalis gratiae erant, ita aequalis et virtus ostenderetur»: *ibidem*, pp. 106-107.

Capitolo 4

[1] Paolo Golinelli, *Matilde di Canossa. Storia e mito*, in *I mille volti di Matilde*, Milano, Motta, 2003, pp. 13-39, p. 14. Ringrazio l'autore per i preziosi consigli e i suggerimenti per questo capitolo di cui è stato il primo lettore.

[2] Gisella adottò Matilde e la sorella Beatrice come sue figlie, una volta rimaste orfane del padre: Margherita Giuliana Bertolini, *Beatrice di Lorena*, in *Dizionario Biografico degli Italiani*, Roma, Istituto dell'Enciclopedia Italiana Treccani, 1965, vol. VII, pp. 352-363.

[3] Donizone, *Vita di Matilde di Canossa*, testo latino a fronte, traduzione e note di Paolo Golinelli, Milano, Jaca Book, 2008: I, X, vv. 821-832, pp. 74-77. Per un commento a questo passo: Paolo Golinelli, *Matilde, la donna e il potere*, in *Matilde di Canossa e il suo tempo*, Spoleto, CISAM, 2016, pp. 1-34, p. 12.

[4] Vito Fumagalli, *Il Regno italico (774-1024)*, Torino, UTET, 1978, pp. 166-168.

[5] Donizone, *Vita di Matilde di Canossa*, cit., I, XII, vv. 945-975, pp. 85-86.

[6] Secondo Bonizone, vescovo di Sutri, questo avvenne per un «maleficio» non si sa da chi operato: «[Imperator] Beatricem cum unica filia Bonefacii nomine Matilda – nam paulo post eius filius et maior filia maleficio nescio cuius obierat – dolo captas secum duxit ultra montes»: Bonizonis episcopi Sutrini *Liber ad amicum*, ed. a cura di Ernestus Dümmler, in *Monumenta Germaniae Historica*, *Libelli de lite*, I, Hannoverae, Impensis Bibliopolii Hahniani, 1891, p. 590. Paolo Golinelli, *Matilde e i Canossa nel cuore del Medioevo*, Milano, Camunia, 1991, p. 120 ritiene che i due fratelli fossero già morti nel 1053 poiché la contessa Beatrice fece una donazione al monastero – nei pressi del cimitero – di Santa Maria di Felonica il 17 dicembre 1053 «per rimedio dell'anima di Bonifacio e dell'anima del figlio e della figlia mia».

[7] Lamperti monachi Hersefeldensis *Annales*, ed. a cura di Oswaldus Holder-Egger, in *Monumenta Germaniae Historica*, *Scriptores rerum Germanicarum ad usum scholarum*, 38, Hannoverae et Lipsiae, Impensis Bibliopolii Hahniani, 1894, pp. 59-60.

[8] Donizone, *Vita di Matilde di Canossa*, cit., II, v. 43, pp. 126-127.

[9] Del testo abbiamo due versioni; si vedano la comparazione e la traduzione in Nicolangelo D'Acunto, *La lotta per le investiture. Una rivoluzione medievale (998-1122)*, Roma, Carocci, 2020, pp. 197-204.

[10] Sui rapporti di Matilde e dei suoi antenati con la Chiesa: Paolo Golinelli, *L'ancella di san Pietro. Matilde di Canossa e la Chiesa*, Milano, Jaca Book, 2015.

[11] Questa notizia è una acquisizione dovuta a Golinelli, *Matilde e i Canossa nel cuore del Medioevo*, cit., pp. 155-157, confermata da Roberto Albicini, *Un inedito calendario/obituario dell'abbazia di Frassinoro ad integrazione della donazione di Beatrice, madre della contessa Matilde*, in «Benedictina», 53, 2006, pp. 389-403.

[12] Il sigillo è stato scoperto da Golinelli, *Matilde di Canossa. Storia e mito*, cit., scheda II, 3, pp. 65-66.

[13] Id., *Matilde e i Canossa nel cuore del Medioevo*, cit., p. 115.

[14] Id., *Matilde: la donna e il potere*, cit., p. 15.

[15] Id., *Matilde e i Canossa nel cuore del Medioevo*, cit., p. 161; *Chronicon Sancti Huberti Andaginensis*, ed. a cura di Ludwig Konrad Bethmann e Wilhelm Wattenbach, in *Monumenta Germaniae Historica*, *Scriptores*, 8, Hannoverae, Impensis Bibliopolii Hahniani, 1848, p. 581.

[16] Golinelli, *Matilde e i Canossa nel cuore del Medioevo*, cit., pp. 161-162; Gregorii VII *Registrum*, a cura di Erich Caspar, in *Monumenta Germaniae Historica*, *Epistolae selectae*, II, 1, Berolini, Weidmannscher Buchhandlung, 2 voll., Berlin, 1920, vol. I, 47, pp. 71-73.

[17] «Ut primum miserae didicit mala gaudia carnis, / horruit et sese protinus erubuit. /Non potuit primo se, sicut vellet, habere / servivitque suo pene puella viro. / Materni monitus generisque potencia clari / a desiderio detinuere pio»: Rangerii *Vita metrica sancti Anselmi Lucensis*, ed. a cura di Ernestus Sackur, Gerhardus Schwartz e Bernhardus Schmeidler, in *Scriptores*, vol. 30, 2, Lipsiae, K. Hiersemann, 1934, vv. 3577-3562, p. 1232. L'autore conclude: «Matre viroque Dei nutu quandoque soluta, / disposuit soli sola vacare Deo» («e, sciolta finalmente per volere di Dio dalla soggezione alla madre e al marito, decise di dedicarsi, da sola, soltanto a Dio»).

[18] Gabriella Rossetti, *Il matrimonio del clero nella società altomedievale*, in *Il matrimonio nella società altomedievale* (Atti della XXIV Settimana di studio, Spoleto, 22-28 aprile 1976), Spoleto, CISAM, 1977, I, pp. 473-567.

[19] Golinelli, *Matilde e i Canossa nel cuore del Medioevo*, cit., p. 186.

[20] «Ad hoc quasi faetore quodam gravissimi scandali totam ecclesiam replesti de convictu et cohabitatione alienae mulieris familiariori quam necesse est. In qua re verecundia nostra magis quam causa laborat, quamvis haec generalis querela ubique personuerit: omnia iudicia, omnia decreta per feminas in apostolica sede actitari, denique per hunc feminarum novum senatum totum orbem ecclesiae administrari»: Carl Erdmann e Norbert Fickermann (a cura di), *Briefsammlungen der Zeit Heinrichs IV.*, in *Monumenta Germaniae Historica*, *Die Briefe der deutschen Kaiserzeit*, 5, Weimar, H. Böhlaus Nachfolger, 1950, n. 43, pp. 46-50, p. 49. Il brano è citato e a lungo analizzato da Golinelli, *Matilde: la donna e il potere*, cit., p. 1 e ss.

[21] I Timoteo 2,11: «Docere autem mulieri non permitto, neque dominari in virum, sed esse in silentio» («Non permetto che una donna insegni, né che comandi sull'uomo; ma deve stare in silenzio»); I Corinzi 14: «Mulieres in ecclesia taceant. [...] Turpe est mulieri loqui in Ecclesia».

[22] Golinelli, *Matilde: la donna e il potere*, cit., p. 18 che cita Bonizonis *Liber de vita Christiana*, a cura di Ernst Perels, *Nachwort zur Neuauflage* di Walter Berschin, Hildesheim, Weidmann, 1998, pp. 249-251.

[23] «Emulentur in bonum excellentissimam comitissam Matildam, filiam Beati Petri, que virili animo, omnibus mundanis rebus posthabitis, mori parata est potius quam legem Dei infringere et contra heresim, que nunc sevit in ecclesia, prout vires suppetunt, omnibus modis impugnare»: Bonizonis episcopi Sutrini *Liber ad amicum*, ed. a cura di Ernestus Dümmler, in *Monumenta Germaniae Historica*, *Libelli de lite*, I, Hannoverae, Impensis Bibliopolii Hahniani, 1891, p. 620.

[24] Golinelli, *Matilde: la donna e il potere*, cit., p. 21 che rimanda a Guigo I, priore della Grande Chartreuse, *Vita di sant'Ugo vescovo di Grenoble*, a cura di Daniele Solvi, in «Benedictina», 57, 2010, pp. 5-47, p. 24.

[25] Saverio Lomartire, *Cicli figurati e scritture esposte: un ruolo per Matilde?*, in *Matilde di Canossa e il suo tempo*, cit., pp. 701-728, p. 716.

[26] Golinelli, *Matilde di Canossa. Storia e mito*, cit., p. 22, a cui devo la citazione di questi esempi.

[27] Gregorii VII *Registrum*, cit., III, 10a, pp. 270-271.

[28] Traduzione completa in Glauco Maria Cantarella, *Gregorio VII*, Roma, Salerno Editrice, 2018, p. 161.

[29] «Gozilo dux Lotheringorum, cum esset in confinio Lotheringiae et Flandriae in civitate quae dicitur Antwerpia, occisus est per insidias, ut putabatur, Ruberti Flandrensis comitis. Cum enim quadam nocte, quiescentibus omnibus, ad necessitatem naturae secessisset, appositus extra domum spiculator confodit eum per secreta natium, relictoque in vulnere ferro, concitus aufugit. Vix deinceps VII diebus accepto vulneri superstes, IIII. Kal. Marcii vita decessit, atque Verdunis iuxta patrem sepultus est; magnum regni Teutonici robur ac momentum quoniam, ut sepe iam dictum est, licet staturae pusillitate atque gibbo despicabilis videretur, opum tamen gloria et fortissimorum militum copia, prudentiae quoque maturitate, postremo totius vitae temperantia longe caeteris principibus supereminebat»: Lamperti monachi Hersefeldensis *Annales*, ed. a cura di Oswaldus Holder-Egger, in *Monumenta Germaniae Historica*, *Scriptores rerum Germanicarum ad usum scholarum*, 38, Hannoverae et Lipsiae, Impensis Bibliopolii Hahniani, 1894, pp. 255-256 e Golinelli, *Matilde e i Canossa nel cuore del Medioevo*, cit., p. 159.

[30] «Igitur comitissa Matildis, cum iam duobus fratribus emortuis quos Henrici IV imperatoris calliditate occisos fore credebat, sese solam superstitem videns, serpente qui olim protoplaustos in paradiso Dei decepit callidior, ipsum quaerens imperatorem a regno privare, dolis acutissimis non armis laborans, septimo adhaesit Gregorio. Quae cum antea virgo Gigonem virum prudentissimum Nurmandiae ducem maritum duxisset, per paucos annos morata, sese iam poenitens dominii dominum habere, cum vernula consciliata fidelissima, ipsum ad cloacam super lacum sedentem per podicem interimi ense cautissime fecit. Haec enim cum totius fere Tusciae et usque Romam comitatus sui potestatem sola exerceret, [...]»: Landulfi *Historia Mediolanensis*, III, 31, ed. a cura di Ludwig Konrad Bethmann e Wilhelm Wattenbach, in *Monumenta Germaniae Historica*, *Scriptores*, 8, cit., pp. 97-98; Golinelli, *Matilde e i Canossa nel cuore del Medioevo*, cit., p. 160.

[31] Giovanna Tedeschi Grisanti, *Il sarcofago della marchesa Beatrice di Toscana*, in Adriano Peroni (a cura di), *Il Duomo di Pisa*, Modena, Panini, 1995, pp. 592-594.

[32] Dopo il 1303 l'operaio Burgundio Tadi fece trasferire il sarcofago sulla parete esterna dell'abside maggiore «dove l'iscrizione del 1303, ivi scolpita, riferisce questa circostanza insieme alla data della morte della contessa Matilde, figlia di Beatrice (1115) e ai larghi lasciti di Matilde in favore della chiesa pisana. Sempre nello stesso luogo una iscrizione del 1810 ricorda il successivo trasferimento del sarcofago nel Camposanto»: *Camposanto monumentale di Pisa. Le Antichità*, a cura di Paolo Enrico Arias, Emilio Cristiani ed Emilio Gabba, Pisa, Pacini, 1977, p. 138.

[33] *Ibidem*.

[34] «Ibique per triduum ante portam castri, deposito omni regio cultu, miserabiliter utpote discalciatus et laneis indutus persistens non prius cum multo fletu apostolicae miserationis auxilium et consolationem implorare destitit, quam omnes, qui ibi aderant et ad quos rumor ille pervenit, ad tantam pietatem et compassionis misericordiam movit, ut pro eo multis precibus et lacrimis intercedentes omnes quidem insolitam nostrae mentis duritiam mirarentur, nonnulli vero in nobis non apostolicae severitatis gravitatem, sed quasi tyrannicae feritatis crudelitatem esse clamarent. Denique instantia compunctionis eius et tanta omnium qui ibi aderant supplicatione devicti tandem eum relaxato anathematis vinculo in communionis gratiam et sinum sanctae matris ecclesiae recepimus acceptis ab eo securitatibus, quae inferius scriptae sunt. Quarum etiam confirmationem per manus abbatis Cluniacensis et filiarum nostrarum Mathildis et comitissae Adelaiae et aliorum principum, episcoporum et laicorum, qui nobis ad hoc utiles visi sunt, recepimus»: Gregorii VII *Registrum*, cit., IV, 12, pp. 312-313; Golinelli, *Matilde e i Canossa nel cuore del Medioevo*, cit., p. 200.

[35] Si trova al f. 49r l'ultima delle 7 miniature a tutta pagina del codice. Si veda la *scheda* di Golinelli in *I mille volti di Matilde*, cit., pp. 58-59.

[36] Adalberto Atto, informa Donizone, *Vita di Matilde di Canossa*, cit., I, v. 97, ebbe come padre Sigeberto: anche il biografo sa molto poco del vero capostipite, per cui considera Adalberto Atto all'origine della dinastia canossiana.

[37] Contenuta nei cosiddetti «Vangeli di Ottone III», della fine del X secolo; il manoscritto è stato miniato a Reichenau ed è conservato a Monaco, Bayerische Staatsbibliothek, Clm 4452, f. 2r.

[38] L'accostamento alla miniatura di Matilde è stato suggerito da Giuseppa Zanichelli in una conferenza online intitolata *Una dama di frontiera*.

[39] Saverio Lomartire, *Cicli figurati e scritture esposte: un ruolo per Matilde?*, in *Matilde di Canossa e il suo tempo*, cit., pp. 701-728, p. 716.

[40] Golinelli, *Matilde e i Canossa nel cuore del Medioevo*, cit., p. 257, che non mette in connessione però i gesti dell'atto giuridico con le miniature di Donizone.

[41] Donizone, *Vita di Matilde di Canossa*, cit., I, v. 783.

[42] La miniatura dedicata a Beatrice è completa dal punto di vista pittorico ma il grande spazio bianco lasciato al disotto fa supporre che fosse destinato a essere riempito da una scritta. Così come si mostra ora la miniatura, spostata verso il bordo superiore della pagina, rivela un palese squilibrio compositivo.

[43] Ritenendo che il miniatore non abbia soltanto disegnato e dipinto le figure, ma abbia anche vergato le parole che le completano.

[44] «I procul hinc, monstrum, regnum ne pollue nostrum. / Vilior es galba, proiecta vilior alga. / Si mihi visus eris cras, morte mala morieris»: Cosmae *Chronicon Boemorum*, II, 32, ed. a cura di Rudolf Koepke, *Monumenta Germaniae Historica*, *Scriptores*, 9, Hannoverae, Impensis Bibliopolii Hahniani, 1851, pp. 88-89. Golinelli, *Matilde di Canossa. Storia e mito*, cit., p. 19.

[45] *Il Villani illustrato. Firenze e l'Italia medioevale nelle 253 immagini del ms. Chigiano L VIII 296 della Biblioteca Vaticana*, a cura di Chiara Frugoni, Roma-Firenze, Biblioteca Apostolica Vaticana/Le Lettere, 2005, pp. 114-115.

[46] Giovanni Villani, *Nuova Cronica*, edizione critica a cura di Giuseppe Porta, Parma, Guanda, 1990, V, 21, pp. 201-202.

[47] Vito Fumagalli, *Economia, società, istituzioni nei secoli XI-XII nel territorio modenese*, in *Lanfranco e Wiligelmo: il Duomo di Modena. Quando le cattedrali erano bianche. Mostre sul Duomo di Modena dopo il restauro*, Modena, Panini, 1985, pp. 37-44, p. 44.

[48] Per quanto riguarda il rapporto fra Matilde e Modena mi permetto di rimandare al mio saggio: *La facciata, le porte, le metope: un programma coerente*, in *Il duomo di Modena*, a cura di Chiara Frugoni, Modena, Panini, 1999, vol. *Testi*, pp. 9-38; vol. *Atlante*, pp. 9-13, con la relativa bibliografia.

[49] Si veda la voce *Dodone*, a cura di Carluccio Frison, in *Dizionario Biografico degli Italiani*, Roma, Istituto dell'Enciclopedia Italiana Treccani, 1991, vol. XL, pp. 355-357.

[50] Lomartire, *Cicli figurati e scritture esposte, un ruolo per Matilde?*, cit., p. 703.

[51] *Ibidem*, pp. 712-714. L'autore ritiene che il testo originale della *Relatio* fosse privo di miniature.

[52] La trascrizione del testo della *Relatio*, a cura di Saverio Lomartire, si può leggere in: *Lanfranco e Wiligelmo*, cit., pp. 757-758. L'autore è ritornato a esaminare il testo della *Relatio* e le relative miniature nel contributo *Cicli figurati e scritture esposte*, cit., spec. pp. 702-709.

[53] «Quia tunc temporis prefata quidem ecclesia sine pastorali cura agebatur»: Lomartire, *Trascrizione della Relatio*, in *Lanfranco e Wiligelmo*, cit., p. 757.

[54] «Quod quidem consilium ubi ad aures Mathildis Dei gratia egregie comitisse, pervenit, quis fari possit quanto qualique gaudio exillarata, quanta in laude firmata, quantis amminiculis sit obstinata?» («Quando questo progetto arrivò alle orecchie di Matilde, per grazia di Dio eccellente contessa, chi potrebbe dire quanto fu piena di gioia, in quante lodi si profuse, quanti aiuti all'opera insisté nel fornire?»): *ibidem*, p. 757 (senza la traduzione in italiano).

[55] «Erigitur itaque diversi operis machina, effodiuntur marmora insignia, sculpuntur ac puliuntur arte mirifica, sublevantur et costruuntur magno cum labore et artificum astutia. Crescunt ergo parietes, crescit edifitium, laudatur et extollitur, summe Deus, tuum ineffabile benefitium» («S'innalzano quindi macchine di diverso tipo e per la complessa opera: marmi preziosi sono estratti, scolpiti e levigati con arte meravigliosa, poi sollevati e assemblati con fatica e perizia degli artefici. Crescono dunque le pareti, cresce l'edificio, si loda e si esalta, o sommo Dio, il tuo inesprimibile beneficio»): *ibidem*, p. 758 (senza la traduzione in italiano).

[56] «Gubernante domno Dodone Dei gratia venerabili episcopo Mutinensium ecclesiam» («quando Dodone, per grazia di Dio venerabile vescovo, governava la chiesa dei modenesi»): *ibidem*.

[57] Lomartire, *Cicli figurati e scritture esposte*, cit., p. 707.

[58] «Iurant ergo de ordine militum sex viri, iurant et de civibus bis senis»: Lomartire, *Trascrizione della Relatio*, in *Lanfranco e Wiligelmo*, cit., p. 758.

[59] Lomartire, *Cicli figurati e scritture esposte*, cit., p. 708 e p. 711.

[60] Le scritte hanno come fonte la *Vita longior* di san Geminiano. Due sono infatti le *Vite* dedicate al santo, la *Vita brevior*, intorno alla fine del IX-inizio X secolo, la *Vita longior*, intorno alla metà dell'XI secolo: Paolo Golinelli, *Istituzioni cittadine e culti episcopali in area matildica avanti il sorgere dei comuni*, in *Il culto dei santi. Istituzioni e classi sociali in età preindustriale*, a cura di Sofia Boesch-Gajano e Lucia Sebastiani, Roma, pp. 141-197, p. 122. Per il testo di entrambe si veda: Pietro Bortolotti, *Antiche vite di san Geminiano*, in «Monumenti di storia patria delle province modenesi», serie «Cronache», 14, 1, 1886, pp. 61-76; pp. 77-104.

[61] Nella *Vita brevior* (Bortolotti, *Antiche vite di san Geminiano*, cit., p. 69) si dice: «Accepit autem pallium et evangelium, simul et calicem cum patena et cum reliquis tradidit Dei famulo dicens: "Accipe haec, et quod habeo in Gavello et Solaria de pubblico et privato, tibi sint omnia tradita"» («Ricevette un pallio e un Vangelo, e inoltre un calice con la patena, che consegnò insieme agli altri doni al ministro di Dio dicendo: "Accetta questi doni; dispongo inoltre che passino a te i beni, pubblici e privati, che possiedo a Gavello e Solaria"»). Nella *Vita longior* (*ibidem*, p. 92) il racconto subisce qualche abbellimento ma è sostanzialmente lo stesso. Dopo aver vinto le resistenze del santo che non vuole accettare alcun dono («Pater sanctissime [...] parva quae offero ne despicias», «Padre santissimo, non disprezzare i miseri doni che ti offro», dice Gioviano), vengono portati davanti al santo «evangeliorum textus nobiliter exornatus, calix quoque cum patena aureus gemmis multiplicibus adornatus, pallium quoque pergrande et optimum» («un testo dei Vangeli artisticamente miniato, un calice d'oro con la patena, tempestato di gemme, e un pallio molto grande e di ottima fattura»). Nel mio lavoro *La facciata, le porte, le metope: un programma coerente*, cit., p. 37 nota 164, metto in connessione l'iscrizione della Porta dei Principi con il codice del X secolo O.I.2 della Biblioteca Capitolare di Modena contenente: *Leges Salicae, Ripuariae, Longobardorum, Baioariorum et Caroli Magni* e frammenti di *Leges Romanae*. Paolo Golinelli, *Cultura e religiosità a Modena e Nonantola nell'alto e pieno Medioevo*, in *Lanfranco e Wiligelmo*, cit., pp. 121-140, p. 122, aveva sottolineato come numerosi manoscritti della Capitolare rivelino che a Modena erano coltivati studi di tipo canonistico e giuridico. Giovanna Nicolaj, *Documenti e libri legales a Ravenna: rilettura di un mosaico leggendario*, in *Ravenna, da capitale imperiale a capitale esarcal*e, Atti del XVII Congresso internazionale di studio sull'Alto Medioevo, Ravenna 6-12 giugno 2004, Spoleto, CISAM, 2005, vol. II, pp. 761-799, propone un'altra identificazione del contenuto del codice offerto da Gioviano. Ricorda che il *Digestum vetus* giustinianeo riemerge fra l'XI e il XII secolo a Nonantola presso Modena, «chiave di volta delle sorti dell'eredità ravennate» [giustinianea] (*ibidem*, p. 773), e che Matilde si è appoggiata al grande giurista Irnerio che, secondo Burcardo di Ursperg, insieme a Graziano si sarebbe dedicato «a "rieditare" la mastodontica opera giustinianea»: «Dominus Wernerius libros legum, qui dudum neglecti fuerunt nec quisquam in eis studuerat, ad petitionem Mathildae comitissae renovavit et secundum quod olim a divae recordationis imperatore Iustiniano compilati fuerant, paucis forte verbis alicubi interpositis, eos distinxit» («Irnerio rinnovò, su richiesta della contessa Matilde, i libri di leggi, che per lungo tempo erano rimasti negletti e non studiati da nessuno, e li ripartì sulla base di come essi erano stati compilati un tempo dall'imperatore Giustiniano di divina memoria, limitandosi a inserirvi qua e là poche parole»): *ibidem*, p. 775 che rimanda a Burchardi et Cuonradi Urspergensium

Chronicon, ed. a cura di Otto Abel e Ludwig Weiland, in *Monumenta Germaniae Historica, Scriptores*, 23, Hannoverae, Impensis Bibliopolii Hahniani, 1874, p. 342, a *Die Chronik des Propstes Burchard von Ursberg*, in *Monumenta Germaniae Historica, Scriptores rerum Germanicarum in usum scholarum*, 16, ed. a cura di Oswaldus Holder-Egger e Bernhard von Simson, Hannover und Leipzig, Hahnsche Buchhandlung, 1961, pp. 15-16 e a Giorgio Cencetti, *Studium fuit Bononie. Note sulla storia dell'Università di Bologna nel primo mezzo secolo della sua esistenza*, in «Studi medievali», s. 3a, 7, 1966, pp. 783-784. Secondo Giovanna Nicolaj «quel *codex legis* che il santo riceve dall'imperatore romano Gioviano non può proprio essere il ms. O.I.2 della Biblioteca Capitolare di Modena, carolingio, che raccoglie le leggi barbariche [...] ma simboleggia certamente la legge per eccellenza, e cioè la legge romana, alla quale proprio le donne di Canossa danno una così forte apertura» (Nicolaj, *Documenti e libri legales a Ravenna*, cit., p. 775). È un'ipotesi senza dubbio suggestiva. Bisognerebbe però sapere se l'«impaginatore» del fregio in quel codice che tiene l'imperatore – la «moglie-Matilde» offre un pallio! – abbia voluto indirettamente lodare di nuovo Matilde e la sua attenzione per i codici giustinianei, oppure abbia invece voluto lodare Modena come centro di studi canonistici e giuridici (il codice O.I.2 contiene comunque anche frammenti di *Leges Romanae*). Non ho potuto consultare il facsimile né della *Relatio translationis* né del codice delle leggi: *Leges Salicae*, edizione con CD-ROM, Modena, Il Bulino-Fondazione Cassa di Risparmio di Modena, Biblioteca Capitolare, 2008, con l'analisi di Paolo Golinelli, *Il codice delle leggi della Cattedrale di Modena*, pp. 9-38 e con lo studio delle miniature da parte di Giuseppa Zanichelli.

62 «Accessit autem et princeps Mathilda dona ferens ingentia: aurum, argentum, pallia insignia»: Lomartire, *Trascrizione della Relatio*, in *Lanfranco e Wiligelmo*, cit., p. 758. Sulla Porta dei Principi: Paolo Golinelli, *Modena 1106: istantanee dal Medioevo*, e Saverio Lomartire, *Architrave della Porta dei Principi*, in *Romanica, arte e liturgia nelle terre di san Geminiano e Matilde di Canossa*, Modena, Panini, 2006, pp. 1-20, in part. pp. 1-6; pp. 232-233.

63 Ms. 289 della Stiftsbibliothek di Admont, della metà del XII secolo, composto molto probabilmente nello *scriptorium* matildico. Una puntualissima ed esauriente *Scheda del ms. di Admont* a cura di Giuseppa Zanichelli è in Arturo Carlo Quintavalle, *Wiligelmo e Matilde, l'officina romanica*, Milano, Electa, 1991, pp. 652-654.

64 Il prelato spiega che alcune orazioni sono state composte per altre persone: «Fra le quali [orazioni] benché ce ne siano alcune che non sono state composte specificamente per voi tuttavia le volli mandare tutte affinché, se a qualcuno piacerà farlo, possa prenderle da questo esemplare» («In quibus quamvis quaedam sint quae ad vestram personam non pertineant, omnes tamen volui mittere ut, si cui placuerit, de hoc exemplari eas possit accipere»): *ibidem*, p. 653.

65 «Difficile accettare l'idea che lo stesso Anselmo, ancora vivente, abbia richiesto una propria autocelebrazione facendosi rappresentare in cattedra»: *ibidem*.

66 La stessa Giuseppa Zanichelli, dopo avere spiegato in modo convincente che questo codice fu confezionato per volontà di Matilde, segue l'interpretazione tradizionale. Tuttavia, nella tradizione iconografica medievale, chi sta seduto, rispetto a chi sta in piedi, è il personaggio più importante e il gesto di Matilde, che con le due mani tiene il codice, è quello della preghiera, di chi offre, non di chi riceve.

67 Zanichelli, *Scheda del ms. di Admont*, cit., p. 652.

68 Ringrazio Saverio Lomartire che mi segnala come opportuno confronto la miniatura nella quale il diacono Davidperto in piedi, accompagnato da san Pietro anch'esso stante, offre il suo libro a Cristo in trono, miniatura tratta dalle *Omelie di san Gregorio Magno sui Vangeli*, Vercelli, Biblioteca Capitolare, ms. CXLVIII, f. 7v-8r, 800 circa.

69 «Copia librorum non defuit huicve bonorum; / libros ex cunctis habet artibus atque figuris»: Donizone, *Vita di Matilde di Canossa*, cit., II, vv. 1370-1371, pp. 226-227; Paolo Golinelli, *Nonostante le fonti. Matilde di Canossa donna*, in *Studi di storia medievale offerti a Maria Consiglia De Matteis*, a cura di Pio Berardo, Spoleto, CISAM, 2011, pp. 249-266, p. 255, citato da Lomartire, *Cicli figurati e scritture esposte*, cit., p. 717.

70 Si tratta del ms. 492, New York, The Pierpont Morgan Library.

[71] Golinelli, *Matilde e i Canossa nel cuore del Medioevo*, cit., p. 311, che cita Angelo Mercati, *L'evangeliario donato dalla contessa Matilde al Polirone*, in «Atti e Memorie della Reale Deputazione di Storia Patria per le Province Modenesi», s. 7, 4, 1927, pp. 1-27, pp. 14-15.

[72] Donizone, *Vita di Matilde di Canossa*, cit., I, vv. 41-47. Paolo Piva, *La tomba della contessa Matilde (nota filologica)*, in *Studi matildici*. Atti e memorie del terzo Convegno di studi matildici, Modena, Aedes Muratoriana, 1978, pp. 243-254; Maddalena Vaccaro, *Matilde di Canossa a San Benedetto Po: un mosaico «per ornamento del sepolcro»?*, in *Matilde di Canossa e il suo tempo*, cit., pp. 771-800; *L'abbazia di Matilde. Arte e storia in un grande monastero dell'Europa benedettina (San Benedetto Po 1007-2007)*, a cura di Paolo Golinelli, Bologna, Pàtron, 2008.

[73] Si vedano la voce *Matelda*, a cura di Fiorenzo Forti, in *Enciclopedia dantesca*, Roma, Istituto dell'Enciclopedia Italiana Treccani, 1984, vol. III, pp. 854-860, e, da ultimo, Paolo Golinelli, che ritiene che Dante ravvisasse in Matelda Matilde di Canossa. Di avviso contrario Marco Santagata, *Le donne di Dante*, Bologna, Il Mulino, 2021, p. 135 secondo il quale Matelda «è un personaggio che rappresenta la beatitudine della perfezione umana» e niente altro perché il poeta nel vederla non la riconosce.

[74] Gioacchino Rossini, *Il barbiere di Siviglia*, su testo di Cesare Sterbini, opera composta nel 1816, atto I, aria di don Basilio per screditare il conte di Almaviva agli occhi della bella Rosina.

[75] Nel 1338 Urbano V, secondo il suo biografo, durante il provvisorio ritorno a Roma da Avignone cavalcò direttamente dal Laterano al Palazzo del Vaticano, senza deviare per evitare il punto in cui «si dice che la folle donna la quale occupò un giorno il trono pontificio proprio in questa stessa strada generò il suo aborto. Una tale deviazione, si dice, fu talvolta praticata in passato da qualcuno dei predecessori del papa»: come si vede, un dubbio espresso abbastanza debolmente. Si rimanda ad Alain Boureau, *La papesse Jeanne*, Paris, Aubier, 1988, p. 154, che cita la *Vita Urbani V*, a cura di Guillaume Mollat, in *Vitae paparum Avenionensium*, Paris, Librairie Letouzey, vol. I, 1914, p. 366. Nel 1451, il vescovo Enea Silvio Piccolomini, futuro papa Pio II, afferma che si tratta di una storia per nulla certa di cui comunque non ha mai sentito parlare: Boureau, *La papesse Jeanne*, cit., pp. 241-242. Infine verso il 1520 lo storico bavarese Jean Thurmayr rifiuta di credere a quella che giudica essere una favola: *ibidem*, pp. 268-269 (di questo libro esiste anche la traduzione italiana: Einaudi, 1997).

[76] *Ibidem*, p.16.

[77] Non prima, perché le tracce precedenti a questa data che alcuni studiosi hanno creduto di rintracciare risalgono a interpolazioni, soprattutto del XIV secolo: *ibidem*, cit., p. 129.

[78] «Require de quodam papa vel potius papissa quia femina erat et simulans se esse virum, probitate ingenii factus notarius curie, deinde cardinalis et tandem papa. Quadam die cum ascenderet equum, peperit puerum, et statim Romana iusticia, ligatis pedibus eius, ad caudam equi tractus est et a populo lapidatus per dimidiam leugam, et ubi obiit, ibi sepultus fuit, et ibi scriptum est: "Petre, pater patrum, papisse prodito partum". Sub ipso institutum fuit ieiunium quatuor temporum, et dicitur ieiunium papisse»: *Chronica Universalis Mettensis*, *Monumenta Germaniae Historica*, *Scriptores*, 24, Hannoverae, Impensiis Bibliopolii Hahniani, 1879, p. 514. Sulla sicura paternità di Jean de Mailly per questa cronaca pubblicata anonima, si veda Antoine Dondaine, *Le dominicain français Jean de Mailly et la Légende dorée*, in «Archives d'histoire dominicaine», 1, 1946, pp. 53-102.

[79] Johann Joseph Ignaz von Döllinger, *Die Papstfabeln des Mittelalters. Ein Beitrag zur Kirchengeschichte*, Stuttgart, J.G. Cotta, 1890 (senza numero di pagina), citato da Boureau, *La papesse Jeanne*, cit., pp. 157-158.

[80] Girolamo Arnaldi, *Qualche novità sulla leggenda della papessa Giovanni nella versione di Martino Polono*, in *Ovidio Capitani. Quaranta anni per la storia medievale*, a cura di Maria Consiglia De Matteis, Bologna, Pàtron, 2003, vol. II, pp. 105-122, pp. 111-112, dedica la lunga nota 21 all'origine della pratica liturgica delle *Quattro Tempora* e al suo significato.

[81] «Fuit et alius pseudopapa, cuius nomen et anni ignorantur. Nam mulier erat, ut fatentur Romani, et elegantis forme, magne sciencie et in ypocrisi magne vite. Hec sub virili habitu latuit, quousque in papam eligitur. Et hec in papatu concepit, et cum esset gravida, demon in consistorio publice coram omnibus prodidit factum, clamans ad papam hunc versum: "Papa,

pater patrum, papisse pandito partum"»: *Chronica minor* auctore minorita Erphordiensi, *Monumenta Germaniae Historica*, *Scriptores*, 24, cit., p. 184.

[82] «Accidit autem mirabilis audacia imo insania circa annum Domini MC ut dicitur in chronicis. Quaedam mulier litterata et in arte notandi edocta, assumto virili habitu, et virum se fingens, venit Romam, et tam industria quam litteratura accepta, facta est notarius curiae, post diabolo procurante cardinalis, post papa. Haec impregnata cum ascenderet peperit. Quod cum novisset Romana iustitia, ligatis pedibus eius ad pedes equi distracta est extra urbem, et ad dimidiam leucam a populo lapidata, et ubi fuit mortua ibi fuit sepulta, et super lapidem super ea positum scriptus est versiculus: "Parce pater patrum papisse prodere partum". Et ecce ad quam detestabilem finem ducit tam temeraria praesumptio»: Jacobus Quétif e Jacobus Échard, *Scriptores ordinis praedicatorum recensiti*, Lutetiae Parisiorum, Ballard Simart, 1719, vol. I, p. 367.

[83] Iacobi de Varagine *Chronica civitatis Ianuensis*, a cura di Giovanni Monleone, Roma, Istituto Storico Italiano per il Medioevo, 1941, vol. II, pp. 268-269.

[84] Boureau, *La papesse Jeanne*, cit., pp. 102-103.

[85] «Circa tempora istius episcopi fuit quedam mulier, sciencia multa predita et eloquencia preclara, que in habitu virili ad curiam Romanam accessit, ubi degens, propter suam probitatem et sapientiam multa est officia assecuta, tandem cardinalis est effecta, postremo in papam eligitur et graciosa coram omnibus videbatur. Hec antequam ad papatum assumeretur, virum, ut dicitur, habebat, sed occultum, de quo tempore precedente, concepit. Quadam igitur die, dum per Romam cum cardinalibus et clero et populo processionaliter pergeret, dolores partus in eam subito irruerunt. In quandam igitur domumculam in via positam intrans, et ibi peperit et pre dolore partus expirans, ibidem sepulta fuit. Ideo usque hodie consuetudo in Romana curia inolevit ut papa per illam viam nunquam transit, sed girando divertit. Ibidem etiam ymago marmorea habetur, que istud factum declarat. Ista mulier presumptuose incepit, fallaciter et stulte prosecuta fuit et ignominiose finivit. Hec est enim natura mulieris, quod circa opus aliquod faciendum, in principio habet presumpcionem et audaciam, in medio stulticiam, in fine incurrit verecundiam. Presumptuose quidem et audacter mulier incipit et ad finem et ad ea que sunt ad finem non respicit sed reputat se magna fecisse. Si potest aliquod magnum incipere, postquam autem inceperit et ad medium pervenerit, nescit sapienter prosequi quod incepit, et hoc propter defectum discrecionis. Et ideo oportet ut cum verecundia et ignominia finiat quod cum presumpcione et audacia incepit et quod cum stulticia prosecuta fuit. Et sic patet quod mulier presumptuose incipit, futue procedit et ignominiose finit»: Iacobi de Varagine *Chronica civitatis Ianuensis*, cit., vol. II, pp. 268-270.

[86] È un'osservazione di Arnaldi, *Qualche novità*, cit., p. 109.

[87] *Ibidem*, p. 116: l'autore ritiene che il sintagma «Iohannes Anglicus nacione Maguntinus» volesse dire che Giovanni apparteneva «alla *natio Anglicana*, una delle quattro "nazioni" universitarie parigine, ma era nato (o nata) a Magonza. Infatti, com'è noto a Parigi non c'era ancora una *natio germanica*». È un'osservazione interessante ma in nessun testo che parli della papessa c'è un riferimento a Parigi.

[88] Boureau, *La Papesse Jeanne*, cit., traduce «familiaris» con amante.

[89] «Post hunc Leonem Iohannes Anglicus nacione Maguntinus sedit annis 2, mensibus 7, diebus 4, et mortuus est Rome, et cessavit papatus mense 1. Hic, ut asseritur, femina fuit, et in puellari etate Athenis ducta a quodam amasio suo in habitu virili, sic in diversis scienciis profecit, ut nullus sibi par inveniretur, adeo ut post Rome trivium legens magnos magistros discipulos et auditores haberet. Et cum in Urbe vita et sciencia magne opinionis esset, in papam concorditer eligitur. Sed in papatu per suum familiarem impregnatur. Verum tempus partus ignorans, cum de Sancto Petro in Lateranum tenderet, angustiata inter Coliseum et sancti Clementis ecclesiam peperit, et post mortua ibidem, ut dicitur, sepulta fuit. Et quia dominus papa eandem viam semper obliquat, creditur a plerisque quod propter detestationem facti hoc faciat. Nec ponitur in cathalogo sanctorum pontificum propter mulieris sexus quantum ad hoc deformitatem»: Martini *Chronicon. Pontifices*, *Monumenta Germaniae Historica*, *Scriptores*, 22, Hannoverae, Impensiis Bibliopolii aulici Hahniani, 1872, p. 428. Martino Polono editò tre volte il suo *Chronicon*, sotto Clemente IV (1265-1268), poi nel 1268 e, infine, nel 1277. La notizia della papessa, secondo Ludwig Weiland, *Zur Ausgabe der Chronik Martins von Troppau*, in

«Archiv der Gesellschaft für ältere deutsche Geschichtskunde», 12, 1874, pp. 1-78, fu inserita nella terza edizione.

[90] Boureau, *La papesse Jeanne*, cit., pp. 138-139.

[91] L'osservazione *ibidem*, p. 142.

[92] «Anno Domini octingentesimo quinquagesimo quarto, quedam femina in etate puellari de Anglia a quodam clerico in habitu virili Attenis ad studium ducta fuit, et sic in diversis scientiis profecit ut sibi par non inveniretur. Postea Rome cum suo amasio venit, et per tres annos, tanquam magister legens, magnos magistros, discipulos et auditores habuit. Et cum in Urbe famosus esset magister, defuncto sancto confessore Leone quinto, ecclesia decipitur; et concorditer in papam eligitur et ordinatur. Post per suum familiarem impregnatur. Verum tempus ignorans, cum de Sancto Petro ad Sanctum Iohannem tenderet angustia, inter Coliseum et ecclesiam Sancti Clementis peperit, et male moritur illa hora, et ibi tumulatur. Et idcirco dominus papa semper ab illa via declinat. Ista vocata fuit in papatu Iohannes. Sedit annis duobus, mensibus septem, diebus quatuor; cessavit papatus mense uno. Non scribitur inter ceteros propter deceptionem sexus. Unde dicitur quod Romani in consuetudinem traxerunt probare sexus electi per foramen cathedre lapidee»: Geoffroy de Courlon, *Chronique de l'abbaye de Saint-Pierre-le-Vif de Sens, rédigée vers la fin du XIIIe siècle*, a cura di Geoffroy de Courlon, Sens, Société archéologique de Sens, 1876, pp. 296-299 citato da Boureau, *La papesse Jeanne*, cit., p. 142 (senza riportare il testo in latino).

[93] C'è qui il ricordo della leggenda secondo la quale Ottaviano Augusto, avendo chiesto alla Sibilla se potesse farsi adorare come Dio, vide nel cielo un altare con una vergine e un bambino in braccio: Raimondo Michetti, *«Ecclesia arida». Riflessioni attorno alle visioni di Robert d'Uzès sul papato, tra Roma e Parigi, nel primo periodo del pontificato di Bonifacio VIII*, in *Bonifacio VIII. Ideologia e azione politica*, Roma, Istituto Storico italiano per il Medio Evo, 2006, pp. 399-421, p. 405.

[94] La traduzione è tratta da Michetti, *«Ecclesia arida»*, cit., pp. 399-400: «Anno Domini MCCXCI, cum in Aurasica civitate morarer, accidit una dierum: posui me in lectulo, ut quieti capud darem. E factum est dum adhuc vigilarem, spiritus Domini assumpsit me in Spiritu et statuit in civitate Romana citra fluvium Tiberis prospiciensque ultra fluvium, vidi cathedram ligneam antiquam valde et vacuam. Et ecce a parte unde fluvius egreditur, venit linteum album, larvam habens hominis, intus autem vacuus erat, et in cathedra positum erat illoque amoto fuit posita ymago beate virginis cum filio argentea. Hec dum aspicerem, duxit me spiritus ad Lateranense palatium. Et ecce posuit me in porticu ante sedes porphyrii ubi dicitur probari papa, an sit homo, et omnia pulvere plena erant et vivens unus non videbatur. Et ecce ante Sancta Sanctorum vidi arundinem grossam ultra modum aliarum, altam secundum altitudinem hominis magni, et in ea vertebat se serpens ingens cum impetu magno, cuius capud supra tectum erat quievitque bis et bis ultra impetum fecit. Cumque admirarer quid hoc esse vellet, dixit mihi spiritus stans a dextris meis, qui illuc me adduxit: Serpens hic Antichristus est fitque iudicium eius a celo»: Roberti de Usecio *Liber visionum*, *Visio* III. Per il testo in latino: Jeanne Bignami-Odier, *Les visions de Robert d'Uzès O.P. (†1296)*, in «Archivum Fratrum Praedicatorum», 25, 1955, pp. 258-310, p. 274 (nell'articolo è contenuta l'edizione delle due opere del domenicano: *Liber visionum* e *Liber sermonum*). Ringrazio Francesca Barresi della Biblioteca Dossetti di Bologna che in questi tempi così difficili per gli studi (le biblioteche sono state generalmente chiuse per l'epidemia di Covid 19) mi ha costantemente agevolato, accogliendo ogni mia richiesta di fotocopie e di aiuto.

[95] Chiara Frugoni, *L'ideologia del potere imperiale nella «Cattedra di S. Pietro»*, in «Bullettino Storico Italiano per il Medioevo», 86, 1976-77, pp. 65-181.

[96] Raimondo Michetti, *«Humiliari nos oportet», la testimonianza visionaria di Robert d'Uzès sulla condizione del papato nel Duecento*, in *Celestino V papa Angelico*, L'Aquila, 26-27 agosto 1987, a cura di Walter Capezzali, L'Aquila, Centro celestiniano, Sezione storica, 1991, pp. 269-276, p. 272.

[97] «Prophanabuntur ecclesie, sacri calices polluentur, sacris vestibus homines induentur et sancta lintheamina immunditias recipient menstruate»: Roberti de Usecio *Revelatio facta in fine quadragesime*, in Bignami-Odier, *Les visions de Robert d'Uzès*, cit., p. 303.

[98] Boureau, *La papesse Jeanne*, cit., pp. 44-45, cita del *Decretum* il capitolo 25, distinzione 23 e il capitolo 41 distinzione 1 *De consecratione*.

[99] *Ibidem*, pp. 45-46, Boureau cita Paucapalea, *Summa über das Decretum Gratiani*, a cura di Johann Friedrich von Schulte, Aalen, Scientia, 1965, p. 11.

[100] Boureau, *La papesse Jeanne*, cit., p. 47 che rinvia a Ida Raming, *The Exclusion of Women from the Priesthood. Divine Law or Sex Discrimination?*, Metuchen, NJ, Scarecrow Press, 1976, p. 193.

[101] Agostino Paravicini Bagliani, *Le corps du pape*, Paris, Seuil, 1997, pp. 57-58.

[102] Josef Deer, *The «porphyry» thrones in the Lateran Palace*, in Id., *The Dynastic Porphyry Tombs of the Norman Period in Sicily*, Cambridge, MA, Harvard University Press, 1959, pp. 142-146, p. 144.

[103] *Ibidem*, p. 145.

[104] «Anonymus Leoliensis», cioè Johannis abbatis Victoriensis *Liber certarum historiarum*, in *Monumenta Germaniae Historica, Scriptores rerum Germanicarum in usum scholarum*, 36, 1, Hannoverae et Lipsiae, Impensis Bibliopolii Hahniani, 1909, a cura di Fedor Schneider, pp. 106-107: «Post Leonem sedit Iohannes Anglicus puella existens, que in Greciam ducta ab amasio profecit in tantum, [ut] trivium legeret, et adeo celebris efficitur, ut in papam eligeretur. Que impregnata, pergens a Sancto Petro in Lateranum periclitatur pariens, ipsumque locum papa transiturus semper dicitur declinare; et eiusdem vitandi erroris causa, dum primo in sede Petri collocatur, ad eam rem perforata sede genitalia ab ultimo dyacono obtrectari».

[105] La processione papale da San Pietro si avvia verso «San Giovanni Laterano che è propria sede cattedrale del Papa. Declinando obliquamente per detestazione di Papa Agnese, di cui sulla via diritta presso San Clemente trovasi l'immagine marmorea e quella del figlino suo, all'arrivo il Papa scende di cavallo per essere intronizzato ed entra nella chiesa. Quivi siede nella cattedra porfirea forata in basso, affinché il cardinale più giovane s'accerti della virilità, e quindi cantandosi il *Te Deum* vien condotto all'altare». Il testo (parafrasi del testo latino *Chronicon Adae de Usk*, ed. con traduzione e note a cura di Edwards Maunde Thompson, London, John Murray, 1876) è pubblicato da Ugo Balzani, *La storia di Roma nella Cronica di Adamo da Usk*, in «Archivio della Società Romana di Storia Patria», 3, 1880, pp. 473-488, p. 480.

[106] Boureau, *La papesse Jeanne*, cit., per tutti i particolari pp. 20-23.

[107] Nel Vangelo di Matteo 16,19, Gesù disse a Pietro: «A te darò le chiavi del regno dei cieli, e tutto ciò che legherai sulla terra sarà legato nei cieli, e tutto ciò che scioglierai sulla terra sarà sciolto nei cieli».

[108] Boureau, *La papesse Jeanne*, cit., pp. 20-23 che traduce ampi brani della lettera di Jacopo d'Angelo da Scarperia e rinvia, senza dare il testo latino né la pagina, a Leonardi Dathi... *Epistolae 33. Nunc primum ex Bibl. Mediceo-Laurentiana in lucem erutae*, recensente Laurentio Mehus, qui Leonardi vitam a cl. Salvino Salvinio italice scriptam edidit, praefationemque adjecit. Accessit elegantissima Jacobi Angeli *Epistola ad Emmanuelem Chrysoloram* addita ejusdem Jacobi *Vita*, Florentiae, ex novo typographio Jo. Pauli Giovannelli ad insigne Palmae in platea S. Elisabeth, 1743. L'*Epistola* si trova alle pp. 61-95. Trascrivo i passi salienti. A proposito della prima sedia, *ibidem*, p. 91: il papa «locatur marmorea in sella, quae medio in vestibulo aeternum est fixa. Stercoraria haec dicitur, ut si quis gloriae fastus Pontificis oculos, auresque permulserit, meminerit se e limo, stercoreque erectum». Quanto al rito dei due seggi di porfido scrive l'autore, *ibidem*, pp. 92-93: «Intra Regiam deinde ascenditur, iturque continuo usque sacellum beato Sylvestro sacratum. Iuxta hoc geminae fixae sunt sedes porphyretico incisae lapide, in quibus, quod perforatae sint, insanam loquitur vulgus fabulam, quod Pontifex attrectetur, an vir sit. In dextera sedens sella baculum primo, deinde claves per praesidem sacelli, quod *Sancta sanctorum* appellatur, assumit. Haec, quum surrexit, manibus portat usque alteram sedem in qua ab eodem praeside rubra cingitur zona, cuius in pendenti loculo conduntur lapides duodecim precio incredibili. In baculo judicandi, atque regendi, quemadmodum in Regum sceptro, facultas data. Claves donum sunt, quod Redemptor noster Petro, Petrique successoribus dedit; lapides ut opinantur a Pontifice Judaeorum deducti sunt, quibus etiam duodecim quadripartitis ille exornabatur».

[109] Boureau, *La papesse Jeanne*, cit., p. 34.

[110] *Ibidem*, p. 17.

[111] Alain Bouet e Florence Saragoza, *Hygiène et thérapeutique dans l'antiquité romaine*, in «Monuments et mémoires de la Fondation Eugène Piot», 86, 2007, pp. 31-56, p. 31. Ringrazio Fabio Barry per avermi segnalato quest'articolo.

[112] *Ibidem*, p. 34.

[113] Andrew Wilson, *Case study. The red marble thrones of the Lateran: The cultural afterlife of Roman toilet seats*, in Gemma C.M. Jansen, Ann Olga Koloski-Ostrow ed Eric M. Moormann, *Roman Toilets: Their Archaeology and Cultural History*, Leuven, Peeters, 2011, pp. 187-189.

[114] Per numerosi esempi: Bouet e Saragoza, *Hygiène et thérapeutique*, cit., pp. 36-42.

[115] Rimando a *ibidem*, pp. 48-50.

[116] Il disegno ricostruttivo della fig. 150 è tratto da A. Trevor Hodge, *Roman Aqueducts and Water Supply*, London, Duckworth, 1992.

[117] Boureau, *La papesse Jeanne*, cit., p. 29 che rinvia a Platynae historici *Liber de vita Christi ac omnium pontificum romanorum*, a cura di Giacinto Gayda, Città di Castello, Lapi, 1932, pp. 151-152.

[118] Boureau, *La papesse Jeanne*, cit., p.30.

[119] Wilson, *Case study*, p. 189.

[120] Bouet e Saragoza, *Hygiène et thérapeutique*, cit., p. 42

[121] Cesare D'Onofrio, *Roma e papato tra storia e leggenda*, Roma, Romana Società Editrice, 1979, pp. 160-183.

[122] Boureau, *La papesse Jeanne*, cit., p. 60.

[123] «Hic pretermittendum non est, quod Iohannes Anglicus nacione Maguntinus sedit annis... mensibus 5, diebus 4, et cessavit mense 1, diebus 3. Hec puella existens a quodam suo amasio Athenis ducta, ibi in habitu hominis conversa, ita quod ab omnibus masculus crederetur, in arcium liberalium studio et aliis scientiis sic profecit, quod parem in omni sciencia non inveniebat. Romamque veniens trivii partem terciam sic egregie legebat, quod inter philosophos urbis Rome rethorice magistri sibi discipuli censebantur. In quadrivio vero non tantum sermone sed plurium mirabilium opera se excellentem monstrabat. Cuius arte et concilio multa de mirabilibus Rome fiebant. Hic Romae tandem unanimiter in papam electus sciencia moribus et gestu predecessoribus preminebat. Tandem tamen fragilitate feminea devicta a quodam dyacono secretario suo impregnata est, et cum ignorasset tempus partus, veniendo de Laterano versus Sanctum Petrum in via que ducit ad Colliseum angustiis partus correpta, in media via peperit. Cuius memoria in lapidibus sculpta usque hodie manet. Vocatusque vicus ille Vicus Papisse. Ipsa vero in continenti deposita et, religionis habitu suscepto, tam diu sub penitencia vixit, quod filius eiusdem episcopus Hostiensis effectus est. Que cum ad dies ultimos se morituram vidisset, precepit se in eo loco, quo peperit, sepeliri, quod tamen filius eius nolens tolerare, corpus eius apud Hostiam deferens, in maiori ecclesia honorifice tumulavit. Cuius meritis Deus usque in hodiernum diem plurima operatur miracula. Sed quia mulierum genealogia in sacra scriptura non texitur, ideo in cronicis inter papas non enumeratur»: *Monumenta Germaniae Historica, Scriptores*, 22, Hannoverae, Impensis Bibliopolii Hahniani, 1872, pp. 428-429. Questa storia è scritta da una mano diversa su una scheda cucita col ms. n. 8 del XIV secolo fra quelli utilizzati per l'edizione, nei medesimi *Monumenta*, del *Chronicon* di Martino Polono da Ludwig Weiland.

[124] Boureau, *La papesse Jeanne*, cit., p. 149.

[125] «Hoc constat, assertione quorundam, eam virginem a scolastico iuvene dilectam, quem adeo dilexisse ferunt ut, posita verecundia virginali atque pavore femineo, clam e domo patris effugeret, et amasium adolescentis in habitu et mutato sequeretur nomine; apud quem, in Anglia studentem, clericus ex<is>timatus ab omnibus et Veneri et literarum militavit studiis. Inde iuvene morte subtracto, cum se cognosceret ingenio valere et dulcedine traheretur scientie, retento habitu nec adherere voluit alteri, nec se feminam profiteri, quin imo studiis vigilanter insistens, adeo in liberalibus et sacris literis profecit ut pre ceteris excellens haberetur. Et sic, scientia mirabili predita, iam etate provecta, ex Anglia se Romam contulit; et ibidem aliquibus

annis in trivio legens insignes habuit auditores; et cum, preter scientiam, singulari honestate ac sanctitate polleret, homo ab omnibus creditus. Et ideo notus a multis, solvente Leone quinto pontifice summo carnis debitum, a venerandissimis patribus comuni consensu premortuo in papatu suffectus est nominatusque Iohannes; cui, si vir fuisset, ut octavus esset in numero contigisset. Que tamen non verita ascendere Piscatoris cathedram et sacra ministeria omnia, nulli mulierum a christiana religione concessum, tractare agere et aliis exhibere, apostolatus culmen aliquibus annis obtinuit Christique vicariatum femina gessit in terris»: *De mulieribus claris* (testo latino e traduzione a fronte in italiano) in Giovanni Boccaccio, *Tutte le opere*, a cura di Vittore Branca, Milano, Mondadori, 1970, vol. IX a cura di Vittorio Zaccaria, qui cap. 101, pp. 414-419. Esiste anche una edizione più recente in latino con traduzione a fronte in inglese: Giovanni Boccaccio, *Famous Women*, a cura di Virgina Brown, Cambridge, MA, Harvard University Press, 2001, pp. 436-441.

126 «Sane ex alto Deus, plebi sue misertus, tam insignem locum teneri, tanto presideri populo tanque infausto errore decipi a femina passus non est et illam indebita audentem nec sinentem suis in manibus liquit. Quam ob rem suadente diabolo qui eam in tam scelestam deduxerat atque detinebat audaciam, <actum est> ut, que privata precipuam honestatem servaverat, in tam sublimi evecta pontificatu in ardorem deveniret libidinis. Nec ei, que sexum diu fingere noverat, artes ad explendam defuere lasciviam. Nam adinvento qui clam Petri successorem conscenderet et exurentem pruriginem defricaret, actum est ut papa conciperet.

O scelus indignum, o invicta patientia Dei! Quid tandem? Ei que fascinare diu oculos potuerat hominum, ad incestuosum partum occultandum defecit ingenium. Nam cum is preter spem propinquior esset termino, dum ex Ianiculo, amburbale sacrum celebrans, Lateranum peteret inter Coloseum et Clementis pontificis edem, obstetrice non vocata, enixa publice patuit qua fraude tam diu, preter amasium, ceteros decepisset homines. Et hinc a patribus in tenebras exteriores abiecta, cum fetu misella abiit. Ad cuius detestandam spurcitiem et nominis continuandam memoriam, in hodiernum usque summi pontifices rogationum cum clero et populo sacrum agentes, cum locum partus, medio eius in itinere positum, abominentur, eo omisso, declinant per diverticula vicosque et sic, loco detestabili postergato, reintrantes iter perficiunt quod cepere»: si veda *supra* la nota 125.

127 *Boccaccio visualizzato. Narrare per parole e per immagini fra Medioevo e Rinascimento*, 3 voll., a cura di Vittore Branca, Torino, Einaudi, 1999, vol. III, *scheda*, pp. 64-66.

128 *Ibidem*, pp. 263-266.

129 *Ibidem*, pp. 53-54. Una miniatura quasi identica è quella del cosiddetto Maestro del Boezio, London, British Library, ms. Royal 20 C V, f. 156r., 1405 circa.

130 *Ibidem*, pp. 35-39.

131 *Ibidem*, pp. 39-42.

132 *Ibidem*, pp. 76-80.

133 Chiara Frugoni, *La voce delle immagini. Pillole iconografiche dal Medioevo*, Torino, Einaudi, 2010, p. 253.

134 «Et ecce mulier astitit que, induta pontificalibus et deciso tenus aures crine, sacerdos potius videbatur quam femina. A qua ego, etsi plurimum fleret, mirabundus tamen accepi quod, Maguntinis parentibus relictis, clam secuta iuvenem quem diligebat secum incognita virili in habitu studuisset; eoque morte subtracto, in liberalibus sacrisque literis, habitu et castitate servata, profecisse adeo ut apud Anglos homo, non femina, celebris haberetur. Et labentibus annis, dum se Romam ex Anglia contulisset ibique trivium legeret illustresque haberet auditores, tante apud omnes opinionis fuit ut, mortuo Leone papa quinto, imperante Lothario primo, ad pontificatum maximum traheretur et Iohannis sortiretur inclitum nomen. In quo, subeunte libidine, pregnans effecta, petens ex Ianiculo Lateranum, inter Coloseum et Clementis sacellum, cunctis advertentibus, peperisse dicebat. Et ob id ex apice pontificatus, cum duobus annis et septem mensibus et diebus aliquibus sedisset, deiecta misellam mulierculam devenisse querebatur.

O Deus inclite, quid non audent mulieres? Honestate et studiis hec laqueos pretendit papatui et fere per triennium voti compos effecta possedit. Risissem equidem ni eius dignitas obstitisset»: *Tutte le opere di Giovanni Boccaccio*, a cura di Pier Giorgio Ricci e Vittorio Zaccaria, Milano,

Mondadori, 1983, vol. X, http://boccaccio.letteraturaoperaomnia.org/boccaccio_de_casibus_virorum_illustrium.html.

[135] *Boccaccio visualizzato*, cit., pp. 86-90.

[136] Rimando all'esauriente libro di Boureau, *La papesse Jeanne*, cit.

[137] *Ibidem*, p. 190.

[138] «In precedenti anno venit de Anglia virgo decora valde pariterque facunda, dicens se Spiritum sanctum incarnatum in redemptionem mulierum; et baptizavit mulieres in nomine Patris et Filii ac sui. Que mortua ducta fuit in Mediolanum, ibi et cremata. Cuius cineres frater Iohannes de Wissenburc ordinis fratrum Predicatorum se vidisse pluribus referebat»: *Annales Colmarienses maiores*, 1301-02, *Monumenta Germaniae Historica, Scriptores*, 17, Hannoverae, Impensis Bibliopolii Hahniani, 1861, p. 226.

Capitolo 5

[1] Christine de Pizan, *Le livre de l'advision Cristine* (1405), edizione critica a cura di Christine Reno e Liliane Dulac, Paris, Champion, 2001, pp. 95-96. La traduzione del passo è in Eliana Carrara, *Christine de Pizan. Biografia di una donna di lettere del XV secolo*, in «Quaderni medievali», 29, 1990, pp. 65-82, p. 65.

[2] Si veda la voce *Cristina da Pizzano*, a cura di Jean-Yves Tilliette, in *Dizionario Biografico degli Italiani*, Roma, Istituto dell'Enciclopedia Treccani, 1985, vol. 31, pp. 40-47.

[3] Christine de Pizan, *La Città delle Dame*, a cura di Patrizia Caraffi, edizione di Earl Jeffrey Richards, Roma, Carocci, 2020, con il testo in francese e traduzione italiana a fronte, I, 1, p. 41 (d'ora in avanti: *La Città delle Dame*). Non riporto il testo francese di Christine de Pizan, perché la traduzione di Patrizia Caraffi è ottima e fedele.

[4] «Des façons, de corps, de visage, fors du sexe tant seulement [all'infuori solo del sesso]»: Françoise Autrand, *Christine de Pizan*, Paris, Fayard, 2009, p. 76 che cita da Christine de Pizan, *Le livre de la mutacion de fortune*, 4 voll., ed. a cura di Suzanne Solente, Paris, Picard, 1959-66, vol. I, p. 20.

[5] *La Città delle Dame*, II, 36, pp. 316-317. Il passo in francese recita: «ta mere qui te vouloit occuper en fillasses», così tradotto: «tua madre ti voleva occupata con ago e filo». «Fillasses» è il pennecchio, cioè la massa di lana avvolta sulla rocca da filare con l'aiuto del fuso.

[6] *La Città delle Dame*, II, 36, pp. 316-317.

[7] *Ibidem*, I, 10, pp. 84-85.

[8] Autrand, *Christine de Pizan*, cit., p. 77.

[9] *Ibidem*, p. 76 ove si cita *Le livre de la mutacion de fortune*, cit., I, p. 22.

[10] Per la traduzione di questo passo e il relativo testo francese tratto dal *Livre de la mutacion de fortune* si veda *Introduzione* di Patrizia Ciaraffi a *La Città delle Dame*, p. 18.

[11] Per la traduzione di questo passo e il relativo testo francese tratto dal *Livre des faits et bonnes meurs du sage roy Charles V* (1404) si veda *Introduzione* di Patrizia Ciaraffi a *La Città delle Dame*, pp. 11-12.

[12] Per la traduzione di questo passo e il relativo testo francese tratto dal *Livre de la mutacion de fortune* si veda *ibidem*, pp. 18-19.

[13] *La Città delle Dame*, II, 13, pp. 254-255.

[14] «Elle était troi fois double»: Christine de Pizan, *Le livre de l'advision Cristine*, cit., p. 25, citato da Autrand, *Christine de Pizan*, cit., p. 54.

[15] *Ibidem*, p. 49.

[16] *Ibidem*, p. 53.

[17] *Ibidem*, p. 56.

[18] *Ibidem*, p. 47.

[19] *Ibidem*, p. 47.

[20] «Si me senti trop plus legiere / Que ne soulaye et que ma chiere / Estoit muee et enforcie / Et ma voix forment engrossie / Et corps plus dur et plus isnel / Mais choit de mon doy fu l'anel / Qu'Ymeneüs donné mavoit. [...] Fort et hardi cuer me trouvay, / Dont m'esbahi, mais j'esprouvay / Que vray homme fus devenu». Per la traduzione di questo passo e il relativo testo francese tratto dal *Livre de la mutacion de fortune* si veda *Introduzione* di Patrizia Ciaraffi a *La Città delle Dame*, p. 14. Che Christine si sentisse più leggera del solito secondo Alessandro Barbero (*Donne, madonne, mercanti e cavalieri. Sei storie medievali*, Roma-Bari, Laterza, 2013, p. 91) fu dovuto al fatto che «una donna dell'epoca percepiva la pesantezza fisica del suo essere donna, l'essere sempre incinta, il fare continuamente bambini, mentre un uomo è più leggero: questa è una cosa inaspettata per noi». Credo invece che Christine voglia dire che con quella trasformazione si sentì più attiva, più agile, ma nella mente, non nel corpo. Nella *Città delle Dame*, Christine obbedisce a Ragione che la incita, insieme a Rettitudine e Giustizia, a scrivere un libro in difesa delle donne: ella comincia pertanto con il dissodare con la zappa dell'intelligenza per prima cosa il Campo delle Lettere: «Allora, per obbedire al suo ordine – dice Christine – mi alzai rapidamente sentendomi, grazie alla loro virtù, molto più forte e leggera di prima («trop plus forte et plus legiere que devant n'estoye»: I, 8, pp. 66-67).

[21] Christine de Pizan, *Le livre de l'advision Cristine*, cit., p. 121, citato da Autrand, *Christine de Pizan*, cit., p. 13.

[22] Régine Pernoud, *Storia di una scrittrice medioevale. Cristina da Pizzano*, Milano, Jaca Book, 1996, pp. 57-58.

[23] «Toutes êtes, serez et fûtes / de fait ou de volonté, putes»: *Le Roman de la Rose*, ed. a cura di Armand Strubel, Paris, Le livre de poche, 1992, vv. 9154-9155, citato da Autrand, *Christine de Pizan*, cit., p. 157.

[24] *Ibidem*, p. 161.

[25] Eric Hicks, *Le débat sur «Le Roman de la Rose», Christine de Pisan, Jean Gerson, Jean de Montreuil, Gontier et Pierre Col*, Paris, Champion, 1977, p. 43.

[26] Autrand, *Christine de Pizan*, cit., p. 267.

[27] Maria Giuseppina Muzzarelli, *Un'italiana alla corte di Francia. Christine de Pizan, intellettuale e donna*, Bologna, Il Mulino, 2017, pp. 56-57.

[28] «Qui des couleurs saroit à droit jugier et dire la droite signefiance, on deveroit le fin azur prisier dessus toutes, je n'en fais pas doubtance. Car jaune c'est fausseté, blanc est joie, vert est nouvelleté, vermeil ardeur, noir deuil, mais ne doubt mie que fin azur loyauté signefie. Si vueil amer l'azur et tenir chier et moy parer de li, en ramembrance de loyauté qui ne saroit trichier». Devo questo confronto a Inés Villela-Petit, *L'atelier de Christine de Pizan, 2ème partie*, Conférence Léopold Delisle, su YouTube, 9 dicembre 2020.

[29] *La Città delle Dame*, I, 3, p. 53.

[30] Patrizia Caraffi, *Christine de Pizan e la scrittura della Sagesce*, in *Voces de mujeres en la Edad Media*, Berlin, De Gruyter, 2018, pp. 189-199, p. 193.

[31] Spiega Ragione a Christine nella *Città delle Dame*: «E per questo dico che una persona dotata di prudenza, intesa come buon senso, e di scienza acquisita, merita il riconoscimento di una grande eccellenza. Ma come tu stessa hai detto, avere l'una non significa avere anche l'altra: l'una è un dono di Dio secondo una disposizione naturale e l'altra è ottenuta con lunghi studi»: I, 43, pp. 196-197.

[32] Autrand, *Christine de Pizan*, cit., pp. 115-116.

[33] Christine dichiara il 2 ottobre 1402 di avere un unico figlio, quindi il bambino più piccolo, il terzo, era già morto: *ibidem*, p. 87.

[34] Il confronto è proposto da Eliana Carrara, *Le divinità Bacco e Nettuno nell'«Epistre d'Othéa» di Christine de Pizan: scene di vita quotidiana e figurazioni religiose in temi mitologici*, in «Ricerche di Storia dell'arte», 55, 1995, pp. 83-88.

[35] Ead., *Mitologia antica in un trattato didattico-allegorico della fine del Medioevo: l'«Epistre d'Othéa» di Christine de Pizan*, in «Prospettiva», 66, 1992, pp. 67-86, p. 79.

[36] Ringrazio Eliana Carrara che mi ha permesso di utilizzare il testo da lei trascritto nella sua tesi di laurea, ff. 4v-5r del ms. 606.

[37] Millard Meiss, *French Painting in the Time of Jean de Berry. The Late Fourteenth*, 2 voll., London, Phaidon, 1969, vol. I, p. 25. Per seguire attraverso quali vie Christine poté conoscerlo: Carrara, *Mitologia antica*, cit., p. 72 con rimandi bibliografici.

[38] Fu eseguito da un maestro anonimo per la cattedrale di Narbona. Il paramento, comprendente tutti gli episodi della Passione, dall'arresto di Cristo fino al suo incontro, da risorto, con la Maddalena, veniva esposto durante la Settimana Santa davanti all'altare.

[39] E forse anche, come mi fa notare Nicoletta Scalari, per non duplicare il blu dell'abito di Luigi d'Orléans.

[40] Patrizia Ciaraffi, *Introduzione* a *La Città delle Dame*, p. 16.

[41] Autrand, *Christine de Pizan*, cit., p. 322.

[42] *Ibidem*, p. 219.

[43] *Ibidem*, p. 81.

[44] *La Città delle Dame*, I, 1, pp. 42-43.

[45] *Ibidem*.

[46] *Ibidem*, pp. 44-45.

[47] *Ibidem*.

[48] *Ibidem*, I, 2, pp. 46-47.

[49] Autrand, *Christine de Pizan*, cit., p. 383.

[50] *La Città delle Dame*, I, 8, pp. 64-65.

[51] Autrand, *Christine de Pizan*, cit., p. 88.

[52] Il *De mulieribus claris* fu tradotto in francese quando nel 1401 Christine si occupava del *Roman de la Rose*. Furono approntate due edizioni: una sontuosa dedicata a Filippo l'Ardito nel 1403, la seconda dedicata a Jean duca di Berry nel 1404. Christine, sveltissima, se ne servì per la sua *Città delle Dame* composta fra il dicembre 1404 e l'aprile 1405: Autrand, *Christine de Pizan*, cit., p. 380.

[53] «In nostras usque feminas, ut satis apparet, devenimus, quas inter adeo perrarus rutilantium numerus est, ut dare ceptis finem honestius credam quam, his ducentibus hodiernis, ad ulteriora progredi»: Boccaccio, *Famous Women*, cit., *Conclusio*, pp. 472-473.

[54] *La Città delle Dame*, II, 36, pp. 316-317.

[55] Autrand, *Christine de Pizan*, cit., p. 395.

[56] Giovanni Boccaccio, *Decameron*, 2 voll., edizione a cura di Vittore Branca, Firenze, Le Monnier, 1951, vol. II: giornata X, novella 10, pp. 643-659.

[57] *Ibidem*, vol. I: giornata II, novella 9; giornata IV, novella 1; giornata IV, novella 5, pp. 274-293; 461-476; 513-519.

[58] Devo queste osservazioni a Patrizia Caraffi, *Figure femminili del sapere (XII-XIV secolo)*, Roma, Carocci, 2003, capitolo V, *Christine de Pizan e Boccaccio: silenzio e crudeltà*, pp. 123-137.

[59] *La Città delle Dame*, II, 44, pp. 328-329.

[60] *Ibidem*, I, 2, pp. 48-49.

[61] Sandra L. Hindman, *With ink and mortar: Christine de Pizan's «Cité de dames» (an art essay)*, in «Feminist Studies», 10, 1984, pp. 457-477.

[62] *La Città delle Dame*, I, 9, pp. 78-79.

[63] *Ibidem*, pp. 80-81.

[64] *Ibidem*, I, 19, pp. 122-123.

[65] «Hec, ut placet aliquibus, audita troiani Hectoris virtute, invisum ardente amavit, et cupidine, in successionem regni, inclite prolis ex eo suscipiendi [...] in auxilium adversos Graios facile provocata descendit»: Boccaccio, *Famous Women*, cit., 32, pp. 128-130.

[66] *La Città delle Dame*, I, 28, pp. 154-155.

[67] *Ibidem*, I, 27, pp. 150-153.

[68] *Ibidem*.

[69] *Ibidem*.

[70] *Ibidem*, I, 28, pp. 154-155 copia il passo esatto da *De mulieribus claris*.

[71] «Non equidem admiratione caret tam sublimem considerationem muliebre subintrasse cerebrum, sed longe mirabile fuit executioni mandasse»: Boccaccio, *Famous Women*, cit., 97, pp. 412-413.

[72] *La Città delle Dame*, I, 29, pp. 156-157.

[73] «Minerva, que et Pallas, virgo tanta claritate conspicua fuit ut non illi fuisse mortalem originem stolidi arbitrati sint homines»: Boccaccio, *Famous Women*, cit., 6, p. 34.

[74] *La Città delle Dame*, I, 33, p. 169.

[75] *Ibidem*, I, 37, pp. 180-181.

[76] *Ibidem*, I, 38, pp. 182-183.

[77] *Ibidem*, pp. 182-185.

[78] *Ibidem*, I, 41, pp. 192-193.

[79] *Ibidem*.

[80] Lo ha segnalato Villela-Petit, *L'atelier de Christine de Pizan*, cit., che trascrive il testo: «Histoire doit estre en cest espace qui la veult faire en livre et doit estre sicomme une grant salle comme se elle fust painte et pourtraitte autour d'istoires de batailles et de roys et roynes a deux rencs».

[81] *La Città delle Dame*, II, 1, pp. 218-219.

[82] *Ibidem*, II, 18, pp. 268-269.

[83] *Ibidem*, II, 19, p. 269.

[84] *Ibidem*, III, 1, pp. 430-431.

[85] Lo ha argomentato in maniera assai convincente Earl Jeffrey Richards, *Les enjeux du culte marial chez Christine de Pizan*, in *Actes du VIe Colloque international sur Christine de Pizan (Paris, 2006) en hommage à James Laidlaw*, Paris, Champion, 2008, pp. 141-165, che ha esaminato non solo vari passi della *Città delle Dame* ma anche altri componimenti di Christine, quali *L'oroyson Nostre Dame*, *Les XV joies Nostre Dame* e *L'oroyson Nostre Seigneur*. Nella *Città delle Dame* molti sono gli esempi positivi di reggenti donne: tra gli altri, Semiramide, Fredegonda e Bianca di Castiglia.

[86] *Ibidem*, pp. 144-145.

[87] *La Città delle Dame*, III, 1, pp. 432-433.

[88] Ancora un omaggio all'importanza del sapere e della regalità è nella rappresentazione, in questa miniatura, di santa Caterina, incoronata in quanto regina e con il libro in mano. La santa proprio alle spalle della Vergine con un vaso in mano potrebbe essere la Maddalena con il balsamo per il sepolcro di Cristo, perché Christine dice che la Vergine arrivò insieme a Maddalena e alle sorelle che erano rimaste con lei ai piedi della croce: *ibidem*, III, 2, pp. 434-435.

[89] *Ibidem*, III, 18, pp. 496-497.

[90] Richards, *Les enjeux du culte marial chez Christine de Pizan*, cit., p. 162.

[91] *La Città delle Dame*, III, 18, p. 497; Richards, *Les enjeux du culte marial*, cit., p. 162, cita Richardi de Sancto Laurentio *De laudibus beatae Mariae Virginis*, L, XI, cap. I, *Maria civitas Dei*: «Urbs autem vocatur ab orbe: quia antiquae civitates fiebant in orbe. Haec omnia beatae Virgini possunt adaptari, quae est illa civitas de qua in Psalmos LXXXVI: Gloriosa sunt dicta de te, Civitas Dei».

[92] «Sed et turris illa coelestis, id est virgo Maria, constructa est ex lapidibus etiam politis, id est sanctis personis, quae ponuntur in genealogia ipsius [...]. Posita est in medio civitatis Dei, de qua dicta sunt gloriosa, ad munimentum contra hostes fidei nostrae»: *Breviarium Romanum*

in festis Beatae Mariae Virginis ant. ad Matut. III Noct., citato da Richards, *Les enjeux du culte marial*, cit., p. 163.

[93] Giustizia si rivolge a Christine e le dice di avere popolato «la città di donne eccellenti» che serviranno «come difesa, protezione e guardia contro ogni assalto dei nemici e del mondo», e conclude: «Nonostante che io non citi e non potrei farlo senza gravi difficoltà tutte le sante che ci furono ci sono e ci saranno, tutte possono essere accolte in questa Città delle Dame, delle quali si può dire: "Gloriosa dicta sunt de te civitas Dei"»: *La Città delle Dame*, III, 18, pp. 496-497.

[94] Lo sottolinea Richards, *Les enjeux du culte marial*, cit., che ha citato il passo del *Breviario* per l'Assunzione della Vergine, p. 163.

Capitolo 6

[1] Si vedano le belle e numerose riproduzioni a colori degli affreschi con alberi da frutto e animali e i cicli dei *Nove Prodi* in *Palazzo Datini a Prato. Una casa fatta per durare mille anni*, a cura di Jerôme Hayez e Diana Toccafondi, 2 voll., Firenze, Edizioni Polistampa, 2012, vol. I.

[2] Per un'informazione esauriente si veda la bella e accurata voce *Datini Francesco* di Michele Luzzati nel *Dizionario Biografico degli Italiani*, Roma, Istituto dell'Enciclopedia Italiana Treccani, 1987, vol. 33, pp. 55-62.

[3] Ann Crabb, *If I could write: Margherita Datini and letter writing, 1385-1410*, in «Renaissance Quarterly», 60, 2007, pp. 1170-1206, p. 1171.

[4] Francesco rimase orfano di padre, morto durante la peste del 1348, e fu allevato per questo dalla sua balia.

[5] Archivio Datini, n. 1114, lettera Avignone-Prato del 28 agosto del 1376, citata nella prefazione a *Le lettere di Margherita Datini a Francesco di Marco (1384-1410)*, a cura di Valeria Rosati, Prato, Cassa di Risparmi e Depositi, 1977, p. 4.

[6] Per questi passi relativi ai consigli di amici e parenti si veda: Iris Origo, *Il mercante di Prato*, Milano, Bompiani, 1958, p. 128.

[7] *Le lettere di Margherita Datini*, cit., p. 18.

[8] Origo, *Il mercante di Prato*, cit., p. 128.

[9] *Ibidem*, p. 135.

[10] Crabb, *If I could write*, cit., p. 1174.

[11] Origo, *Il mercante di Prato*, cit., p. 129.

[12] *Le lettere di Margherita Datini*, cit., p. 126, lettera del 23 gennaio 1395.

[13] *Ibidem*, p. 311, lettera del 18 maggio 1402.

[14] *Ibidem*, pp. 283-284, lettera del 25 aprile 1499.

[15] *Ibidem*, p. 260.

[16] Crabb, *If I could write*, cit., p. 1184.

[17] Origo, *Il mercante di Prato*, cit., pp. 157-160.

[18] *Le lettere di Margherita Datini*, cit., p. 29, lettera del 28 gennaio 1386.

[19] *Ibidem*, p. 180, lettera del 16 aprile 1397.

[20] Origo, *Il mercante di Prato*, cit., p. 139.

[21] *Le lettere di Margherita Datini*, cit., p. 142, lettera del 21 luglio 1395.

[22] Lettera del 20 febbraio 1388: si veda *infra* la nota 34.

[23] *Le lettere di Margherita Datini*, cit., p. 34, lettera del 31 marzo 1387.

[24] Crabb, *If I could write*, cit., p. 1173, lettera del 27 agosto 1389.

[25] *Le lettere di Margherita Datini*, cit., p. 312.

[26] L'agresto era ottenuto dal mosto cotto di uva acerba a cui erano uniti spezie e un po' di aceto.

[27] Origo, *Il mercante di Prato*, cit., p. 140.

[28] *Le lettere di Margherita Datini*, cit., p. 237, lettera del 28 agosto 1398.

[29] *Ibidem*, p. 238, lettera del 28 agosto 1398.

[30] *Ibidem*, p. 178, lettera del 7 aprile 1397.

[31] Maria Pia Mannini, *La costruzione del mito, il primato del rosso*, in *Palazzo Datini a Prato*, cit., pp. 92-109, p. 92.

[32] Crabb, *If I could write*, cit., p. 1186, lettera del 2 giugno 1295.

[33] *Ibidem*, p. 1190.

[34] Jerôme Hayez, *Margherita perd la parole et retrouve l'écriture*: https://correspondancesdatini.lamop.fr/fr/margherita-perd-la-parole-et-retrouve-lecriture/ Alla fine dell'articolo a sinistra è riportato il testo della lettera e a destra la traduzione in francese. Il testo della lettera si può leggere anche in: https://correspondancesdatini.lamop.fr/fr/lettre-9302781/. Ringrazio Attilio Bartoli Langeli per questa e altre indicazioni bibliografiche che mi sono state di grande utilità.

[35] Crabb, *If I could write*, cit., p. 1188.

[36] *Ibidem*, p. 1185.

[37] *Le lettere di Margherita Datini*, cit., p. 77.

[38] *Ibidem*, p. 148, lettera del 7 luglio 1395.

[39] Crabb, *If I could write*, cit., p. 1185.

[40] *Le lettere di Margherita Datini*, cit., p. 149, lettera del 12 agosto 1395.

[41] *Ibidem*, p. 150, lettera del 13 agosto 1395.

[42] *Ibidem*, p. 187, lettera del 23 maggio 1397.

[43] Crabb, *If I could write*, cit., p. 1177, lettera del 23 gennaio 1386.

[44] *Ibidem*, p. 1178, lettera del 22 gennaio 1386.

[45] *Ibidem*, p. 1183, lettera del 10 aprile 1394.

[46] *Le lettere di Margherita Datini*, cit., p. 94.

[47] I passi di Lapo Mazzei sono citati da Crabb, *If I could write*, cit., p. 1192.

[48] *Ibidem*, p. 1192. Gli insegnamenti di Mazzei in campo religioso e morale esortavano Margherita alla pazienza nei confronti del difficile consorte.

[49] *Ibidem*, p. 1195.

[50] *Ibidem*, p. 1193.

[51] *Ibidem*, p. 1176.

[52] *Ibidem*, p. 1173, lettera del 13 marzo 1385.

[53] Gli studiosi non sono d'accordo sulla destinazione voluta dal committente e nemmeno sulla data e sull'attribuzione del nome del pittore. Già nel 1399 si trovava nella «camera delle due letta» del Palazzo una tavola «dov'è Idio padre cho nostro Signore in crocie», ma potrebbe essere un'ulteriore Trinità senza i committenti. La presenza dell'intera famiglia e la grande dimensione della tavola (m 2,41 × m 1,06) fanno pensare che fosse destinata all'altare di una chiesa. Sono stati fatti i nomi di vari pittori, i più ripetuti sono quelli di Pietro Nelli (Maestro dei coniugi Datini) e di Niccolò di Pietro Gerini e la data oscilla fra il 1404 e il 1410. Per opinioni divergenti e una certa confusione sui dati forniti dagli inventari di Palazzo Datini si veda Margherita Romagnoli, *Devozione pubblica e privata nelle committenze datiane*, in *L'immagine ritrovata: la Trinità dei coniugi Datini*, Firenze, Edifir, 2010, pp. 45-51, pp. 46-47 e Mannini, *La costruzione del mito*, cit., p. 107. Ringrazio Vittoria Camelliti per il proficuo scambio di opinioni.

[54] «Whatever women do, they must do twice as well as men to be thought half as good. Luckily, this is not difficult».

Indice dei nomi

Indice dei nomi

Crediti

A integrazione di quanto riportato nelle didascalie si specificano i seguenti crediti.
Figg. 1: BNF, Paris, FrancePhoto © Photo Josse / Bridgeman Images; 4, 28, 49, 73, 126, 164, 165, 168, 169, 182, 183, 188, 195: © British Library Board. All Rights Reserved / Bridgeman Images; 5: Bridgeman Images; 6. Roma, San Paolo Fuori le Mura - Biblioteca; 10, 32-34, 41, 44, 53, 55, 56: © 2021. Foto Scala, Firenze; 12, 14,15, 22, 29, 70, 77, 78, 88, 112, 158, 161, 180, 181: Alamy Foto Stock; 13. Hemis / Alamy Foto Stock; 16, 18: Paul Williams / Alamy Foto Stock; 23-25, 45: Interfoto / Alamy Foto Stock; 26, 82: Bern, Burgerbibliothek; 35: Cambridge, St. John's College; 37, 79, 136, 152, 153, 155-157, 159, 160, 166, 167, 170, 172-175, 177, 184, 191, 193, 194: Paris, BNF; 39, 40: John Heseltine / Alamy Foto Stock; 42: New York, The Pierpont Morgan Library; 43: © 2021. Foto Opera Metropolitana Siena / Scala, Firenze; 48: Peter Horree / Alamy Foto Stock; 50: Ivan Vdovin / Alamy Foto Stock; 57: Städel Museum, Frankfurt a. M. – ARTOTHEK; 60, 102, 115-121, 124, 127-134, 137, 138, 143, 147, 178: © BAV, Città del Vaticano; 61: Godong / Alamy Foto Stock; 62, 63: Utrecht, Museum Catharijneconvent; 64, 76, 125: München, Bayerische Staatsbibliothek; 65: © Foto Ghigo Roli; 67: Paul Doyle / Alamy Foto Stock; 68: Si ringrazia Valentino Cai per aver gentilmente fornito l'immagine; 69, 114: Pisa, Opera della Primaziale Pisana; 72: Museo di Triora Etnografico e della Stregoneria. © Foto Giovanni Rossi Filangieri; 74: Darmstadt, HLuHB; 75: Su concessione del Ministero della cultura – Biblioteca Statale di Lucca. Divieto di ulteriori riproduzioni o duplicazioni con qualsiasi mezzo; 80, 83-87, 89-101, 103-107: Poitiers, Bibliothèque Municipale; 110: © 2021. Mark E. Smith / Scala, Firenze; 111: Christian Draghici / Alamy Foto Stock; 122: Biblioteca Statale, Lucca. © Giancarlo Costa / Bridgeman Images; 123: Reggio Emilia, Archivio Capitolare; 135: Massimo Dallaglio / Alamy Foto Stock; 139: Modena, Biblioteca Capitolare; 140, 141: Zvonimir Atletić / Alamy Foto Stock; 146: Disegno di Donato Cioli; 149: Richard Osbourne / Alamy Foto Stock; 154: © British Library / Bridgeman Images; 162: BNF, Paris, France. © Iberfoto / Bridgeman Images; 163: Musée Condé, Chantilly / Bridgeman Images; 171: New York, Met, The Cloister Collection, 1954; 179: Wien, ÖNB; 185: Bibliothèque de Genève; 186: Pinacoteca Vaticana, Roma. Luisa Ricciarini / Bridgeman Images; 187, 190: Musée Condé, Chantilly; 189: © Tallandier / Bridgeman Images; 198, 199: Prato, Archivio di Stato.
Per alcune immagini si è attinto all'archivio digitale Commons. L'editore resta a disposizione per le fonti dubbie o non identificate.

Finito di stampare nel settembre 2021
presso la Tipografia Casma, Bologna

Stampato su carta Symbol Freelife Satin di Fedrigoni S.p.A.
prodotta nel pieno rispetto del patrimonio boschivo

DTP: Liligraf sas, San Lazzaro di Savena (Bo), www.liligraf.it

Legatura: Legatorialeb srl, Villanova di Castenaso (Bo), www.legatorialeb.it

Crediti

A integrazione di quanto riportato nelle didascalie si specificano i seguenti crediti.
Figg. 1: BNF, Paris, FrancePhoto © Photo Josse / Bridgeman Images; 4, 28, 49, 73, 126, 164, 165, 168, 169, 182, 183, 188, 195: © British Library Board. All Rights Reserved / Bridgeman Images; 5: Bridgeman Images; 6. Roma, San Paolo Fuori le Mura - Biblioteca; 10, 32-34, 41, 44, 53, 55, 56: © 2021. Foto Scala, Firenze; 12, 14,15, 22, 29, 70, 77, 78, 88, 112, 158, 161, 180, 181: Alamy Foto Stock; 13. Hemis / Alamy Foto Stock; 16, 18: Paul Williams / Alamy Foto Stock; 23-25, 45: Interfoto / Alamy Foto Stock; 26, 82: Bern, Burgerbibliothek; 35: Cambridge, St. John's College; 37, 79, 136, 152, 153, 155-157, 159, 160, 166, 167, 170, 172-175, 177, 184, 191, 193, 194: Paris, BNF; 39, 40: John Heseltine / Alamy Foto Stock; 42: New York, The Pierpont Morgan Library; 43: © 2021. Foto Opera Metropolitana Siena / Scala, Firenze; 48: Peter Horree / Alamy Foto Stock; 50: Ivan Vdovin / Alamy Foto Stock; 57: Städel Museum, Frankfurt a. M. – ARTOTHEK; 60, 102, 115-121, 124, 127-134, 137, 138, 143, 147, 178: © BAV, Città del Vaticano; 61: Godong / Alamy Foto Stock; 62, 63: Utrecht, Museum Catharijneconvent; 64, 76, 125: München, Bayerische Staatsbibliothek; 65: © Foto Ghigo Roli; 67: Paul Doyle / Alamy Foto Stock; 68: Si ringrazia Valentino Cai per aver gentilmente fornito l'immagine; 69, 114: Pisa, Opera della Primaziale Pisana; 72: Museo di Triora Etnografico e della Stregoneria. © Foto Giovanni Rossi Filangieri; 74: Darmstadt, HLuHB; 75: Su concessione del Ministero della cultura – Biblioteca Statale di Lucca. Divieto di ulteriori riproduzioni o duplicazioni con qualsiasi mezzo; 80, 83-87, 89-101, 103-107: Poitiers, Bibliothèque Municipale; 110: © 2021. Mark E. Smith / Scala, Firenze; 111: Christian Draghici / Alamy Foto Stock; 122: Biblioteca Statale, Lucca. © Giancarlo Costa / Bridgeman Images; 123: Reggio Emilia, Archivio Capitolare; 135: Massimo Dallaglio / Alamy Foto Stock; 139: Modena, Biblioteca Capitolare; 140, 141: Zvonimir Atletić / Alamy Foto Stock; 146: Disegno di Donato Cioli; 149: Richard Osbourne / Alamy Foto Stock; 154: © British Library / Bridgeman Images; 162: BNF, Paris, France. © Iberfoto / Bridgeman Images; 163: Musée Condé, Chantilly / Bridgeman Images; 171: New York, Met, The Cloister Collection, 1954; 179: Wien, ÖNB; 185: Bibliothèque de Genève; 186: Pinacoteca Vaticana, Roma. Luisa Ricciarini / Bridgeman Images; 187, 190: Musée Condé, Chantilly; 189: © Tallandier / Bridgeman Images; 198, 199: Prato, Archivio di Stato.
Per alcune immagini si è attinto all'archivio digitale Commons. L'editore resta a disposizione per le fonti dubbie o non identificate.

Finito di stampare nel settembre 2021
presso la Tipografia Casma, Bologna

Stampato su carta Symbol Freelife Satin di Fedrigoni S.p.A.
prodotta nel pieno rispetto del patrimonio boschivo

DTP: Liligraf sas, San Lazzaro di Savena (Bo), www.liligraf.it

Legatura: Legatorialeb srl, Villanova di Castenaso (Bo), www.legatorialeb.it